小市镇理论与实践

冯 奎 主 编
陈 易 副主编

群言出版社
QUNYAN PRESS
·北京·

图书在版编目（CIP）数据

小市镇理论与实践 / 冯奎主编；陈易副主编 . --
北京：群言出版社，2023.4
ISBN 978-7-5193-0830-8

Ⅰ . ①小… Ⅱ . ①冯… ②陈… Ⅲ . ①小城镇—城市
建设—研究—世界 Ⅳ . ① F299.1

中国国家版本馆 CIP 数据核字（2023）第 063556 号

学术顾问：刘士林　张继升
责任编辑：李　群　宋盈锡
封面设计：李士勇

出版发行：群言出版社
地　　址：北京市东城区东厂胡同北巷 1 号（100006）
网　　址：www.qypublish.com（官网书城）
电子信箱：qunyancbs@126.com
联系电话：010-65267783　65263836
法律顾问：北京法政安邦律师事务所
经　　销：全国新华书店

印　　刷：天津画中画印刷有限公司
版　　次：2023 年 4 月第 1 版
印　　次：2023 年 4 月第 1 次印刷
开　　本：720mm×1020mm　1/16
印　　张：34.75
字　　数：475 千字
书　　号：ISBN 978-7-5193-0830-8
定　　价：149.00 元

编辑委员会

支持机构

中国区域科学协会

民盟中央经济委员会

国家发展改革委城市和小城镇改革发展中心

中国城市发展研究院

北京交通大学中国城市研究中心

北京交通大学教育基金会

上海交通大学城市科学研究院

南京大学城市规划设计研究院北京分院

山东三联集团有限责任公司

田横岛建设发展集团有限公司

在中国区域科学协会、北京交通大学、民盟中央经济委员会等协调下，由近30位作者编写的《小市镇理论与实践》即将付印，作为主编，借此机会汇报交流一下初步的想法。

城镇化或城市领域的新旧概念很多，比如"新型城市"这个图谱里，就有各种名词概念。再就小市镇来讲，它的"近亲"至少包括小城镇、特色小镇、小城市，至于"远亲"则更是不胜枚举。如果为了编一本书，凭空制造一个"小市镇"这样一个概念，当然没有必要；但如果有实质性的内容需要探讨，那还真得从概念入手深化讨论。小市镇是什么？为什么要研究它？如何推动小市镇发展？对诸如此类问题，这本书都做出了回答。我的印象中，《小市镇理论与实践》是国内在讨论小市镇方面，最为全面、系统的一本编著作品。

小市镇是什么？从一些明清地方志来看，它是"城郭"与"乡村"之间的一种空间载体和发展单元。从规划理念上看，学者们一般认为1946年英国政府颁布的《新市镇法》（New Town Act）是小市镇规划学术概念的起源。从规划实践上看，市镇、小市镇在我国香港地区，以及新加坡都是常用的规划用语。例如，香港20世纪70至90年代期间，在新界兴建了9个新市镇。土木工程拓展署还编制发布过《新市镇、新发展区及市区发展计划》。

国内有一些研究生的毕业论文或专家们的文章以小市镇为主题，但总体上这类研究不多，未成气候。在政策与学术话语里，在城与乡之间，关于这类空间的主流性"表达"是"小城镇""特色小镇""小城市"等。

本书有几位作者试图提炼出小市镇的概念，但对其内涵还可进一步探讨。掩卷思考，当我们讲"小市镇"，我们在讲什么？我觉得我们更强调小市镇开发建设发展过程中市场化的主体、力量、机制、成效。现如今来看，中国的小城镇是行政建制性的；小城市是有人口规模下限的；特色小镇本来应该是市场化主体在其中发挥决定性作用的，但行政部门也对它的面积、投资强度等做出规定性，且"特色小镇"的名头还必须得到省市批准。在这样的情况下，当我们再来讨论小市镇，我觉得我们其实是换了一种思维方式，是更加注重从市场化这一维度去理解与看待小市镇的规划、建设、运营方式等等。

为什么要研究小市镇？直接触发我的，是我与三联集团张继升董事长、南京大学陈易教授的一次讨论。已逾70岁的继升董事长，是一位在商业领域有传奇色彩的企业家。他的大手笔之一是从1992年起，历经30年，倾注心血，以生态优先的理念规划开发建设青岛市即墨区的田横岛。2022年8月，他跟我讨论时说，以前曾一度希望"有关方面"将田横岛批复为"市"。我们共同讨论后认识到，全国镇区人口超过10万人的镇（不含县城）就有160个左右，但目前只有两个镇改市，所以田横岛设"市"基本没有可能。更重要的是，田横岛根本没有必要去耗费资源获得一个"名头"的批复。因为，这样一个海岛是以企业家主体规划建设的，它的兴盛取决于市场化的力量注入。这次讨论之后，三联集团调整了战略，坚定了走市场化去开发建设田横岛小市镇的做法。同年9月，我跟随领导在库布奇沙漠，考察一家著名企业在沙漠里建设的一个"低碳产业基地镇"。在我看来，库布奇沙漠小镇，也是一个可以用市场化力量推动起来的小市镇。所以，为什么要研究小市镇呢？归结起来，原因就在于要找到企业和企业家的力量，找到市场和市场化的路径来建设这类小型化的空间单元。这类小市镇有多少呢？数量现在不多，但也许会逐步增加。重要的是，企业家的力量与沙漠、海岛、山村等空间结合起来，其意义是多元且深远的。当然，新市镇的成长空间并没有明确界定，比如近期北京市平谷区马坊镇规划明确提出，要建设"北京东部促进京津冀协同发展新市镇"。

如何推动小市镇发展？《小市镇理论与实践》中有新加坡、日本、英国，以及我国香港等地的许多案例，其做法与经验非常值得学习借鉴。归结起来包括：企业家与当地政府要目光长远，制订富有创意的可行性规划；要善于培育具有地方特色、充满活力的集群化产业；要最大限度动员相关利益者深度参与，包括当地住户、各类企业家商户、旅游者等；要投资建设人性化的设施，营造宜居健康的环境；要与发达的现代社会拉得很近，但又要离得很开，最好成为都市区的一片"世外桃源"……这些做法与经验，毫无疑问并不是由上级政府"批复"下来的，而是从市场的土壤中生长出来的。

我预感，《小市镇理论与实践》的读者面并不会很大。但作为第一本较为全面研究小市镇的书籍，它自身的视野是非常开阔的。它所讨论的市场化主体、力量、机制、成效等等，将不仅是小市镇规划建设的基础，其对于小城镇、特色小镇、小城市及乡村振兴都有较多启示。不过，这毕竟是一本短时间内完成的编著，看得出来，各位作者在理解主题方面各有偏重，书中有些概念、逻辑前后不一致的情况较为突出。此外，还有其他一些语言表述、论证上的问题。我在翻看时就已发现的这些"毛病"，相信读者会看到更多。在此，也恳请各位读者不吝赐教。

冯奎

2022 年 9 月 8 日　北京

图索引

表索引

第一篇　理论篇

第二篇　案例篇

第三篇　实践篇

第一篇
理论篇

在这本书中，小市镇不是一个新名词，也不是一个新概念，全书甚至都没有为其下一个专门的定义。本书的小市镇涵盖了一类我们非常熟悉的空间聚落，例如乡镇、城镇、建制镇，甚至特色小镇。这类聚落空间尽管尺度小，然而作用却很大；尽管看上去简单，然而问题却很复杂。只有通过开放式的思考和讨论，才能更为全面和深刻地认识和理解这个空间。综上，这也就是为何本书选用小市镇这一包容性极强语汇的缘由。

第一章 小市镇建设历史回顾与发展评述 [①]

第一节 小市镇概念辨析与界定

何为小市镇？关于小市镇的概念，国内学术界并没有统一的标准。我国城镇化过程中一直对"镇"这个特殊空间有大量的实践与研究，镇的内涵一直是发展的。从最早期行政区划概念的乡镇、建制镇等，以及后来的专业镇、卫星城镇或新城新镇等，再到近些年的特色小城镇、特色小镇、微型产业集聚区等等。镇，既可以狭义地理解为行政区划概念，更可以理解为一个非常广义的（镇）空间"谱系"。狭义视角下，从行政区划出发，无论基于社会学、地理学还是经济学，学界普遍认同"小城镇即建制镇"这一观点，但对于"乡集镇和小城市是否可以归属为小城镇"的问题存在较大争议[1]。大多数学者主张，由于我国城镇规模普遍偏大，小城镇除建制镇外，还应包括小城市、县城。晏群（2005）认为，应当允许不同地区、不同部门对小城镇的涵盖范围做适当灵活的处理，其上下限可以延伸至小城市和乡集镇[2]。部分学者如田颖等（2014）指出小城镇应包括比建制镇更小的乡集镇，但不包括县城[3]。还有学者认为，将集镇和小城市纳入小城镇范畴会混淆"城市"和"城镇"的概念[1]，如李国庆等（2007）认为可以按照人口规模划分小城市、小城镇和建制镇，如此将小城镇从建制镇中分离出来，利于政策因地制宜实施[4]。

---

① 作者：张蔚文，浙江大学公共管理学院副院长、教授、博士生导师，浙江大学中国新型城镇化研究院副院长；李子情，浙江大学公共管理学院博士研究生。

然而，越来越多的学者更倾向于结合狭义和广义两种概念，基于具体情况进行具体分析。宁越敏等（2002）认为，小城镇在中国有特殊的语境，它不单包括小城市或建制镇，也不单包括乡集镇，是城市、农村在城镇化进程相互耦合的过程中产生的[5]。时至今日，镇的概念已经非常多样化与多元化。文中提出"小市镇"绝不是为了生造、新造一个名词，而是希望利用"小市镇"这一直观、宽泛的词去体现、涵盖当下多样化与多元化各类镇相关的概念。

我们从城镇化进程的角度，用发展的眼光审视小市镇。我们不难发现"镇"的概念演变与城镇化进程有着极其密切的关系。例如改革开放之后的专业镇，就是对该发展阶段乡镇概念的创新与发展等等。由此，不同阶段小市镇内涵的变化，政策导向与建设实践的不同，都能够帮助我们很好理解小市镇这个概念谱系。

本研究也将结合狭义和广义两种视角，遵循中国现有的行政区划建制，将以建制镇为主体，包括小城市、县城、城关镇或集镇的小城镇概括为小市镇。同时，以小市镇概念谱系中的小城镇作为主要切入点，结合其他相关小市镇的内涵，梳理与评述我国小市镇的发展。小市镇作为大、中城市与乡村联系的重要纽带，在城镇体系中发挥着承上启下的作用[6]。站在新时期新型城镇化的战略高度，在城乡一体化发展的社会现实下，探寻小市镇建设的历史脉络和发展演进具有重要意义。

———○ 第二节　小市镇发展阶段的初步划定 ○———

我国城镇化道路始终以国家战略与区域经济发展为主线，整体表现为"计划经济时代的城镇化停滞发展期—解放发展生产力时代的城镇化快速发展期—现代化经济体系时代的城镇化高质量发展期"三大发展阶段[7]。小市镇建设的政策和实践发展也紧密围绕着城镇化的进程，契合城镇化三大发展阶段的鲜明特征，因此，小市镇建设发展阶段也可对照城镇化进程相应地划分为三个阶段，即计划经济时代初步探索时期（1949—1978年），改革开放时代蓬勃发展时期（1978—2012年），中国特色社会主义新时代质量提升时期（2012年至今）。

计划经济时代初步探索时期（1949—1978年），小市镇行政地位低，不受重视。虽然小市镇建设政策从行政规划、产业经济、人口户籍三个层面上对于小市镇设立了一些标准和规定，但其本质还是为了配合工业化需求，全面推动工业城市经济发展。实践方面，尽管我国城镇化率有所提高，但大多是城市得到了发展，在各项利好大城市的政策推行下，小市镇经济基础愈加薄弱，镇的人口和数量变化展现了这一阶段小市镇发展的萎靡态势。

改革开放时代蓬勃发展时期（1978—2012年），国家把大力发展小市镇政策提升到战略层面，主要通过土地使用、产业经济、人口户籍和城镇规划四个视角努力探索小市镇特色发展之路。小市镇的实践演化也经历了数量增长和规模扩张两个阶段，尤其在规模扩张阶段，人口和土地的扩张打下了小市镇未来发展的坚实基础。小市镇在这一时期得到了迅猛发展，但是也出现了诸如人地矛盾、基础服务设施不足和环境恶化等各项挑战，此时小市镇建设的质量还远远不够。

中国特色社会主义新时代质量提升时期（2012年至今），"新型城镇化道路"的口号指导着小市镇建设。小市镇建设的目标即促进大中小城市及小城镇协调发展，注重小市镇质量和特色的全面提升。为实现这一目的，各类建设政策百花齐放，最突出的还是产业经济、生态环境和行政管理三个层面。此外，经历了数量增长和规模扩张两个阶段，小市镇的实践更侧重于质量的逐步提升，主要表现为城镇体系日趋成熟、产业特色更加明显和空间品质不断提升。

通过梳理小市镇建设政策和实践的演化，能让我们对于小市镇的理解更加深入和理性[8]，进一步看到小市镇的活力和潜力。虽然三个阶段中每一阶段都有其侧重的一面，但是小市镇自身仍然不断改进、不断革新，这也使得有关"小市镇"这一类概念在发展过程中不断丰富、充实，即小市镇的内涵也在不断变化、发展。

第三节 小市镇分阶段政策制定导向

一、计划经济时代初步探索时期（1949—1978年）

1949年中华人民共和国成立后，百废待兴。面对经济恢复、国防安全和社会稳定的重要任务，现代意义上的城镇化建设与工业化发展同步推进，在原有城市发展的基础上徐徐展开，新中国城镇化的序幕就此拉开。这一阶段，小城镇真正是"城之末、乡之首"，中华人民共和国成立后的工业化、农业化建设，让小城镇的地位略显尴尬。

首先，从行政区划政策上确立了镇的标准，但是实际上对镇的发展是严格控制的。1954年9月，颁布的《中华人民共和国宪法》中明确提出"县、自治县分为乡、民族乡、镇"，这是首次在法律层面明确了镇为县辖基层政权。然而随后，1955年，国务院发布《国务院关于设置市、镇建制的决定》和《国务院关于城乡划分标准的规定》，明确了设置镇的标准，控制了建制镇的发展质量和规模。1963年，国务院又颁布的《中共中央、国务院关于调整市镇建制、缩小城市郊区的指示》中，进一步提高设镇标准，全国各地都对建制镇做了整顿、压缩。

其次，从产业经济政策上强调的是大城市工业化、鼓励农业生产，镇在国民经济活动中的地位是不受重视的。1955年，经第一届全国人民代表大会第二次会议通过第一个五年计划，简称"一五"计划。为配合工业化发展的需要，"一五"计划对成都、武汉、西安、兰州等一大批老城市进行改建，并开始扶持、发展长春、鞍山、本溪、哈尔滨等新兴工业城市，全国各地集中精力向各大城市输送物质资源和人力。农业生产方面，1958年，通过的《中共中央关于在农村建立人民公社问题的决议》使得人民公社实际上已经成为农业生产活动中的主导管理单位。在建设工业城市和推行人民公社制度的双重政策夹击下，镇的行政地位实际上是被削弱的。

最后，从人口户籍政策上，限制农民迁往城市，鼓励人口从城市向农村流动，对镇的发展（尤其是人口规模）并不重视。1958年，《中华人民共和国户口登记条例》的出台，确立了城乡二元的户籍制度，以法律形式严格限制农民进入城市。1962年12月，公安部通过的《关于加强户口管理工作的意见》中明确规定表示，对农村迁往城市的，必须严格控制；城市迁往农村的，应一律准予落户，不要控制；城市之间必要的正常迁移，应当准许。但中、小城市迁入大城市的，特别是迁入北京、上海、天津、武汉、广州5大城市的，要适当控制。严格的户籍制度和城乡隔离政策使得城乡之间逐渐分裂，各项政策的出发点和落脚点均是在城市与农村之间，作为连接城市和农村的重要结点——镇，在这个制度下，逐渐被忽视和忘记。

二、改革开放时代蓬勃发展时期（1978—2012年）

1978年12月，中共十一届三中全会拉开了我国改革开放的序幕，也开启了我国城镇化发展的新篇章。工业化和城镇化在国家宏观战略的调整下同步高歌猛进，逐步形成以人口红利和土地红利为核心驱动力的城镇化发展机制。国务院于1984年批转的民政部《关于调整建镇标准的报告》中宣布撤乡建镇，按照积极发展小城镇的城市发展方针，放宽了建制镇的设置标准，扩大了小市镇规模，增强其行政地位。1989年，国务院颁布的《中华人民共和国城市规划法》[①]，从法律上明确了"严格控制大城市规模，积极发展中等城市和小城市"的战略方针。此后，2000年，发布的《中共中央、国务院关于促进小城镇健康发展的若干意见》中指出：加快城镇化进程的时机和条件已经成熟。抓住机遇，适时引导小城镇健康发展，应当作为当前和今后较长时期农村改革与发展的一项重要任务。小市镇的发展成为我

---

① 该法已被《中华人民共和国城乡规划法》于2008年1月1日废止。

国城镇化进程的重要组成部分，亦成为国家改革开放的突破点。为市场经济体系建立、城镇化发展和农村体制机制改革做出了巨大贡献。这一时期，各个领域关于小市镇建设的政策百花齐放、层出不穷，不过相对而言在土地使用、产业经济、人口户籍、城镇规划4个方面较为集中。

在土地使用政策领域，强调对于小城镇土地进行科学合理的规划和使用，通过计划和市场两种手段结合，从制度规范、市场调节、税收调整等角度提高小城镇的土地使用效率。如1990年出台《中华人民共和国城镇国有土地使用权出让和转让暂行条例》，开始规范化城镇土地的科学使用和有效利用。随后，2000年，国务院发布《关于加强土地管理促进小城镇健康发展的通知》，强调要深化土地使用制度改革，充分运用市场这只无形的手来配置小城镇的建设用地。2006年，发布的《中华人民共和国城镇土地使用权税暂行条例》中从税收角度进一步明确和规范了土地使用的各项要求。以上政策都促进了小市镇的土地使用方式更加合理和科学，竭力避免利用结构不合理、资源浪费和无序扩张等现象，为小市镇土地规模的扩张和土地未来的可持续发展提供了坚实基础。

在产业经济政策领域，以发展乡镇企业为核心，借助改革开放机遇，通过鼓励出口创汇、规模集聚、产业结构调整等一系列手段扩大发展规模，提高小市镇总体经济水平。1983年，发布的《当前农村经济政策的若干问题》中提到我国农村要走农林牧副渔全面发展、农工商综合经营的道路。这个政策直接促进了乡镇企业的发展。而后1988年，出台《关于推动乡镇企业出口创汇若干政策的规定》，鼓励企业积极参与到全球市场竞争中，加快技术改造，扩大乡镇企业发展规模。1994年，在国务院发布的《九十年代国家产业政策纲要》中指出"促进乡镇企业适当集中"，以此形成规模集聚效应。2000年，《中共中央、国务院关于促进小城镇健康发展的若干意见》中强调了第三产业尤其是服务业在小城镇产业发展中的重要性，提到"促进乡镇企业的适当集中和结构调整，推进第三产业的发展"。

在人口户籍政策领域，削弱城乡隔离，促进人口流动，鼓励农民前往城市和集镇工作落户，进一步深化户籍改革，促进城乡融合。如1986年，中央"一号文件"关于允许农民进城务工经商和在集镇落户的通告及民政部调整建制镇建设标准的规定等，使长期以来受到人为压制的人口流动加快[9]，这直接反映在小城镇数量的猛增态势上。1998年，仅建制镇就发展到1.9万个，是1978年的5.7倍。2001年，中央发布《关于推进小城镇户籍管理制度改革的意见》，放宽了落户县级以下城镇居民的限制。2007年，全国陆续推进城乡统一的户口登记制度，变二元户口为单一制统一口径。2010年的中央"一号文件"指出要深化户籍制度改革，加快落实，开始放宽中小城市、小城镇特别是县城和中心镇的落户限制。以上政策的变化反映出政府越来越重视吸引人口到小市镇就业和生活，小市镇人口规模得到迅速扩张。

在城镇规划政策领域，从最初追求宽泛标准升级为制定各项实施细则，再到引导各小市镇发展自身特色，城镇规划越来越重视科学性、合理性和先进性。1994年，建设部发布《城镇体系规划编制审批办法》和《村镇规划标准》等文件，引导小市镇合理发展与布局。2006年，建设部和科技部共同发布的《小城镇建设技术政策》和2009年中国城市规划设计研究院的重点研究课题《小城镇规划及相关技术标准研究》，都进一步规范了我国小城镇发展建设的政策措施和技术要求。2011年，财政部、住房城乡建设部提出《关于绿色重点小城镇试点示范的实施意见》，期望通过试点示范，找出标杆小市镇。按照集约节约、功能完善、宜居宜业、特色鲜明的总体要求，引导小市镇建设模式转型。

有关生态环境和历史文化领域的小市镇政策在这一时期也开始出现。生态环境政策最初和城镇规划层面政策相似，强调从规划方向进行环境保护和绿色发展，如2002年，国家环境保护总局和建设部制定了《小城镇环境规划编制导则（试行）》，对于小城镇镇区规划、特色塑造、基础设施建设，尤其在环境保护方面进行了详细指导和说明。历史文化层面的重要政

策以 2008 年国务院出台的《历史文化名城名镇名村保护条例》为代表，该
条例进一步肯定了小市镇文化建设的重要性，统筹了小市镇特色历史文化
的保护和发展。

综上可以看出，这一阶段围绕小市镇建设的政策以"小市镇的战略地
位逐步提高"为背景，期望小市镇凭借自身独有的技术和强项推动城镇发
展，并对建立城镇特色和维护小市镇总体环境建设已经有了初步探索。政
府开始更针对性、更细节性、更实际性地关注到小市镇的建设，期望从土
地使用、产业经济、人口户籍、城镇规划、生态环境和历史文化等层面寻
求小市镇更先进的发展出路，为新时代转型时期小市镇各具特色的创新发
展提供了理论铺垫和政策支持。

三、中国特色社会主义新时代质量提升时期（2012 年至今）

2012 年，党的十八大提出了走"新型城镇化道路"的口号。"新型城镇
化"是以城乡统筹、城乡一体、产业互动、节约集约、生态宜居、和谐发
展为基本特征的城镇化，是大中小城市、小城镇、新型农村社区协调发展、
互促共进的城镇化。此后，"新型城镇化"逐渐成为社会各界关注的焦点。
2014 年，《国家新型城镇化规划（2014—2020 年）》《国务院关于进一步推进
户籍制度改革的意见》的出台，标志着中国城镇化全面进入以"以人为本"
为核心、以提升城镇化质量为目标的新阶段。这一时期，小市镇建设政策
在各个层面上都得到了全面发展和创新，但最具有代表性的主要集中在产
业经济层面、生态环境层面及行政管理层面。

产业经济层面的政策上，重点依托"打造特色小（城）镇"来推行。
特色小镇主要聚焦特色产业，按照生产、生活、生态融合发展的理念，通
过集聚高端发展要素，包括人才、技术和资金等，撬动传统产业和工业园
区转型升级，是一类创新型的微型产业集聚区。自 2015 年发端于浙江后，
经历了实践过程中的争鸣与纠偏，特色小（城）镇的政策体系日趋成熟。
2016 年 7 月，住房和城乡建设部联合国家发展改革委和财政部发布《关于开

展特色小镇培育工作的通知》，标志着特色小镇从浙江走向全国。之后的4年多时间里，相关部委、各省（市、区）相继出台过数十份有关特色小镇的指导性或纲领性文件。由于各个文件对特色小镇概念的理解存在不完全一致、甚至混淆不清的现象，为了统一和加深各地、各机关单位对于特色小镇的认识和理解，2020年9月，国务院办公厅印发《转发国家发展改革委关于促进特色小镇规范健康发展意见的通知》，这一政策的出台为特色小镇发展提供了基本准则，明确了政策导向。而后，2021年9月，国家发展改革委、自然资源部、生态环境部等十部委又发布《关于印发全国特色小镇规范健康发展导则的通知》，围绕特色小镇发展定位、空间布局、质量效益、管理方式和底线约束等方面，提出了特色小镇建设的基本指引，同时废除了之前的16份文件。至此，特色小镇政策体系得以全面构建，各地特色小镇建设更具科学性和特色感，特色小镇进入到蓬勃发展的阶段。

生态环境层面上，小市镇政策以"绿色"和"低碳"为关键词，通过试点示范和导则指引等形式提升小市镇对于生态环境的重视程度，促进小市镇生态环境进一步改善。早在2011年财政部和住房和城乡建设部就联合发布《关于绿色重点小城镇试点示范的实施意见》，期望通过试点示范的形式，探索小市镇绿色生态发展道路，提高小城镇建设的质量和水平。2021年6月，住房和城乡建设部等15部门联合制定了《关于加强县城绿色低碳建设的意见》，从10个方面提出了县城绿色低碳建设的有关要求[10]。2021年9月，国家发展改革委等10部委联合发布的《关于印发全国特色小镇规范健康发展导则的通知》中也明确提出特色小镇应按照碳达峰、碳中和要求，协同推进经济高质量发展和生态环境高水平保护。随后，同年10月，中共中央办公厅、国务院办公厅印发《关于推动城乡建设绿色发展的意见》，提出通过城乡生态环境质量整体改善、绿色生活方式普遍推广等，要在2025年达到城乡建设绿色发展体制机制和政策体系基本建立，在2035年实现城乡建设全面实现绿色发展的两个总体目标。

　　行政管理层面上，各省市纷纷开始在国家政策的基础上，提出各具特色的小城镇行政管理政策。浙江省作为先行者在权力下放、法治建设、日常管理等层面探索较多，建成了统一而独特的政策体系。如2010年10月，中共浙江省委办公厅、省政府办公厅公布《关于进一步加快中心镇发展和改革的若干意见》指出，在包括强镇扩权、行政管理在内的10大方面进行深化改革。2011年，浙江省公布《关于建立完善小城市培育试点镇和中心镇行政执法体制的指导意见》，就建立完善小城市培育试点镇和中心镇行政执法体制给予意见，这些政策强调要继续深化小市镇改革，将行政执法重心下移，使小市镇获得更大的行政权，以便于小市镇能够更好地进行城镇建设和发展[3]。此外，2019年8月，中共浙江省委办公厅发布《关于高水平推进美丽城镇建设的意见》，旨在通过推行政府、社会和群众三方共建共治共享，推进1000个左右小城镇建设美丽城镇。随后，2020年6月，浙江省出台全国首个小城镇长效管理地方标准——《小城镇环境和风貌管理规范》，该政策的提出，使得浙江省小市镇有了统一的长效管理机制，城镇建设管理水平得到了进一步提升。

　　在这一时期，新型城镇化成为小市镇发展建设的重要背景，关于小市镇建设的政策也跟随小市镇的发展方式逐渐从追求规模扩大转向质量提升和特色发展，小市镇政策越来越多以总体方案和纲要形式出现。2022年，国家发改委公布的《"十四五"新型城镇化实施方案》中，从生态、文化、规划建设等各个层面均对于小市镇未来发展进行了详细指导，各个层面的政策从各自独立公布到如今每个层面都进行融合和统一，小市镇建设的政策目标更加清晰和一致。2022年5月，国务院印发《关于推进以县城为重要载体的城镇化建设的意见》，再一次确立了小市镇在新型城镇化建设中的战略地位。这从另一方面也表现出发展小市镇建设已成为未来我国城市发展规划的重中之重，并且它和新型城镇化道路已经紧密融合在一起了。

第四节 小市镇分阶段主要建设实践

一、计划经济时代初步探索时期（1949—1978年）

1949—1978年间的计划经济时期，中国的城镇化道路以波浪起伏的形式推进。纵向来看，中华人民共和国成立之初城镇化率仅为11.18%，城镇化水平起点较低。经历了"一五"计划、"大跃进""三线建设"和"文革"等重要历史时期，到1978年全国人口增长到96259万人，城镇人口为17245万人，城镇化率提高到17.92%。但城镇化率的提高，并不意味着镇得到了良好发展。

据统计，1953年，全国乡村人口为50970万，城镇人口为7826万，其中，镇人口为3372万人；到了1978年，乡村人口达79014万人，城镇人口达17245万人，其中，镇人口为5316万人。这26年间我国城镇人口共增长9419万人，其中，镇人口仅增长1944万人，而乡村人口增长了高达28044万人。在小市镇数量上，1954年年底，我国建制镇的数量达5400个，到1978年，我国建制镇的数量缩减至不到1954年的一半，仅有2173个[11]。究其原因，中华人民共和国成立初期，由于大力发展重工业，建设工业城市的政策需求导致流动人口直接从农村进入大城市。而后，当城市面临着非农业人口基本农副产品需求和供给之间的矛盾[12]，以及严格的户籍二元制度限制时，大量人口又从城市流回农村。无论是人口流入还是流出，小市镇作为连接农村和城市之间的重要一环在这个过程中脱节。在计划经济背景下，1956年，实行的社会主义改造将农村商品流通完全并入公有制渠道，使得城镇赖以生存的经济基础被抽离[12]。而由于农业剩余非常有限，农村商品生产和集市贸易的萎缩[13]及"政社合一"体制的实行，使得镇自身的人口增长很慢，同时镇的数量呈现下降趋势，镇并没有成为农村城市化的基地[11]。因此，由于经济条件薄弱、劳动力稀少、市场有限等因素导致小市镇的发展一度萎靡，尤其体现在镇的人口和数量变化方面。

这一时期，镇人口的稀少和数量的下降呈现出我国小市镇的发展一波三折的状态，我国城镇化率虽然有所提高，但仅辐射到了大城市上，镇未能享受到各项红利，小市镇建设仍处在起步阶段。

二、改革开放时代蓬勃发展时期（1978—2012 年）

改革开放后，"控制大城市规模，合理发展中等城市，积极发展小城市"的城镇化理念开始上升到战略高度，受到中央和地方政府的高度重视，"小市镇重点论"在理论和政策上得到进一步发展。特别是随着农村工业化和乡镇企业的兴起，作为地区性生产、贸易、服务集聚地的小市镇发展迅速，并且经历了数量增长和规模扩张两个阶段，尤其在规模扩张阶段，人口、土地和基建规模迅猛增长。

根据《中国城乡建设统计年鉴》数据显示，1978 年，我国的建制镇数量为 2173 个。2002 年，建制镇数量已增长到 20601 个，增长了 8.47 倍，占同级行政区划数量的比重达到 45.93%，并超过了乡的数量。彼时关于小市镇建设的政策最终目标均是促进小市镇数量的增长，导致各地政府一味追求数字的增加，对于小市镇的规模变化和可持续发展未给予足够的重视。因此，我国小市镇建设出现了数量庞大、规模狭小的不协调问题，使得小市镇无法发挥聚集效应和规模效应，乡镇企业的辐射能力变弱，对于农业转移人口的吸引力降低，这在一定程度上阻碍了城镇化的进一步发展。由此，2002 年，国务院办公厅发布《关于暂停撤乡设镇工作的通知》，该通知发布后我国小城镇数量基本稳定在 20000 个左右。

在小市镇数量基本稳定后，小市镇发展进入到规模扩张阶段，主要表现在人口规模、土地规模和基建投入的逐步扩大和增加上。人口规模方面，小市镇的平均镇域人口、建成区户籍人口等指标变化尤为明显。根据第五次、第六次全国人口普查资料显示，我国城镇人口比重大幅上升，建制镇的平均镇域人口从 2000 年的 24611 人增长到 2010 年的 30874 人；建成区户籍人口由 2002 年的 1.37 亿人增长到 2012 年的 1.48 亿人。2010 年，居住在城镇的人口为66557万人，占总人口的49.68%，同2000年相比，该比重上升了13.46个百分点。

土地规模上呈现的稳健增长态势主要体现在建成区面积这一指标上。根据《中国城乡建设统计年鉴》的统计，我国建制镇建成区面积由2002年的203.2万公顷发展到2012年的371.4万公顷。"十二五"期间，我国城镇土地面积由2010年的759.1万公顷增至2015年的916.1万公顷，增加了157.0万公顷，比2010年增加了20.7%，平均每年增长3.8%；而同期全国建制镇土地面积增幅为25%，建制镇的增幅超过城市增幅达8.9%。

基建投入方面，2002年，我国建制镇的建设投入为1519.7亿元，到2012年已增长到5751.0亿元，增长了2.8倍。以上数据可以看出，无论从人口规模、土地规模还是基建投入看，2002年—2012年这10年间，我国小市镇规模得到了快速扩张[6]。

经历了前一阶段的快速发展，小市镇的数量和规模都逐渐控制在相对稳定的状态下。小市镇的聚集效应得到进一步发挥，吸引力也逐渐提升。然而，由于此时小市镇发展规划缺乏前瞻性和科学性，小市镇面临的挑战也逐步显现出来。小市镇的飞速发展吸引了周围人口大量涌入，人口的迅速增加导致小市镇配套的公共基础设施不足，无法继续满足居民的物质文化需要。人口规模的迅速扩张也促进了土地市场的火热，房地产商大量囤地和开发，一方面导致小市镇土地资源利用结构不合理，部分土地被空置浪费；另一方面进一步加剧了小市镇房价的高涨。此外，人口与土地之间的矛盾还引发了环境恶化、产业效率低下等一系列衍生问题。政府在外来人口进入小市镇前、融入小市镇过程中，未对未来情况有较为科学和准确的把握和判断，未能合理规划小市镇飞速发展后的各项物质资源，基础服务设施也未能匹配小市镇的进一步发展，小市镇建设的质量远远不够。

面对上述矛盾和挑战，政府开始探索通过"试点"来引领和推动小市镇良性向好发展。2005年，国家发展改革委办公厅下发了《关于公布第一批全国发展改革试点小城镇的通知》，挑选出 113 个试点小城镇。2008 年，共有 160 个小城镇进入到第二批全国发展改革试点小城镇名单中。到 2012 年，发展改革试点小城镇数量增加到 369 个。试点小城镇数量的增加，一方面证实了该时期的小市镇发展如火如荼，另一方面也揭示出各地政府对于提升小市镇发展质量的迫切之心。

三、中国特色社会主义新时代质量提升时期（2012 年至今）

党的十八大以来，走"新型城镇化"道路逐渐成为我国城镇化进程的基调。在这个新的发展阶段，小市镇作为国家乡村振兴战略和新型城镇化战略的结合点，成为推动城乡融合发展、推进城市群优化进步的关键。小市镇建设也逐渐从追逐规模的扩大转向到质量的提升上，越来越多的"试点市"和"试点镇"跟随政策的指引、依托自身特色迅速发展起来。小市镇从规模扩张转向质量提升，主要体现在城镇体系日趋成熟、产业特色更加明显、空间品质不断提升三个方面。

首先，依托城镇集群体系，小市镇空间布局更加协调。

我国目前共有长江三角洲城市群、珠江三角洲城市群、京津冀城市群、长江中游城市群和成渝城市群五大城市群，小市镇多分布在各城市群周围。2017 年，党的十九大报告中重点提出要"实施区域协调发展战略，以城市群为主体构建大中小城市和小城镇协调发展的城镇格局"，将城市群在内的城镇集群体系纳入"建立更加有效的区域协调发展新机制"的战略层面。依托城镇集群体系，城市群进一步升级转化为城镇群，小市镇享受到了更多的资源辐射、产业转移和政策倾斜，使得小市镇的空间布局呈现出更协调的态势，主要表现在外部和内部空间形态上。

外部空间形态上，目前中国小市镇呈"西北疏、东南密"的总体格局特征，并围绕城市形成了"团块 + 轴带"组合式的空间集聚形态，包括"弓箭"状、"倒 T 字"型，以及"圆形"状集聚区[14]。虽然小市镇空间布局具备"东部密集西部稀疏"的特点，但是西部地区仍然凭借着自然环境、农业基础等条件，使得小市镇数量和比例不断增加，区域分布和增长速度趋势好于中部地区，得到了进一步发展。在城镇群体系中，各小市镇分布在城市周围，把城市和农村连接在一起，一方面扩散了城市的聚集优势，将资源辐射到农村地区，带动了农村地区的经济发展；另一方面又纾解了城市资源紧张等问题。如此，互相联动和影响的城市、小市镇和农村构成了完整的城镇集群体系，使我国城镇布局更加合理[15]。

尽管在外部空间形态上呈现出"东多西少"的特征，然而在内部空间形态上，无论是东部、中部、还是西部地区的小市镇内部建设都和科学研究成果紧密结合，互相促进，各地根据自身资源禀赋的不同，形成了同时兼备科学性和特色感的发展格局。王瑾等（2017）将适应"风环境特征"的设计方法引入小城镇规划布局的技术路径中，以陕南山区某镇为例，探讨基于气候特征的小城镇空间优化方法与实践应用[16]。黄浩（2020）以安徽省明光市女山湖镇为例，提取其空间特色要素，规划提出"招信古镇、灵迹水乡"的空间特色定位，以及"一带，两轴，三核，四片，五水"的空间布局结构，为渔、农业类型小镇空间布局发展提供了借鉴[17]。此外，由于不同时代小市镇政策的导向和引领，小市镇在自身发展定位也截然不同。综合考虑县城区位、在城市群或都市圈等城镇集群中的定位、产业发展状况等客观因素，可分为卫星县城、节点县城和一般县城[18]。我国具有代表性的卫星城例如有长三角城市群中的昆山和南通，京津冀城市群中的廊坊和保定，珠三角城市群中的东莞和佛山等。区域协调发展战略实施和城镇集群体系构建互相促进，以特色小（城）镇为代表的小市镇通过产业修缮、城市修补、生态修复三者的结合，增强城市群内部的经济联系及社会联系，促进城乡高效互动，进一步完善城镇集群体系[19]。

其次，发挥资源禀赋特色，小市镇产业特色不断凸显。

我国小市镇的产业发展经历了从"块状经济"向"产业聚集"转型升级的过程。20世纪80年代，费孝通先生将以乡、镇或县、市为单位发展起来的特色加工业产业区称之为"块状经济"，即围绕产品的加工、生产和销售形成的专业化生产区域[20]。块状经济虽然促进了小市镇经济快速增长，但核心企业缺失、产业层次低下、转型升级缓慢等问题也逐渐显现[21]。面对这样的困境，小市镇纷纷依托自身资源寻找出路。浙江省诸暨市大唐镇立足自身强大的袜业资源条件，通过产品、创新、服务和管理四个方面的转变进行产业转型升级，在构建产业链及高端产业、维护开放系统和提升创新能力等方面为我国小市镇产业集群发展提供了有效借鉴，是我国产业集群发展的一个代表性案例[22]。目前，大唐袜业产业规模超过700亿元，是全球最大的袜业产业集群，共有袜业企业上万家，大唐镇成为远近闻名的"袜业之都"，综合实力位列全国百强，浙江省十强，是国家小城镇建设试点镇、现代示范镇，并在2016年被列为第一批中国特色小镇。不难看出，产业集群发展与小市镇建设之间是互为依托、相互影响、相互关联的共生关系，产业集群能够打响整个区域的品牌和特色，增强小市镇的竞争力和影响力，小市镇愈加闻名的同时，又促进了小市镇产业模式更加先进，产业特色更加鲜明[23]。小市镇的资源禀赋特色，促进了块状经济的形成和转型升级，产业聚集带来各项发展要素汇聚，使其成为小市镇经济发展的新增长点[24]。

除上述的产业转型升级外，特色小（城）镇也成为小市镇发挥资源禀赋特色的重要窗口。以特色小（城）镇为代表的小市镇从最初追逐数量的比拼到如今实现质量的转型升级，各地政府依托产业现状、自然风光和历史文化等各类资源，有效促进了小市镇产业的理性发展。就浙江省首创的3平方公里左右、非镇非区的特色小镇来说，不少分布在大城市聚集区，如浙江省杭州市余杭梦想小镇、西湖云栖小镇等。从以建制镇为单元的特色小城镇来看，住建部按照产业特色划分为旅游发展型、工业发展型、农业服务型、历史文化型、商贸流通型和民族聚居型6种，各类特色小城镇因资源禀赋不同呈现出独特的发展模式。如位于安徽省合肥巢湖市半汤镇的三瓜公社特色小镇，充分开发本地农特产品，吸引电商企业入驻，积极宣传本地民俗文化和旅游项目，成为第一轮全国特色小镇10个典型代表之一。数据显示，该项目首期投资近5亿元，带动了周边11个村庄的发展建设，提供直接就业岗位400个，吸引了近300位年轻人前来就业、创业[25]。与三瓜公社特色小镇以农业为核心发展资源不同，位于江西省赣州市大余县黄龙镇的丫山小镇，凭借着丰富的生态旅游资源，因地制宜推进多种特色产业发展，建成了运动竞技、探险拓展、康乐游戏、健身健美、养生保健等多类特色产业，成为富有当地特色文化气息、旅游要素显著，具有良好市场效应的运动休闲小镇[26]。

最后，增加基础设施投入，小市镇空间品质持续改善。

近年来，小市镇在基础生活设施和公共服务设施等方面有了显著的提升，从供水普及率、排水管道长度、公园绿地面积和公共厕所等指标的增加上可发现政府越来越重视小市镇的人居环境建设[10]。我国建制镇的供水普及率从2012年的80.8%增长到2020年的89.1%，排水管道长度从2012年的13.2万公里增长到19.8万公里，公园绿地面积从2012年的3.73万公顷增长到2020年的5.01万公顷，公共厕所在8年间增加了3万座。2020年，全国建制镇对于供水、气、热，排水，园林绿化，环境卫生上的投入分别达到317.03亿元、509亿元、177.13亿元、225.95亿元。交通对于小市镇的产生和发展也起着举足轻重的作用。2020年，我国建制镇建设对于道路桥梁的投入达到668.16亿元；道路长度达43.90万公里，与2012年相比，道路长度增加了14.8万公里；道路面积扩展到291002万平方米，桥梁数达到80618座。以上数据均能反映出政府对于小市镇基础设施和公共服务的重视程度，期望通过打造更加宜居的环境提高小市镇的发展质量，吸引更多的人口和资本回流，进一步促进小市镇的良性循环发展，绿色小镇和生态小镇目标更进一步实现。

当然，尽管小市镇质量有了极大提升，然而由于区域差异等原因，仍然存在一些挖潜空间。具体来说，在推行区域协调发展的城镇集群建设政策过程中，国家政策还是不可避免地会向特大城市和大城市倾斜，小市镇所获得的帮助和支持远远不够，包括基础设施、教育资源、医疗资源等依旧无法满足小市镇人民的需求。在追求以人为本的城镇化高质量发展时，对于农业转移人口的各项权利政策与小市镇原居民仍有差距，公平性稍逊，居民认同感低。此外，我国东部、中部、西部地区的小市镇发展水平相差较大，尤其是西部地区，小市镇的质量水平不高。小市镇发展水平的差异也能侧面展现出小市镇吸纳非农人口就业、实现农业转移人口市民化的能力存在较大的提升空间。

第五节　结论：小市镇发展经验与教训

小市镇作为我国城市建设的重要节点、新型城镇化推进的重要载体，紧密连接着大城市和乡村。小市镇的发展于城市而言，能够刺激市场需求、带动城市基础设施建设、增强城市辐射能力；于乡村而言，能够促进农村剩余劳动力转移、促进农业大规模产业化、减轻资源和环境压力[27]。小市镇的发展为我国实行区域协调发展战略、构建城镇集群体系和走新型城镇化道路提供了宝贵的经验和教训。

一、小市镇发展建设过程中的经验

（一）重视顶层规划设计，促进市镇高质量发展

顶层规划设计对小市镇的发展建设是至关重要的，它决定着小市镇的自身定位、建设目标和未来发展方向，是小市镇能否科学健康发展的前提条件。无论是总体规划、详细规划，还是相关专项规划，都要坚持以人为本的原则，树立超前意识，构建灵活的格局，同时注重凸显文化内涵和地方特色，重视园林化景观和环境保护，强化生态理念[28]。

客观上讲，小市镇蓬勃发展时期，各类规划设计文件层出不穷，为小

市镇各个方面的发展提供了政策指引。但是，部分细分规划之间未能做到彼此适应和促进，未能真正落实"小城镇，大战略"的定位，在一定程度上，小市镇错失了提档升级的历史性机遇，也逐渐模糊了小市镇应有的角色定位、迷失了发展方向[29]。

而进入新时代，在新型城镇化背景下，小市镇开始追求高质量发展，从前文叙述的政策演进可以看出，高质量发展促使小市镇的规划设计纷纷开始挖掘小市镇的潜在价值，即从人口、产业、土地、空间、环境5个方面共同助力小市镇进步。人口层面，为解决小市镇对于农业转移人口的吸引力不足的问题，小市镇规划注重人口制度和户籍制度的一致性，提高对于外来搬迁人口的福利程度，尽可能吸引到更多的人口。产业层面，规划设计把"特色"和"聚集"作为推动产业发展的关键词，特色小（城）镇和产业集聚依托此而升级发展，成为反哺小市镇的坚实力量。土地层面，注意土地使用效率的提升和土地使用结构的合理规划。空间层面，注重空间布局的合理性、各项交通设施的便利性，以及人居环境的改善。环境方面，注重基础设施建设和生态环境的保护，推动小市镇可持续发展。顶层规划设计的5大方面共同发展、和谐一致，是我国小市镇取得高质量发展的重要基础和根本保障。

（二）立足自身因地制宜，追求特色产镇融合

产业经济是小市镇赖以生存发展的基础。根据城市发展积累因果理论，当城市发展到一定水平时，决定城市增长的能力取决于城市能否形成一种繁荣的主导产业，因为这一产业将会派生出新的产业，而新的产业又能形成一种繁荣的主导产业及其派生出的新产业，这种累积和循环的产业发展过程将推动城市不断向前发展[30]。

如前文提到的浙江省诸暨市大唐镇，凭借原先的袜子制作加工基础，大力促进产业集聚，建设大唐袜业上下游产业链，使诸暨大唐成为全球闻名的袜业之都。这样的小市镇还有很多，如依靠自身历史文化底蕴和独特

的自然景观资源发展起来的河南省汝州市蟒川镇；借助温泉资源把生态旅游作为特色产业的安徽省安庆市岳西县温泉小镇等等。具体来说，距离大城市较近能够享受到大城市辐射的小市镇，首先大力发展交通，提高大城市与小市镇之间的交通可达性，后可以利用大城市的人才和技术优势，承接大城市的部分职能，发展高新技术产业和现代服务业；农业基础条件好的小市镇，可以通过技术创新和互联网等科学手段，进一步促进农业向现代农业聚集和升级转型，打造知名农产品品牌，大力发展农业相关产业；自然资源丰富且文化底蕴浓厚的小市镇，可以依托其地理位置和历史文化打造文化旅游小市镇，通过积极宣传和推广，发展旅游相关产业。

各小市镇通过做强产业形成品牌和规模效应，再利用产业反哺美丽小城镇建设和乡村振兴，就能够走出一条产镇深度融合的发展道路[31]。只有找到自身独特之处，加以吸收和利用，才能打造一个强劲的产业集群，进一步发挥聚集优势，推动小市镇发展。成功的小市镇产业经济发展经验，为我国小市镇未来产业进一步转型升级提供了宝贵的借鉴。

（三）多种手段完善基建，建设现代宜居市镇

小市镇良好的基础设施是进行招商引资，实现可持续发展的首要条件[30]。中华人民共和国成立以来，小市镇的基础设施建设水平不断提高。无论是对于基本生活的保障还是促进居民生活质量的提高，小市镇发展一直将基建作为城镇建设工作的重中之重。无论是供电、供排水、供热、供气，还是道路交通、生态建设等，政府大多通过PPP模式（政府和社会资本合作模式），吸引民间资本参与到基建过程中。一方面，减轻政府财政压力，使民众得到更高质量的公共服务的有效供给；另一方面，为日益壮大的民间资本、社会资金创造市场发展空间，使其更好地发挥其优势和创造力[32]。

而随着科技的发展，政府也逐渐重视科学技术在城镇基建方面的作用。借鉴"城市大脑""数字城市""智慧城市"等理念，小市镇也不断尝试将科技引入到基础设施的完善中。如浙江新仓镇通过智能交通系统的建设整

治小城镇乱的交通环境，提升交通管控水平与道路通行效率[33]。湖北神农架林区示范基地利用基于移动终端众包技术的公众监督原型系统，实现林区范围内相关事件的公众上报与监督管理[34]。科学技术，让小市镇的基建水平上升到了新的层级。

基础设施建设的不断完善，提高了小市镇的吸引力，让人更直观地看到小市镇未来的发展潜力。越来越多的农业转移人口为了更好的生活环境、更高的生活质量和更完善的基建设施搬迁到小市镇工作生活。小市镇发挥着加强大城市与农村之间的交流，实现人、功能和产业的集聚，缓解农村人口向大、中城市流动的压力等功能，实现了小市镇经济和社会的发展[35]。

顶层设计、产业经济和基建设施三方面的和谐发展，促进了我国小市镇建设质量的不断提高。探其本质，三者皆是从"以人为本"的视角出发，站在人的立场上不断完善小市镇建设，这牢牢印证着城镇建设只有把人作为发展的核心，才有可能收获更大的进步。

二、小市镇发展建设过程中的教训

我国小市镇政策的演进，让小市镇获得了有质量的蓬勃发展，不同时期的政策引导着相应阶段的实践，但是，对比小市镇建设的政策和实践，仍然可以发现这中间存在的挖潜空间亟须厘清和探究。为何小市镇建设的理想和现实之间存在着鸿沟，小市镇发展建设过程中出现了哪些不容忽视的问题？从财政供给、空间差异和居民认同三个方面可以分析出其症结所在。

（一）"大城市倾向"的财政供给导致市镇需求无法满足

长期以来，国家财政投入明显偏向城市，尤其是特大城市和大城市。而随着乡村振兴战略的提出，国家又将重点放置在乡村地区的建设，政策直接绕过小市镇来推行，导致小市镇在基础设施、教育、医疗卫生、社会保障和文体娱乐设施等基本公共产品供给方面比起大中城市还有很大差距，远远不能满足小市镇居民[27]。而乡村地区建设越来越好，农民能享受到更多的福利，生活水平显著提高，小市镇对于农民的吸引力大大降低。

面对小市镇的需求和财政供给不平衡的情况，资金成了小市镇建设工作的瓶颈。基础设施建设主要依靠当地财政投入，小市镇缺乏调动社会资金投入基础设施建设的政策和措施，只有等待上级政府财政划拨才能继续投入建设[36]。而在财政管理体制上，由于镇级财政不是一级财政，没有财政收支权力，且无权征收城市维护费，土地出让金又不足，仅有的少量土地出让金大部分还要交给上级城市政府[37]。如此，小市镇与大中城市相比差距日益扩大。

就算依靠宣传或其他政策暂时吸引到了农业转移人口搬迁至小市镇，但由于小市镇的财政供给仍然不能满足发展的条件，而需求因为人口规模的扩大逐渐增加，这种需求和供给不平衡的矛盾日益加剧，越来越多的人口意识到自己未享受到城镇居民应享受的服务。如何解决需求和供给不平衡的问题，需要国家和地方政府给予支持，改变目前在财政供给投入上呈现出的"大城市倾向"。

（二）资源分布不均衡导致小市镇东西部地区区域差异较大

尽管目前我国的城镇集群体系已逐渐完善，但是，由于我国国土广阔，区域资源和人口分布不均衡，不同区域的城市极化效应、扩展效应和回程效应会带来不同要素集聚和消散等各种因素使得城乡、城镇之间发展水平不一致[38]，导致我国小市镇在地区区域上存在着较大差异，总体呈现"东部密集，西部稀疏"的特征。

唐永等（2022）发现以"胡焕庸线"为界，中国小城镇发展水平呈现"东南高、西北低"的总体格局，同时，超大型小城镇在长三角、珠三角地区不断扩大，中型以上小城镇由沿海和大城市周边分布为主逐步向中西部地区扩展，中小型以下小城镇密集分布在京广—京哈铁路以西，收缩到"胡焕庸线"两侧和东北部分地区[39]。朱建达（2014）认为，我国小城镇从东到西密度逐渐变小、集聚功能逐渐变弱，城镇建设、产业水平、设施配置等也呈现自东向西递减的状态，且东部地区已形成多个城镇密集区，显现出小城镇的区域网络化空间形态[40]。孙轩和张晓欢等（2018）发现特色小镇呈现东部地区引领，西部、中部紧跟，东北发展较慢的发展趋势[41]。小市镇的空间差异，进一步反映出我国城镇化建设仍不够协调。东部地区的小市镇本身资源条件好，劳动力多，利于发挥集聚效应，从而吸引到更多资金和政策扶持，如此良性循环，使得经济再次反哺小市镇的建设。西部地区与之相反，由于资源条件较差，获得的投资和政策福利较少，导致小市镇发展稍逊。

（三）自身和外部的不认可导致农业转移人口的市民认同感不强

新型城镇化建设强调以人为核心，在小市镇建设过程中，农民是最重要的参与主体[42]。农业转移人口能否顺利完成市民化过程决定着小市镇建设，甚至中国城镇化道路的走向。面临新形势和新要求，农业转移人口市民化向纵深发展还有较大的空间[43]，而居民认同就是农民市民化的重要一环，很大程度上影响着其市民化结果的好坏。

大多数农民进入城镇后，会对于自己的身份呈模糊认同的状态[44]。就算搬迁到小市镇，户籍身份已转换成"城市人"，但是他们对于自己到底是"在城市工作生活的"市民身份还是"失去土地的"农民身份却十分迷茫。还有部分农民有较强的"乡土记忆"，他们认为自己就是土生土长的农村人，就算暂时在大城市工作，但最终还是要回到农村生活，讲究"落叶归根"。除了自身的不认可，外部世界的不关注也导致农业转移人口对自身身份无法认同。社区融入是农业转移人口融入城市的关键，是农业转移人口归属感、认同感的重要来源[43]。然而，目前小市镇基层部门对于农业转移人口搬迁至城镇后的就业、医疗、教育和娱乐等各项生活权利的保障与关注度不够，农业转移人口的劳动权益、政治权益与身份权益等公平权存在不足[45]。让农业转移人口真正融入小市镇，不是简单地使其在户籍层面成为"小市镇人"，而是让其在现实中享受到和原居民同等的权利，在心理上认可自己是"小市镇人",感受到小市镇和原居民对于他们的认同。

综上,通过观察三个时期我国小市镇建设的政策演进和实践发展,可以看到我国的小市镇建设正以更稳的步伐、更高的质量和更人性化的要求来蓬勃发展。"十四五"期间,城乡之间的要素流动会更加活跃,能够发挥承上启下功能的小市镇会迎来更多有效激活自身独特作用的机会[46]。面对当前小市镇建设的经验和不足,重视发挥和利用小市镇自身内部的优势,改善市镇需求、居民认同和空间差异层面的劣势,才能更好地将小市镇建设融合到我国实现新型城镇化的发展大计。小市镇只有坚定"以人为本"的核心思想,将自身的独特作用和优势充分发挥,加强政策和实践的进一步磨合,在磨合中不断摸索修正发展方向,才有可能在新型城镇化背景下成为城乡一体化发展的重要一环。

附:参考文献

[1] 吴闫.我国小城镇概念的争鸣与界定[J].小城镇建设,2014(06):50-55.

[2] 晏群.关于小城镇与城镇化的若干问题[J].城市,2005(03):15-17.

[3] 田颖,耿慧志,王琦.小城镇政策的演变特征及发展态势[J].小城镇建设,2014(10):49-52.

[4] 李国庆,王广和,李宏伟,赵海清.小城镇概念的界定及其他[J].四川建筑科学研究,2007(04):212-214.

[5] 宁越敏,项鼎,魏兰.小城镇人居环境的研究:以上海市郊区三个小城镇为例[J].城市规划,2002(10):31-35.

[6] 陈明星,张华.我国小城镇的角色演化特征及高质量发展建议[J].国家治理,2022(08):21-26.

[7] 刘秉镰,朱俊丰.新中国70年城镇化发展:历程、问题与展望[J].经济与管理研究,2019,40(11):3-14.

[8] 张立，白郁欣，庞磊.2000年以来我国小城镇发展与规划的研究综述与展望[J].城乡规划，2022（01）：61–85.

[9] 崔功豪，马润潮.中国自下而上城市化的发展及其机制[J].地理学报，1999（02）：12–21.

[10] 王明田，张雪，陈津，赵亮.新阶段绿色小城镇建设路径和技术导则初探[J].环境保护，2022，50（05）：25–30.

[11] 武力.1978—2000年中国城市化进程研究[J].中国经济史研究，2002（03）：73–82.

[12] 孔德继.新中国70年国家战略对城镇化的影响[J].科学社会主义，2019（05）：108–114.

[13] 马海涛，耿凤娟.论我国中小城镇发展与劳动力集聚的关系演变[J].发展研究，2018（12）：74–79.

[14] 王雪芹，戚伟，刘盛和.中国小城镇空间分布特征及其相关因素[J].地理研究，2020，39（02）：319–336.

[15] 袁雨田.城乡一体化视角下我国小城镇发展问题研究[D].山东大学，2015.

[16] 王瑾，段德罡，姚博，黄晶.适应风环境特征的小城镇空间布局优化研究[J].城市规划，2017，41（09）：92–99.

[17] 黄浩.特色小城镇空间布局规划研究[D].安徽农业大学，2020.

[18] 张蔚文，麻玉琦.我国县城分类建设发展思路[J].宏观经济管理，2022（04）：20–25.

[19] 张蔚文，卓何佳，麻玉琦.特色小镇融入城市群发展的路径探讨[J].浙江大学学报（人文社会科学版），2018，48（05）：177–187.

[20] 王缉慈，童昕.论全球化背景下的地方产业群——地方竞争优势的源泉[J].战略与管理，2001（06）：28–36.

[21] 毕宏波.推进块状经济向产业集群转型的思考[J].经济师，2019

（04）：49-50.

[22] 孙国民，彭艳玲，宁泽逵.块状经济中小企业转型升级研究——以浙江省为例[J].中国科技论坛，2014（01）：128-133+160.

[23] 邵丽娟.产业集群与中小城镇共生关系研究[D].浙江海洋学院，2014.

[24] 左娜，李怡.农产品加工产业聚集与小城镇建设依存关系探讨[J].商业时代，2009（18）：101-102.

[25] 邱浩，王义德.城乡融合发展视域下乡村振兴的实现路径——以巢湖市三瓜公社为例[J].佳木斯大学社会科学学报，2020，38（06）：53-56.

[26] 毛绎暄，胡珊珊，杨春羽，刘珍珍，彭涛.精准扶贫背景下特色小镇发展模式研究——以江西大余县丫山为例[J].农村实用技术，2020（08）：132-133.

[27] 龚新蜀，胡志高.我国城镇化对社会稳定的影响：理想与现实的差异及其原因分析[J].理论导刊，2015（11）：68-72.

[28] 陈进名.谈小城镇规划设计的原则及存在的问题[J].城市建设理论研究（电子版），2018（06）：15-16.

[29] 荣西武.高度重视小城镇对国家战略的支撑作用[J].小城镇建设，2022，40（07）：5-9.

[30] 曹小琳，马小均.小城镇建设的国际经验借鉴及启示[J].重庆大学学报（社会科学版），2010，16（02）：1-5.

[31] 吴淼.乡村振兴背景下小城镇差异化发展模式分析[J].国家治理，2022（08）：42-47.

[32] 刘薇.PPP模式理论阐释及其现实例证[J].改革，2015（01）：78-89.

[33] 杨卫明.小城镇通过智能交通系统建设整治交通环境方案研究[J].城市建设理论研究（电子版），2017（20）：116+118.

[34] 蓝玉良，陈俊文，黄正东.基于众包技术的小城镇智慧管理系统及

其应用[J].科技管理研究，2020，40（02）：216–221.

[35] 赵燕菁.制度变迁·小城镇发展·中国城市化[J].城市规划，2001（08）：47–57.

[36] 于立，彭建东.中国小城镇发展和管理中的现存问题及对策探讨[J].国际城市规划，2014，29（01）：62–67.

[37] 仇保兴.我国小城镇建设的问题与对策[J].小城镇建设，2012（02）：20–26.

[38] 孙久文，石林.我国区域经济发展不平衡的表现、原因及治理对策[J].治理现代化研究，2018（05）：32–37.

[39] 唐永，李小建，娄帆，滕琼瑶.快速城镇化背景下中国小城镇时空演变及影响因素[J].经济地理，2022，42（03）：66–75.

[40] 朱建达.我国城镇化不同发展阶段的区域小城镇空间发展形态与特征研究[J].农业现代化研究，2014，35（02）：140–145.

[41] 孙轩，张晓欢，陈锋.中国特色小城镇发展空间格局特征与政策建议[J].中国经济报告，2018（09）：94–97.

[42] 刘新智，刘雨松.农民参与新型城镇化的核心问题调查[J].经济纵横，2013（11）：93–97.

[43] 李爱民，年猛，戴明锋.我国农业转移人口深度市民化研究[J].中国软科学，2022（08）：67–78.

[44] 彭远春.论农民工身份认同及其影响因素——对武汉市杨园社区餐饮服务员的调查分析[J].人口研究，2007（02）：81–90.

[45] 刘颖，何士青.农业转移人口市民化权益保障的理论基础与实现路径[J].海南大学学报（人文社会科学版），2019，37（05）：152–159.

[46] 王绍琛，周飞舟.困局与突破：城乡融合发展中小城镇问题再探究[J].学习与实践，2022（05）：107–116.

第二章　新时期小市镇建设的战略思考 [①]

第一节　战略环境：新变化、新要求、新作用

一、发展的新变化

（一）城镇化发展阶段变化：更加强调"以人为核心"高质量的城镇化

随着中国城镇化进入"下半程"，新型城镇化进入新的阶段，对小市镇建设的思考需要与时俱进。中国的常住人口城镇化率从1995年的29%增长到接近65%，仅用了27年时间，在世界发展史上书写了前无古人的伟大成就，也造就了不少超大、大、中城市。然而需要注意的是，随着近10年城镇化率增速的持续放缓，中国的城镇化已经步入了城镇化加速阶段的后期，但距离成熟稳定的城镇化阶段还有明显差距。

从国家统计局2022年公布的最新数据来看，中国2021年常住人口的城镇化率已经达到64.72%，户籍人口城镇化率达到46.7%。在这个数字背后，一个新的变化是：户籍人口城镇化率的提高幅度首次超过常住人口增加幅度，也是近5年以来这两个城镇化率首次缩小差距，这种变化意味着常住人口和户籍人口逐步趋同的趋势，也标志着中国新型城镇化开始稳步迈向高质量发展。

---

① 作者：张继升，教授，山东三联集团有限责任公司名誉董事长、法定代表人，田横岛建设发展集团有限公司董事长、总裁；李晶晶，南京大学城市规划设计研究院有限公司北京分公司副总经理，高级城乡规划师。

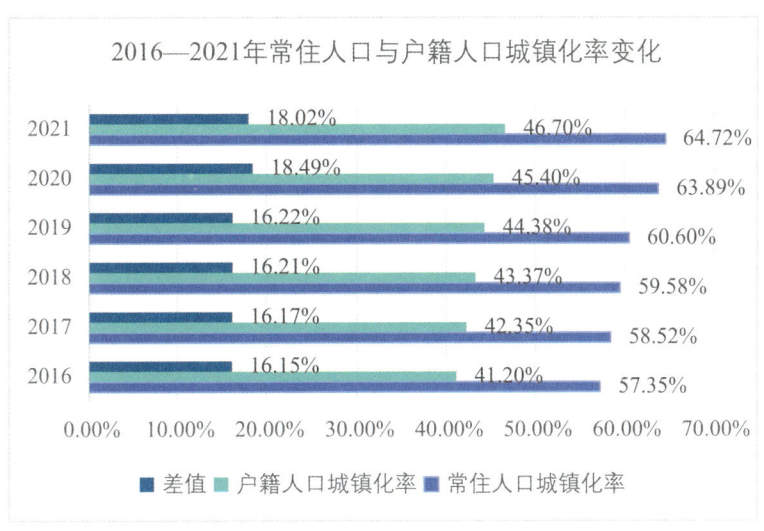

图2-1　2016—2021年常住人口与户籍人口城镇化率变化

数据来源：国家统计局

（二）国家城镇化政策的新变化：对县市镇的分类推动与简政放权政策引导

早在2014年的《国家新型城镇化规划（2014—2020年）》中就已明确指出，城镇化粗放发展的传统模式，已经带来诸多的经济、社会、环境矛盾和风险，并提出"我国城镇化发展由速度型向质量型转型势在必行"的基本判断[1]。这种转型是国家对新型城镇化建设的整体要求，小市镇的发展当然也覆盖其中。

进入"十四五"时期，国家对于新型城镇化建设又提出了新的思路，鲜明地提出要以推动城镇化高质量发展为主题，以转变城市发展方式为主线，以体制机制改革创新为根本动力，以满足人民日益增长的美好生活需要为根本目的，统筹发展和安全，深入推进以人为核心的新型城镇化战略。并进一步明确了实现这一战略的五个路径，即持续促进农业转移人口市民化，完善以城市群为主体形态、大中小城市和小城镇协调发展的城镇化格局，推动城市健康宜居安全发展，推进城市治理体系和治理能力现代化，促进城乡融合发展。值得注意的是，在已经公布的《"十四五"新型城镇化实施方案》中，对于大中小城市和小城镇协调发展路径，制定了分类推进的工作要求，明确指出"增强小城市发展活力""推进以县城为重要载体的城镇化建设""分类引导小城镇发展"等优化思路[2]。

县域、镇域经济与简政放权新要求。除了提出在小城镇层面按照卫星镇、专业功能镇、综合性小城镇、异地安置区等进行分类引导，国家还专门出台了《关于推进以县城为重要载体的城镇化建设的意见》，强化县域经济。根据功能定位将县城按照大城市周边县城、专业功能县城、农产品主产区县城、重点生态功能区县城、人口流失县城等进行引导[3]。同时，近年来以广东等地为代表的"镇域经济""三旧改造""工改工"等相关强化路径和做法，一方面，是说明在国土空间一张图改革的背景下，小市镇的土地增量普遍受限，需要在集约与高效利用方面下功夫；另一方面，也开启了小市镇在简政放权治理方面的重要实践探索。

小市镇的建设对于妥善解决一亿农民的去向问题，实现城乡人口、土地的良性互动也具有重要现实意义。因为农村人口即使进入的是"小市镇"，只要改变了生产方式、生活习惯，并拥有足够且稳定的经济收入和相宜的生存环境，无论其在名义上是什么身份，事实上他都已经不再是农民，而是"市民"，其心理满足程度与其所在城市的大小关系不大，与他是否为农村人口身份也没有必然关系。小市镇不仅可以提供大城市功能分解下的生产与生活空间载体，更能够通过分类公共服务的均等化、品质化供给，全面推动高质量发展下的社会公平与共同富裕。

（三）发展实践的新变化：城镇化载体的多元化

我国城镇化的载体呈现越来越丰满、多元化的新变化。根据国家公布的统计数据，截至 2010 年年底，我国地级市数量为 283 个，县级区划数量为 2856 个，乡镇级区划数 40906 个。截至 2020 年年底，我国地级市数量为 293 个，县级区划数量为 2844 个，乡镇级区划数 38741 个。10 年间，地级市数量增加了 10 个，县级区划数量减少了 12 个，乡镇级区划数减少了 2165

个。这样的城镇发展结构上的变化，一方面，说明我国城镇化依然有着丰富的空间载体。另一方面，在这其中，需要看到的是，尽管县级和区划数总量上在减少，在过去的 10 年间，我国县级市、市辖区数量都有明显增加，建制镇的数量更是增加了 1747 个。这可以看出，以本文所指小市镇为核心的新型城镇化载体又回到了舞台中央，也说明我国城镇化已经开始逐步优化传统低效的载体数量结构，即更加看重载体发展的质量（图 2-2）。

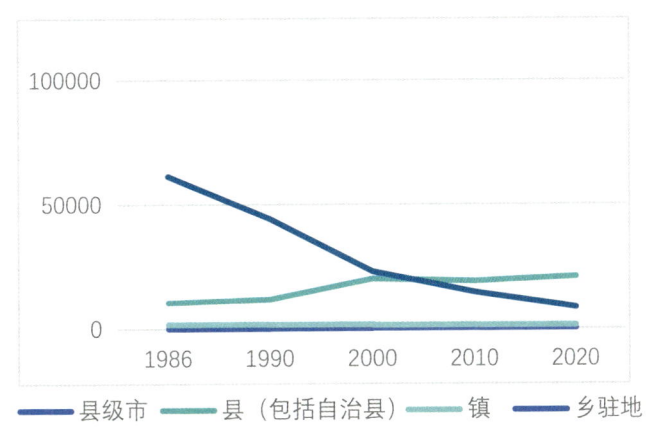

图 2-2　1986—2020 年全国县级市、县（包括自治县）、镇和乡驻地数量变化情况

数据来源：国家统计局

二、发展的新要求

（一）理念的新要求：从增长主义的终结到"以人民为中心"

原本快速城镇化的"增长主义"发展，如今已经进入到终结期，并向着"以人民为中心"、高质量城镇化目标进化。中国过去 20 多年的城镇化，是以单一关注速度与效率的增长主义理念为支撑的。尽管中国经济出现了"高速增长"的现象，然而这种伴随中国城镇化进程同步出现的现象，又是以地方政府追求外延扩张、"土地财政"为主要逻辑实现资源争夺和资本增值的，这种发展理念直接导致了资源粗放利用、生态环境恶化、城镇空间无序蔓延、城乡割裂与二元结构矛盾等问题[4]。但如今，这种传统意义上的增长主义思维正在被终结，是以社会建设和政治体制改革新思维的提出、通过宏观调控强化和制约地方政府的行为、多重支撑要素约束形成的倒逼机制等共同形成的内外合力所推动[5]。近年来，国家反复强调"以人民为中心"的城市建设理念，作为现代化发展的"根"和"魂"，并进一步提出了高质量发展的新理念[6]，是对中国城镇化的发展理念的又一次进化。因此，对于未来的新型城镇化的发展阶段，也将从追求人基本需求和实现全面小康的"高质量城镇化"走向追求人的全面发展与共同富裕下的"全面现代化的城镇化"目标而迭代[7]。

（二）认知的新要求：小市镇是区域协同、城乡融合的关键"关节"

对于发展新阶段的小市镇，也需要在认知上产生新要求。如果说1980年费孝通先生笔下的"小城镇、大问题"，指出的是中国城镇化方针的战略重点，那么在近20年城镇化高速发展时期，中国小城镇的发展逐步形成了一些特有的内涵标签，如"城市之末、乡村之首""乡村要素向城市流动被逾越的空间""城与乡形态的衔接点和转换站"等等[8]。究其原因，这些学术意义的总结和归纳，实际上都反映了小市镇更多作为城市的"附属品"和乡村的"补给站"这一人们期待的良好愿景。然而，实际的情况是，由于中国大部分的小市镇缺少推动城镇化的重要要素（比如人、土地、资本等，这些要素往往是大中城市优先），其发展并没有真正起到"城镇化人口蓄水池"的作用，却往往表现为低水平的城镇化。

对小市镇认知的新要求体现在两个方面。第一，认知重心方面，重作用而淡化行政概念。与其对小市镇的规模、人口进行标准化的定义，不如模糊定义小市镇，将能够对城市发展、乡村振兴有明确分工和推动作用的小城市、县城、建制镇和集镇，甚至重要的乡村集中片区等都纳入小市镇的内涵范畴，而不仅仅局限于小城镇或小镇，从而引导小市镇在区域发展中发挥更大的作用。第二，认知角色方面，中国的城镇化需要小市镇真正走到"台前"，主动参与到新型城镇化发展的新阶段中，承担起区域协同、城乡融合及就地城镇化的"关节"角色,这也是小市镇未来的本位角色。有学者指出,小市镇依然是就地城镇化的主要空间载体,因为2000年以后近一半以上的新增城镇人口在小市镇实现,同时小市镇整体的经济贡献和就业吸纳能力,相对大中城市,也占据了"半壁江山"[8]。可以看出,小市镇对于推动我国全面现代化的城镇化,特别是推动实现高质量的城镇化,将起到关键作用。

综上,以小城市、县城、建制镇等为载体的小市镇,已经明确纳入国家新型城镇化的最新发展部署,需要在分类引导的思路下,进行深入的研究与实践。以建设和普及小市镇为重要内容的新型城镇化,也将使我国的城镇化进程完成由"量变"到"质变"的飞跃,最终实现中华民族的伟大复兴。

三、小市镇的新作用

(一)区域稳盘的新抓手

高质量发展小市镇是未来提升城镇化多元载体发展质量的新抓手。一方面,区域稳盘是当今国家和地区的重点关注。可以看到,在国际、国内经济形势愈加复杂、经济挑战多元化的今天,"稳住基本盘"已经成为国家的首要任务,特别是疫情对社会经济的压力持续显现,区域发展层面处在攻坚克难、爬坡过坎的关键时期。另一方面,从城镇群角度讲,小市镇的高质量发展可以夯实这个区域体系,从而让城镇群的发展更有持续动力。

(二)城乡一体的新基石

从城市与区域关系角度讲,小市镇本身就会是大城市或都市区的一个重要功能区,建设小市镇可以真正推动城乡一体的实现。就像人体中缺少"关节",即使有骨架也立不起来,建设大中小城市和乡镇协调发展的空间格局,要求小市镇要发挥"关节"的作用,成为整个城镇化进程必要的组成构件。小市镇从来不是、也不应该是城市和乡村间的"桥梁",而是和城市发展与乡村振兴密切相关的黏合剂。应该对于过去20年间小城镇所谓

"蓄水池"的真实作用进行反思，因为小市镇本身就应该是自给自足、均衡发展、具备城市功能的地域，当小市镇建设真正能够对在城市和乡村人的行为产生主动吸引，这种黏合的作用就可以发生，小市镇就会成为城乡一体的新基石。

第二节　对小市镇建设的新理解

一、区域观的问题

（一）小市镇的发展需要首先树立区域观

无论是从西方经典的"卫星城""田园城市"等理论，还是从过去20年中国小市镇的本土化实践经验，都体现了"追求实现个体与所在区域协同发展"这一基本逻辑。谈到西方的"卫星城"理论，大多数人首先想到的也许是霍华德的"田园城市"思想，以及世界第一个实践的经典——莱奇沃思（Letchworth）田园城市。实际上对于这一理论，相关研究已经很多，笔者不再赘述，其思想的核心一直传承至今，即降低大城市集聚程度，建设自给自足、均衡发展的优质城镇。在过去20年中国城镇化高速发展的阶段，"卫星城"理念很好地承担了增长主义思想下的工具载体，通过不断出现在各种政府文件、规划报告，演化成各地争相发展的新城、新区、新市镇等，它们已经成为西方经典理论在中国实践落地的本土化代名词，也一定程度上造就了中国土地城镇化远高于人的城镇化这一普遍问题。而在以人为核心新型城镇化的转型背景下，"卫星城"理论本土化的实践要不断"纠偏"，需要真正回归西方"卫星城"建设的本质。笔者10多年前曾经慕名走访了莱奇沃思田园城市，除了小镇自身携带的经典理论光环，感受更深的，是小镇功能的朴实无华与安宁和谐的内心体验，至今难忘。也许这就是当时"卫星城"建设的终极目的——实现可持续、人地和谐的城镇化。

（二）运用区域观可以清晰理解新时期小市镇建设

因为小市镇可能是大城市的卫星城，也可能是田园城市，还可能是城乡统筹的重要平台，需要根据所在区域差异提出不同的建设路径。这与新型城镇化"分类推动城镇群发展""有序培育现代化都市圈""健全城市群和都市圈协同发展机制"等新要求高度契合。此外，带着区域观也能够让决策者立足更高的站位与更全面的视野，让小市镇的建设行稳致远。

二、定位内涵问题

（一）从"功能性消费"向"品质型消费"转变

笔者认为，由"功能性消费"向"品质型消费"跃迁的时代已经到来。一方面，从房地产市场的消费需求来看，人们已经不满足于低水平的"居者有其屋"。在过去20年间，中国房地产业发展的结果主要是满足城市居民"功能性消费"需求，这一点从我国城镇居民人均居住面积的快速增加可以印证。如果说居住到"水泥森林"中的城市和农村居民，标志着有效居住需求"从无到有"的基本完成，那么房地产消费需求的"刚需"已经开始削弱。伴随而来的是对住宅的空间、功能上更多的要求，例如与父母亲人、子女同住，甚至保姆的空间，家庭成员交往、娱乐的空间，共享便捷的健身活动场地、安全周到的无障碍设施、24小时应答的安保服务等等[9]。这些新的需求变化，体现的是随着经济的发展和生活水平提高，用户对未来房地产产品的自然反映。另一方面，日益成熟通达的区域交通网络，为三四线城市和小市镇赢得了更多的关注度。随着信息化的不断发展，远程办公、线上办公成为与传统办公场所共存的办公形式，由此带来的是生产生活方式的变化。人们在追求高效率工作的同时，也开始寻求远离城市喧嚣、安逸舒适的工作环境，向往着没有堵车烦恼、风景优美、空气清新但又不失便捷城市服务的生活状态。近年来出现的一些工作室、画家村、企业总部等，很多选址并不在大中城市的中心，而是在风景优美的小市镇，也说明了品质型的生产生活需求与小市镇建设密切相关。

（二）从"基础功能补缺"到人们需求提升后的"品质供给"

有需求就要有供给，人们对小市镇高品质的需求对应高品质的供给。一方面，小市镇本身要弥补基础"功能性"的缺口和短板，如提升基本居住及配套服务设施的均好覆盖，同时也需要进一步加强能"留住人"的设施建设，如公共交通建设、养老及亲子服务、高等级医疗及教育配套、生态环境建设等。另一方面，国家近年来也发布了以建设品质城市为目标的相关评价指标体系。根据2020年底发布的《新型城镇化——品质城市评价指标体系》，发展质量与文化品位高度融合、有机统一的城市才能够被认定为品质城市。品质城市的评价指标体系包括了三级指标等，共多达94项指标，涵盖经济发展、社会文化、生态环境、公共服务、居民生活5个方面[10]。因此，建设高品质的小市镇供给是大势所趋。

三、建设支撑问题

（一）引入：对待小市镇的"赋能"问题要更为审慎

需要回归理性来看待对于小市镇的"赋能"问题。近年来，"赋能"一词频频出现在政府文件中，进而也不断出现在各类规划的文本当中。前几年的全国范围内大量出现的"特色小镇"，实际上可以看作是一种自上而下的"赋能"。一些小市镇通过自上而下的"赋能"，确实得到了"能"，也得到了发展。然而，也应看到很多小市镇所提出的宏大"赋能"目标和定位，实际上更多是地方政府的一厢情愿。真正的"赋能"，是需要一个主体为某个或某几个主体赋予持续发展的能力和能量，是真正能够影响和带动发展的能力。如果"赋能"偏了，不仅不能带动发展，而且还会导致小市镇发展的巨大负担，而小市镇由于往往基础薄弱、抗风险能力有限，真正的发展更容易被这种折腾所耽误，一旦出现，长久难以复苏。至于所谓对企业的"赋能"，更是无从谈起，没有哪个大企业是通过靠外部"赋能"持续扶持发展壮大的，因为不符合市场规律。

（二）导向：对小市镇"无为而治"与自主发展的倡导

再回到小市镇建设上，慎用"赋能"不是不作为，而是遵循因地制宜原则稍加引导，是一种自然而然的"无为"。作为小市镇而言，规划的容错能力相比大城市而言更低，因此需要在精准的定位下，对空间、文化等各项支撑设施提出建设导向。而"规划科学是最大的效益，规划失误是最大的浪费，规划折腾是最大的忌讳"①，因此，因势利导，做有限、有效地引导才是小市镇建设所应追求的。

在这其中，无论是"赋能"的做法还是"无为"的导向，瞄准小市镇的"人"来思考才是最关键的。打个比方，就像没有什么人是通过持续"造血""输血"而成为真正健康的人一样，无论企业还是地方，只要出现了"应运而生"的领头人（俗称"能人"），很快就会发展起来。谨慎、有度地在小市镇提倡、鼓励发展"能人经济"，但要谨防各类行政长官借助于"能人"滥施"赋能"。少一些"打造"，多一些"挖掘"，就有机会实现小市镇"无为而治"的发展结果。

第三节　小市镇的建设内容在丰富

由于新型城镇化时期出现了新变化、新要求、新作用，小市镇的建设内容也需要更加丰富。建设内容上涉及的重点，需要从传统意义上小市镇集中式的"物质空间"（往往是县城、建制镇镇区或乡驻地等）扩大到更大区域，从区域、定位、专项支撑、实施等多元的方面进行系统研究。这样的研究指导下，小市镇的规划建设更加注重各种相关"人"的需求和体验。笔者根据多年实践，提出新时期小市镇核心建设内容，包含4个重点，分别为小市镇建设方向、小市镇建设格局、小市镇专项建设、小市镇建设水平（图2-3）。

---

① 《一见·城市建设，总书记强调必须把这一点放在首位》发表于人民日报，2021年3月25日。

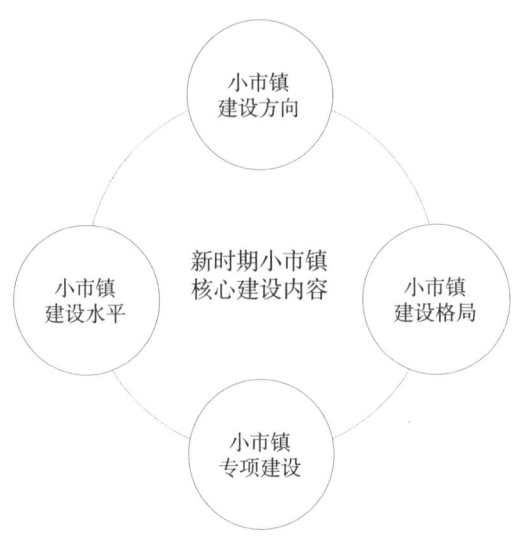

图 2-3 新时期小市镇核心建设内容

资料来源：作者自绘

一、小市镇建设方向：需要以小市镇所在都市区的区域分工与区域定位目标为方向

（一）都市区区域格局的方向

就像鱼离不开水，小市镇建设离不开所在的大区域。只有充分契合宏观层面的区域发展格局，小市镇建设才能实现与周边城市的关联关系，才能实现区域空间格局的改良与协同。小市镇的规划建设，首先需要对其所在大到都市圈、城镇群，小到周边大中城市区域进行整体分析。包括需要对最新的区域政策、区域战略进行了解，明晰区域发展的思路；分析都市区区域空间结构，准确把握小市镇未来的发展方向；同时，对小市镇周边的大中城市和临近小市镇进行重点分析，针对性了解现状产业情况、重要项目建设情况、区域交通联系情况。研究小市镇所在区域格局，是客观把握小市镇发展目标的第一步。

（二）区域中的人：小市镇目标社群分析

小市镇要发展，必须回答好"人从哪里来"和"为什么来"的问题，答案就在小市镇的区域中，需要进行小市镇目标社群分析来得到。这是因为互联网的不断发展，已经出现了一些新经济的盛行，如"网红经济""粉丝经济"等，更需要瞄准小市镇未来建设的使用者的兴趣和需求，即"社群"进行研究。这种转变不仅不同于以往所谓的"客群"分析，而是上升到对由地缘关系和社会关系组成的人群共同体，以及其传播的社会互动关系层面的研究[11]。其目的是理解区域中存在的人群不同需求，进而对小市镇潜在吸引的目标人群、提供的社群核心及配套功能进行精准匹配，这样才能够让小市镇成为融入社群的一种自然生活状态，从而推动人的城镇化。

二、小市镇建设格局：对发展路径的定制与创新

（一）小市镇定位：不止一句口号

小市镇的定位不应是一句口号，而是对未来定制化的发展角色。小市镇定位定什么？第一，定角色。很多地方管理者对小市镇层面提发展定位时理解较为片面，认为有了"响亮"的定位口号，就能带来发展的机会，其结果就是导致了定位的同质化。笔者认为，定位应该有一定高度并适度超前，但不能脱离小市镇发展的基础，角色定位要让小市镇"踮起脚尖"能够得着。第二，定类型。明确小市镇未来的发展类型，建议可以从对接相关国家政策分类的角度，从卫星市镇、专业功能性小市镇、综合性小市镇等进行明确。第三，定目标。对于小市镇的人口、经济、环境、公共服务、交通等方面的近远期目标进行制订。

（二）小市镇建设格局：对建设路径的顶层设计

小市镇的建设格局，是小市镇建设路径的顶层设计，也是接下来各专项及实施的重要依托。因此，需要在明确定位后设计小市镇的发展格局。对于小市镇而言，建设格局是对小市镇发展模式思路创新综合考量的结果。首先，是设计小市镇的发展模式。其次，基于小市镇的资源和发展现状提出创新发展的发力点，即战略路径，也是各专项内容的建设要点。关于小市镇创新发展模式、战略路径的相关思路，后文章节会详细阐述。

三、小市镇专项建设：小市镇的产业、空间（土地）、文化等要素的针对性建设

（一）小市镇的产业建设：小市镇建设内容应与县城、重点乡镇的功能专业化和产业升级相结合

精细小市镇的功能建设。要真正因地制宜，理性和准确地确定小市镇的功能定位，不用过分追求全部居民职、住平衡和本地就业的"大而全"。因为根据世界经验，无论是荷兰等区域的新城，还是我国香港地区的新市镇，都不能做到完全满足本地的就业需求，而在本就职住关系失衡的大陆地区，实际表现更为显著[12]。小市镇功能类型的细分将直接关系到小市镇产业体系的发展，在确定小市镇功能定位时，需要把握好与县城、重点乡镇功能专业化和产业升级的关系。

培育小市镇"内外兼柔"的产业生态。产业生态培育方面，小市镇建设需要充分考虑当今经济通过"柔性生产"的企业群落组织应对市场不确定性，尊重企业意愿，建设内外兼修、内外兼柔的产业生态。回顾过去的小市镇，无论是集体经济为主的"苏南模式"，还是以私人经济为主的"温州模式"，都体现了鲜明的"柔性生产"特征[13]，即根据市场需求获得范围经济、快速组织生产、强调创新与生产的结合，从而为专业化的中小企业带来发展机遇[14]。在外部产业衔接发展上，小市镇需要降低姿态，努力寻找符合自身资源禀赋基础的产业门类，坚决避免同区域内的同质化、同品类竞争，要发挥小市镇产业发展相对自由灵活的优势，积极争取区域发展中出现的产业机会。在内部产业培育上，鼓励小市镇实现更高质量的"柔性生产"，即公平看待小市镇中小微企业、小微农场等小微经济体，通过细化垂直分工，刺激小市镇小微企业的发展能动性，逐步实践小市镇的"柔性生产"下的灵活机制驱动发展。政府则需要做好"服务员"，少一些"打造"和"管控"思维，在如何为企业和居民做更高质量的服务配套方面做实在的引导和政策扶持。

（二）小市镇的空间建设：小市镇空间建设应覆盖全域资源的整体保护与综合利用

　　小市镇需遵守生态的整体保护原则。小市镇生态环境的完整性保护，是小市镇高质量建设的"硬环境"基础，需优先于物质空间的开发进行考量。一方面，高质量的生态环境本身就是人生活和工作共同的向往。国内外人流如织的小市镇，大多都拥有良好的整体生境，人们行走其中，更多的是对高质量自然生境的感知。然而，中国由于过去20年追求的快速城镇化速度远远超过质量，发生了不少令人遗憾的污染环境事件。更加遗憾的是，这其中很多发生在小市镇层面，这是因为小市镇往往承接了中心城区或周边大城市淘汰并转出的高污染、高耗能产业，而小市镇生态环境一旦遭到破坏，往往是不可逆或需要更长时间才能恢复的。另一方面，金山银山理论近年来的深入实践和成效，也更加印证了小市镇中的绿水青山内涵远远不止于对"山水林田湖草沙"等资源的保护，而是可以进一步将其转化为高附加值的生态产品，可以真正为实现高质量的城镇化提供条件。

　　小市镇需进行全域土地空间的综合利用。小市镇的空间建设应树立全域土地空间"一盘棋"的综合利用思想。这里的"全域"，是指小市镇（可能是小城市、县城、建制镇或集镇等）有行政边界或者无行政边界但通过自然界限形成的相对完整的区域。小市镇全域土地空间的综合利用，是对建设用地和非建设用地功能进行同步地布局和安排。主要考虑三个方面的因素。第一，国家国土空间规划体系改革的不断深入，特别是"三区三线"等底线管控相关条件的确立，对建设的边界形成了更加精准的要求，各类边界内外的管理政策也会出现差别，需要建立用地的全局意识。第二，从建设用地的供给上看，各地新增建设用地指标在小市镇层面的供给在紧缩，小市镇依托存量的开发将进入常态化，而在这其中的现状县城、镇区乃至乡村的土地，都需要作为重要的存量资源进行认真整理，对低效土地全面进行盘活。第三，对于非建设用地空间的规划引导程度需要进一步明确，与建设用地的布局形成相互支撑关系。在这方面传统规划内容较少涉及，但随着对耕地、林地、水域及岸线等非建设用地的保护日益重视，需通过更明确的功能引导、项目策划来推动非建设用地的综合利用。

（三）小市镇的文化建设：小市镇建设内容应从物质空间的属性过渡到对小市镇社会与文化属性的建设

小市镇需要回归以人居环境配套改良为重点的社会属性。以人为核心高质量的城镇化，需要小市镇高品质的"人居"属性做保障。首先，要加强"改善型住宅"在小市镇的建设。"改善型住宅"是实现"共同富裕"的重要指标，推广、普及"改善型住宅"是提升"幸福指数"的重要手段。"改善型住宅"具备完整的公共服务、市政基础等配套。通过积极挖潜小市镇存量建设用地，或者通过对现状居住空间进行更新改造，提高用地效率，实现小市镇在居住容量上的扩容。其次，注重引入智慧城市相关的数字化建设，如智慧社区、智慧交通、绿色建筑等新技术设备，需要在小市镇加以植入和推广。因为这是能够让小市镇的服务便捷程度与大中城市迅速接轨、大大提升居民幸福感，以及对高质量生活认同感的重要方式。最后，适度倡导小市镇的混合居住布局，避免社会隔离。将小市镇中的人作为一个整体，充分尊重小市镇原住民的生活方式，尽量减少诸如"迁村并点"行为，而是和新居民的活动空间适度交叉，设施服务进行共享，这样在有效提升公共服务覆盖的均好性的同时，也保留住小市镇的地方基因。

小市镇也需要挖掘以在地文化的多元体验为亮点的文化属性建设。通过深挖小市镇的历史文脉等在地文化资源，让小市镇更深刻的文化属性得以彰显，为小市镇中生活的人增强归属感，也成为小市镇文化自信的亮点。一方面，对于具有历史文化价值的物质和非物质文化遗产或文物古迹，小市镇建设时必须要重点保护，严格按照相关保护规定进行保护与维护，是对小市镇文脉传承的基本要求。另一方面，小市镇的文化也要推陈出新，结合地方的发展实际，以及小市镇"社群经济"可能带来的新文化进行思考（如近年来频繁出现的网红建筑、网红打卡地等），用包容和发展的思维，让小市镇的文化体验更加多元，让文化基因在小市镇获得长久的生命力。

四、小市镇建设水平：兼顾近、远期的刚性与弹性，弱化行政化的机制探索

在提升小市镇的建设水平方面，也需要循序渐进地稳步推进。这是因为小市镇的基础条件较大中城市通常没有优势，需要更长的时间培育、生长。因此，分期建设是明智之举，在不同的阶段、各阶段建设条件各异的情况下，形成兼顾近、远期的刚性与弹性。

（一）近期：嵌入与提升，明确十年发展的基础刚性与布局弹性

在小市镇建设初期，需要通过嵌入外部资源提升小市镇的生态环境建设、基础产业项目建设、公共服务配套建设、市政基础设施建设，从而使其具备对人群有吸引力的基本条件。这一时期，要明确用好外部给予的投入和支持（资金、土地、政策等），坚定按照小市镇总体发展计划所确定的高质量目标，为本地居民环境改善、争取外部新居民两个方面共同塑造出小市镇品质建设的刚性，如明确必须建设的居住、教育、医疗、商业、康养项目等。因此，对于这些投放的目标需要更加精准，通过项目导向让投入产出更高效。需要注意的是，即便是近期，仍需要先建立各方共识的小市镇开发的整体计划（或总体规划），需要用全局思维确定近期发展的目标和重点。

（二）远期：迭代与增值，结合市场反馈实现自我动态迭代生长

小市镇的建设步入成熟期，则应该充分发挥市场的指挥棒作用，减少行政层面的建设干预。小市镇的建设需要更加敏锐的应对市场反应，及时进行建设的动态迭代。这是小市镇真正实现"自给自足、均衡发展"的必要过程。无论是单一主体进行开发和运营的小市镇，还是多个开发主体共同推进的，都需要寻找到当时最适合的市场和目标社群前提下进行开发供

给，并在持续实践中不断修正、完善、创新。

（三）小市镇分类机制的实践探索：弱化行政化

笔者认为，小市镇建设治理的成败，最终应该以经济、社会的综合指标（如以居民感受作为依据的幸福指数等）衡量，而不应纠结在小市镇所处的行政级别。中国特色的"市、县、镇、乡"等行政级别，对于小市镇建设的质量并没有直接的关联关系，有人之所以特别在意其所在城市的类别，所关心的往往是与之相关的行政级别。因此，应该提倡小市镇建设不过分强调所谓"行政化"的角色和作用，防止当权者偏离客观，把自己的审美取向、兴趣偏好强加在小市镇上。

同时，小市镇建设的区位不同、基础不同、资源不同、参与者不同，发展模式和相关机制也不尽相同。研究、分析不同要素主导下小市镇的发展模式和机制，对于探索从传统单一的"自上而下"管治，到更加注重"以人为核心"的小市镇多元化协同治理，对于推动城乡融合、推进新型城镇化的深度实施意义重大。有关小市镇发展模式、分类机制的相关研究探索，将在其他章节进行详细论述。

────○ **第四节　结论与讨论** ○────

随着城镇化的发展，政策与实践带来新的变化，小城镇成为多元载体推动新型城镇化中的重要环节之一，重新回到了舞台中央。曾经"城市之末，乡村之首"的小市镇，正在朝着区域协同、城乡融合"关节"作用进化。经过了过去20年快速城镇化的建设实践，不仅小市镇的认知范畴需要更新，小市镇的发展理念也需要与时俱进的新思考。无论是区域观的问题，还是从功能到品质定位内涵的问题，或是"引"与"导"的建设重心问题，其最终都是要回归以人为核心的小市镇高质量发展。本文基于小市镇的规划建设，更加注重各种相关"人"的需求和体验，结合笔者多年对小市镇建设的规划实践，从建设方向、建设格局、专项建设、建设水平等角度提出了新时期小市镇高品质建设的4个核心内容，丰富了未来小市镇建设的内容框架，也基本厘清了高品质小市镇建设的重点脉络。

附：参考文献

[1] 中共中央国务院.国家新型城镇化规划（2014—2020年）[EB/OL]. [2014–03–16]. http：//www.gov.cn/gongbao/content/2014/content_2644805.htm.

[2] 国家发展和改革委员会."十四五"新型城镇化实施方案[EB/OL]. [2022–07–12]. https：//www.ndrc.gov.cn/xxgk/zcfb/tz/202207/t20220712_1330363. html? code=&state=123.

[3] 中共中央办公厅、国务院办公厅.关于推进以县城为重要载体的城镇化建设的意见[EB/OL]. [2022–05–06]. http：//www.gov.cn/zhengce/2022–05/06/ content_5688895.htm.

[4] 蒋正云，胡艳.中国新型城镇化高质量发展时空格局及异质性演化分析[J]. 城市问题，2021，（03）：4–16.

[5] 张京祥，赵丹，陈浩.增长主义的终结与中国城市规划的转型[J]. 城市规划，2013，37（01）：45–50+55.

[6] 习近平.把握新发展阶段，贯彻新发展理念，构建新发展格局[J]. 先锋，2021，（05）：5–13.

[7] 尹稚.以人民为中心的城市治理[J]. 城市规划，2022，46（02）：7–11.

[8] 本刊编辑部.小城镇之路在何方？——新型城镇化背景下的小城镇发展学术笔谈会[J]. 城市规划学刊，2017，（02）：1–9.

[9] 张继升.中国房地产市场：由功能型消费到改善型消费的转变[EB/OL]. [2020–07–25]. https：//baijiahao.baidu.com/s? id=1673152394600394731&wfr=spider&for=pc.

[10] 国家市场监督管理总局，国家标准化管理委员会.新型城镇化品质

城市评价指标体系: GB/T 39497–2020[S/OL].[2020–11–19].https://www.nssi.org.cn/nssi/front/112660266.html.

[11] 金韶，倪宁."社群经济"的传播特征和商业模式[J].现代传播（中国传媒大学学报），2016，38（04）: 113–117.

[12] 解永庆.香港新市镇紧凑发展的经验与启示[J].城市发展研究，2014，21（07）: 100–106.

[13] 郭利平.产业群落的空间演化模式研究[D].华东师范大学，2005.

[14] 朱华晟，王缉慈.论柔性生产与产业集聚[J].世界地理研究，2001，（04）: 39–46.

第三章 小市镇的动力机制与发展模式 ①

第一节 基础理论与相关研究评述

一、空间聚落视角下的小市镇

第一次读到"市镇"这个名词还是在上学时候看到的《市镇设计》（*Town Design*）这本书。与平时听到的小镇、小城镇、建制镇等名词相比，市镇这个词听起来确实有些不同，甚至还有一丝所谓的"洋气"。参加工作后，又在不同情境下不断地接触到香港新市镇，北京新市镇，以及新加坡新市镇等新概念，更加让我觉得"市镇"这个词的与众不同。

对市镇的理解自然是百家争鸣、百花齐放，不同学者都有自己的观点，在这里就不一一赘述了。既然本书的选题已经是市镇，自然也绕不开这个话题，还是对其稍加做一个界定为好。无论是《市镇设计》，还是我国香港地区，以及新加坡新市镇中的市镇都是源自Town（镇）这个英文单词的翻译。从这个角度上，市镇这个词与小镇、小城镇并无本质上的差别。从研究目的而言，笔者更偏向于将市镇这个词化归为一个简单的空间聚落概念。不妨简单地定义一下本次研究中的市镇是一个泛称，是一个广义的概念。小市镇包括了各类近似于镇级尺度的空间聚落，既有行政区划意义上的乡镇，也有侧重经济内涵的块状经济体、产业集聚区，甚至还包括承载人类社会经济活动的社区、园区等等，当然，近些年来学界、业界都非常关注

① 作者：闫佳，武汉大学城市设计学院博士研究生；陈易，南京大学城市规划设计研究院院长助理、技术与学术中心副主任、北京分院院长。

的特色小（城）镇也在其列。

二、小市镇发展的内在与外在动力

空间聚落的形成有其一般规律，小市镇的发展亦是如此。如果将小市镇的发展动力大致分为内力、外力两类，那么我们则可从经典经济学与城镇化研究两个视角去理解小市镇的发展动力。从经典经济学的视角，小市镇也应同城市的发展一样具有内在动力，小市镇的发展受到生产要素空间集聚与扩散的影响。而从城镇化研究的角度，小市镇的外在动力离不开区域空间的作用，这里的区域包括了小市镇周边城市、城镇，乃至乡村地区等。

传统意义上，生产要素包括劳动、资本、土地和企业家才能四类。城市的社会经济活动总是处于集聚力和扩散力两种力量的作用之中[1]，市镇亦是如此。生产要素在城镇地区的集聚与扩散也就构成了市镇发展的基本驱动力。经济、人口、文化、技术、资金的集聚导致了城镇与周围乡村之间形成"城乡位势差"，进而让城镇功能向周围乡村地区产生扩散[1]。这种生产要素的空间扩散也是新知识、新思想、新技术、新组织、新观念和新风尚等创新扩散[2]。可以说，新市镇是城乡统筹发展的空间载体，是城市人口和产业扩散发展的空间，是城市生态环境建设和生态环境保护的空间，是农村工业化集聚的空间，也是农民生活质量提高后旅游业发展的空间[3]。

从城镇化研究的视角，小市镇的发展动力则应放在一个广阔的区域去分析。小市镇的出现与发展受到了区域内城乡空间等外部合力的作用。要素的集聚与扩散过程是在一个开放的区域空间中完成的，小市镇对区域要素集聚不仅仅受到自然条件的影响，还包括了周边空间聚落的影响。最为明显的是人口（劳动力）要素的迁徙。由于城乡地域形态、经济条件等各方面的差异，致使人口要素在城乡区域中不断流动和迁移[4]。产业要素也有同样的流动机制。区域贸易成本影响小城市产业向中心城区集聚，城市群内区域贸易成本降低到一定水平时，城市群内产业将开始从中心城区向周边扩散[5]。究其本质，城市化从经济学角度讲是一种生产力引起非农产业发展及社会结构变化的历史过程；都市圈的形成和发展是经济资源超越单一城市边界、在更大范围内进行优化配置的结果；国内城市群专指由多个城市构成的城市群体状态，并没有直接关注区域的状态；城市化区域是在单个城市、大都市区、大都市带、城市连绵区及城市群等城市发展过程之后出现。在区域城市化的视角下，小市镇的发展深受区域外力的作用。

三、小市镇发展模式的研究综述

发展模式是在科学分析判断其现有或潜在动力机制基础上，对小市镇发展方向与路径做出的一种判断、归纳或是总结。学界对小市镇发展模式的研究很多，国外小市镇发展模式研究的理论依据包括了田园城市理论、卫星城理论、灰色区域理论、新城镇运动理论、自中心发展理论和分享空间理论[6]，国内小市镇发展模式研究与小市镇建设实践息息相关，从早期的小城镇建设模式讨论、区域增长理论在小城镇发展中的实践，到近年来特色小（城）镇等方面的创新显得更加多元与多样。

国内小市镇发展模式研究早期侧重于对实证的分析与归纳，例如苏南模式、珠三角模式等。在小城镇建设的实践归纳方面聚焦在块状经济空间集聚效应，在理论依据上则侧重在利用增长极理论对小市镇发展模式的解释。当然，块状经济实际上也就是实践意义中的增长极。增长极理论的实质是把有限的资源投入到规模经济和投资效益明显且发展潜力大的单位或者地区，使生产要素向增长极集聚，强化增长极的经济实力，推动增长极内部的发展，然后以增长极的迅速崛起来带动周边单位或者外围地区的发展[7]。可见，区域增长极理论是一种非均衡发展理论，是采用动态非均衡方法来研究区域发展问题[8]。以块状经济为特征的早期小城镇建设的确也是在改革开放之初，最具操作性、现实性的增长极，小市镇发展模式本身就是一种在城乡区域中的非均衡生长方式。

早期小市镇的发展模式在一定阶段之后，也出现了小马拉大车的预势。

这一点在中国城镇化进入快速增长时期显得尤为明显，这也为后来特色小（城）镇的出现埋下了伏笔。原本粗放式的小市镇建设随着特色小（城）镇的出现，增长方式也会逐步从转向精明增长[9]。

第二节　城镇化进程与小市镇面临的挑战

大家往往把新城、新区等大尺度城市开发作为增长主义的标志，实际上增长主义在改革开放初期的小城镇建设中已经初露端倪。无论是块状经济为代表的小市镇发展模式，还是快速城镇化时期的新型新区建设，都是以增量发展为动力内核的模式。

进入新型城镇化时期，我们开始全面迎接"存量发展""提档升级"和"品质建设"的发展理念。无论是城市，还是小市镇都面临着新的发展选择。而这些新的发展选择同样也是新的挑战。

一、快速城镇化与块状增长的小镇

20世纪80年代起，小市镇发展异常迅速。以小城镇（小市镇）建设为龙头曾是长三角与珠三角最为普遍的城镇化模式，它曾催化并加速了中国进入快速城镇化阶段。受限于当时的生产要素，"乡镇企业、三来一补、两头在外"的经济形态成为中国城乡经济建设最切实际的选择。借鉴日本"一镇一品、一村一品"的经验，广东、江苏、浙江很快形成了所谓专业镇的特殊产城空间形态。由此，专业镇逐步成为区域经济的增长极，同时也成为就地城镇化的蓄水池。

20世纪90年代，专业镇模式的小市镇建设日趋成熟。极为活跃的外向投资，拉动加速了长三角与珠三角已经形成了一家（台资、港资）工厂带动一批上下游小工厂、小作坊，一类产业带动一个小镇的空间发展模式。工厂提供充足的就业机会，吸引周边地区、省份的年轻人前来打工，小镇提供的基础的生活服务配套。一个专业镇的规模往往已经超过5万人，俨然是一个小城市的规模。

二、发展新常态与增长乏力的小镇

以专业镇为代表的小市镇曾在区域产业体系中起到了增长极的作用，然而传统专业镇发展路径——单一（产业）发展模式和单一的资源供给成为后来小市镇发展瓶颈出现的先兆。2000年前后，随着传统专业镇开始渐显疲态，小市镇热度也逐渐开始冷却。取而代之的是各地各类功能区和新城新区建设。小市镇发展陷入了一个难以协调的窘境，其主要原因包括如下4个方面。

首先，专业镇型小市镇的产业单一。传统专业镇主要集中在服装、玩具、家电等来料加工等劳动密集型产业，产业结构单一、产品附加值低、缺乏自主研发。很多专业镇的兴起实际上就是依靠一两家大企业拉动。寻找政策优惠洼地的"候鸟经济"常常给专业镇带来的致命打击。

其次，专业镇型小市镇的功能单一。专业镇以乡镇为单位，企业选址的初衷就是由于乡镇较低的准入成本。但是由于基础设施、服务设施的先天不足，这些乡镇仅仅是被简单植入了一个外来企业，生产服务业和生活服务业短缺的情况下难以实现高端要素再集聚。原有的企业就难以持续发展，专业镇自然也难有持续的动力支撑。

再次，专业镇型小市镇的模式单一。专业镇所采用的城镇化模式是传统要素依赖的低水平城镇化，廉价的劳动力、土地资源与环境成本是专业镇启动的核心要素。然而，一个镇可以供给的要素资源仍然是有限的。随着产业转型和升级，传统要素供给和发展模式已经制约了企业的发展，自然也制约了专业镇的发展。

最后，专业镇型小市镇的形态单一。缺乏科学合理的规划，没有形成良性的产、城、人、文的融合是专业镇发展中普遍的现象。而这种"重生产、轻生活""重产业、轻城镇"的发展思想忽视了专业镇发展中最为核心的要素——人。说到底，构成专业镇最根本的是人，不是生产机器，更不是某一类产业!

三、新型城镇化与挑战不断的小镇

在深化改革、宏观调控及资源环境约束等内外推力下，中国的城市增长主义必须也必将被终结，中国城镇化必然进入一个新的发展阶段。党的十九大报告中专门提出"供给侧改革""生态文明""以人为本"等重要理念。在新型城镇化战略的框架下，国家相继出台了面向城市群、特色小（城）镇、城市更新、精明增长等一系列新理念、新策略。

这些新方针均预示了中国城镇化进入了一个新的阶段，尺度小、有深度、重存量的思路成为必然。这也为小市镇发展从规模型向质量型转变，小市镇发展动力机制和发展模式的转变做好了铺垫。

在这个趋势下，小市镇发展的尴尬局面必须改变，即一方面单纯地通过单一的外部产业要素供给来拉动本地经济，另一方面却没有在这个过程中形成多样化的要素供给体系及成熟的城镇功能。最终，这种线性单一的外部动力模式难以持续满足小市镇多元化的发展需求——实际就是人的发展诉求。这个矛盾正是传统小城镇最为突出的短板，当然也是当前小市镇需要跨越的最大挑战！

（一）产业结构转型带来的挑战

在世界经济去全球化，疫情之后经济增长乏力的复杂环境中，不仅仅是大中城市，包括小城市、小市镇在内的各类空间都已经陷入产能过剩而需求不振的矛盾中。珠三角地区的小市镇曾经长期依靠外向经济拉动，在当前的形势下也面临外部需求不足，甚至产业外迁的困难中。发达地区如此，相对欠发达地区的小城镇也同样面临这些问题。可以说，小市镇产业结构转型是一种主动行为，也同样存在一种倒逼与无奈。

产业结构转型随之而来的是小市镇运营有了更高要求。无论是主动，还是被动的产业结构转型，它所要面对的是宏观经济发展的要素的变化，传统制造业的转移，不仅仅在国内，还包括国际转移。在这些变化中，长三角等先发地区依托高端要素的聚集和雄厚的产业基础，提出了以高端要素集聚为特征的特色小（城）镇模式。必须说，这是对小市镇发展模式的一种尝试与探索，也是近年来小市镇建设的一大亮点。当然，对于国内其他区域，尤其是中西部不太发达的地区来说，在区域整体产业升级尚未完成的状况下，这种成功探索经验又很难被完全复制。

（二）土地供给收缩带来的挑战

从正在推进的国土空间规划改革，我们可以清晰地发现，国家从政策上将对土地资源的管控越来越严，全面收紧的土地供给已经为城镇化进程定下了大的基调，这给长期以来土地供给推动城镇建设的小市镇运营带来更高的要求。

18亿亩耕地"红线"和"世界上最严厉的土地管理制度"，也使得地方政府"习以为常"的土地外延扩张受到了严格限制。土地资源日趋紧缺、人地矛盾日益突出，以及国家新近修订的土地征收法规，都使得城市政府再难以获得前20年那样几乎"用之不竭"的增量土地资源。在实践中，我们已经发现一些地方在这种政策环境中出现了无所适从的局面。没有给出准确的城镇开发边界之前，无论是地方政府还是小市镇运营者均在观望。当然，这种观望背后的一个更为现实的问题是不少决策者并不十分清楚脱离了土地要素路径依赖的发展模式后应该做什么、应该怎么做。简而言之，在传统动力机制失灵的状态下，如何激发小市镇的动力？

（三）治理多元化带来的挑战

日趋多元的参与主体对以政府为主导的城乡运营模式带来较大挑战。在转型期，城乡发展的运营主体更趋向多元化。

首先，除政府的行政力量外，以前的参与政企合作的企业也在发生变化。不少开发商已向专业的城市运营商转型，其将在城乡开发建设中起到更大的作用。其次，在浙江特色小（城）镇的建设中，民企、央企、高校、外企都成为特色小（城）镇的建设主体。比如以阿里巴巴云公司和转塘科技经济园区两大平台为基础，打造以云生态为主导的产业小镇云栖小镇；农发集团利用农业优势，以花海为主题，做出花田小镇；再比如中国美术学院推出艺创小镇；浙江大学发挥高校科研创新优势，建设紫金众创小镇……此外，返乡创业者、返乡农民、本土中小企业、都市小资等等也都成为助力城乡发展的一份市场力量。

如今，原来简单的政府—企业合作的治理方式已远远不能满足这些多元主体的发展要求和利益诉求。制度与模式创新势在必行，城乡运营的开发模式需要有更具前瞻性的设计。

第三节 小市镇发展动力转型与迭代

一、初始阶段：线性发展动力

厘清小市镇发展动力转变的过程与机制是判断小市镇发展趋势的必要条件。传统小市镇的发展模式从其发展动力上呈现出线性动力机制。无论是传统专业镇、小城镇、开发园区，还是新区的开发，大多都是采用单纯地依靠要素投入（尤其是土地资源与环境资源）去促进产业发展，进而推动小市镇空间发展的模式（图3-1）。线性动力供给难免造成城镇动力来源单一，最后的结果往往是无法持续地支撑这个地区的长期发展。毕竟，土地指标都是有上限的、环境约束总是有底线的。

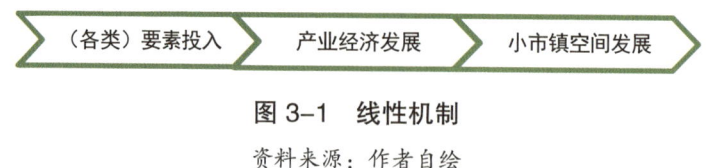

图 3-1 线性机制

资料来源：作者自绘

长三角与珠三角早期的小市镇发展是这一模式的典型。由于地处经济发达的城市群，因此这两个地区的小市镇拥有"天然"的聚集要素资源的区位优势。无论是承接周边城市的产业外溢，还是资源外溢方面都有着得天独厚的优势。加上在彼时的条件下又可以供给相对较为低廉的劳动力、土地资源，以及低成本的环境使用，这些地区的小市镇很快就彰显出其强大的活力。

二、转型阶段：系统发展动力

线性发展动力在城镇化初期显示出了其强大的驱动力，以至于在后来学界的研究中将其称之为要素路径依赖。随着小市镇的发展，越来越多的人开始意识到除要素拉动外，还有更为多样化的因素可以或者说实际在潜移默化地影响小市镇的发展。这一点在增长主义后期和新型城镇化提出后，越来越多地得到了学界与业界的广泛认可。

包括文化、生态、空间、金融、产业等在内的多种发展动力相互作用，形成互相依托、互相促进、互相催化的动力系统。在这个网络化的动力体系中，无论是动力网络中的哪一个要素投入都可以对网络形成推动，也就是所谓的"蝴蝶效应"。只有多样化的动力交织成系统化的动力机制才能持续支撑特色小（城）镇的发展（图3-2）。

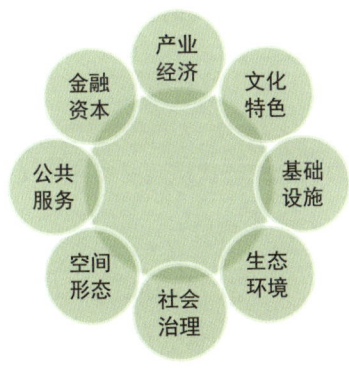

图 3-2　网络动力机制

资料来源：作者自绘

三、迭代阶段：人本生态动力

党的十八大之后，以人民为中心的城市与生态文明战略成了广泛共识。在这个背景下，小市镇的动力机制也在发生持续的迭代更新。

前文提到的特色小（城）镇建设就是网络动力机制的第一次迭代。在特色小（城）镇的实践中，这种网络动力机制产生一次深化，并且形成了一个特殊变体——特色小（城）镇进一步衍生出外推型和内生型动力（图3-3）。在特色小（城）镇的网络动力体系中，包括内生动力与外部动力两大范畴。人文精神是构成特色小（城）镇内生动力的核心，内生动力与外部动力共同构成了特色小（城）镇的网络动力机制，或者说这也是一种网络动力机制的特色小（城）镇变体。

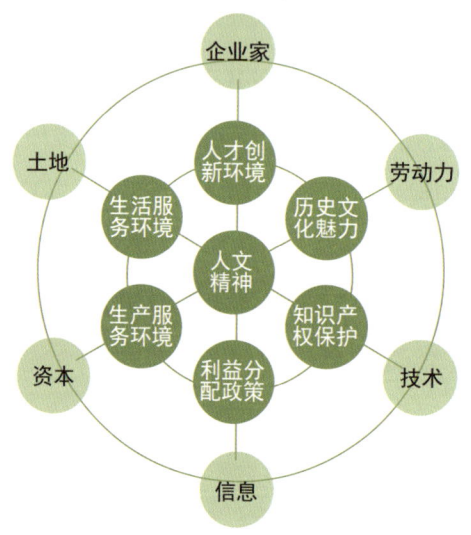

图 3-3　网络动力机制的一次迭代：特色小（城）镇动力机制

资料来源：作者自绘

生命共同体理念的确立促进小市镇网络动力机制的第二次迭代。党的十九大指出：人与自然是生命共同体，人类必须尊重自然、顺应自然、保护自然。将自然与城市割裂的想法早已被摈弃，反而是越来越提倡城镇应回到生态中去。爱德华·威尔森在《亲生命性》一书中曾提出亲生命性（Biophilia）概念。在这种理念下，城镇也是嵌入自然的一种生命体。城镇本身就具备相当程度的生态属性，例如城市的蓝（水体）绿（绿地）系统。城镇的经济社会活动也与生态系统息息相关，更何况城镇最为核心的人，本身就是生态的一部分。因此，正如新加坡新市镇的实践过程一样，城镇从建设城镇的花园、花园的城镇，再到回到生态的城镇。

通过这两次对网络动力机制的迭代，小市镇的动力机制实际上成为立足于生态、面向人民的机制创新（图3-4）。我们实际上要倡导的是一种系统发展的迭代（不是转型）。这种迭代就是将小市镇带回自然，让小市镇嵌入自然，让小市镇服务于人民。

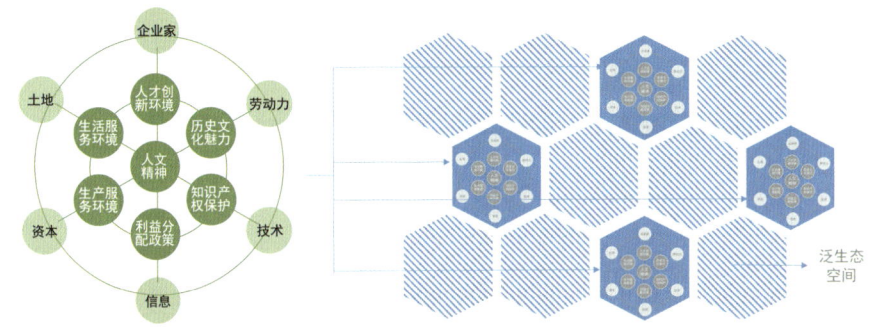

图 3-4　网络动力机制的二次迭代：人本生态动力

资料来源：作者自绘

第四节　小市镇发展模式重构与创新

一、动力二次迭代后的小市镇发展

从线性发展到系统发展是一个巨大的阶跃性转型，它表明了小市镇的动力来源已经不仅仅是单一的要素投放，而且其发展路径或是发展模式也不再是要素路径依赖。网络系统动力机制的提出体现了协同整体发展模式的确立，小市镇的发展模式成为触一发而动全身的系统逻辑。两次动力迭代之后，人本与生态成为小市镇发展的内核与基础，而不再是网络动力系统中的要素之一。一个以人本为发展核心、生态为发展基础的小市镇发展模式呼之欲出。

在这个新的小市镇发展模式下，基于人本与生态框架，小市镇的传统生产要素供给（如土地、劳动力、资本和企业家等）和创新生产要素供给（如信息、技术等）将会系统地、有机地发挥驱动作用，实现生态、生产与生活的高品质协调发展。小市镇的模式创新也将显现出三个特征，即嵌入（以生态环境为基础）、提升（以人本需求为内核）与迭代（空间的自我进化）。

二、小市镇发展模式的创新特征

（一）嵌入：让发展回归生态

从新加坡的新市镇建设理念在不同发展阶段的转变可以看出，小市镇回归生态是一个必然的趋势。城镇空间与生态环境的关系是一种有机关系，相互嵌套。从物质空间视角，城镇的物理空间是融于生态环境中的，甚至从区域空间而言，小市镇与生态基底之间是一种嵌入型景观（图3-5）。从社会经济视角，城镇的各类社会经济活动、行为也是嵌于生态环境中的。小市镇向人们提供的工作、居住、休憩和交通等各类多样化服务，也都应与周遭环境协调统筹，构成真正意义上的生命共同体。

图 3-5 小市镇模式创新的区域景观

资料来源：作者自绘

（二）提升：让功能让位品质

小市镇发展的现实驱动在于人民的需求提升。如果说增长主义阶段的城镇建设为人们提供了最基本的就业、生活等功能性要素，那么在新型城镇化背景下的城镇建设为人们提供的是高质量、品质型的要素供给。人民需求的不断提升、对城镇供给要求的不断升级促进了小市镇的发展与建设，这是一种自动自觉的驱动内核。

从特色小（城）镇的实践不难发现，特色小（城）镇建设的总体要求将"以人为本""市场主导"，以及要落实供给侧改革放在了非常突出的位置。仔细梳理就已经不难识别出里面隐藏的一个逻辑，即新时代小市镇的建设因人民的需求升级而不断动力升级、发展升级。小市镇需要实现产业、文化、形态、生态等多方面的整合，实现发展方式上的供给侧改革，其衡量的动力内核或者说价值取向包括了以人文本在内的发展理念。特色小（城）镇不再是"为了产业的小镇""为了生产的小镇""为了经济的小镇"……而是为了人的小镇。

（三）迭代：让变化转为进化

回顾30多年改革开放与发展历程中的小市镇建设，每一次重大的区域经济转型，每一次自下而上的地方改革几乎都是从小城镇起步的。物质短缺时期，依托村镇个体经济，小城镇抢占了国内市场；生产过剩时期，撤乡并镇加快产业升级，小城镇抢占了国际市场；启动内需时期，"强镇扩权、扩权强镇"助力了公共服务的补充，小城镇又抢占了消费经济；如今，到了消费升级时期，特色小（城）镇战略则成为国家开启的一次供给侧改革实践。如果说在这些过往历程中，小市镇在不断变化，那么在新时期的小市镇应该是不断进化。

早在2013年发表于人民网，习近平总书记在中央城镇化工作会议上就曾指出："走中国特色、科学发展的新型城镇化道路，核心是以人为本，关键是提升质量……"把握住生态环境底线，强调以人为本，围绕人的需求在市场机制的调节下实现小市镇发展的自动、自觉与自组织，是小市镇模式创新的又一个重要特征。

——•第五节　结语与讨论 •——

100年前的规划先驱——霍华德敢于在工业化时代就提出要恢复以人为尺度的田园城市，这就奠定了现代城市规划产生的意义在于解决工业化后物质功能空间问题[10]。继霍华德之后，盖迪斯、芒福德分别从人类生态学、人居环境和区域城市等方面建立了以人为本的规划理论与思想体系。霍华德、盖迪斯与芒福德则被规划学界并成为规划史上的三位人文主义规划大师[11]。尽管世界城镇化进程中出现过诸多思潮和理论，然而人文精神一直是城市发展史中不变的主题。无论是古希腊萌芽时期，还是当下的城镇发展[12]。人本主义构成了近代以来城市规划思想史的重要的价值诉求，恰当地张扬人本主义原则，能够为城市规划提供"应然"的价值尺度[13]。

延续这个思想脉络，战后城市规划的理论与实践中涌现出一大批倡导人文精神的规划理论与思潮，其中新城市主义、精明增长和可持续发展可谓最具代表性[14]。以新城市主义为例，其主要理论来源即邻里社区理论及北美的小城镇与设计发展经验。新城市主义非常强调步行化尺度、功能混合、居住功能多样、精明增长等理念[15]。通过人性化的规划设计，实现发展单元的生产、生活、生态的协调发展。"多样化"是新城市主义和精明增长非常关注的理念[16]，其本质就是以人的需求为导向，构建更为丰富与综合的城镇空间满足人的需求[17]。这些都是城乡发展与城乡规划中人文精神的体现，也与当前倡导的特色小（城）镇发展理念不谋而合。

当然，我们在强调小市镇人本内核的同时更加强调小市镇的生命共同体战略框架。人本内核与生态基础必然是小市镇未来发展的价值取向，也是动力源泉，更是发展模式。从城镇发展理论思潮到转型期政策深度解读，小市镇发展理念的嬗变印证了后增长主义时期城镇功能对人的需求的重视，是城镇化进程中小市镇向生态环境、人本主义的回归。城镇发展应以人为本，并着重历史文脉、特色文化的保护、可持续利用，以及人与自然和谐发展的价值观[18]。

我们正处于发展模式转型阶段，更是深化改革的重要时期，小市镇建设又一次得到重视也反映了全面探索新型城镇化背景下城乡发展方式的努力。在充分理解小市镇动力机制转型与迭代后，应该在实践中让小市镇的创新模式更为有效地支撑小市镇的劳动力、土地、资本、企业、信息、技术等要素的创新，让小市镇从成长不断走向成熟的自我发展、自我迭代。

附：参考文献

[1] 李世峰.北京城市边缘区发展的乡村要素集聚与扩散规律探索[J].农业现代化研究，2005（02）：105–108+115.

[2] 施冬健，张黎.城市的集聚与扩散效应[J].商业研究，2006（5）：3.

[3] 祖健.我国新市镇形成机制及模式研究[D].东北师范大学，2012.

[4] 袁岳驷.统筹城乡发展的空间作用机制浅析[J].南方农村，2011，27（06）：22–26.

[5] 皮亚彬.集聚与扩散并存——我国区域差距演变的新特征[J].经济与管理评论，2015，31（1）：9.

[6] 张群，秦川.国内外小城镇建设理论与实践分析[J].小城镇建设，2008（12）：100–104.

[7] 刘泰超，李长奇.基于增长极理论的区域发展研究与探讨[J].山西建筑，2014，40（7）：2.

[8] 刘晓明.区域"增长极"理论的国际实践及对吉林省经济发展的启示[J].吉林金融研究，2012（01）：22–26.

[9] 麻利杰.城市空间发展形态探究[J].智能建筑与智慧城市，2021（3）：3.

[10] 常芳，王兴中，王锴，等.对新城市主义社区空间规划价值理念的审视[J].现代城市研究，2013（12）：16–21.

[11] 王中. 城市规划的三位人本主义大师——霍华德、盖迪斯、芒福德[J]. 建筑设计管理，2007（4）：41–43.

[12] 信丽平，姚亦锋. 西方人本主义规划思想发展简述[J]. 城市问题，2006（7）：85–88.

[13] 秦红岭. 理想主义与人本主义：近现代西方城市规划理论的价值诉求[J]. 现代城市研究，2009，24（11）：36–41.

[14] 唐相龙. 新城市主义及精明增长之解读[J]. 城市问题，2008（1）：87–90.

[15] 王丹，王士君. 美国"新城市主义"与"精明增长"发展观解读[J]. 国际城市规划，2007，22（2）：61–66.

[16] 宋彦，张纯. 美国新城市主义规划运动再审视[J]. 国际城市规划，2013，28（1）：58–58.

[17] 丁文静. 新城市主义的人本理念及其在中国的应用[J]. 城市问题，2006（3）：89–93.

[18] 陈可石，刘吉祥，肖龙珠. 人文主义复兴背景下旅游小镇城市设计策略研究——以西藏鲁朗旅游小镇城市设计为例[J]. 生态经济（中文版），2017，33（1）：194–199.

第四章 小市镇的生态机制：资源保护与产品供给①

——○ 第一节 引言 ○——

　　小市镇处于城市与乡村聚落的边缘，是我国商品经济与城镇化发展的重要场所空间。从城乡协调发展的角度来看，小市镇一方面是我国乡村振兴的桥头堡[1]，另一方面也是"双循环"与"县域城镇化"新发展格局下的重要战略空间。在我国生态文明战略背景下，生态产品供给及生态产品价值实现成为推进"绿水青山"向"金山银山"转化的关键，而小市镇作为城乡空间的过渡地带，相比于城市有着更加丰富的生态资源，相较于乡村则具有更加便利的生态产品价值实现的条件，是生态产品供给的高地。但是，一方面，由于面临着生态环境治理与资源保护整体性、公共性、外部性及时空可变性等特征，小市镇碎片化的生态产品供给难以真正意义上满足生态文明战略的需求；另一方面，小市镇传统的生态环境保护手段往往通过政府的强制性行政管制和经济手段介入，不仅难以解决因生态环境治理负外部性而产生的低效率问题，同时也限制了被保护地区的发展权益。因此，如何解决小市镇生态环境治理低效及负外部性矛盾，如何应对小市镇生态环境治理的整体性、长期性都成为亟待解决的问题。

---

① 作者：于涛，南京大学建筑与城市规划学院，规划系主任，教授；于璠，南京大学建筑与城市规划学院，硕士研究生。

第二节　生态产品内涵及小市镇生态资源保护

一、生态产品内涵

生态产品具有一般公共产品的基本特点，即不可分割性、非竞争性和非排他性[2]，作为满足社会公众需要的产品，由公众共同消费、共同收益。生态产品是生态系统服务概念内涵的延伸，"生态系统服务"的概念最早为国外学界所提及，是指经过一定的生态条件和活动后，自然生态系统及其内部生物提供的可用于保持和进行人类活动的产品服务，包括有形产品的供给服务、气候环境的调节服务、文化服务，以及土壤养护等支持服务[3]，后来生态系统服务的概念内涵得到进一步拓展，并本土化、具体化表达为生态产品。生态产品亦日益成为国家加强生态文明建设、发展绿色经济的物质依托和行动突破点[4]。"生态产品"突出了生态资源在经过人类生产活动后，被转化成可参与市场交换过程的产品，具有一般商品属性的特征，其概念由来已久。21世纪初期，学术界普遍将生态产品理解为物化的商品，是通过生态工艺方式生产出的产品。2006年至2012年，学界普遍将生态产品解读为具有生态功能的公共物品。2013年至2016年，生态产品在学术界的定义逐步统一为有形生态产品和无形生态产品。无形生态产品的定义与狭义生态产品相同，即《全国主体功能区规划》中提出的作为生态环境内纯自然存在的资源。有形生态产品即人类通过产业化开发利用生态资源，生产出的一系列产品和服务以供给人类生产生活。广义的生态产品由无形生态产品和有形生态产品构成。2017年至今，随着"生态产品价值实现的先行区"规划建设在国家层面被提出，学界开始关注具体试点地区生态产品价值的实践经验（图4-1）。

图 4-1　生态产品概念内涵的发展演变

资料来源：作者自绘

　　总之，生态产品是通过生态环境活动和人类社会活动的协同作用，提供维护人类生存发展的产品和服务的总称。一部分的生态系统服务经过生产主体选择的某种生产活动产出了生态产品，这种生产活动具有外部性，往往会使生态保护低于社会最优水平。政府实施生态保护措施后，会使生产主体损失一部分经济利益，因此政府需要制定有效的生态产品价值实现机制，以覆盖生态产品的利益损失，调节资源配置[5]。因此，基于生态产品价值的实现机制，小市镇基于自身的生态资源禀赋特点，可以通过生产生态产品并使其参与市场流通、消费和交易，作为要素融入市场经济体系，参与有效的市场化要素配置，这样既能推动其生态环境保护、产业转型和乡村振兴，同时也能实现生态产品价值转换、增值并获利，从而最终促进小市镇的生态可持续发展。

二、小市镇生态资源保护

　　生态资源是在生态系统中自然产生的、可为人类生产生活过程利用的一切要素。生态资源保护与经济发展之间的关系可以用库兹涅兹曲线来表示，即生态资源保护与经济发展的关系可以分为三个阶段：在曲线左侧的经济发展初级阶段，环境污染程度随人均收入的增加而不断恶化，经济则处于快速发展阶段；在经济发展中级阶段，经济发展速度放缓，而环境污染累积趋于历史最高水平；在曲线右侧的经济发展高级阶段，环境污染程度与人均收入成反比，三个阶段整体呈现出倒U字形的发展趋势（图4-2）[6]。

改革开放后较长时间内我国经济保持高速增长，随之而来的是无可避免的资源消耗和环境恶化，这加剧了我国生态环境的不利局面，与此同时小市镇也被动卷入我国快速城镇化发展进程之中，成为城市土地、劳动力等要素源源不断的输出地。现阶段我国经济发展已经从低水平快速发展迈向高质量转型阶段，亟须解决先前遗留的以破坏环境为代价换取经济驱动利益的问题。过去，政府主要通过控制污染排放、限制资源利用来减缓环境恶化趋势，苦于平衡经济发展与生态保护之间的矛盾，强制保护监管部分生态资源，模式较为僵化，阻碍了经济发展，不利于城市高质量转型发展。随着科技进步和生态保护研究的逐渐深入，我国基于可持续发展的资源保护理念，指导国土空间生态规划，强调保障生态资源的可持续保护利用，在推动解决生态环境问题的同时促进绿色经济的高质量发展，小市镇作为国土空间生态规划实施的基础单元，承担着重要的生态资源保护利用与协调并进的职能。

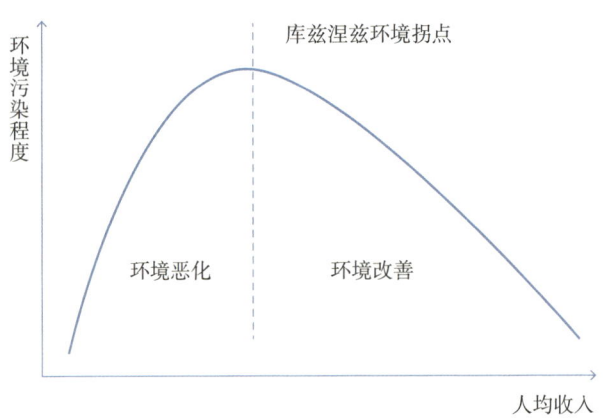

图 4-2　生态资源保护与经济发展关系的库兹涅兹曲线

资料来源：依据参考文献 [6] 由作者自绘

第三节　小市镇生态资源保护与产品供给的现状及问题

一、小市镇生态资源保护与产品供给的政策文件梳理

（一）我国城乡发展战略的演变

中华人民共和国成立以来，我国城乡发展战略不断演进，小市镇在城乡体系中的作用和地位日益攀升（表4-1）。改革开放前，虽然"上山下乡"等政策促使部分城镇人口迁入乡村，但城乡二元结构在我国仍根深蒂固。改革开放以后，城乡发展的不平衡导致乡村要素流出和资源低效利用的问题仍广泛存在，我国长期以来形成了外向和内需相分割的"二元经济"，加剧了区域城镇体系空间发展的失衡，突出表现在中小城市和小市镇的发展逐渐萎缩。

表 4-1　"七五"计划到"十四五"规划中的城乡发展战略

五年计划/规划	城乡发展战略
"七五"计划	改善城乡人民的物质文化生活
"八五"计划	提高城乡人民收入水平，增加城乡新建住房
"九五"计划	增加对农业的投入，实施科教兴农战略，进一步发展乡镇企业
"十五"计划	加强农业基础地位，实施城镇化战略，促进城乡共同进步
"十一五"规划	改善农村面貌，培养新型农民
"十二五"规划	加快发展现代农业，实施区域发展总体战略，健全城乡居民的社会保障体系，强化城乡社区自治和服务功能
"十三五"规划	增强农产品安全保障能力，提高农业技术装备和信息化水平，优化城镇化布局和形态
"十四五"规划	加快农业转移人口市民化，完善城镇化空间格局，全面提升城市品质

2022年5月，中共中央办公厅、国务院办公厅印发了《关于推进以县城为重要载体的城镇化建设的意见》（以下简称《意见》）。《意见》的发布有助于通过县域城镇化来推动全国区域经济的协调发展。一方面，我国区域之间发展不平衡的问题仍广泛存在，例如市辖区与县域，东部县域与中西部县域之间的发展面临着巨大差异，因此需要进一步促进区域协调发展、缩小区域差距；另一方面，县域城镇化政策的落实需要进一步探索小市镇新的发展方向，提升小市镇的发展势能，改变过去城市中心主义发展模式下，小市镇人口、资金、劳动力过快流向中心城市的趋势（表4-2）。相比于城市，小市镇拥有更明显的生态产品优势，如何利用生态产品供给的政策工具发挥小市镇生态资源及生态资本优势，是小市镇未来发展亟须解决的问题。

表 4-2　县域城镇化相关政策

文件名称	政策内容
《关于推进以县城为重要载体的城镇化建设的意见》	县城短板弱项进一步补齐补强，集聚人口经济条件较好的县城建设取得明显成效，县城居民生活品质明显改善
《2022年新型城镇化和城乡融合发展重点任务》	提高农业转移人口市民化质量，持续优化城镇化空间布局和形态，加快推进新型城市建设，提升城市治理水平，促进城乡融合发展
《关于加快开展县城城镇化补短板强弱项工作的通知》	聚焦县城及县级市城区，将公共服务设施、环境卫生设施、市政公用设施、产业培育设施4大领域共17项建设任务作为建设重点
《关于建立县城建设直接联系点机制的通知》	作为县城建设直接联系点，高质量推进建设任务，探索创新建设方式，及时总结有效经验

（二）我国生态保护战略的演化

近10年来，我国的发展重点逐渐由经济建设转向生态文明建设，生态保护、生态修复等工作在国家层面全面展开，保障生态文明的制度体系加速形成。2021年印发的《关于建立健全生态产品价值实现机制的意见》强调要从顶层设计全面深化生态产品价值的实现机制，并从生态产品调查监测机制、价值评价机制、经营开发机制、生态补偿机制、价值实现保障机制与推进机制等方面为生态产品的价值实现搭建"四梁八柱"，推动我国生态文明领域国家的治理体系与治理能力的现代化。作为城乡交界地带，小市镇具有生态资源禀赋及基础设施建设的双重优势，如进行有效引导，能够承上启下推动生态产品市场化的快速发展。在这样的发展格局背景下，小市镇应认清自身优势，主动参与到生态产品供给中，提升其在国家生态文明建设背景下的竞争优势。

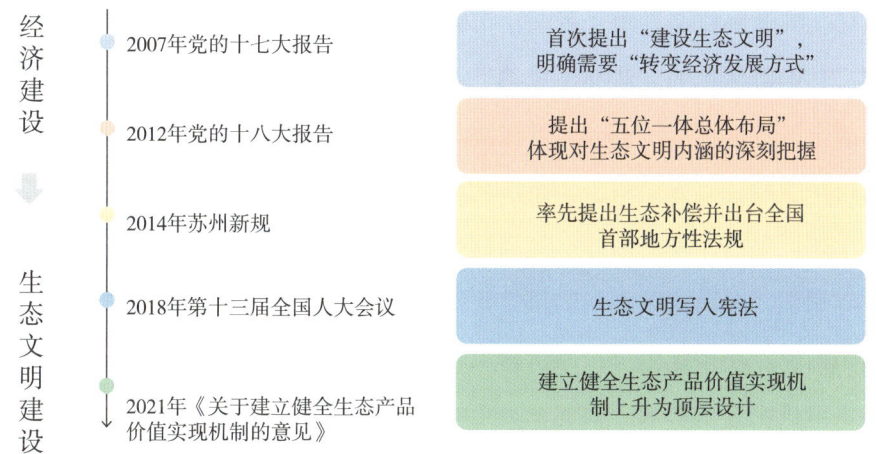

图4-3　我国生态保护战略的演变

资料来源：依据相关政策文件由作者自绘

二、小市镇生态资源保护与产品供给的问题

（一）产品属性难界定，供给效率过低

长期以来小市镇着眼于环境治理、污染整治等方面，需要实现从生态资源负外部性过渡到生态资源价值实现的正外部性，否则盲目供给将导致整体缺乏应有的效益产出，投入回报不成比例，资源浪费现象严重。据中国生态环境状况公报数据显示，2019年，卫星遥感监测到全国秸秆焚烧火

点仍有6300个，地表水中劣 V 类比例仍占3.4%，全国1912处浅层地下水监测水质总体较差，锰、铁等重金属超标，土地耕种中，主要作物农药使用率高达39.8%笔[7]。这主要是由于生态产品丰富的地区往往是小市镇及周边乡村地区，这些地区资源权属复杂，生态产品的公共性和准公共性之间的界限并不清晰。其次，由于生态产品具有公共物品非竞争性和非排他性的两大属性，并且其产出周期较长，成本偏高，存在外部效益溢出的风险，这也将进一步导致小市镇在生态资源保护方面缺乏持续动力。

（二）激励机制不健全，供给难以持续

生态产品供给的激励机制可以从市场与行政两个维度展开讨论。面对市场化的激励机制，由于目前小市镇生态产品的分类属性还缺乏清晰的界定，其价值估算的方法亦不成熟，而生态产品特有的公共产品和准公共产品结合的特征提高了其分类的难度，因此市场化交易难以长期开展。面对行政化激励，一方面由于生态产品具有很强的外部性，供给效益难以维持在单位区划内，如清新的空气和洁净的水源等生态资源都有很强的跨行政边界属性，即单位区划内的供给无法定向使本地社区居民获益[5]；另一方面当前保障小市镇生态产品价值实现的法律法规尚不健全，生态产品的市场供给机制亦未形成。因此，真正供给生态产品的小市镇往往缺乏公平合理的激励机制，难以实现持续供给。

（三）治理主体单一，生态收益较低

小市镇往往位于城镇体系的边缘地带，从生态产品地域分工视角来看小市镇的生态产品供给中市场化主体缺乏，长期以来小市镇生态资源保护治理的模式是由政府主导，生态资源保护和产品供给都由政府一手包揽，大多使用行政性手段自上而下推进生态环境治理和资源保护工作。事实上，生态产品价值的实现需要各基层部门、企业乃至社区组织的主动参与和协同工作，对于小市镇而言，在生态资源保护和产品供给方面，部门之间协调性较低及市场机会的缺乏导致其供给模式效率偏低。

（四）财权事权不匹配，执行效益欠佳

财政是政府最重要的经济活动，是政府一切行为的基础，也是政府发挥公共服务职能的有力保障。生态产品作为一种公共产品，其非竞争性与非排他性往往引发"搭便车"行为，因此通过政府的行政手段规制和引导面向生态的集体行动，合理配置公共资源十分必要[8]。面对小市镇的生态环境治理问题，财政转移支付作为一种经济手段的政策在生态环境治理中发挥了重要作用，但是财政转移支付在解决小市镇生态资源保护方面存在局限。首先，财政转移支付的主体往往是地方政府，由于我国财政体制基本上是"建设财政"，生态环境治理难以在短期内产生较多经济效应，导致地方政府难以有长期动力投入环境保护，从而降低了地方生态环境保护的公共投入持续效应[9]。其次，生态环境治理是一项综合性、系统性工程，涉及部门众多，跨越地域及影响范围广泛，而我国的地方政府往往是行政区划治理，与此同时由于小市镇行政等级较低，难以在更大范围调度资源，难以实现环境问题治理的区域整体性、协调性等需求。最后，生态产品供给主体往往在小市镇层级，我国地方的财权划分中，财权向上集中的同时事权不断下移，对于小市镇这一层级的行政单元而言，面临着更多、更严峻的生态环境治理难题，但其履行公共投入所需的财力与实际所拥有的财权并不匹配[10]。

第四节　小市镇"人—生态"关系演变及生态产品供给利益博弈

一、小市镇的"人—生态"关系演变

中华人民共和国成立以来，我国生产力水平显著提高，尤其是在经济发展初级阶段，对于资源要素和资本要素投入的发展模式过度依赖，从而

对生态环境造成较大破坏。但近10年来，我国经济发展进入新时期，重资本、重资源投入的发展模式深刻转型，尤其对于小市镇而言，其"人—生态"关系先后经历了以下4个阶段的演变（图4-4）。

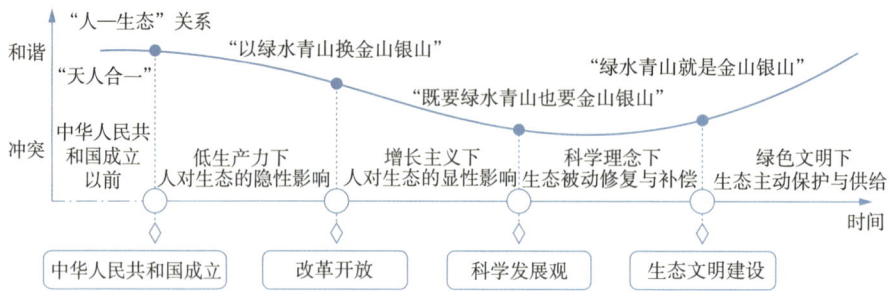

图4-4　小市镇"人—生态"关系演变历程

资料来源：作者自绘

（一）低生产力下人对生态的隐性影响阶段

自中华人民共和国成立到改革开放前夕，我国生产力水平相对较低，资源的生产和分配均由政府统一决定，国家和政府作为生态制度的建设者、实施者和监督者，生态环境得到一定程度上的保护[11]。虽然这个阶段我国集中力量发展经济，忽略了生态环境保护的公共投入，但由于生产力水平的整体性低下，小市镇的建设发展与生态保护之间的矛盾并不显著，人对生态的影响呈隐性特征。

（二）增长主义下人对生态的显性影响阶段

改革开放以后，我国经济体制逐步由传统计划经济向社会主义市场经济转型，生产力得到空前解放。但是，该阶段以高成本、高能耗和低效益为特征的粗放式经济发展模式对生态环境产生了严峻威胁。20世纪90年代初，我国推行分税制与分权化改革促成了土地财政和政府企业化[12]，小市镇在增长主义的影响下，出现了盲目扩张、城乡发展失衡、生态空间压缩等问题。特别是与拥有先进的生态治理机制和环保技术的城市相比，"亦城亦乡"的小市镇在生态治理和修复方面的能力较差，导致其生态环境问题日益严重[13]。

（三）科学理念下生态被动修复与补偿阶段

在科学发展观指引下，我国从中央到地方建立了一系列生态补偿制度，通过退耕还林、退牧还草、排污收费等政策，对生态环境进行修复，促进经济发展的同时兼顾生态环境保护。在此阶段小市镇生态环境有所改善，但这种改善是极其被动的[14]。一是从中央到地方的纵向传导方式使地方过于依赖中央财政，导致资金使用边际效用偏低；二是缺乏生态评价体系和补偿标准，导致受偿者难以获得期望的直接经济补偿，个人利益追求与整体利益诉求产生冲突，继而导致个体对小市镇生态保护积极性的弱化。

（四）绿色文明下生态主动保护与供给阶段

党的十八大以来，我国秉承生态文明战略下的绿色发展观，以人和自然的永续和谐为价值取向，以绿色低碳循环为主要原则，以生态文明建设为主要抓手，推动人与生态的关系进入新阶段。2020年9月，第七十五届联合国大会期间，习近平总书记表示，力争2030年前二氧化碳排放达到峰值、努力争取2060年前实现碳中和的目标。在这一阶段，人们意识到小市镇的生态产品既有社会公益性又有经济效益性，开始主动保护生态环境并供给生态产品，从而避开"绿色贫困"与"金色污染"的矛盾[15]，实现小市镇经济发展与生态保护协同发展。

二、小市镇生态产品供给的多方利益主体博弈

在新型城镇化和乡村振兴的双轮驱动下，小市镇相比于城区承担了更多的生态功能，只有推动生态机制转型，才能有效保护生态资源，实现生态产品价值和公共福祉的提升。因此，小市镇生态机制的核心在于生态产品的品质供给和价值实现，进而实现小市镇资源保护与经济发展的双重效益。生态产品价值实现的关键在于其可交易性、排他性、消费性等特征，经济理论中以消费是否具有排他性和是否具有竞争性，将物品分为私人物品、公共产品、准公共产品和俱乐部产品等[16]。小市镇生态产品价值的实现如果有明确的消费主体，则往往通过市场机制获得付费，如果消费的排他性无法建立，则往

往由政府或社区（社会）付费[9]。生态产品供给制度源于自然环境和环境保护的过程，小市镇生态产品的供给模式主要分为政府供给、市场供给、社会组织供给，政府被赋予的公共管理职能及生态产品的强外部性决定了小市镇政府为生态产品第一负责人的地位[2]，但随着我国生态保护及生态文明战略的持续推行，小市镇引入市场化及社会化的生态产品供给主体也渐渐成为重要方式，具体包括了政府主导型、市场主导型和社区主导型。

（一）政府主导型

政府主导型价值实现是生态宏观经济学派最为推崇的生态产品价值实现路径，该学派倡导政府直接干预，制订强制性的标准约束企业和个人行为。生态产品因自身公共产品的特性，在面对市场利益博弈时需要政府发挥作用，保障其产品供给。在这一模式下，政府被视为公共利益的代表，有义务通过公共财政将生态产品作为公共服务提供给社会公众，满足其对生态环境的品质需求[5]。此外，政府相较于个体，更容易全面掌握深层次信息，更清楚资源和环境保护的价值，因此更有可能做出环境决策，以付出更低的行政成本[17]。政府主导下的生态产品供给主要包括以下几个模式：①政府主导模式型供给模式，即以政府为主体对生态产品供给制定计划及相关政策法规，并以此为准提供生态产品；②政府参与型市场供给模式，也称PPP模式，即在生产和供给环节，允许市场参与其中一环节，相关产品和服务由政府付费、使用者付费或由政府拨付可行性缺口补贴。

目前为止，我国多数生态产品都是由中央政府和地方各级政府直接或间接提供，少数由企业提供。各个供给主体具有不同的地位、职能和任务，共同构成了生态产品供给系统。由于我国政府职能不仅具有提供生态服务职能，同时也具有经济职能，因此中央政府往往利用行政手段和经济手段的组合拳，利用多种政策工具约束地方政府与企业一起提供具有公共属性的生态产品。地方政府的行为中，由于中央对于地方政府的经济绩效考核机制及增长主义的发展模式，导致如小市镇层级地方政府往往难以单纯地舍弃经济发展利益而提供生态产品，因此需要提升生态产品供给的经济效应并强化对地方政府的生态产品数量、质量供给的考核[18]。

（二）市场主导型

市场主导型价值实现是新制度经济学派最为肯定的生态产品价值实现路径。开展生态产品市场交易，实现市场主导型价值实现的思想来源于科斯其提出公共产品也可以开展私人收费，甚至认为包括纯粹的公共产品在内的一切物品都可以利用市场开展私人供给，并且这种资源配置的手段更有效率。市场主导型价值实现的核心思维是发挥市场在自然资源配置中的决定性作用，让自然资源保护者和增益者有收益，让受益者和干扰者付费，形成生态产品货币化机制[19]。

市场主导型的生态产品供给行为主体主要是企业，在企业的生态产品供给行为中，依据西方经济学理论，企业是微观经济主体，追求利润最大化是企业的经营目标。鉴于生态产品既具有公共产品的特性，又有商品属性，当市场化程度足够高的时候，生态产品以商品形式提供给消费者，企业通过销售生态产品获利，那么企业会生产销售（提供）生态产品；如果生态产品没有商业化，企业提供生态产品往往需要政府的监督。市场供给的前提是产权清晰，因此生态产品的有效供给需要多行为主体之间的合作，但是由于成本和利益不对称，供给主体相互博弈导致生态产品供给效率低下的问题也相当普遍。与此同时，由于政府主导供给具有效率低、外部监督缺乏、体制机制受限等问题，市场供给的必要性逐渐显露。但是在小市镇层级，市场主体提供生态产品的负外部性也无可避免：一方面，小市镇往往处于区域产业分工体系的末端环节，支柱型产业往往以低端、高能耗型产业为主，其产业结构天然性与生态资源保护相悖；另一方面，小市镇生态产品供给市场机制尚未完善，市场机会匮乏，缺乏相应市场供给生态产品的行为主体，因此往往需要政府及社区的多元主体参与及制度建设提升小市镇生态产品供给市场化。

（三）社区主导型

虽然受益范围较小的私人生态产品通过市场化手段，可以高效解决生态产品的配置问题，但是在面临受益范围和规模较大的公共生态产品时，通过中央—地方垂直传导的约束性行为可以有效促进生态产品供给与生态资源保护。对于受益范围和规模较小的准公共生态产品及公共生态产品而言，纯粹的地方政府行为难以有足够有效的动力提供生态产品供给，与此同时，个体因为个体利益的逐利性也难有提供生态产品的驱动力。因此，可以在该类生态产品影响范围内，通过个体自发组织或领导社区内组织增进互信以此实现共谋共赢[20]。

总而言之，基于对生态产品供给行为主体的分析，可以看出我国生态产品供给主体包括了中央政府、地方政府和相关企业，不同主体各自都有不同的目标取向，其不同的立场决定了三类主体在生态产品供给中的态度和行为模式，从而也导致了三类主体间的长期博弈。而要扭转供给主体长期博弈的负面效应，降低生态产品供给成本，提高供给效率，治理思路应逐渐向多中心治理转变。

第五节　小市镇可持续性的生态保护机制与对策

一、小市镇资源保护与生态产品供给机制的多维矩阵

为了保障小市镇生态产品价值的实现，应立足于生态产品供给能力，依据生态产品的分类属性明确小市镇生态产品的供给主体，充分发展政府、市场和社会三类主体的协同作用[21]。依据生态产品经济学、生态服务系统特征、生态产品供给主体，以及生态产品供给与消费的分类属性，本文进一步从生态产品消费特征、供给主体特征、生态产品规模三个维度建立了

小市镇资源保护与生态产品供给机制的多维矩阵。

规模维度是公共事务治理需要考虑的重要因素，一方面影响着资源的利用模式，另一方面也引发了社会资本功能有限性反思[20]。对于小市镇的生态产品供给而言，不仅需要考虑生态资源的物理规模，同时也需要考虑到生态资源的产权规模。因此生态资源保护规模、治理权力尺度、生态产品竞争性属性、生态产品供给主体应成相对应关系。依据规模的实体与产权特征，本文将规模维度分为小规模、行政区划内；小规模、跨行政区划；大规模、行政区划内；大规模、跨行政区划4类。消费维度依据生态产品竞争属性与排他属性两种特征分为公共性、准公共性；交易性、准交易性特征[22]，根据生态产品的消费属性，可将其分为生态公共产品、生态私人产品及生态准公共产品等。对于供给维度而言，需要关注哪些生态产品的价值应该实现，一般只有当生态产品具有稀缺性时，才需要将其价值实现。供给维度主要反映人类无差别的社会劳动参与程度，附有人类无差别劳动生产的生态产品由于明确的产权关系而天然具有稀缺性，因此附有价值，这类生态产品供给主体往往由市场提供，而不含人类无差别劳动的生态产品则通过制度供给制造产品稀缺性，这类生态产品供给主体往往由政府主导，多元主体参与。依据供给维度主体，本文将供给维度分为市场供给、社会供给与政府供给。

在生态资源治理相关理论中，哈丁的中心化权力制度是众多学者的研究指南[23]。根据哈丁的理论，公共事务治理主要有三种方案，第一种方案是建议对资源权力实施全面下放或上收，即形成市场主体或政府的单中心治理，这种方案忽略了公共资源因整体性而难以分割的特点。第二种方案是奥斯特罗姆多中心治理，其核心观点是利用社会资本促进利益方实现有效沟通，达成资源利用和保护之间的平衡[24]。然而该方案也受到质疑，它默认资源是属于竞争性生产要素，竞争目的更多聚焦于占有未来经济价值，它默认资源价值已经显化，对社会资本的功能有所夸大。第三种方案以考克斯团队为代表，提出将参与性引导与强制性规则结合，将物理规模与治理角色的定位挂钩[25]，并将仅参与资源利用和保护但没有决策权的主体也作为多中心主体治理系统中的一员。

综合以上理论，生态产品供给机制需要综合资源权力尺度迁移、产权规模、生态产品竞争与排他属性及供给主体多元因素综合考量。从生态资源物理规模与产权规模来看，对小市镇层级而言，对跨行政边界大规模公共性生态产品，应对其资源权力实施尺度上移，满足跨行政边界生态资源保护的整体性难以分割诉求，提升更大范围生态环境治理效能；对于跨行政边界的大规模准公共生态产品及小规模公共生态产品而言，可以通过柔性尺度调整，例如划分生态产品供给分区提升生态产品供应的优先权，满足跨行政边界则可以通过政府供给与社区第三方组织协同治理，一方面利用社会资本提升沟通效率，另一方面通过政府力量规范生态产品市场供给行为。从生态产品消费属性中的竞争性与排他性来看，具有排他性产权的生态产品往往由市场供给制度进行生态资源配置，而产权模糊的生态产品往往需要生态资源治理尺度上移或社会组织与政府多中心进行生态资源配置（图4–5）。

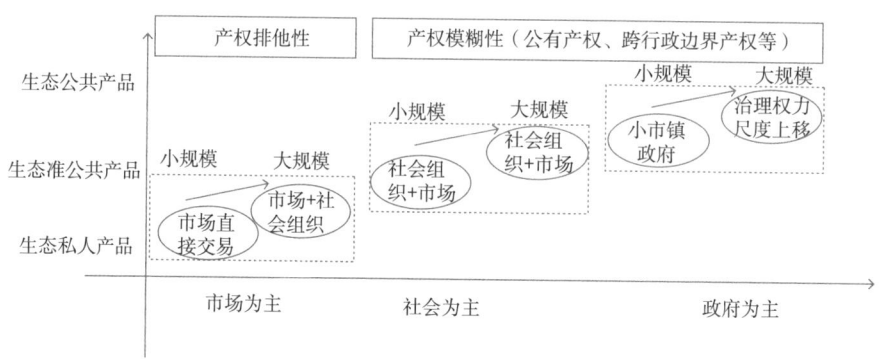

图4–5 小市镇资源保护与生态产品供给机制的多维矩阵

资料来源：作者自绘

二、小市镇生态产品价值实现路径

小市镇生态机制的核心在于生态产品的品质供给和价值实现，进而实现小市镇资源保护与经济发展的双重效益。生态产品具有公共性特点，政府主要承担生态产品的供给功能，致力于提高生态产品供给效率并体现社会公平性。然而政府也存在一些内在缺陷可能造成生态产品低效供给，如生态产品的价值估算不准、垄断的供给方式导致缺乏竞争等，这将导致小市镇的生态保护功能失效和发展机会的丧失。实际上生态产品具备一定的商品性，企业、个人和NGO组织等都可以成为供给主体的一部分，利用市场这一"无形的手"，能够提高产品的流动效率，形成动态的交易过程，为生态产品赋能，弥补生态产品政府单一主体供给的缺陷。所以，小市镇要努力推动生态产品市场化及多中心治理，创新资源保护与产品供给的生态机制，充分调动全社会的积极性，不断增加生态产品供给的数量，加快提高生态产品的质量。

生态产品价值的实现就是将生态产品的使用价值转换为经济价值，而不同类型的生态产品有着不同的实现路径，其选择具有多样性。小市镇的生态产品价值实现路径大致可以分为指标交易、产业化经营、生态保护补偿、增值溢价4种方式[3]（图4-6）：①指标交易路径，需要探索生态指标产生和消费的内在机制，探索小市镇内部、小市镇之间乃至纵向城乡间生态产品交易的规则，构建不同生态产品之间生态价值的科学换算体系，实现生态价值的等量换算及其与经济价值的双向流动；②产业化经营路径，小市镇在综合评价当地生态状况的基础上，要根据自身特色，因地制宜，探索产业化经营的发展方向，测度产业化经营的经济效率和生态效率，增强生态脆弱地区产业方向选择的科学性；③生态保护补偿路径，小市镇需采用包括纵向补偿、横向补偿在内的多元化补偿方式，提升生态保护补偿测算的科学性，客观评价生态保护补偿的实施效果；④增值溢价路径，小市镇需要探索生态产品供给增加带来周边增值溢价的科学评估方法，准确测算增值溢价效果，力争实现在资金、面积等约束条件下增值溢价的效益最大化。基于上述4种不同方式，小市镇需要分析评价各种实现路径的可行性及其制约要素，探索政府、企业、居民等不同参与主体的实现感知和认可程度，模拟不同路径下生态产品价值的实现效率问题，建立健全"调查监测—价值评价—经营开发—保护补偿—价值实现保障—价值实现推进"系统，科学地选择实现路径并不断完善小市镇资源保护与产品供给的生态机制。

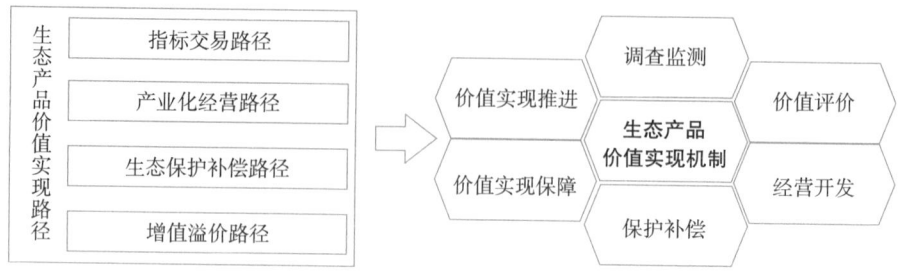

图 4-6　小市镇生态产品价值的实现过程

资料来源：依据参考文献[26]和《关于建立健全生态产品价值实现机制的意见》政策文件由作者自绘

三、新时代小市镇的生态发展转型与功能跃迁

当前小市镇在资源保护与产品供给上仍然存在着供给数量不足、供给效率偏低、缺少激励机制等问题，与此同时小市镇的生态环境治理方式逐渐从生态环境损害赔偿变为生态补偿，再到生态产品价值的实现[27]。其中，生态环境损害赔偿是通过法律手段要求损坏生态的人进行赔偿，生态补偿是利用政策手段对保护生态的人进行补偿，而生态产品价值的实现则是用市场手段刺激生态产品的主动供给从而发现并实现其价值。这3个方式呈递进关系，代表着我国生态环境保护政策的不断进步（图4-7）。

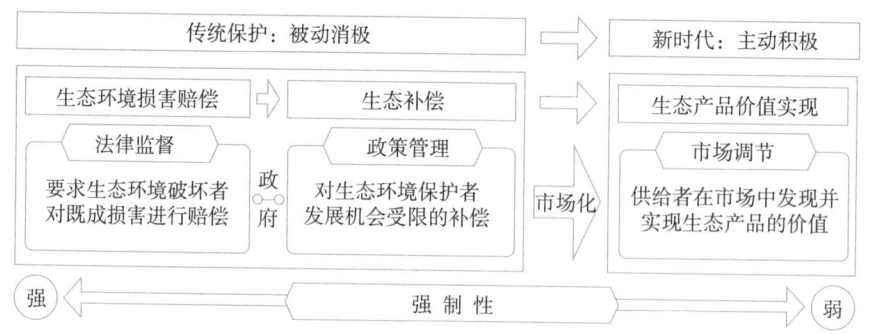

图 4-7　小市镇生态政策转型的过程

资料来源：依据参考文献 [26] 由作者自绘

　　小市镇生态机制的转型，将是我国践行绿色发展观，高质量建设生态文明的又一大跨越。生态产品价值实现的范畴是生态资源保护中利益主体之间的利益关系调整，是将绿水青山转化为金山银山、促进资源保护与社会经济协调发展的重要途径[4]。我国过去针对社会经济快速发展过程中出现的生态环境问题，采取了一系列控制性措施，这些措施在加强生态保护、提供生态产品的同时也给小市镇造成了一定的经济利益和机会损失。尤其是小市镇作为城乡的过渡空间，往往连接着丰富的生态空间，在我国传统的城市中心主义发展路径下，小市镇的发展机会被抑制。因此，小市镇生态产品价值的实现应是在坚持生态产品持续供给的基础上，促进小市镇的生态优势向经济优势转化[25]。生态产品价值的实现可以从以下两个方面促进小市镇的生态保护，并提升小市镇发展的经济效益：一方面使生态保护主体从生态保护、生态产品生产中获得经济利益，因为生态产品价值的实现，可以补偿小市镇所牺牲的经济利益；另一方面可以建立小市镇生态保护的激励机制，促进生态产品的有效配置，避免过度依赖行政手段或政策，降低政府生态保护的监管成本。具体而言，新时代小市镇形成了以下三个方面的生态发展转型与功能跃迁。

（一）由政府管控到市场调节

　　在很长一段时期内，小市镇的生态政策是具体分解从中央到地方纵向传导的生态保护任务。这种生态政策虽然对守住小市镇的生态底线起到了一定作用，但由于其过度追求指标、极其依赖中央财政、具有过度强制性等缺陷，导致其实际生态保护与修复效率并不高。事实上，纯粹的宏观计划难以刺激经济快速增长，必须同时利用市场这只"无形的手"。在对小市镇生态环境与自然资源的保护及利用上，政府扮演的角色应逐渐由指令者变为引导者，而由承载排污权、碳汇交易等功能的市场发挥决定性作用。通过市场的自发调节，生态产品能够更准确、及时地得到价值评估，从而加快产品流通，实现小市镇资源环境保护和经济效益增长双提升。

（二）由单向治理到多方参与

以往的生态政策不论是治理、修复还是补偿，几乎都是由政府作为唯一的制定者和执行者，这种自上而下的单向传导机制存在许多问题[25]。首先，政府难以获知实际损失、需求与收益情况，这会激励利益受损人通过谎报损失的方式获得超额补偿。其次，传导过程过于复杂，会导致信息收集边际成本递增，使生态效益与经济效益难以协同。最后，由于政府被默认为唯一行为主体，小市镇生态保护长期以来被认为是纯粹性公共投入，但是生态产品市场交易机制建立后，政府将不再形只影单，不论是生态产品的供给方还是购买方都将有更多的参与方，提供更多数量及种类的生态产品，从而形成更完整、网络化的小市镇生态保护体制。

（三）由消极被动到积极主动

不论是生态环境损坏赔偿还是生态补偿，其本质都是一种被动保护，需要政府强制力的保障才能顺利实施，而且保护生态环境具有显著的正外部性，但其内部效益较低，甚至可能产生负收益，所以追求利益最大化的私人或团体从理性角度很难主动投身于生态资源保护。过去增长主义背景下小市镇往往是发展的消极空间，想要经济发展就必须消耗生态环境和自然资源，而想要守住生态资源又会限制自身的发展机会，在这样两难的局面下，小市镇只能消极地维持现状。而在新时代生态主动保护与供给双向驱动的背景下，小市镇迎来新的发展路径，即通过生态价值的实现为小市镇的生态资源及产品赋能，利用生态产品的商品可交易属性建立市场交易机制，突破小市镇"绿色贫困"和"金色污染"的困境。

四、小市镇资源保护与产品供给的对策

（一）价值实现：促进供给需求价值转化

明晰生态产品供给与需求的属性特征，在供应端小市镇应发挥比较优势，明确自身生态资源优势及可开发利用的潜力。小市镇生态产品的各类供给主体可依托当地良好的生态条件与自然资源禀赋，凸显生态产品的核

心竞争力，并依据产业发展规划、战略规划和国土空间规划等进行生态产品供给的合理空间布局[26]。其中市场主体方面，可以通过第一、二、三产业融合的形式为农业赋能，开发农业旅游、生态农业等附加值高的生态产品，吸引社会企业投资，实现生态效益与社会效益双赢；政府和社会主体方面，应做好地域间的生态产品制度配合，由于生态产品往往跨区域、跨社区，所以需要利用柔性尺度调整，通过非正式组织、协会及跨区域治理等方式实现生态产品的长效供给。而在需求端，生态产品需求要有相应土地利用规划引导，满足生态产品供应的空间支撑，兼顾公共性生态产品、准公共性生态产品及私人生态产品的空间需求，并通过财政转移支付、税收补贴优惠、用地指标倾斜等机制予以保障落实。

（二）规划赋能：促进生态资源合理配置

在生态资源转向生态产品的价值实现环节，注重通过科学规划保障生态产品"公共性—准公共性—私人空间"的合理分配。在小市镇生态产品的价值实现环节，应明晰生态产品的"公共性—准公共性—排他性"特征，总体性规划需要依据生态产品特征，灵活采用"刚性管控"及"柔性激励"的工具，通过刚性管控保证公共性生态产品的底线约束，并搭建交易平台，有效推进小市镇生态产品价值的量化和实现。此外，在确保小市镇生态资源保护及社会公共利益得到保障的前提下，努力实现生态资源配置的最大化，积极探索市场化配置生态资源的方式，从而推动小市镇生态资源价值的提升。

（三）机制保障：促进产品供给制度完善

生态产品供给主要源于供给主体的制度保障，不同供给主体的行为驱动机制不同，小市镇生态产品供给与资源保护的效果也会有所不同。在市场供给主体中，首先，需要依据国土空间规划中"三区三线"的划定，明晰底线约束，确定市场准入和禁止准入清单。其次，通过规划引导，依据市场需求明晰生态产品的供应类别，发挥小市镇的区域比较优势。小市镇

是生态资源的主要供应场所，从生态产品供给的消费属性来看，公共性
生态产品及准公共性生态产品往往多于私人生态产品。因此，政府及社会主
体在小市镇生态产品的供给中承担着重要角色。由于小市镇的行政级别较
低，政府面对具有大规模的公共性、准公共性生态产品供给行动能力较弱
时，一方面可通过尺度上移，如采用扩权强镇等政策工具提升小市镇政府
生态保护的事权职能；另一方面可通过尺度下移，如推动小市镇生态产品
供给的事权下移从而实现小市镇生态产品的高效供给。

第六节　结语

在我国生态文明建设的背景下，小市镇资源环境保护与生态产品供给
是应对经济发展双循环、乡村振兴、生态保护及城乡一体化发展的重要路
径。在过去传统的经济发展环境下，小市镇被动卷入城市中心主义的发展
路径，一方面导致我国小市镇的发展要素流出，在全国城镇体系格局中的
地位不高；另一方面受发展主义的负外部性影响，导致小市镇的生态资源
面临巨大的侵蚀。本文采用"理论基础—问题识别—发展展望—路径构建"
的研究脉络，通过资源保护和生态产品等概念理论梳理，构建了小市镇资
源保护与产品供给的生态机制。梳理了我国城镇化发展与生态战略，并识
别、分析了我国小市镇资源保护与生态产品供给所存在的问题及原因，继
而基于中华人民共和国成立以来小市镇"人—生态"关系演变，对小市镇
未来的生态机制进行展望。最后，根据生态产品供给中生态价值实现的经
济学原理对生态产品科学分类，基于生态产品分类、生态产品供应主体和
生态产品规模构建了小市镇生态产品供给的多维模型，并提出了针对性的
对策建议。

根据国内外的相关理论研究和实践应用总结，小市镇资源保护与生态
产品供给离不开政府与市场的协调作用。生态产品的公共性及准公共性特

征决定了政府作为生态产品供给的主体地位，但是生态产品的"公共属性"及其外部性导致生态产品的供给往往面临政府和市场双失灵的困境。此外，对于小市镇而言，政府职权有限，其生态产品供给的行动力不足，难以保证生态产品的供给效率与质量。因此，小市镇生态产品的供给往往需要明晰责权以及跨区域合作，通过多政策工具组合实现有效的小市镇生态资源保护与产品供给。

附：参考文献

[1] 张晓玲.基于社会——生态系统框架下的小城镇转型治理机制研究[J].环境经济研究，2018，3（01）：150-160.

[2] 詹琉璐，杨建州.生态产品价值及实现路径的经济学思考[J].经济问题，2022，（07）：19-26.

[3] 蒋金荷，马露露，张建红.我国生态产品价值实现路径的选择[J].价格理论与实践，2021（07）：24-27+119.DOI：10.19851/j.cnki.cn11-1010/f.2021.07.127.

[4] 靳诚，陆玉麒.我国生态产品价值实现研究的回顾与展望[J].经济地理，2021，41（10）：207-213.DOI：10.15957/j.cnki.jjdl.2021.10.023.

[5] 王会，李强，温亚利.生态产品价值实现机制的逻辑与模式：基于排他性的理论分析[J].中国土地科学，2022，36（04）：79-85.

[6] 薛前平.西部地区生态产品供给与经济发展耦合协调性研究[D].长安大学，2021.

[7] 中华人民共和国生态环境部.2019年中国生态环境状况公报[EB/OL].[2020-06-02].https://www.mee.gov.cn/hjzl/sthjzk/zghjzkgb/202006/P020200602509464172096.pdf.

[8] 邢丽.关于建立中国生态补偿机制的财政对策研究[J].财政研究，2005，（01）：20-22.

[9] 姚怡昕.完善我国财政转移支付立法的思考[J].中国财政，2008

（03）：40-41.

[10] 李宁，丁四保，赵伟.关于我国区域生态补偿财政政策局限性的探讨[J].中国人口·资源与环境，2010，20（06）：74-79.

[11] 马艳，刘诚洁，邬璟璟.新中国70年生态关系的发展演变及其理论逻辑[J].东南学术，2019（05）：32-40.

[12] 张京祥，陈浩，王宇彤.新中国70年城乡规划思潮的总体演进[J].国际城市规划，2019，34（04）：8-15.

[13] 王芳，黄军.小城镇生态环境治理的困境及其现代化转型[J].南京工业大学学报（社会科学版），2018，17（03）：10-21.

[14] 单云慧.新时代生态补偿横向转移支付制度化发展研究——以卡尔多—希克斯改进理论为分析进路[J].经济问题，2021（02）：107-116.

[15] 王昊，张林波，宝明涛，郝超志，虞慧怡，王世曦，罗仁娟.2015—2017年"2+26"城市生态文明发展水平评估及动态变化分析[J].环境科学研究，2021，34（03）：661-670.

[16] 廖茂林，潘家华，孙博文.生态产品的内涵辨析及价值实现路径[J].经济体制改革，2021，（01）：12-18.

[17] 宋德勇，杨柳青青.生态宏观经济学研究新进展[J].经济学动态，2017（09）：111-123.

[18] 林黎.我国生态产品供给主体的博弈研究——基于多中心治理结构[J].生态经济，2016，32（07）：96-99.

[19] 金铂皓，冯建美，黄锐，马贤磊.生态产品价值实现：内涵、路径和现实困境[J].中国国土资源经济，2021，34（03）：11-16+62.

[20] Fleischman F，Ban N，Evans L，et al. Governing large-scale social-ecological systems：lessons from five cases[J]. International Journal of the Commons，2014，8（2）.

[21] 彭文英，尉迟晓娟.京津冀生态产品供给能力提升及价值实现路径[J].

中国流通经济,2021,35(08):49-60.DOI:10.14089/j.cnki.cn11-3664/f.2021.08.005.

[22]彭文英,滕怀凯.市场化生态保护补偿的典型模式与机制构建[J].改革,2021(07):136-145.

[23] Garrett·Hardin. The Tragedy of the Commons〔J〕. Science，1968，162（5364）：1243-1248.

[24] OSTROME. Beyond Markets and States：Poly centric Governance of Complex Economic Systems〔J〕. American Economic Review，2010，100（3）：641-672.

[25]马贤磊，金铂皓，杜焱强.规模异质性视角下农村生态资源价值实现的 治理机制研究——基于多案例的比较[J].公共管理学报，2022（7）：24-34.

[26] 吴飞，张晓蕾，周秦.国土空间规划赋能生态产品价值实现的思考[J].中国土地，2022（01）：35-37.

[27] 靳乐山，朱凯宁.从生态环境损害赔偿到生态补偿再到生态产品价值实现[J].环境保护，2020，48（17）：15-18.

第五章　小市镇的土地资源：底线管控与科学利用①

第一节　引言

　　小市镇是一个广义的概念，目前土地科学中对小市镇没有明确的界定标准，学者们多集中于小城镇、县域角度尺度开展研究。小城镇之于小市镇而言概念相对明晰，小城镇作为城乡过渡体的主体和代表，具有过渡性与发展动态性，因此对其概念的准确界定，学界尚无统一的观点，狭义上是指包括县城在内的、除设市以外的建制镇，广义上的小城镇还包括了集镇的概念[1-2]。因此，本节内容主要从土地研究的角度出发，对我国当前土地机制政策重点进行梳理，尺度聚焦于广义概念上的小城镇，涉及的土地机制及相关原理可以应用到小市镇，为小市镇的研究提供一个参考。

第二节　小市镇土地机制演进的发展回顾

　　改革开放以来，我国经济进入持续高速增长阶段，工业化、城镇化进程不断推进，土地作为人类生产和生活载体，是我国工业化和城镇化的重要基础，而小市镇连接城镇与乡村，在促进城乡区域协调发展、推进新型

---

① 作者：徐小黎，自然资源部咨询研究中心国土生态研究所所长；涂梦昭，自然资源部咨询研究中心国土生态研究所工程师。

城镇化和乡村振兴等方面提供了关键支撑。与城市相比，小市镇土地存在着国有土地与集体土地交叉并存、权属不明等问题，这也成为小市镇土地机制改革过程中难以绕开的议题。为破解难题，结合我国不同时期的城镇发展战略目标及改革重点，小市镇土地机制演进大致可以划分为高速发展、协调发展和高质量发展三个阶段。

高速发展阶段，小市镇土地机制改革试点探索。1993年11月，《中共中央关于建立社会主义市场经济体制若干问题的决定》中提出了"建设新的小城镇"，提出要加强对乡镇企业集聚的规划与引导。1995年，国家体改委、国家土地管理局等11部委联合印发的《小城镇综合改革试点指导意见》提出了包括"探索集体内部土地流转制度"在内的12个试点改革内容，至此小市镇土地机制改革迅速推进[3]。1996年，国家土地管理局和国家体改委联合印发了《关于小城镇土地使用制度改革若干意见的通知》，从推进实行小城镇建设用地统一管理，规范供地方式等方面进行机制改革，同时允许57个综合改革试点小城镇进行与当时法规尚未完全衔接的超前探索[4]。

2000年之后，土地快速扩张导致城市发展空间失衡等问题，协调发展逐渐成为城镇化发展主题。2000年，原国土资源部印发了《关于加强土地管理促进小城镇健康发展的通知》，提出了严格执行土地利用总体规划、促进小城镇建设集约用地、运用市场机制配置小城镇建设用地等强化小城镇土地管理的指导意见。2006年，"十一五"规划提出要"坚持大中小城市和小城镇协调发展，积极稳妥地推进城镇化"。2011年，"十二五"规划再次强调要"促进区域协调发展和城镇化健康发展"，通过合理配置小城镇土地资源，缓解大城市的承载压力，是扎实推进城镇化的必然选择[5]。

党的十八大之后，我国逐渐步入高质量发展阶段，愈加强调城镇化建设质量。2021年，中央一号文件《关于全面推进乡村振兴加快农业农村现代化的意见》明确了小城镇连接城市、服务乡村的重要作用，提出要加快县域内城乡融合发展，破除城乡壁垒，统筹城镇开发、村落分布空间布局等具体要求。2022年5月，中共中央办公厅、国务院办公厅印发《关于推进以县城为重要载体的城镇化建设的意见》，再次明确了县城在我国城镇化体系的重要性，提出要建立集约高效的建设用地利用机制，加强存量低效建设用地再开发，合理安排新增建设用地计划指标，保障县城建设正常用地需求。

第三节　当前土地机制的政策重点：底线管控与科学利用

城镇发展伴随着社会经济的高速发展，提供以更好的医疗、教育和文化资源，人们生活得以改善，但快速城镇化的背后也带来了一系列负面环境影响，国土空间格局发生了巨大变化，环境污染、资源短缺和生态系统服务退化等问题随之频繁进入公众视野[6-7]。党的十八大之后，在生态文明建设和空间治理现代化背景下，党中央明确了以建设生态文明和高质量发展相结合的总体要求，为新时代下我国的发展路径与模式指明了方向。以高质量发展引领系统性变革，坚持底线思维，强化资源环境底线约束，推进节约集约用地，科学利用土地资源，是完善新型城镇化战略，构建高质量发展的国土空间布局的破题关键，也是当下实现空间治理现代化和区域可持续发展的必然途径。

一、土地资源底线管控相关规定及措施

以底线管控为代表的土地资源底线思维，是形成科学适度有序的国土空间布局体系的重要依据。党的十八大以来，一系列国土空间规划相关的政策发布，坚持底线思维、强化底线约束是贯穿其中的重要原则。

"三区三线"的划定是国土空间规划底线管控的重要体现。"三区"是指农业空间、生态空间、城镇空间三种空间类型，分别对应永久基本农田

保护红线、生态保护红线、城镇开发边界三条控制线。在推进科学精准划定"三区三线"工作中，党中央及自然资源部门也同步制定了多项举措予以保障。首先，以资源环境承载能力和国土空间开发适宜性评价为基础，科学有序统筹布局生态、农业、城镇等功能空间。"双评价"是底线管控的基础，通过对资源环境禀赋分析，识别国土空间开发利用风险及问题，确定区域内农业生产和城市建设的最大规模和适宜性，为国土空间规划的制定和底线管控提供关键支撑[8]。同步建立健全统一的国土空间基础信息平台，严格监测监管。通过整合各类空间关联数据，实现部门信息共享，形成覆盖全国、动态更新、权威统一的国土空间规划"一张图"，基于底图构建动态监管体系，严格三条控制线监测监管。从政策发展历程来看，以"三区三线"为载体的底线管控要求从宽泛到明确，由模糊而具体，是推动生态文明建设下构建国土空间开发保护格局的重要组成内容[9]。

保护耕地是我国的基本国策，划定永久基本农田，守住十八亿亩耕地红线，是国家粮食安全的重要保障。法律层面上，新修订的《中华人民共和国土地管理法》和《中华人民共和国土地管理法实施条例》将耕地保护单列一章，规定国家对耕地实行特殊保护，实行永久基本农田保护制度，《中华人民共和国基本农田保护条例》更是明确了任何单位和个人不得改变或者占用永久基本农田，国家重点建设项目选址无法避让，确需占用的，必须经国务院批准。党中央、国务院高度重视耕地保护工作，提出采取"长牙齿"的硬措施要求落实最严格的耕地保护制度。首先，明确耕地保护任务，建立耕地保护责任目标考核制度。第三次国土调查数据显示，截至2019年年底，我国耕地面积19.179亿亩，《全国国土规划纲要（2016—2030年）》明确了到2030年18.25亿亩的耕地保有量任务。为此，党中央、国务院统一部署，将耕地保有量和永久基本农田保护目标逐级分解下达至各省，并建立耕地保护责任目标考核制度，确定省长、自治区主席和直辖市市长为第一责任人，国务院对各省耕地保护目标完成情况进行考核。其次，严格控制耕地转为非耕地，实行占用耕地补偿制度。法律对耕地和永久基本农田保护有明确规定，违法占用应依法追究法律责任。对于无法避让且经论证确需占用的，需经批准后严格落实耕地占补平衡，按照"占一补一、占优补优"的要求，补充数量和质量相当的耕地和永久基本农田。最后，健全耕地保护补偿机制。耕地资源具有明显的公共物品性质，通过对提供者进行财政支持和激励补偿，有利于建立正向的耕地保护机制。目前的耕地保护补偿机制主要包括按照耕地及永久基本农田面积对农户进行补贴和奖金激励，根据耕地保护责任目标考核结果对省份给予新增建设用地计划指标奖励，以及跨地区补充耕地利益调节等。

生态保护红线是保障和维护国家生态安全的底线，也是习近平生态文明思想的重要体现。《关于划定并严守生态保护红线的若干意见》等相关政策文件要求落实环境保护法等相关法律法规科学划定生态保护红线，并就严守生态保护红线提出系列举措。首先，明确生态保护红线的优先地位，生态保护红线作为国土空间开发的底线，相关规划编制需符合生态保护红线空间管控要求，对于不符合的应及时调整。其次，根据划定情况实行严格管控。生态保护红线内，自然保护地核心保护区原则上禁止人为活动，其他区域严格禁止开发性、生产性建设活动，生态环境部门和自然资源部门对管控要求做了具体规定，如制定生态环境准入清单和有限人为活动管控正面清单。最后，明确责任主体，建立严格的管控体系。地方政府作为严守生态红线的责任主体，将生态保护目标和任务逐层分解并落到实处。同步健全生态保护红线监管体系，实现分层分级监管。各级自然资源主管部门严格对国土空间用途管制实施监督，生态环境主管部门做好生态环境监督。

城镇开发边界同样也是国土空间用途管制的重要工具[10]。2019年，《关于建立国土空间规划体系并监督实施的若干意见》要求对城镇开发边界内外的国土空间实施差异化的用途管制制度，在城镇开发边界内的建设，实行"详细规划＋规划许可"的管制方式；在城镇开发边界外的建设，按照主导用途分区，实行"详细规划＋规划许可"和"约束指标＋分区准入"的管制方式。2020年，自然资源部印发《市级国土空间总体规划编制指南（试行）》，将城镇开发边界内的区域划分为城镇集中建设区、城镇弹性发展区和特别用途区。其中，城镇集中建设区是规划集中连片、规模较大、形态规整的地域，满足城镇开发和集中建设；城镇弹性发展区是综合考虑城镇发展的不确定性，在城镇集中建设区外划定的弹性建设区域；特别用途区原则上禁止城镇集中建设行为。

二、土地资源科学利用政策梳理与分析

在土地资源开发利用中，利用和保护的矛盾是基本的矛盾。一方面，土地资源的规模和容量有一定限度，经济发展对土地资源需求的无限性与自然生态系统中土地资源供给的有限性之间存在着矛盾。另一方面，土地资源的利用和保护在经济发展实践中的运行具有共同的目的性，所以两者也能够实现统一。实践中"只利用不保护"和"只保护不利用"的两种倾向都颇为片面，科学开发利用土地资源是改善生态环境、推动生态文明建设的重要举措。随着经济发展和社会进步，粗放用地问题不断凸显，土地资源科学利用是实现高质量发展的必然。

土地节约集约利用是科学合理利用土地资源的核心内容，是新型城镇化的战略选择。国家和地方不断探索节约集约的内涵和方式，出台一系列政策法规，形成了初步的土地节约集约制度框架体系。首先，从法治层面确立了节约集约用地作为土地管理的基本理念，如，《中华人民共和国土地管理法》明确规定珍惜、合理利用土地和切实保护耕地是我国的基本国策，并对在土地利用总体规划编制、耕地保护等工作中贯彻节约集约用地理念提出了具体要求；《中华人民共和国土地管理法实施条例》也提出了将土地节约集约利用作为编制国土空间规划的原则和监督检查的主要内容。其次，相关法律逐渐细化了节约集约用地有关规定，《中华人民共和国土地管理法实施条例》专门增加了建设项目使用土地必须符合节约资源、保护生态环

境的要求，规定要严格执行建设用地标准，优先使用存量建设用地，提高建设用地使用效率；《关于推进土地节约集约利用的指导意见》从建设用地总量、增量、存量、流量管控和利用效率提升等方面细化了城乡建设用地节约集约利用政策。最后，建设用地节约集约利用评价体系日趋完善，《节约集约利用土地规定》从规模引导、布局优化、标准控制、市场控制、盘活利用、监督考评、法律规定等方面细化了节约集约用地的规定，并提出开展节约集约模范县（市）创建、开发区土地集约利用评价等工作；《自然资源部办公厅关于规范开展建设项目节地评价工作的通知》强调了要规范开展建设项目节地评价，在建设项目设计、审批、供地、用地等环节发挥土地使用标准对建设项目用地的控制作用，促进标准未覆盖或者超标准用地的建设项目合理用地，切实提高节约集约用地水平。

节约集约利用土地内涵丰富，涉及规模管控、布局优化、盘活利用等举措。通过规模引导，控制建设用地总量。自然资源主管部门通过规划、计划、用地标准、市场引导等手段，将年度建设用地供应总量、结构、时序地块等向社会公布，倒逼建设用地利用强度提升。控制建设用地总量的过程中，推行增减挂钩政策，将城镇建设用地增加与农村建设用地减少挂钩[11]，在保障城市新增建设用地指标的同时，实现了农村旧住宅、废弃宅基地、空心村等闲置建设用地的整理，提高了农村基础配套设施水平，帮助地方打开实现城乡融合发展的新思路。在优化土地利用布局方面，自然资源主管部门依据划定的城镇开发边界对建设用地实行空间管制，引导工业向开发区集中、人口向城镇集中、耕地向适度规模经营集中等，逐步实现集约布局和节约用地，为城镇化推进提供了建设用地保障。增存挂钩，盘活存量，也是推动土地利用方式向绿色发展转变，提高建设用地质量与效率的举措之一，建立奖惩机制，加速消化并严防形成批而未供和闲置的土地，并将存量消化结果与新增指标下达挂钩，为地方赢得了新发展动能和用地空间，也提高了全国土地资源利用效率。

第四节　新形势下小市镇土地机制面临的挑战

一、土地利用结构不合理，规划管控力度不到位

小市镇土地利用结构不合理，总体呈现出低密度和松散的空间结构特征[12]。小市镇的建设用地扩张的同时，受到自然地理条件和交通线路等多方面因素的影响。城镇化初期，我国大部分小市镇规划科学性差，缺乏统筹和长远考虑，导致用地结构存在不合理现象。一方面，小市镇生活居住、工业生产以及绿化用地比例不合理，整体表现为建设用地比例过高，多以居住用地为主，工业用地比例低于城市，绿地和基础设施用地不足[13]。另一方面，空间布局方面，存在功能分区不明晰，布局混乱等问题。土地利用结构不合理进一步导致小市镇土地利用效率低下，运转受阻，间接影响了民生福祉[14]。

规划管控不到位同样制约着小市镇的发展。规划的管理目标是高效利用建设用地，同时对农用地进行严格保护，我国已经形成了城镇空间的专项规划和详细规划编制、规划执行等一系列管理方式。在我国"五级三类"国土空间规划体系中，县级与乡镇作为下层行政管理单元，直面社会矛盾和经济利益冲突焦点[15]，在规划具体实施和管控过程中，矛盾尤为明显。首先，城乡二元土地制度导致城市和乡村的规划制定和实施模式之间衔接不够，县城和乡镇规划管控非常薄弱。其次，国土空间规划仍在起步阶段，对三区三线中的城镇开发边界目前还没有统一的划定标准，相关机构及规划从业人员在编制国土空间规划时大多还是参照城乡规划的思路和内容要求划定现有边界，造成底线控制与规划弹性不明确[16]。再次，在规划实施阶段，同时受到资金、政策等外在因素和权属、利益协调等内在因素的影响，导致其规划实施难以达到预期[17]。最后，基层力量薄弱，县级与乡镇一级规划管理人才缺位，进而导致规划编制审查专业性不强，规划管控和

实施监管不到位等问题。

二、政策制定针对性不足，具体内容指向不明晰

小市镇建设发展是我国在实施新型城镇化战略背景下的重要支点，在促进未来城乡新型发展格局构建中具有重要作用，但当前关于完善小市镇土地机制的政策针对性不足，具体内容指向尚不明晰。

小市镇向上连接城市、向下辐射乡村，其特殊的位置也使之具备了以集体土地为主导，并且国有土地和集体土地两类土地权属交融的特点[18]。已有研究对全国121个小市镇进行定量定性分析，发现平均集体用地占比约为60%，其中，集体建设用地占区域总面积比例80%以上约占4成[13]。而在集体土地流转上存在不规范、违法用地、非法转让土地等现象，管理难度较大。在发展小市镇的过程中，当地政府往往用行政化的办法来推动，小市镇建设规模过大，在蚕食耕地的同时又没有发挥出城市化的作用，各地对乡镇企业违法占用耕地的问题仍然缺乏有效的治理手段和措施。结合小市镇的特点，聚焦实际问题，目前土地政策的制定主要集中在宏观指导层面，对小市镇发展过程中遇到的实际问题缺乏针对性。

三、土地利用新增需求大，实际供给保障难度高

随着县域经济法阵动能增强，农业转移人口就近城镇化使得小市镇人口在未来一段时间内将呈现数量增长态势，产业用地需求增大，住房需求也相应上升，对土地资源的需求随之增大。生活用地占比过高，生产用地较少，公共服务供给水平总体偏低，公共设施用地不足是小市镇用地结构特征之一[19]。赵鹏军和吕迪[13]研究选取了121个小市镇分析其人均建设用地，发现小市镇的人均建设用地面积约为对应地级市的2.2倍，分类分析表明，小城镇多以低层住宅楼为主，镇区居民人均居住用地面积远高于城市居民人均居住面积，同时，由于土地利用粗放等原因，人均商业用地面积相比也远超过对应的地级市。此外，小市镇公共资源配置与民生实际需求存在缺口，综合承载能力和治理能力仍然较弱。为适应农民到小市镇就业

安家需求，提升公共设施和服务能力，国家发改委2020年印发《关于加快开展县城城镇化补短板强弱项工作的通知》，提到要围绕公共服务设施提标扩面、环境卫生设施提级扩能、市政公用设施提档升级、产业培育设施提质增效等多方面目标，聚力推进17项建设任务，小市镇公共服务设施建设用地需求同样较为迫切。

四、土地供后监管须加强，动态监控技术待提升

土地新增需求大，同样也会涉及土地供后监管方面的问题。土地供应的重点在于依据法律法规和各类规划，对各项建设项目拟选地质进行审核，确定建设用地面积和范围，对土地使用的规划条件提出要求，并对各类建设工程进行审批许可。各类法律法规对于许可证的办理条件和办理程序给出明确规定，对于建设项目从立项、规划设计、建设工程报建到建设工程竣工验收的审批权限、审批流程、审批主体等做出严格的规定，在规范工程的同时，也影响审批效率。目前而言，小市镇监管机制尚不完善，对于土地供后监管内容、监管手段的重视不够。

先进的科学技术和合理的人员配备是提高土地供后监管的重要保障，当前日常管理中的监管机制、监管手段，特别是信息化技术的整合融合与全面使用，仍需加强完善。且基层在人员配置、监管手段等方面能力有限，在经费支持、奖补机制方面存在缺失，需进一步强化基层监管能力建设，提升动态监控技术。

第五节　小市镇土地机制的创新方向

一、坚守底线管控思维，认真落实规划管控与规划引领职能

坚守底线思维，严格底线管控。底线管控是当前我国土地机制的政策重点，也是新型城镇化背景下实现小市镇振兴发展的必然选择。严格底线管控首先要基于资源环境承载能力与国土空间开发适宜性评价，统筹划定

"三区三线"，结合小市镇经济社会发展、产业布局、人口集聚趋势，按照永久基本农田、各类自然保护地、重点生态功能区、生态环境敏感区和脆弱区保护等底线要求，明确管控重点，将各类开发活动限制在资源环境承载能力之内。坚守土地资源的安全底线，严守耕地保护空间，优化非建设空间布局，确保耕地安全。对重要的生态空间予以保护，强化生态安全。城市开发边界内强化城镇建设集中布局、引导集约紧凑发展，提高城市韧性。

坚持规划引领，落实规划管控。严格落实耕地保护制度，合理控制土地资源使用规模，对违规占用耕地、低效用地等各方面开发项目进行管控，减少在土地资源开发利用中对生态环境的破坏。建立规则明晰的评估机制，适时开展规划评估评价，重点对县级、市镇国土空间规划中各类管控边界、约束性指标等管控要求的落实情况进行全面核查和评估。

二、坚持城乡融合发展，积极推动体制机制和政策体系建设

完善城乡融合发展体制机制，构建城乡融合发展格局，切实发挥土地要素作用，是小市镇创新土地机制的重要方面。2019年，中共中央国务院发布了《关于建立健全城乡融合发展体制机制和政策体系的意见》，要求完善城乡融合发展体制机制改革的整体框架，强调要为实现城乡要素合理配置、城乡基本公共服务普惠共享等创造条件，助力城乡逐渐形成互相渗透的发展态势。

加快建立城乡统一的建设用地市场，按照国家统一部署，稳妥有序推进农村集体经营性建设用地入市，促进集体建设用地的节约集约利用，对存量集体建设用地的结构进行合理配置。如北京市大兴区按照区级调控，镇级统筹，推进集体建设用地入市，解决了土地碎片化、分布不均的问题。推进集体经营性建设用地入市，要以建立城乡统一的建设用地市场为方向，探索集体经营性建设用地科学规划和用途管制路径，统筹土地和其他领域的相关改革，积极推动体制机制和政策体系建设。

三、坚持市场化为导向，科学规范土地开发与资源利用方式

党的十九大提出，加快要素价格市场化改革，明确了市场在资源配置

中的决定性作用。2021年,《建设高标准市场体系行动方案》《要素市场化配置综合改革试点总体方案》明确了提高土地要素配置效率的方向。在符合市场经济规律情况下,通过市场机制实现土地要素在结构、时空上的有效安排,可以释放土地要素巨大的经济发展潜能[20]。

首先,综合考虑小镇经济发展导向、产业布局、土地资源利用情况,针对小市镇土地结构不合理、土地利用效率低下等问题,可以积极探索市场化退出路径,如引导企业通过节余土地转让、协商收回、协议置换、费用奖惩等市场化方式自主退出低效用地,促进土地要素资源的合理流动,推动以市场化方式盘活存量用地,鼓励市场主体通过建设用地整理等方式促进城镇低效用地再开发。其次,创新土地供应方式,通过市场化优化小市镇产业用地供应方式,如采取长期租赁、先租后让、弹性年期供应等方式供应产业用地。最后,针对小市镇基础设施薄弱的问题,可以通过市场化的手段,对小市镇供水供电等具备自负盈亏条件的基础设施建设项目,鼓励社会资金的投入,支持企业和个人参与建设、经营和管理。对于大城市近郊等具有区位优势的小市镇,可以将土地使用权与城镇基础设施建设项目捆绑,以提升小市镇公共服务供给水平。

加强土地开发与利用科学性,通过控制总量、优化增量、挖潜存量,建立集约高效的建设用地利用机制。在土地利用计划管理中,统筹安排存量和增量建设用地,提高土地利用效率。在土地利用方式方面,推动由单一粗放的利用方式向高效复合的利用方式转变,实施高标准的产业用地准入,提高产业用地利用效率,同步完善低效用地再开发激励机制,提高存量土地资源配置效率。在空间布局方面应因地制宜,结合小市镇经济和产业发展,科学规划项目用地。

四、坚持强化政府监管,依法依规提高土地利用与资源使用效率

强化政府监管是推进小市镇土地资源科学利用的重要保障。对土地资源开发利用及其市场配置行为进行监管,目的是优化配置土地资源、节约集约利用土地资源、规范资源管理秩序、规范资源市场秩序，维护土地资源合理利用权利，加强监管的科学性和时效性。

在监测技术层面上，还需要进一步强化动态，如开展土地利用宏观监测、自然资源变化监测和城市扩张遥感监测，通过国土空间动态监管平台，完善以服务和监督为导向的信息平台建设，实现规划实施、流量指标使用、土地供应等重要指标监管，贯通自然资源调查监测、规划、土地审批、土地供应、开发利用、土地整治等流程，实现小市镇土地全生命周期管理。

结合小市镇经济特点和产业发展导向，制订具体的土地资源利用效率评价办法，构建科学合理的评价指标体系，定期开展土地资源利用效率评价工作。同步健全节约集约用地评价考核制度，明确考核办法和评价体系，强化政府对土地节约集约利用的监督和管理，促进小市镇土地资源的科学高效利用。

第六节　结语与讨论

城市规模的快速扩张、工业区建设与快速工业化为社会经济发展带来了红利的同时，也带来了一定的负面影响，土地城镇化过快催发了一系列的生态环境问题，小市镇土地机制面临着新的挑战。小市镇向上连接城市，向下辐射乡村，具有城市和农村土地利用的双重性，这也决定了城镇化发展过程小市镇土地问题的特殊性：一是土地利用结构不合理，空间结构松散，功能分区混乱；二是国有土地和集体土地两类土地权属交融，现行政策针对性不足；三是居住需求增加，公共服务急需提升，土地供给保障难度大；四是土地供后监管薄弱，动态监控技术待提升。

对此，笔者认为，未来要加强小市镇建设发展过程中，土地政策与相关政策的协同研究，促进小市镇的整体功能提升，推动新型城镇化发展，基于当前土地机制的政策重点，综合考虑小市镇土地利用特点，从底线管控与科学利用两方面提出了相应建议。一是坚守土地资源的安全底线，确保耕地保护任务落地上图，生态保护红线与城镇开发边界合理避让；坚持规划引领，落实规划管控，明确管控要点，并定期开展规划评估。二是发挥城乡融合发展重要载体的作用，加快建立城乡统一的建设用地市场，构建城乡融合发展格局。三是坚持市场化导向，提高土地要素配置效率；建立健全集约高效的建设用地利用机制和低效用地再开发激励机制，推动集约节约用地。四是强化政府监管，提升监管技术与手段；建立土地资源利用效率评价制度及节约集约用地评价考核制度，提高土地利用与资源使用效率。

附：参考文献

[1] 王剑. 小城镇建设：实践、困境与建设思路[J]. 城市观察，2014（4）：8.

[2] 袁中金. 中国小城镇发展战略[M]. 东南大学出版社，2007.

[3] 刘秉镰，朱俊丰. 新中国70年城镇化发展：历程，问题与展望[J]. 经济与管理研究，2019，40（11）：12.

[4] 王世元主编. 改革记忆：当代中国城镇国有土地使用制度构建历程：1978—1998[M]. 北京：中国大地出版社，2021.11.

[5] 荣宏庆. 新型城镇化必须坚持大中小城市和小城镇协调发展[J]. 城市地理，2015（2X）：2.

[6] Wu，J. Making the case for landscape ecology an effective approach to urban sustainability [J]. Landscape journal，2008，27（1）：41-50.

[7] 黄璐，邬建国，严力蛟. 城市的远见——可持续城市的定义及其评估指标[J]. 华中建筑，2015（11）：40-46.

[8] 钟镇涛，张鸿辉，洪良，等. 生态文明视角下的国土空间底线管控："双评价"与国土空间规划监测评估预警[J]. 自然资源学报，2020，35（10）：13.

[9] 冉娜，金晓斌，范业婷，等.基于土地利用冲突识别与协调的"三线"划定方法研究——以常州市金坛区为例[J].资源科学，2018，40（2）：15.

[10] 赵民，程遥，潘海霞.论"城镇开发边界"的概念与运作策略——国土空间规划体系下的再探讨[J].城市规划，2019，43（11）：6.

[11] 国务院办公厅.国务院关于深化改革严格土地管理的决定 [EB/OL].[2004-10-21].http://www.gov.cn/gongbao/content/2004/content_63043.htm.

[12] 何为，徐传俊.新型城镇化背景下的土地制度困境与改革框架[C]// 城市时代，协同规划——2013中国城市规划年会.2013.

[13] 赵鹏军，吕迪.中国小城镇镇区土地利用结构特征[J].地理学报，2019，74（05）：177-190.

[14] 刘珊珊，张果，任平.小城镇土地可持续利用与发展的探讨[J].技术与市场，2005（04A）：2.

[15] 王志玲，董彦，张琳，等.乡镇国土空间总体规划编制重点及对策——以广西融水县香粉乡国土空间总体规划为例[J].规划师，2020，36（11）：9.

[16] 李通.县域新型城镇化背景下小城镇振兴发展路径研究 [EB/OL].[2022-09-20]. https：//new.qq.com/rain/a/20220920A08VN900.

[17] 赵之枫，朱三兵.基于实施单元的北京小城镇规划策略研究[J].小城镇建设，2019.

[18] 陈美球.小城镇发展呼吁土地制度改革[J].小城镇建设，2001（3）：2.

[19] 张立，白郁欣，庞磊.2000年以来我国小城镇发展与规划的研究综述与展望[J].城乡规划，2022（1）：25.

[20] 严金明.深化土地要素市场化配置改革的十大认知[J].中国土地，2022（4）：5.

第六章 小市镇的产业发展：动能转换与经济组织 ①

第一节 研究对象——小市镇

一、问题的缘起

从宏观经济整体发展节奏看，2013年之后降低了对高速增长的预期，2014年提出新常态概念，中国经济增长进入了新的阶段。2018年以来，宏观经济环境的变化加剧，持续了40年的高速发展之路似乎失去了以往的动力与势头。很多人也许意识到或者正在亲身体会这种不确定性对我们过往形成的预期无处不在的侵蚀。面对不确定性，更需要重新审视过往路径及其既以形成的主流发展模式的内在特征，发现此前在高增长光芒之下被忽略的其他潜在动因和价值，并深入到中观微观层面去了解多元化的价值在不确定性之前将发挥何种作用，进而思考当下应当采取的策略。这就是本文选题及解题思路的关注点。

在一个大区域之内，不同次区域之间发展的动因及绩效又存在显著的差异。战略重点区作为大区域经济增长的引擎，尽管存在跨区域的产业分工，但与宏观经济整体发展机制与模式存在趋同的趋势，其经济发展绩效的动态调整与宏观经济的变化紧密关联，因此这一层面的研究始终是关注

---

① 作者：杨韵新，中关村产业技术联盟联合会副秘书长；岳伟，戴德梁行房地产咨询（成都）有限公司董事；张宇，戴德梁行房地产咨询（成都）有限公司董事。

的热点与重点。但同时，那些既跟随也并行于战略重点地区的广大腹地，在经济高速成长阶段时是重点地区高速增长的支撑，而在宏观经济调整期能否及如何发挥出缓冲的作用？这自然成为研究发展模式多样性的重要领域。

二、研究的对象

对多样性的研究，视角自然落在了中观与微观结合点这一维度——小市镇：相对于微观层面的研究，对小市镇的研究需要考虑更多元主体之间的相互作用及这种相互作用形成的结构和系统；而相对于市域、省域的中观宏观层面研究，小市镇的有限数量的经济参与主体的行为方式及效果又能对其经济运行特征产生更为明显的塑形作用，因而利于探究统计数据掩盖之下的多样性。因此，这一维度上的探讨将有望获得关于发展模式更为丰富的发现和更为生动的结果。

作为研究范畴界定，小市镇的提出首先当区别于大中城市，其次是区别于乡村。其中容易引起混淆的，在于小城市和小城镇两个概念。小城市已有国家统一标准①，而小市镇的研究还处于学术探讨的阶段，在学界对这个概念并未形成统一的认识。一般而言，对小市镇的界定更倾向于将其广义地理解为泛小城镇尺度的空间聚落。很明显，目前国内地级市中心城区都已经不在小城市的研究范畴之内。

本研究以产业特征为视角研究小市镇的发展，希望了解小市镇整体的产业发展状况。从目前发展的普遍现状看，大中型城市（包括各地级市的中心城区）之外广大地区的产业发展（第二产业为主）都已进入园区，而园区又主要集中于县城或依托县城外延的产业新区。非县城的城镇第二产

---

① 按照 2014 年颁布的《国务院关于调整城市规模划分标准的通知》以城区常住人口为统计口径，将城市划分为五类七档：城区常住人口 50 万以下的城市为小城市，其中 20 万以上 50 万以下的城市为Ⅰ型小城市，20 万以下的城市为Ⅱ型小城市；城区常住人口 50 万以上 100 万以下的城市为中等城市；城区常住人口 100 万以上 500 万以下的城市为大城市，其中 300 万以上 500 万以下的城市为Ⅰ型大城市，100 万以上 300 万以下的城市为Ⅱ型大城市；城区常住人口 500 万以上 1000 万以下的城市为特大城市；城区常住人口 1000 万以上的城市为超大城市。

业布局很少，仅少量散布对地理位置依赖性很高的工业企业（如矿区、港区等）。因此，对于产业小市镇的整体性研究，实际重点是以县城所在街道或镇区作为目标，并兼顾可能的、为数不多的产业重点镇和特色镇。

县域经济的产业发展数据，实际上是描述以县城产业集中发展区为中心并附带少量重要节点市镇的产业发展为主的状况，其胜在整体性而失于颗粒度不够细。因此本研究将先采用县域经济发展和产业数据作为研究的基础，用以表征以一个核心产业小市镇（县城）为主体并附带少数重要产业节点小市镇所组成的一个有机整体的发展情况，并进一步针对各个县域产业空间布局结构的梳理，提炼出具有代表性和特色亮点的产业小市镇，丰富以县域数据为基础分析产业发展模式的层次。

第二节 理论框架——对产业发展模式多样性的诠释和评判的框架

一、命题的提出：多样性及其多元化价值评判

对于发展模式多样性的研究及其价值评判，本研究将围绕以下几个主要命题逐步深化讨论。

首先，大区域分工作为强势的外部动因，是影响各样本发展绩效的主导机制，实际上也影响着各样本内部经济组织方式的变化。

其次，外部动因和内部经济组织方式，从两个维度共同构成了各样本的产业发展模式和属性。

最后，外部动因发生变化的假设下，不同的产业发展模式会产生不同的响应和后果。对于产业发展模式的价值判断，一方面需要重视其经济发展绩效表现，另一方面也需要对其在潜在的不确定性条件下的适应性（或者说韧性）尝试深入的研究。这实际上就是在区域发展目标中，在发展速

度之外，引入新的目标而形成一个多元化的目标体系。

二、理论基础

（一）从解释发展速度到解释发展方式的多样性

在经济发展领域，对从中国经济增长到中国模式的理论与实证探讨的资料已经汗牛充栋。从区域发展的角度，国家开发[1]与雁阵模型[2]的组合，也具备了相对充分的解释能力，并运用到区域性的发展格局研究中，分析大区域之间增长速度的差异和趋同与趋异、区域内部增长的均衡性与非均衡性，或者进一步具象到产业结构的变化和产业政策效能评判等等，围绕着产出规模与效率这一命题展开了丰富的理论和实证研究[3-5]。

近几年来，随着中国经济进入新的历史阶段，在经济增长命题之外，更多的发展目标开始受到重视，涉及生态、知识、就业、收入分配等经济生活中相关的重要领域。具体到县域经济为着眼点，也有众多理论与实证的工作在不断深入。

郭爱君、毛锦凰[6]，较为系统地提出了县域经济发展的一般性指导原则，强调了新时期县域经济发展对于多元化价值诉求的关切，而非简单追求经济增长的单一目标。储东涛（2010）[7]，王新民、薛琳（2013）[8]，武文超（2021）[9]，苏艺、陈井安（2020）[10]等，分别就长三角、福建省、黄河流域9省、四川省的县域经济做了丰富的实证研究。战炤磊（2010）[11]和刘吉超（2013）[12]的研究，则在总结归纳实证研究的基础之上，尝试建立县域经济多样化发展模式的类型划分和机制构建。

以上研究成果中，储东涛的研究，提出了外部动因和内部经济组织形式相互作用之下而形成的模式多样性，给本研究的框架设立带来了启示。吴文超注重基于统计数据的评价指标体系的设定与分析，但由于难以采用定性资料的归纳，使得成果在多样性的总结方面缺失了一些具象与生动。因此，本研究将在借助统计数据分析的同时，将定性资料的总结也作为一个重要的组成部分，使结论的表达更为生动，这也是对苏艺、陈井安针对四川县域经济的发展阶段历史划分和依赖GDP及三次产业数据的单一维度研究成果的一个丰富和深化。

但可以看出，随着关注目标的丰富，一个重要的问题也相应被提出：如何对发展模式的多样性进行研究，建立体系化的类型划分和表征方法，并对其进行多元目标融合的价值评判，以取代单一的经济增长指标作为评判依据的状况？综观现有的县域经济研究成果，对于发展模式多样性的归纳总结及其形成机制，也得到研究者们的关注和重视，但类型划分方式相对经验化，对类型特征的表达的系统性还有待增强；对各类发展模式的评判方法也有待进一步构建。本研究的理论目的也将围绕这一命题做一些尝试。

对于次区域或更小的区域经济体的研究，适于采用一种中观的视角。故而本研究引入了法国调节学派（Regulation Theory）[13]作为中观经济特征的研究框架。调节学派的产生源于对经济危机的研究，其以一种结构主义和历史的视角，对于宏观经济的运行方式从5个中观制度形式（institutional forms）的维度进行观察、分析和构建：竞争的形式、金融货币体系、劳动工资关系、国家的作用、参与外部经济的形式5种制度形式。这5种制度形式，构成了一个经济体的中短期调节模式和长期积累体制，并由此二者定义出一个经济体的发展模式，既影响着经济增长的速度和特征，也决定着应对危机的响应机制及效果。并且，利用各种制度形式的内涵差异及发挥作用的结构，就能够导向对模式多样性的体系化描述和解释。这恰恰是本研究的关注点所在。

简言之，从逻辑上说，本研究包含了这样几个基本的前提假设。

首先，本研究将区分"战略重点区域"和"非战略重点区域"。"战略重点区域"的划分，来自人为主动的规划与政策引导，这恰恰就是上述理论中提出"国家的作用"的体现，并以此作为具有优先性的制度形式。

其次，本研究假设研究样本在大区域的分工体系中的地位是决定其发展绩效的首要动因。上述理论中"参与外部经济的形式"就反映在此种分工关系中。

再次，本研究将重视样本经济体内部的产业组织形式，涉及产业生态的组织和内部的生产组织，这就是运用了上述理论中关于"竞争的形式"和"劳动工资关系"的相关内涵。

因此，从理论结构上说，本文的基础逻辑是讨论在一种以"国家的作用"（或者具体说战略重点或非重点区）作为前置，以"参与外部经济的形式"（或者具体说大区域分工体系）为优势影响因素，以"竞争形式"和"劳动工资关系"为内部响应机制的区域发展模式。而对其多样性的研究来源于：外部动因作用机制的多样性，并作用于多样化的内部产业生态和生产组织形式之上，而产生了不同的增长性，同时也伴生着具有补偿效果的其他价值（社会安全、生态和文化价值的保护与提升等）。

最后，需要强调的一点，本文提出了补偿性作为与增长性同等重要的价值判断标准，目的在于对产业发展模式的多样性的评判增加多元目标融合的评判依据。引入这一标准的现实目的在于重新发现一些增长性不强的发展模式，在宏观环境和大区域发展趋势发生变化的假设之下，可能会具有缓冲和保障的功能，这也许将是此类模式的时代价值所在。

（二）对外经济参与方式作为主导因素决定的经济发展绩效

根据雁阵形态发展理论，在区域分工的背景下县域经济受到外溢、转移、跨越、虹吸四种常见的外部动因作用机制影响。结合本研究的需要，以市域中心城区作为参考点，把市域中城区作为发展动因枢纽，探讨其对外及对内各县域的作用关系，因此对四种机制做一定的针对性的限定。

1. 外溢效应：强调大区域分工的发展动因从高能级区域流向市域主城区形成聚集提升，之后再流向周边县域产生辐射与带动。

2. 转移效应：强调大区域分工的发展动因向市域主城区的流入并不明显；但主城区的存量产业能力却发生相对流出到了周边县域，出现县域相对上升而城区相对下降的格局。

3. 跨越效应：强调大区域分工的发展动因跨过市域主城区而直接流入了相关县域，促成该县域特定产业能力的快速提升。

4. 虹吸效应：县域的产业要素相对流出，流入市域主城区或其他快速发展的区域，造成本地发展的支撑能力相对下降。

外部动因对县域影响效果可能是双向的——既有正向拉动，也有负向虹吸，县域产业或开始向着参与大区域分工而变化，或间接分享到大区域快速发展的成果而获取到产业要素和市场对自身原生性产业的提升。因此，可从4个产业门类来描述县域产业体系在外部动因影响下而形成的特质。

1. 资源性配套产业：产业链最前端的产业门类，这类产业的发展潜力也是该县域得以在发展相对缓慢的区域成为大区域产业布局中重要环节的原因，主要体现为需要依托于优质自然资源或重大基础设施的产业门类，以初级产品作为主要产出，市场则以面向整个大区域，尤其是大区域中的优势发展区为主。

2. 通用性配套产业：产业链环节相对靠前的产业门类，县域自身以相对低廉的要素价格，成为主城区或战略优势区域产业体系的配套基地，但产业门类会相对分散，产业环节以通用性的加工制造为主，且会表现出产业链两头在外的现象，输入原材料、输出中间产品，而中间产品的市场主要面向大区域内相关产业的后端环节。

3. 专业性配套产业：产业链环节位于产业链中段或中后段的产业门类，县域作为发展的拓展空间形成新的集中发展基地；相关产业链条相对完整，以专业性的加工制造为主，主要向大区域市场输出成品或完成度较高的半成品。

4. 内生全链条产业：依托自身优势资源发展出具有地域特色的产业门类甚至体系；产业链条在县域内相对完整，大多会以成品输出为主且面向的目标市场也更为广阔。此类产业的发展因为要素水平难以达到区域分工体系下形成的骨干产业的要素水平，因而产出效率不高、拉动区域经济发展的效能有限，但其根植于本地、持续积累，生命力相对顽强。

根据理论探讨，不同产业门类在不同外部动因作用下，在县域产业增量中占据不同的权重，或者称为活跃度的差异（表6-1）。

外溢效应作用下，以源自中心城区为主的较高能级产业要素流入，且外部对县域产业的总需求上升，对各个产业门类产生较为均衡的带动，普遍活跃。

转移效应作用下，因中心城区的"产退城进"，以源自中心城区为主的较高能级产业要素流入，但外部对县域产业总需求变化不大，而对通用性配套产业和专业性配套产业提升相对明显。

跨越效应作用下，因得到大区域高能级产业要素的流入，对县域具有优势条件的产业带动效应最为明显，例如：对能源矿产具有优势的县域，资源配套型产业拉动最为直接；交通区位优越的县域，区域性物流得到快速发展，也有可能围绕优势条件，升级建立专业配套基地；旅游资源优越地区获得高水平开发；县域原生性的特色产业，也可能获得更高的价值认同而得到大力的投入；等等。

虹吸效应作用下，产业要素相对流出，配套性产业发展缓慢；但与此同时，县域内产业要素会相对集中于自身具有优势的原生性产业中，而使其获得相对快速的发展。

表6-1 外部动因作用机制下不同门类产业的活跃度（增量中的占比）

	外溢效应	转移效应	跨越效应	虹吸效应
县域产业总量	快速上升	上升缓慢	快速上升	相对收缩
资源性配套	+		++	
通用性配套	+	+		
专业性配套	+	+	+	
外向型服务	+		++	
内生全链条	+		++	+

注："+"表示对应行所示产业类型在对应列所示效应影响下的活跃度较高；"++"表示对应行所示产业类型在对应列所示效应影响下的活跃度很高

（三）内部经济组织形式作为响应机制的产业发展模式多样性

外部作用机制对一个区域的产业门类会产生影响。同时，根据产业组织理论，区域内部产业组织方式的不同对产业的产出效率也会产生影响，并且也会在产出效率之外的其他领域产生连带的效应。

从产业之间和企业之间的产业生态组织关系（企业间的竞合关系）来看，以产出效率从低到高排列，可分为以下三种产业生态。

1. 聚落式：产业门类、环节、企业之间的关联度和互动相对较弱的状态。虽然实现了园区化的空间聚集，但参与主体方面，缺乏龙头企业或平台机构的整合与带动，以中小型企业为独立的运行。

2. 集群式：产业相关主体之间形成了一定的互动关系，大型龙头企业发挥了重要的作用。但相对于模块式而言，集群式的专业化属性较高，围绕着特定产业门类的有限产业环节形成配套于龙头企业的产业能力体系。

3. 模块式：对产业生态进行有意识的组织，采取纵向横向拓展产业链条、对产业外部性进行集中化运营、建设产业共性服务平台、提供产业升级的要素保障等手段，全面提升产业生态的整体产出效率。参与主体方面，由产业平台机构引导，众多中小型主体共同参与形成产业生态圈。

对于生产主体内部则体现为内部生产组织的方式。而这种组织方式与生产主体的属性及其形成的劳动工资关系相关。主要可以有以下两类生产组织方式。

规模化正规性主体：具有一定产出规模的现代企业主体采取的方式。此类组织方式产出效率高，但缺乏灵活性，在外部冲击下（如结构性的产业调整）抗风险能力弱。

小规模灵活性主体：产出规模较小的各类型经济主体，如小私营企业、个体雇佣者等，产出效率整体不高，但原创力强、弹性强，适应外部变化的主动性强。从个体看，因为规模小而抗风险能力差，但如果形成集群或模块，则能体现出较强的抗风险能力。

针对不同产业门类，在提升产出效率的内生要求引导下，内部经济组织形式存在一定的适应性，当然这种判断带有一定的主观性（表6-2）。

表 6-2 产业组织形式一般稳态形式

产业门类	产业生态		
	聚落式	集群式	模块式
资源性配套	自然淘汰	龙头企业带动产业集群	难于形成
通用性配套	中小型企业参与的聚落	难于形成	难于形成
专业性配套	自然淘汰	龙头企业带动产业集群	难于形成
外向型服务	自然淘汰	龙头型企业为主，中小规模灵活性主体参与	产业平台为引导，小规模灵活性主体广泛参与
内生全链条	自然淘汰	龙头企业整合，中小规模灵活性主体参与	产业平台为引导，小规模灵活性主体广泛参与

三、模式的多样性与价值的多元化

多种外部动因作用机制和多种内部经济组织形式的相互作用，最终形成了多样化的产业发展模式。以上，本文提供了4个维度，多个特征指标，分别描述了外部动因作用机制、产业门类划分、经济体内产业生态组织形式和企业内部生产组织形式。4个维度理论上相互独立，但在实际作用发生过程中又存在一定的内在关联。进行4个维度的相互对照，并做典型性提取之后，可以得到几个典型的产业发展模式描述：外生—资源性配套产业集群，外生—专业性配套产业集群，外生—外向型服务产业模块，内外结合—全链条产业模块，内生—全链条产业模块，内生—通用性配套产业聚落。

以上6种产业发展模式，表现形式各不相同，上文已经做了理论讨论。其实，可以将其视为6个参照点，其他的产业发展模式是由其不同程度的相互叠加与作用而成。并在此基础之上，引入对于发展模式的多元价值判断，可进一步讨论发展模式多样性的内在含义。简单起见，可以从两个方面来进行关于价值的评判。

首先仍然是看增长性，国民经济的运行，经济规模的扩大和人均 GDP 的提升依然是优先的目标。各类型发展模式的产出效率能否得到更高的经济绩效，就是其第一个维度的评判标准。

其次是补偿性，考虑到宏观环境的不确定性变化，以及经济增长对于其他领域的冲击，补偿性的价值正在得到更为充分的重视。所谓补偿性，一方面，是在外部经济环境，既包括宏观经济环境，也包括大区域经济环境，增速、产业结构发生重大变化时所受到的负面冲击相对较小，能保持相对平稳的产出规模和效率；另一方面，能够及时地对社会、生态、文化等经济之外的领域的要求变化及时做出回应和达到适应，例如降低失业、可持续的解决贫困、适应生态保护等。对于中西部这类劳务输出的重要地区，就业的吸纳能力变得尤为重要，就业的吸纳能力将是宏观经济抗风险能力的一个缓冲层，具有在经济下行、结构调整时期缓解社会风险的重要价值。

根据以上表格的梳理，从价值判断角度，可以得到了如图6-1所示的推论。

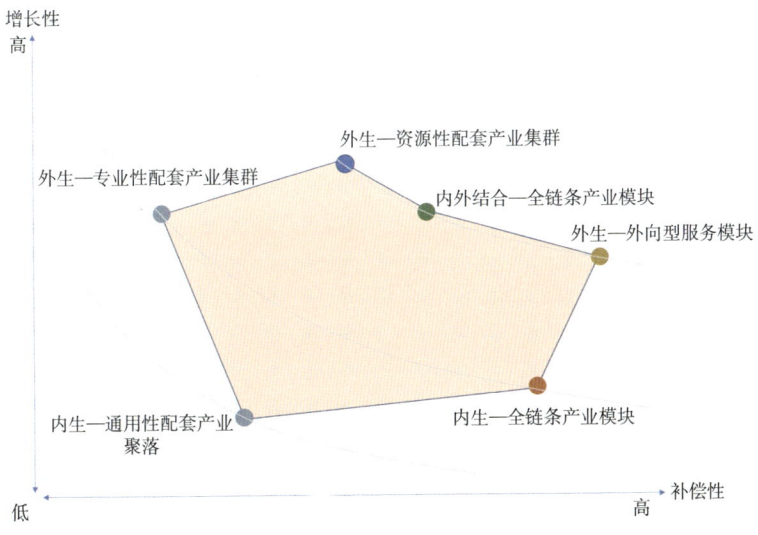

图 6-1　典型产业发展模式的价值评判模型

1. 外生—资源性配套产业集群：增长性显著优势。补偿性方面，因其基于本地资源禀赋，在竞争中保持优势的壁垒较高。作为最前端的配套环节，受局部产业结构调整负面影响的风险小，所以抗风险能力相对较强。但是，由于此类产业内在效率组织要求，就业弹性相对小，且容易带来生态冲击。综合评判其补偿性适中。

2. 外生—专业性配套产业集群：增长性具有优势，但由于县域产业要素整体配套水平不高，所以相较于资源性配套产业的增长性略低。补偿性方面，产业门类与本地禀赋关联性低而存在被竞争替代的风险，且专业化程度高，易于受到局部产业结构调整的负面影响，具有一定的潜在风险性。此外其内在生产组织效率也要求规模化正规化主体参与，因而就业弹性较小，对于生态与文化等非经济诉求的响应也相对迟钝。综合评判其补偿性低。

3. 外生—外向型服务产业模块：对于县域经济而言，第三产业的产出效率仍然无法与第二产业相比，因此增长性一般。补偿性方面，因其依托于本地特定发展条件而具有一定的竞争优势壁垒，且同样适用的对象产业和市场相对广泛而受局部产业结构调整的负面影响较小，风险性相对低。此外，此类行业的组织形式内在需要平台型机构和众多分散而灵活的小规模主体的共同参与，因此就业弹性较高且形式灵活，社会适应性较强。并且因为其作为服务业，对本地的生态冲击较小且可能具有对本地生态和文化价值实现放大的效能。综合评判其补偿性具有显著优势。

4. 内外结合—全链条产业模块：增长性可参考外生专业性配套产业，因产业链相对完整的模块化运营，以第二产业为核心，具有增长性优势。补偿性方面，此类产业是基于地方优势条件而产生并得到外部产业要素的赋能，具有一定的竞争优势壁垒，且面向的市场相对广泛而非聚焦于大区域产业的某个细分领域，受局部产业结构调整的负面影响较小。作为原生产业，多种规模的主体长期参与其中，表现出较好的就业弹性和社会适应性。但考虑到二产环节作为核心难免产生生态冲击，故综合评判补偿性较高，但略低于服务类产业模块。

5. 内生—全链条产业模块：是内外结合—全链条产业模块在受外部动因正向拉动之前的原型，因此增长性相对较低，补偿性较高。

6. 内生—通用性配套产业聚落：相对而言这是较为初级的产业发展模式，从乡镇企业开始出现之时便已存在。因为产业组织效率低而增长性较差，同时面对的竞争相对激烈，在与主城区或是大区域的同类竞争中处于劣势，抗风险能力较差。因其主要为中小规模的灵活性主体参与，具有一定的就业弹性，但同时也是生态冲击和文化冲击的重要来源之一。综合评价补偿性也不高。

根据以上6个较为典型的产业发展模式的描述，参考增长性与补偿性两个维度可定位各模式在一个二维坐标系中的相对位置，并利用通常使用的等价曲线判断它们之间的优与劣——产业发展模式价值评判模型。

相对而言，外生—资源性配套产业集群、内外结合—全链条产业模块、外生—外向型服务模块，是相对优质的产业发展模式；外生—专业性配套产业集群、内生—全链条产业模块为良好的产业发展发展模式；内生—通用性配套产业聚落为相对欠佳的产业发展模式。

对产业发展模式的价值评判，一方面有利于描述和解释一个区域的发展特征，另一方面也对区域产业发展政策的制定提出了具有明确价值导向的建议。

第三节　发展绩效差异化的存在——以四川省为例

一、实证样本的选取

过去的10年，西南部地区的发展取得了令全国瞩目的成绩。作为西部重要省份的四川，以成都为中心、成渝合作为主要框架的区域发展大格局成为过去10年区域发展的核心战略，并叠加了长江经济带的国家战略，勾勒出一幅宏阔的发展图景。但在这幅图景之下，不同地区的发展绩效存在着显著的差异，发展模式与路径也各具特点。本文将以四川省作为案例对上文提出的理论框架进行实证研究。

从过去10年大区域发展的效果看发展格局的形成。在"十二五"和"十三五"期间，四川省所辖21个市州经济发展绩效表现为以下特点。

第一，极化现象十分明显。成都市GDP权重的提升十分显著，从占全省总量的34.2%上升到了36.5%，上升幅度冠领全省、一骑绝尘；绵阳、宜宾、南充几个重点城市，GDP权重较高且也都出现了显著的上升。

第二，在中心城市成都和重点城市之外的其他市域，出现了一定程度的趋同（图6-2），除成都、绵阳、宜宾、南充几个城市外，总体而言，经济规模相对较大的城市扩张速度相对慢，而经济规模相对较小的城市扩张速度相对快，形成了各GDP占全省GDP权重此消彼长的态势。

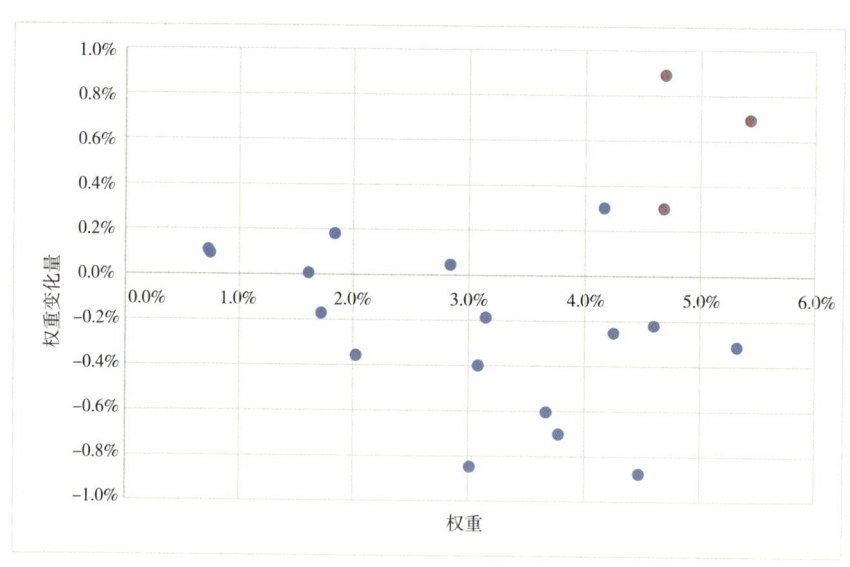

图6-2　2010—2019年四川省部分市域GDP权重变化情况

注：图中3个红色数据点表示绵阳、宜宾和南充3个城市

数据来源：《四川省统计年鉴2011》《四川省统计年鉴2020》

　　这无疑是与四川省相关区域发展战略布局有密切关系，目前，以成都市的建设作为核心支点，以成渝经济合作区建设作为主要骨架，并叠加长江经济带的国家战略，形成了区域发展的基本格局。图6-3的反映情况更为清晰：由大成都都市圈①（涉及成都、德阳、绵阳、资阳②、眉山）、两个重点城市宜宾和南充组成的战略重点区，发展速度显著超前，经济规模进一步集中，人口也为净流入。而其他地区在四川省经济发展版图上的权重则处于相对下降的态势。

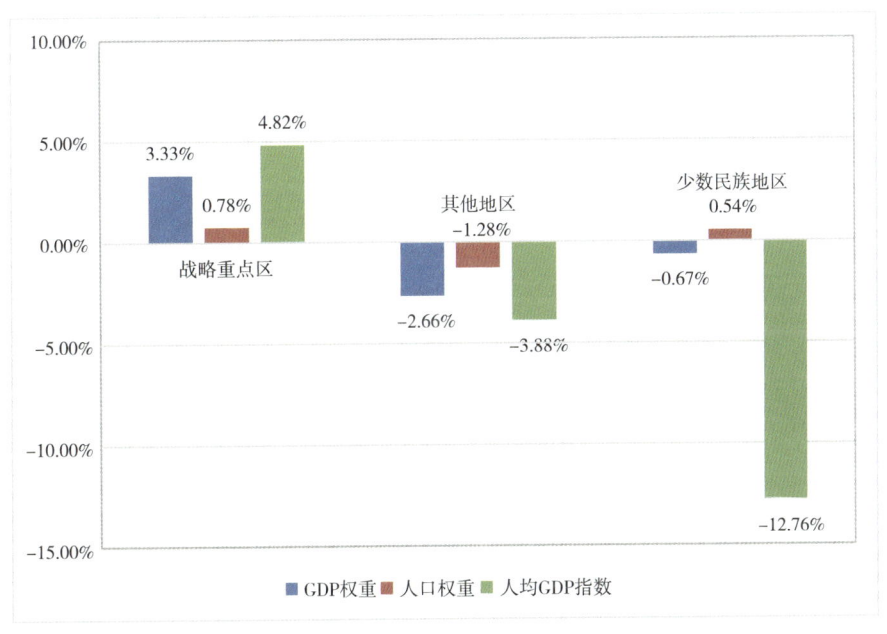

图6-3　2010—2019年四川省三类区域经济人口指标变化

数据来源：《四川省统计年鉴2011》《四川省统计年鉴2020》

---

①　成都都市圈，从区域发展战略和主体功能区角度看，包括了成德绵一体化区域、天府新区（涉及眉山）和成都东部新区（涉及资阳）——形成了政策与市场共同定义的优势发展条件。

②　资阳情况相对特殊，纳入东部新区的县级市，在2010年时由资阳代管，2016年转为成都市代管。从本研究利用统计数据方面看，简阳的归属也因此发生变化，这对于纵向横向比较都带来变化。因此将资阳列入了战略重点区，保证两个研究时点上数据统计口径的一致性。

本次研究将重点关注发展条件欠优地区，以便突出显示发展模式多样性的存在，同时考虑到少数民族地区发展的特殊性（从发展条件到政策环境等），因此本次研究的区域包括：自贡、攀枝花①、泸州、广元、遂宁、内江、乐山、广安、达州、雅安、巴中。

具体到本文在统计分析层面研究的县域经济，共包括42个样本（表6-3）。

表6-3　四川省非战略重点区所辖县/县级市（不含市辖区）

序号	所属市	县/县级市
1	自贡市	荣县、富顺县
2	泸州市	泸县、合江县、叙永县、古蔺县
3	广元市	旺苍县、青川县、剑阁县、苍溪县
4	遂宁市	蓬溪县、射洪县、大英县
5	内江市	威远县、资中县、隆昌市
6	乐山市	犍为县、井研县、夹江县、沐川县、峨边自治县、马边自治县、峨眉山市
7	广安市	岳池县、武胜县、邻水县、华蓥市
8	达州市	宣汉县、开江县、大竹县、渠县、万源市
9	雅安市	名山县（后升格为市辖区）、荥经县、汉源县、石棉县、天全县、芦山县、宝兴县、
10	巴中市	通江县、南江县、平昌县

数据来源：《四川省统计年鉴2011》

注：攀枝花因统计方式和口径问题，未列入县域经济研究列表；名山县于2012年11月撤县设区，成为雅安市的市辖区，考虑到本研究主要研究时段起点为2010年，所以仍将其纳入研究样本

二、以横向比较作为切入点的指标选取

评判一个区域的发展速度和水平，通常使用两个指标：反映经济总量规模的地区生产总值（GDP）和反映发展水平或者效率的人均地区生产总值

---

① 攀枝花因矿业立市，既有统计方式与口径与其他城市存在较大差异，故在基于统计数据的县域经济研究环节，未把攀枝花列入。

（人均GDP）。为了进行横向比较，本文引入了"GDP权重"和"人均GDP指数"两个参数，并重点讨论各样本两个参数在给定时间跨度上的变化，以揭示一个大区域内经济发展绩效表现的多样性和分布情况——权重或指数及其变化实际上反映了各样本增速的相对差异，并以直观的方式把增速差异带来的效果呈现出来，可以更好地达到各样本之间经济发展绩效横向对比的目的。

GDP权重，是指所分析对象（市或县）的GDP在全省或所在市域GDP中所占权重，这一权重的变化，反映出省域或市域内部各组成部分经济总量的相对变化关系。

人均GDP指数，是指所分析对象（市或县）的人均GDP相对于全省人均GDP或所在市域人均GDP的比值，反映出该分析对象相对于平均水平的发展水平或效率的相对高低，其变化则反映出分析对象发展水平或效率的增长速率相对于省或市平均水平的领先或滞后。

这两个指标的选取，意在重点研究样本之间的经济发展绩效的横向差异和涨落关系，而不在于讨论绝对数量的增长速度——这反映出本文的关注点在于描述样本之间的多样性，而不在于讨论增长速度这个传统且单一价值评判的命题。

针对以上42个样本，设定研究的年限：2010年至2019年。研究时段跨两个五年计划，2010年为"十二五"的起始年；"十三五"的终止年为2020年，但考虑到2020年受到新冠肺炎疫情影响的扰动，发展的稳态趋势出现暂态偏离，故而把时段的终止年设为2019年年末。

三、多样性的呈现：研究样本的经济发展绩效

从2010年到2019年经济规模的相对变化看（图6-4），各样本GDP省域权重和市域权重的变化相对同步。省域权重上升的样本，在本市域内也相应出现了上升，反之亦然，因而可划分出了两类情况：扩增型城市和收缩型城市，表示该市域在省域内经济占比和相对发展水平的上升或下降。但值得关注的是，仍有一定数量的样本发生了逆向的变化。GDP的省域权重

上升但市域权重却发生了下降，或者GDP省域权重下降但市域权重却上升。同样的，经济发展水平相对变化的情况也表现出类似的分布（图6-5）。

这反映了市域内部不同样本之间的经济发展绩效显著差异，也表明了市域内部发展格局急剧变化——这种格局变化的来源是什么，其含义又如何进行捕捉，并形成一个对整体发展格局形成机制和特征描述具有通用性的框架，这将是本次研究的重点。

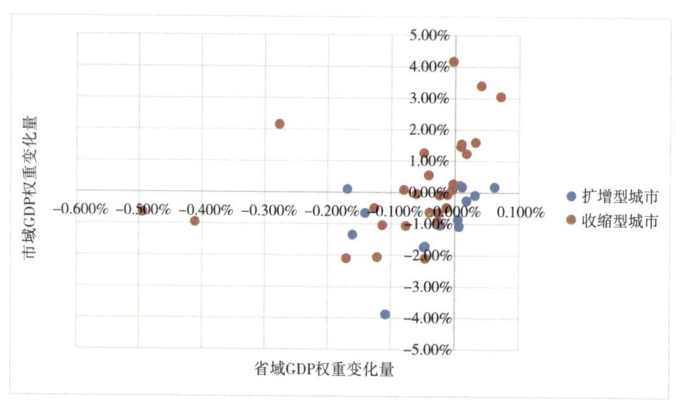

图 6-4　2010—2019 年各样本经济规模相对变化的对照关系

数据来源：《四川省统计年鉴 2021》

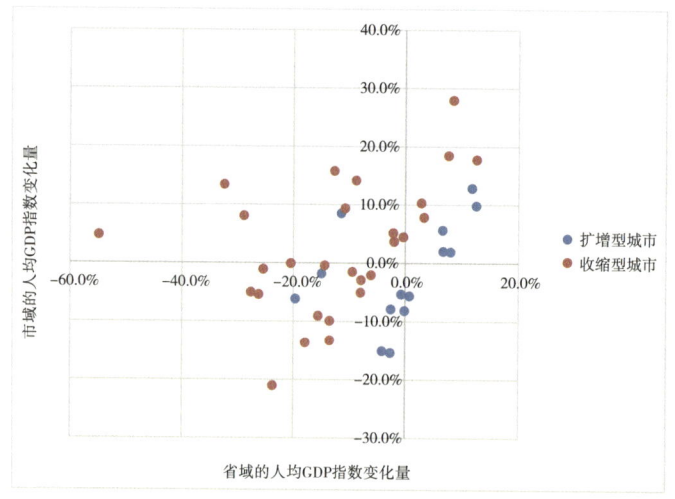

图 6-5　2010—2019 年各样本经济发展水平相对变化的对照关系

数据来源：《四川省统计年鉴 2021》

四、样本经济发展绩效的评判与分组

根据样本经济发展绩效的相对差异，可对样本进行分组并考察其分布状况。分组的指标已在上文分析中分别提及：省域或市域的GDP的权重变化，省域或市域的人均GDP指数变化。具体分组情况如图6-6和图6-7所示。

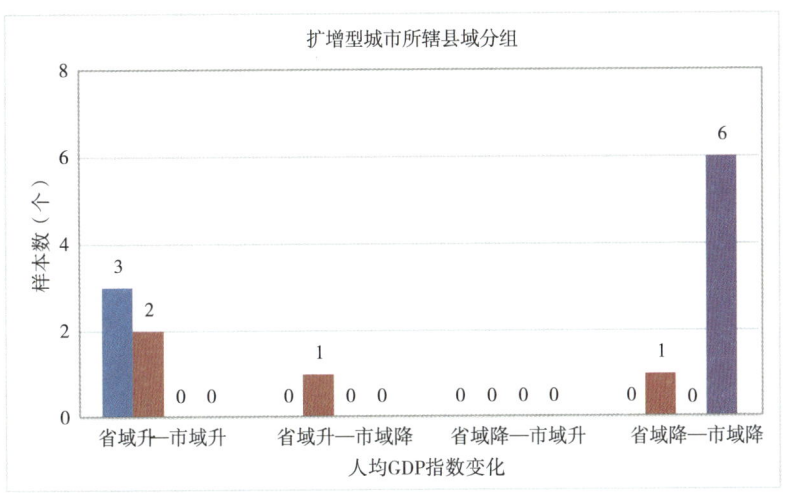

图6-6 扩增型城市根据发展绩效进行的样本分组分布情况

数据来源：各市相关年度的统计年鉴和《四川省统计年鉴2011》《四川省统计年鉴2020》

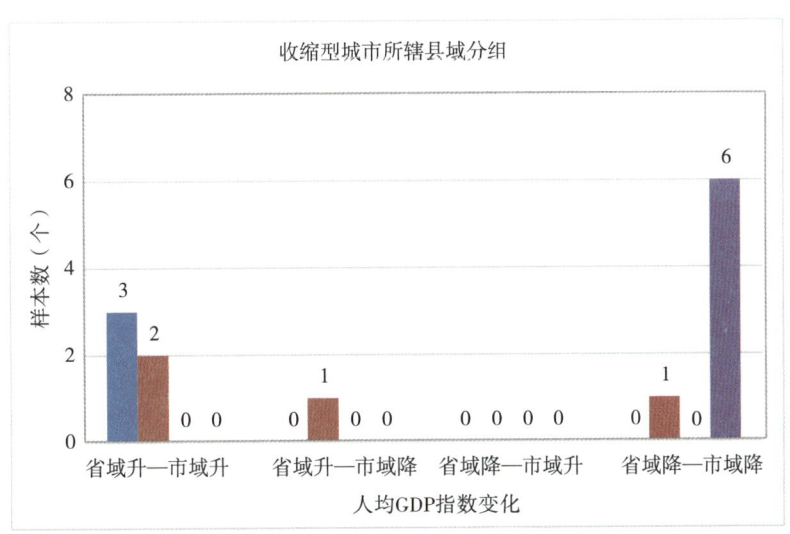

图6-7 收缩型城市根据发展绩效进行的样本分组分布情况

数据来源：各市相关年度的统计年鉴和《四川省统计年鉴2011》《四川省统计年鉴2020》

图6-6和图6-7以直观的方式从样本所处市域的相对发展速度，以及样本相对于全省平均和市域平均的绩效的横向比较，可将样本划分为4个经济发展绩效组别。

1. 顺势领先：样本所在城市的省域GDP权重和省域人均GDP指数都增加，同时样本的省域和市域GDP权重或人均GDP也上升。这表明，样本处于发展相对较快的市域，且自身的发展绩效优于全省平均水平。

2. 逆势赶超：样本所在城市的省域GDP权重和省域人均GDP指数都下降，但样本的省域和市域GDP权重和人均GDP逆势上升。这表明，样本处于发展相对缓慢的市域，但自身的发展绩效优于全省和全市平均水平（整体超越），或者低于全省平均水平但超越了全市平均水平（内部超越）。

3. 外降内升：样本自身的省域GDP权重和人均GDP指数均出现下降，但在市域内部，样本的GDP权重或人均GDP指数出现上升。此类型仅存在于发展相对缓慢的市域中。这表明，样本的发展绩效虽然弱于全省平均水平，但在市域内部却相对上升，领先于市域平均水平。

4. 发展滞后：样本的市域GDP权重和人均GDP指数都出现下降[①]。这表明，样本的经济总量规模扩增和效率提升速度落后于所在城市平均水平而在内部相对滞后了。

根据以上类型定义，对本次研究的42个样本进行归类，如表6-4所示。从样本在各类型中的分布情况，可以看出发展条件欠优的县域的发展绩效呈现出多样性的特点：发展滞后型样本数最多，达到约占整体样本的一半；但同时，发展绩效较好的分组（顺势领先、逆势赶超、外降内升）的样本数合计也达到了20个，与发展滞后型的样本数相当。

---

① 在少数处于扩增型城市的样本中，存在样本的发展绩效优于全省平均的情况，但导致其在市域内部的相对滞后的机制与收缩型城市中的滞后类型样本类似，都是在区域分工中相对边缘化的结果，因此就不再另行设立新的类型，统称为发展滞后型。

表6-4　分类型样本

分组	样本数（个）	包含样本
顺势领先	5	泸县、合江县、青川县、剑阁县、蓬溪县
逆势赶超	8	富顺县、犍为县、夹江县、峨眉山市、宣汉县、渠县、名山县、汉源县
外降内升	7	荣县、威远县、昌隆市、岳池县、武胜县、芦山县、马边自治县
发展滞后	22	井研县、峨边自治县、沐川县、资中县、叙永县、古蔺县、射洪县、大英县、石棉县、天全县、宝兴县、荥经县、华蓥市、邻水县、开江县、大竹县、万源市、通江县、南江县、平昌县、旺苍县、苍溪县

数据来源：根据图6-6、图6-7相关数据整理

第四节　理论验证与解释

利用本文第二部分构建的分析框架，结合本次研究的样本的具体情况，可以验证以上分析框架的适用性，并揭示样本经济发展绩效差异化之下的丰富含义。

一、大区域分工的外部动因影响

因国家开发主义的强效作用，国家战略和区域发展战略成为大区域分工格局的首要影响因素。对于四川省而言，最为优先的区域发展战略是成渝经济合作圈的建设，这一区域发展战略，又与长江经济带的国家战略布局相交叠，决定了从成都到重庆，沿岷江和长江的发展走廊在大区域分工中占据了优势地位。以此为轴，可以对大区域做空间划分来直观了解大区域的分工格局及其对本研究所讨论的发展条件非优势区域各样本的发展绩效的影响。

本次研究的42个县域样本，可直观的划分为5个子区域。

1. 成渝合作沿江走廊：沿岷江、长江经济走廊，以重点城市宜宾为支点，在泸州长江以北和内江、自贡全域形成了一个聚集发展的此区域（共11个样本）。

2. 成渝合作区北部：成渝之间陆路通道和嘉陵江、渠江水系联系的区域，以重点城市南充为支点、面向重庆，由遂宁、广安全域形成了一个具有类似特征的区域（共7个样本）。

3. 南部山区：该区域主要由乐山市山区县域（马边自治县、峨边自治县、沐川县）和泸州市长江以南的山区县域（叙永县、古蔺县）组成（共5个样本）。

4. 川北区域：该次区域远离成渝经济合作区，是四川省与陕西省交界区域（共12个样本）。

5. 川西区域：因样本选择关系，该区域仅涉及雅安市一个市域（共7个样本）。

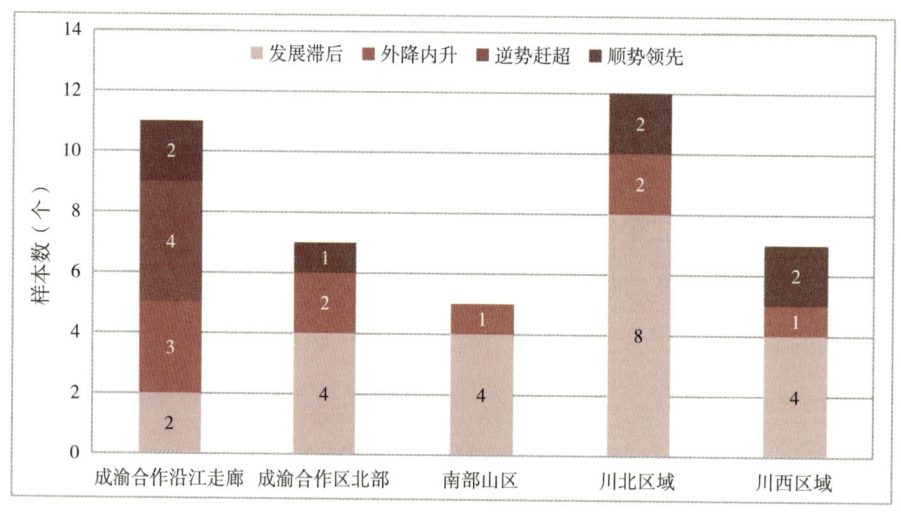

图 6-8　样本及其发展绩效的次区域空间分布状况

数据来源：根据表 6-2 数据整理

根据图6-8所示，能够间接反映出大区域分工的作用对于县域经济发展的作用是明显的，这验证了本研究的一个论述基础：参与大区域分工的程度与方式成为决定县域发展绩效的核心机制。

1. 成渝合作沿江走廊：得到国家和区域政策的高能级辐射，以宜宾的战略新兴产业为支点，虽不及战略重点区的发展条件优越，但在大区域分工格局中也占有一定的优势，因此所包含的样本整体表现出良好的发展绩效。

2. 成渝合作北部：政策支持能级略低，以南充的能源和制造产业为支点，在大区域分工格局中的优势不突出，发展绩效整体表现弱于岷江长江走廊。

3. 南部山区：因自身自然条件限制不利于作为大区域分工的重点区域，以自身自然资源优势可作为大区域发展的资源配套，且作为优势资源的煤炭资源需求下降，产业能力受到虹吸效应而使该区域整体发展绩效表现不佳。

4. 川北区域：与南区在分工格局中的境遇有类似之处，但因为大区域的快速发展产生出对自然资源需求的结构性调整，川北的油气资源和水电资源更受青睐，因此该区域内部分样本实现了逆势的超越，而其他样本则因边缘化而发展绩效不佳。

5. 川西区域：因样本选择关系，该区域仅涉及雅安市一个市域。该区域相对远离成渝合作的主要区域，在区域分工中缺乏优势，凭借距离成都市相对较近而获得有限的正向拉动，整体发展绩效平平，但特色化明显。

二、分区域解析样本的发展模式多样性

以上对于次区域整体发展绩效的讨论，清晰显示了大区域分工对于各县域发展的首要影响作用。以下深入到每个次区域中，以表6-3、表6-4提供的分析框架，对外部动因影响机制进行梳理，从参与外部经济的方式到内部经济组织的形式两个方面进一步探讨各个样本发展模式的多样性。

（一）成渝合作沿江走廊

受成渝两个中心城市辐射带动和重点城市宜宾的支撑，在大区域分工主流趋势的强力带动下，取得了显著的发展绩效，但11个县域样本的发展模式特征又各不相同（表6-5）。

表 6-5 成渝合作沿江走廊各县域禀赋和产业发展特征

样本	绩效分组	资源禀赋*	三次产业权重变化**	内部组织形式变化（规上工业权重变化***）
泸县	顺势领先	云龙机场、景区4A（1）	− ：＋ ：−	＋
合江县	顺势领先	景区4A（1）	＋ ：＋ ：−	＋
犍为县	逆势赶超	景区4A（2）	＋ ：＋ ：＋	−
夹江县	逆势赶超	景区4A（2）	− ：＋ ：−	＋＋
峨眉山市	逆势赶超	景区5A（1）、4A（3）	＋ ：− ：＋	＋＋
富顺县	逆势赶超	景区4A（2）	＋ ：＋＋ ：＋	＋＋＋
荣县	外降内升	小井沟水利工程、景区4A（2）	＋ ：− ：−	＋
威远县	外降内升	威远国家级页岩气开发项目、钒钛开采项目、景区4A（3）	− ：＋ ：＋	＋＋＋＋＋＋
隆昌市	外降内升	景区4A（2）	＋ ：＋ ：＋	−
资中县	发展滞后	景区4A（1）	− ：＋ ：−−	−−
井研县	发展滞后	无	− ：− ：＋	−

数据来源：各市统计年鉴2011、2021

注：*资源禀赋，是根据《四川省国民经济和社会发展第十二个五年规划纲要》《四川省国民经济和社会发展第十三个五年规划纲要》提及的相关重点基础设施、能源项目布局，以及四川省文化旅游厅发布的相关县域4A级以上景区的分布情况，以此可以从存在一定局限性的视角看到这些样本在2010年到2019年期间发展的重要资源支撑状况。后

文类似表格皆相同，不再重复说明

　　** 权重变化，从前到后分别为第一、二、三产业增加值占全市域比重的变化：升记"+"，降记"-"，不变记"0"；升幅超过5个百分点记"++"，降幅超过5个百分点记"--"。后文类似表格皆相同，不再重复说明

　　*** 规上工业企业总产值占市域工业总产值权重变化，上升记"+"，下降记"-"，上升或下降幅度每增加5个百分点，增加一个标记符号加以表示。后文类似表格皆相同，不再重复说明

　　泸州市泸县，受到典型的"外溢效应"的影响，在泸州市区快速发展的背景下，市重点发展区向北拓展而产生外溢：云龙机场和公路铁路水运等基础设施的建设，大规模的城市开发（"十三五"期间新增城市建成区6平方公里）等。产业方面，专业医药园区的提级（由县级升格为省级）也反映了局部领域的跨越效应的影响，产业形态也兼具都市经济聚落式特征和局部专业领域的集群式特征。

　　泸州合江，乐山市夹江、峨眉山、犍为，自贡富顺，外部对其影响机制类似，以大区域对这些县域的"跨越效应"带动为主导。这5个样本自身发展的基础条件都相对优越，大区域产业要素的进入形成了有力的产业发展支点：合江、犍为的临港产业聚落（化工、金属非金属材料加工、农产品食品饮料加工等多门类基础型配套产业）、富顺氟化工产业集群、夹江陶瓷产业集群、峨眉山生态型产业聚落等。其中，夹江和峨眉山，作为乐山市的城市发展的副中心，以及富顺作为自贡市城市发展的主要轴线方向，又受到内部来自中心城区的转移效应的影响都市型产业聚落得到一定发展。

　　自贡荣县，内江威远、隆昌，发展条件类似，在本区域中优势不明显，但也依据自身固有优势支撑，在市域内部获得了相对较快的发展。威远表现相对突出，受到显著的跨越效应的积极影响，钒钛产业和页岩气开发试点有成为大区域骨干支撑产业的前景，大型骨干企业进驻已经形成趋势，但目前尚处于起步阶段，龙头带动的集群化尚未形成、效率还有待提升；

荣县在盐化工、食品加工领域的长期优势尚在，获得了市域产业资源一定的倾斜支持但增长不足；隆昌则因靠近泸州面向重庆具有获得跨越效应的条件，构建了汽摩配和装备制造等专业性配套产业聚落，并有向着集群化、局部模块化演进的趋势。但同时需要看到，荣县和隆昌整体上又受到大区域的虹吸效应，发展的速度受到一定制约。

乐山井研、内江资中，偏离了市域主要发展的方向，受到的虹吸效应相对显著。其中资中城市功能发展缓慢相对明显，而井研的二产相对外流较为明显，原有骨干产业面料加工增长趋缓，需要在内部提质增效、延长产业链和寻求模块化演进方面寻求新的增量。

同时需要看到，以上各样本依托自身固有资源而内生化发展起的特色产业开始形成了一些模块化的亮点产业：合江荔枝产业、犍为茉莉花产业、荣县土陶、井研柑橘等；犍为、峨眉山、富顺、威远和隆昌的旅游业的发展业促进了服务业聚落的提升；以及成渝合作沿江走廊区域历史悠久的酿酒产业依然保持了平稳的发展势头。这些原生性的特色产业保持着持续的生命力。

以上梳理，可以总结为表6-6。

表 6-6　成渝合作沿江走廊各县域发展模式总结

样本	外部动因影响机制	产业发展主导模式	产业发展辅助模式	产业小市镇布局结构
泸县	主：外溢效应 辅：跨越效应	多类型产业外生性均衡提升	外生—专业性配套产业集群	一主：县城 一副：云龙（临空）
合江县	主：跨越效应	外生—通用性产业配套聚落	内外结合—全链条产业模块	一带：沿长江 一节点：榕山
犍为县	主：跨越效应	外生—通用性产业配套聚落	内外结合—全链条产业模块	一主：县城 多点：清溪、芭沟、罗城

续表

样本	外部动因 影响机制	产业发展 主导模式	产业发展 辅助模式	产业小市镇布局结构
夹江县	主：跨越效应 辅：转移效应	外生—专业性 产业配套聚落	多类型产业外 生性均衡提升	一主：产业走廊（县 城—黄土—新场）
峨眉 山市	主：跨越效应 辅：转移效应	外生—外向型 服务业模块	多类型产业外 生性均衡提升	一主：中心拓展（县 城—绥山、符溪、桂 花桥）
富顺县	主：跨越效应 辅：转移效应	外生—资源性 配套产业集群	不明显	一主：县城 一节点：代寺
荣县	主：转移效应 辅：虹吸效应	内生—全链条 产业聚落	外生—资源性 配套产业聚落	一中心：县城（含旭 阳镇）
威远县	主：跨越效应 辅：转移效应	外生—资源性 配套产业集群	不明显	一主：县城 两节点：镇西、新场
隆昌市	主：跨越效应 辅：虹吸效应	外生—专业性 产业配套聚落	内生—外向型 服务产业模块	一中心：县城
资中县	主：虹吸效应 辅：转移效应	内生—通用性 配套产业聚落	不明显	一中心：县城（含水 南镇）
井研县	主：虹吸效应	内生—专业性 产业配套聚落	不明显	一主：县城 一副：马踏

数据来源：通过各类公开数据整理而成。包括但不限于：四川省各县市年度政府工作报告，以2021年政府工作报告为主，其中包括了对"十三五"规划执行情况的概要总结；各县市"十四五"规划、各县市政府网站的县情简介等。后文类似表格数据来源相似，不再重复说明

（二）成渝合作北部

成渝之间陆路通道和嘉陵江、渠江水系联系的区域，以重点城市南充为支点，在内江北部、遂宁广安全域形成了一个具有类似特征的区域。该区域受到中心城市和重点城市南充的辐射效应相对不足，发展绩效不如成

渝重点合作区各样本，但发展模式的特征又有差异（表6–7）。

表 6–7 成渝合作北区各县域禀赋和产业发展特征

样本	绩效类型	资源禀赋*	三次产业权重变化	内部组织形式变化（规上工业权重变化）
蓬溪县	顺势领先	无	– : + : +	++
岳池县	外降内升	广安港罗渡作业区、景区4A（1）	+ : + : +	–
武胜县	外降内升	广安港秀观作业区、景区4A（2）	+ : – : +	+
射洪县	发展滞后	川中气田、景区4A（3）	++ : – – : –	– – –
大英县	发展滞后	川中气田、景区4A（1）	+ : – : +	+
邻水县	发展滞后	关门石水库、景区4A（2）	– : – : –	+
华蓥市	发展滞后	广安港秀观作业区、景区4A（1）	– : + : +	+

数据来源：同表6–5

遂宁蓬溪受到显著的外溢效应的影响。遂宁地处成都、重庆的地理中心且靠近南充市区的位置，在大区域分工中区位条件较为有利，以市辖区为发展重点，既实现了高速的发展，市辖区产业功能又可以开始外溢。蓬溪临近中心城区并较为靠近南充市市区，成为中心城区向外拓展的主要方向，在外溢效应影响下产业能力快速提升，家装建材是其骨干产业集群（门产业已经形成模块化形态），电子、锂电产业也完成布局开始发力，专业性配套产业的特征明显，规模以上主体作用得到显著提升。

　　广安市岳池、武胜区位和禀赋都类似，外部对其发展的作用机制带有明显的转移效应特征。因临近重庆且有水运便利，得到广安市的资源倾斜支持，积极推进了岳池罗渡配套工业集群和武胜街子配套工业集群的建设，取得了优于市域平均的发展水平。武胜产业门类相对多样，食品饮料、金属非金属材料加工、输变电器材制造等多有涉及，形成了多样化的产业聚落；而岳池县围绕生物制药和医疗企业进行了聚焦布局，聚落化的形态初具规模，同时，岳池县因临近主城区而获得了包括休闲消费、健康等外向型服务业集群的快速发展。但需要注意到，广安市虽然依托重庆与南充，但对于广安市的辐射效应都不强，因此整体发展绩效表现并不突出，高能级地区对其的虹吸效应依然存在。

　　遂宁市射洪、大英，广安的华蓥、邻水受到的虹吸效应相对明显。射洪、大英所处方位偏离城市发展主要方向，虽有油气、盐化工资源禀赋，但在产业结构调整的背景下，过去十年间能源原材料生产出现萎缩，第二产业发生显著结构调整，尤其以射洪市更为突出——传统工业的雄厚基础发生萎缩的同时，在跨越效应的作用下沱牌酒业、锂电（天齐锂业）、机械电子等在龙头企业带动下的产业集群初步形成，完成了产业结构的一个转换，未来依然可期。类似的，对于华蓥、邻水在广安重点沿嘉陵江、渠江航道强化川渝合作的方向下，产业发展也相对边缘化，华蓥市历来依托的非金属矿产加工制造业、电子信息产业等增长缓慢，邻水的区域通用性配套产业也相对外流，都限制了这两个县域的发展绩效的实现。

　　在以上发展基础之上，也有诸多产业亮点可循。大英的油气盐化工的绿色化提升，华蓥市的非金属矿产的产业链延长和科技化提升，武胜县对氢能核能基地建设的谋划，岳池联动成都提升医药和医疗设备研发及后端应用拓展的尝试等等，都表现出产业聚集形态向着模块化演进的趋势。另外再加上大英旅游、射洪的特色养殖、武胜的新型桑蚕和第一、第三产业融合、岳池现代化种植、华蓥特色水果种植和山地度假等新的地方特色产业集群的出现，也揭示着这些区域发展的新活力。

以上梳理，可以总结为表6-8。

表 6-8　成渝合作北区各县域发展模式总结

样本	外部动因 影响机制	产业发展 主导模式	产业发展 辅助模式	产业小市镇布局 结构
蓬溪县	主：外溢效应 辅：转移效应	内外结合—全链条产业模块	外生—专业性配套产业聚落	一主：县城 一副：凤鸣（高铁站）
岳池县	主：转移效应 辅：虹吸效应	外生—专业性配套产业聚落	外生—外向型服务产业集群	一主：县城 一副：罗渡（临港）
武胜县	主：转移效应 辅：虹吸效应	外生—专业性配套产业聚落	内生—全链条产业	一主：县城 一副：街子—中心（临港临渝） 两节点：万善（铁路货运）、白坪—飞龙
射洪县	主：虹吸效应 辅：跨越效应	外生—专业性配套产业集群（创造与摧毁）	内外结合—全链条产业模块	中心拓展：主城—大榆镇 一带多点（沿沱江）：金华、沱牌
大英县	主：虹吸效应	内生—资源性产业配套集群	内生—外向型服务产业模块	中心拓展：县城—蓬莱—石门
邻水县	主：虹吸效应	内生—通用性产业配套聚落	不显著	一主：县城 一副：高滩（临渝）
华蓥市	主：虹吸效应 辅：转移效应	内生—资源性产业配套集群	内生—专业性产业配套聚落	一主：中心拓展（县城—明月）

数据来源：同表6-6

（三）南部山区

成渝合作重点区以南主要为山地，发展所需的空间受到较大的制约，发展基础相对薄弱，5个样本原皆为贫困县，人口规模较小，受主流趋势形成的外部负面动因影响，整体发展绩效不佳（表6-9）。

表6-9　南部山区各县域禀赋和产业发展特征

样本	绩效类型	资源禀赋	三次产业权重变化	内部组织形式变化（规上工业权重变化）
马边自治县	外降内升	无	− : + : +	+
峨边自治县	发展滞后	景区4A（1）	− : + : +	+
沐川县	发展滞后	无	− : − : −	
叙永县	发展滞后	古叙煤田、景区4A（1）	− : − : −	−
古蔺县	发展滞后	古叙煤田、景区4A（4）	+ : − : +	−

数据来源：同表6-5

5个样本皆受到高能级区域明显的虹吸效应影响，产业呈现相对流出的态势。而其中马边作为国家级重点扶贫县，外部资源支持相对较多，因此在受到虹吸效应的同时，也有一定的跨越效应在同时发挥作用，以磷矿采掘为骨干的第二产业为其贡献了相对较好的经济增长绩效。同类的峨边、沐川、叙永和古蔺，虽然作为硫铁矿和煤炭、页岩气的供应地，但在能源结构调整和生态功能的要求下，资源的开发并未获得显著的增长，也因此延缓了本地的增长速度。

此类区域因其生态敏感性，生态化的补偿效应需要得到充分重视，以及民族地区的社会和文化效应也是需要重点关注的领域。在此多元化诉求之下，该次区域的一些特色化的原生性产业亮点显得很有价值：古蔺郎酒产业小镇已经实现了多产业融合的模块发展；沐川和叙永的竹产业也有模块化发展的趋势；峨边黑竹沟全链条旅游产业模块也初具轮廓。在产业平台的支持下，小规模灵活化主体相对活跃并组合成多产业链整合、跨产业整合的新型产业模块，文化和生态价值也得到关注，使该区域发展模式的补偿性价值得到提升。

以上梳理，可以总结为表6-10。

表6-10　南部山区各县域发展模式总结

样本	外部动因影响机制	产业发展主导模式	产业发展辅助模式	产业小市镇布局结构
马边自治县	主：虹吸效应 辅：跨越效应	外生—资源性配套产业聚落	内生—外向型服务业聚落	一主：中心拓展（县城—劳动镇）
峨边自治县	主：虹吸效应	外生—外向型服务产业模块	内生—全链条产业聚落	一主：县城 一节点：黑竹沟
沐川县	主：虹吸效应	内生—全链条产业聚落	内生—资源性配套产业聚落	一主：县城 一节点：利店
叙永县	主：虹吸效应	内生—全链条产业聚落	内生—资源性配套产业聚落	一主：县城 一副：正东
古蔺县	主：虹吸效应 辅：跨越效应	内生—全链条产业模块	内生—资源性配套产业聚落	一主：县城 三节点：二郎、德耀、太平

数据来源：同表6-6

（四）川北区域

该次区域远离成渝经济合作区，是四川省与陕西省交界区域，但该区域历来是重要的交通廊道，且资源丰富，因此以资源供给者的角色参与到大区域分工当中，同样受到外部动因的正向作用而使局部县域表现出良好的经济发展绩效。当然整体而言产业要素是相对流出的，发展滞后的状况还是比较普遍（表6-11）。

表 6-11　川北区域各县域禀赋和产业发展特征

样本	绩效类型	资源禀赋	三次产业权重变化	内部组织形式变化（规上工业权重变化）
青川县	顺势领先	景区4A（4）	+ : - : +	+
剑阁县	顺势领先	景区5A（1）	- : + : -	-
宣汉县	逆势赶超	白岩滩水库、普光气田、景区4A（3）	+ : ++ : -	-
渠县	逆势赶超	九龙水库、景区4A（3）	+ : + : +	++
旺苍县	发展滞后	景区4A（4）	+ : - : -	-
苍溪县	发展滞后	亭子口水利枢纽、元坝气田、景区4A（2）	- : - : +	-
开江县	发展滞后	无	- : + : -	+
大竹县	发展滞后	景区4A（1）	- : + : -	+
万源市	发展滞后	铁山坡气田、景区4A（2）	+ : - : -	-
通江县	发展滞后	二郎庙水库、河坝气田、景区4A（4）	+ : - : -	-
南江县	发展滞后	红鱼洞水库、景区5A（1）、4A（3）	+ : - : -	-
平昌县	发展滞后	景区4A（7）	- : - : +	--

数据来源：同表6-5

广元剑阁、青川，达州渠县都位于城市发展的主要方向上，受到主城区的积极带动作用。不同之处在于剑阁、青川是主城区获得了资源聚集而产生外溢效应的作用，而渠县则表现为外部资源的直接流入的跨越效应为主，伴随主城区的转移效应叠加作用，广元市田园新区的建设，引导发展要素沿西南谷地延展，形成与绵阳市的呼应，剑阁受此辐射发展起新材料、石化、制药、食品加工等门类相对多样的专业性配套产业聚落。加之城市名片剑门关的加持，服务产业体系也得到完善。青川主要是山地地貌，但在农产品生产、城市休闲、生态服务等方面对主城区形成配套，也实现了较好的发展绩效。达州渠县借渠江航道优势，且紧邻广安面向重庆，是达州市的南门户，其外贸服饰产业依托"西部国际服饰产业城"已具备规模且成为渠县首位产业，产业链条完整，众多企业参与，技术提升和品牌运营等也初见成效，并结合时尚休闲消费的发展推动跨产业融合，模块化形态已经十分清晰。

达州宣汉因丰富的油气田和硫铁矿资源的支撑，成为大区域乃至全国重点的油气生产基地和化工产业基地，随着大区域发展的加速对能源原材料需求的上升，以及宣汉致力于材料产业的整体升级，骨干产业在龙头企业带动下获得了显著的成长，从集群化向模块化进一步演进，因此，受跨越效应影响十分明显。且宣汉同时拥有良好的生态和旅游资源，旅游业的发展提升了该样本在生态、文化方面的补偿性，平衡了因单一能源矿产化工产业带来的负外部性冲击。

达州开江、大竹等县，地处谷地平原但与城市发展主轴有山脉阻隔，与广安邻水类似相对边缘化，受到显著的虹吸效应的作用而发展相对滞后。但因为地处资源富集区，开江的新材料产业（如光电显示材料、高分子材料等）也获得了外部高能级产业资源的支持，形成了依托于资源性配套产业体系。大竹则在机电设备制造等通用性配套产业方面寻求参与大区域分工的机会，面临的发展困难相对更为明显。

达州万源，广元旺苍、苍溪，巴中通江、南江、平昌，地处大巴山腹地，生态敏感性高，虽然拥有油气等资源，但因缺乏产业承载空间而难于建设成规模的工业体系。整体而言，这5个样本受外部影响机制为显著的虹吸效应。但该区域丰富的旅游资源，众多的特色种植养殖业，又足以形成具有一定规模的产业集群，形成了补偿。整体而言，增长性不足，但补偿性明显。

以上梳理，可以总结为表6-12。

表6-12　川北区域各县域发展模式总结

样本	外部动因影响机制	产业发展主导模式	产业发展辅助模式	产业小市镇布局结构
青川县	主：外溢效应	内外结合—外向型服务产业模块	内生—全链条产业聚落	一主：县城 一副：竹园 一节点：清溪
剑阁县	主：外溢效应	外生—专业性配套集群	内外结合—外向型服务业模块	一主：县城（下寺） 一副：普安 一节点：剑门关
宣汉县	主：跨越效应	外生—资源性配套产业集群	内生—外向型服务业集群	一主：县城 两副：普光、南坝 一节点：渡口
渠县	主：跨越效应	内外结合—全链条产业模块	不明显	一主：中心拓展（县城—临巴—中滩—李渡）
旺苍县	主：虹吸效应	内生—全链条产业聚落	不明显	一主：县城 多节点：黄洋、盐河、米仓山
苍溪县	主：虹吸效应 辅：跨越效应	内生—外向型服务业聚落	外生—资源性配套产业点状	一主：中心拓展（县城—云峰） 两节点：亭子—浙水、元坝

样本	外部动因影响机制	产业发展主导模式	产业发展辅助模式	产业小市镇布局结构
开江县	主：虹吸效应	外生—资源性配套产业聚落	不明显	单中心：中心拓展（县城—普安）
大竹县	主：虹吸效应	内生—通用性配套产业聚落	不明显	单中心：县城
万源市	主：虹吸效应 辅：跨越效应	内生—全链条产业集群	外生—资源性配套产业点状	一主：县城 一副：八台—白沙
通江县	主：虹吸效应	内外结合—外向型服务产业模块	外生—资源性配套产业点状	一主：县城 多节点：诺水河、沙溪
南江县	主：虹吸效应	内外结合—外向型服务产业集群	内生—全链条产业聚落	一主：中心拓展（县城—公山） 一副：光雾山
平昌县	主：虹吸效应 辅：跨越效应	内外结合—外向型服务产业集群	内生—全链条产业聚落	一主：县城 两节点：驷马、元山

数据来源：同表6-6

（五）川西区域

一般意义上的川西区域也是一个生态和文化都相对敏感的山地和多民族区域，区位相对偏远且人口密度较低。但本次研究仅选择雅安作为样本，距离成都较为临近，受成都外溢效应的带动，经济活跃度也相对较高（表6-13）。

表 6-13　川西区域各县域禀赋和产业发展特征

样本	绩效类型	资源禀赋	三次产业权重变化	内部组织形式变化（规上工业权重变化）
名山县（后升区）	逆势赶超	景区4A（3）	+ : + : −	++
汉源县	逆势赶超	瀑布沟水电站、景区4A（1）	+ : + : +	+++
芦山县	外降内升	景区4A（4）	+ : + : +	+
荥经县	发展滞后	景区4A（2）	+ : − : −	−−
石棉县	发展滞后	大岗山水电站、景区4A（2）	+ : − : ++	−
天全县	发展滞后	景区4A（1）	− : − : +	−
宝兴县	发展滞后	景区4A（5）	− : − : +	+

数据来源：同表6-5

名山县自2012年升格为市辖区，作为雅安市靠近成都的区县和中心城区的拓展区域，一方面有来自中心城市高能级资源产生的跨越效应的影响，另一方面也有来自主城区转移效应的叠加，体现出较为强劲的发展势头。名山的蒙顶山茶产业的发展历史悠久，近年来获得巨大的提升，在全省范围居于首位，原材料和初级产品来自周边广大种植区域而在本区域内实现产品化，同时还汇聚了科研、品牌运营、跨产业融合等环节，在高能级产业要素的支撑下，这一原生性产业形成了一个国家级别的产业模块。同时在转移效应的作用下，铜业、建材、新材料等多门类产业形成聚落，规模化产业主体聚集且在增量中表现活跃。整体而言，增长性较高，同时因茶产业的带动，也具有一定的补偿性。

　　汉源县属于典型的资源型配套产业为骨干，受跨越效应作用，在外部高能级产业要素加持下，电力生产供应具备很大优势，有色金属材料加工等通用性配套产业聚落增长较快，成为大区域的能源原材料供应者。骨干企业发挥主要作用而小规模主体发展不足。整体增长性较高而补偿性不足。

　　芦山县主要在主城区的转移效应下获得了较为均衡的产业发展，第二产业带有相对明显的通用性配套产业特征，纺织业作为首位产业且具有大区域影响力，其中又以纺纱为主，在一定的跨越效应的作用下，产业专业度不断提升，但产业链延展和跨产业融合相对欠缺，形成了产业集群。也因此，规模化主体成为主导力量。发展中的补偿性主要来自农业、旅游业等发展。整体而言增长性较好而补偿性一般。

　　荥经、石棉、天全、宝兴多属山区，在无特殊资源条件支撑的情况下难于形成骨干产业，也因此受虹吸效应作用明显。第二产业重点利用本地矿产发展材料工业建设大区域的资源性配套产业，总体增长速度不高，但也在谋求点状的突破，如天全县锂电负极材料、宝兴县以汉白玉为代表的石材产业、荥经县的新型建材和装配式建筑产业、石棉县精细磷化工和碳化硅产业等。这些产业带有一定的原生性特点，参与主体中以小规模灵活性主体为主，龙头企业带动不足，呈现聚落式的产业形态。天全县因地处川藏交通咽喉，正在建设高能级物流基地，这将给本地带来新的发展动力。但总体而言，增长性不高。但因为本地的特色第一产业和旅游业、服务业发展有相对优势条件，提升了经济发展模式的补偿性。

　　以上描述可总结为表6-14。

表 6-14　川西区域各县域发展模式总结

样本	外部动因影响机制	产业发展主导模式	产业发展辅助模式	产业小市镇布局结构
名山县	主：跨越效应 辅：转移效应	内外结合—全链条产业模块	外生—通用性配套产业聚落	一主：中心拓展（县城—蒙顶山） 多节点：万古、中峰、百丈、黑竹
汉源县	主：跨越效应	外生—资源性配套产业集群	外生—通用性配套产业集群	一主：县城 两节点：乌斯河、九襄—前域
芦山县	主：跨越效应	内外结合—通用性产业集群	内生—外向型服务产业聚落	一主：县城 一副：飞仙关 一节点：龙门
荥经县	主：虹吸效应	内生—通用性配套产业聚落	内生—全链条产业聚落	一主：中心拓展（县城—青龙—五宪法） 两节点：花滩、龙苍沟
石棉县	主：虹吸效应	内生—通用性配套产业聚落	内生—全链条产业聚落	一主：中心拓展（县城—新棉—迎政） 三节点：回隆、安顺场、挖角—新民
天全县	主：虹吸效应	外生—资源性配套产业单点	外生—外向型服务产业模块（建设中）	一主：中心拓展（县城—乐英） 一节点：喇叭河
宝兴县	主：虹吸效应	内生—资源性配套产业聚落	内生—全链条产业聚落	一主：县城 一副：灵关 一节点：硗碛

数据来源：同表6-6

三、亮点产业小市镇的梳理

在县域产业发展的整体状况描述和分析之下，可以根据各个县域产业发展布局结构特点，对产业小市镇的基本概况有更进一步的了解（如第二节相关表格的情况梳理所示）。总体而言，呈现出以下特点。

第一，几乎所有县域，都形成了以县城为核心并联动紧邻乡镇拓展区的发展布局结构，从空间上实现第二产业进入产业园区的集中发展。这呼应了本文前面章节所提出的判断：县域产业发展数据所反映的整体情况，很大程度上是对县城产业集中发展区的特征表达，也是目前产业小市镇的典型发展形势。

第二，在县城及其带动周边形成的产业集中发展区之外，也存在着一些具有亮点和特色的产业发展节点，根据本文的不完全统计，具有亮点特征的产业小市镇合计62个，占样本县域所辖建制乡镇数量的5%左右。虽然亮点小市镇显得凤毛麟角，但其对于所在县域的产业发展模式发挥了值得关注的特征塑形的效果。也因为这些小市镇的存在，进一步验证了本文对于其所在县域产业发展模式的界定。

在第二产业发展相对集中的亮点型产业小市镇中，一部分是因为区域空间发展格局的影响或重大交通基础设施的带动而具有了相对优越的区位优势，从而同样以园区聚集发展的形态，形成了以专业性或通用性配套加工制造产业为主的产业节点。这些区位优越的加工制造类产业小市镇具体包括12个亮点案例。

临空小镇：云龙（泸县）。

临港小镇：榕山（合江）、罗渡（岳池）、街子（武胜）、中心（武胜）。

临铁小镇：凤鸣（蓬溪）、万善（武胜）、竹园（青川）、黄洋（旺苍）。

临市小镇（临中心城市或城市中心城区较近）：马踏（井研）、高滩（邻水）、飞仙关（芦山）。

同时，依托于所在地特殊的资源禀赋，例如能源、矿产等，也利于形成资源配套性产业的聚集。此类资源优势型产业小市镇具体包括了15个亮点案例。

水电小镇：亭子（苍溪）、浙水（苍溪）、乌斯沟（汉源）、新民（石棉）、挖角（石棉）。

油气小镇：普光（宣汉）、南坝（宣汉）、元坝（苍溪）。

煤炭小镇：利店（沐川）、正东（叙永）、德耀（古蔺）。

矿产小镇：新场（威远）、花滩（荥经）、回隆（石棉）、灵关（宝兴）。

第三，立足于自身的传统优势，形成了以特色农业和文旅为特色的全产业链贯通和多产业融合的产业集群或模块，其中又以旅游小镇为最为显性的代表。此类小市镇也是涉及县域样本中具有深入研究意义的一类案例，其产业发展模式中的补偿性效应正是本研究所需要重点解析的内涵。此类小镇在涉及案例中具有一定的数量，也将成为一个重点领域进行持续深入的研究，具体包括35个样本。

文旅主导的外向服务型产业小镇：芭沟（犍为）、罗城（犍为）、黑竹沟（峨边）、清溪（青川）、太平（古蔺）、剑门关（剑阁）、盐河（旺苍）、米仓山（旺苍）、八台（万源）、白沙（万源）、渡口（宣汉）、诺水河（通江）、沙溪（通江）、光雾山（南江）、驷马（平昌）、元山（平昌）、龙苍沟（荥经）、喇叭河（天全）、硗碛（宝兴）。

以特色农业为主、一二或一三联动的原生性产业小市镇（此类小镇较多）：镇西（威远）、金华（射洪）、白坪（武胜）、飞龙（武胜）、普安（剑阁）、九襄（汉源）、前域（汉源）、龙门（芦山）。

以驰名品牌作为引领的多产业融合的自主性产业小市镇：代寺（富顺）、清溪（犍为）、沱牌（射洪）、二郎（古蔺）、百丈（名山）、黑竹（名山）、万古（名山）、中峰（名山）。

四、产业小市镇发展模式的多样性总结

经过以上针对各个样本的具体讨论，可以发现本研究所采用的分析框架，能够体系化地对每个发展样本的发展模式加以描述和评判，具有较好的解释力。经过理论结合实际的讨论，根据以增长性和补偿性两个维度表征的价值等效模型，各样本发展模式的多样性分布如图6-9。最终也分为了4个梯队。

表现优异的梯队包括6个样本：名山县、泸县、宣汉县、汉源县、峨眉山市、剑阁县。这一梯队，代表了整体发展条件较好的样本。其最大价值来自兼顾了增长性和补偿性，成为所在市域除主城之外最重要的发展支撑和发展韧性的重要来源。

表现优良的梯队包括9个样本：夹江县、青川县、合江县、蓬溪县、渠县、富顺县、犍为县、荣县、威远县。这一梯队，在局部产业领域表现出了强劲势头，但产业门类选择及最终的补偿性差距跨度较大。

表现一般的梯队包括19个样本：马边自治县、芦山县、万源县、南江县、通江县、平昌县、岳池县、武胜县、华蓥市、射洪市、大英县、峨边自治县、古蔺县、叙永县、旺苍县、苍溪县、隆昌市、开江县、天全县。这一梯队是样本中占比最高的梯队，也是代表中西部发展条件欠优区域产业小市镇发展普遍现象的一类。基本形成了两个发展方向，一边是提升增长性在发力但面对外部负面影响的抗风险能力不强，一边是向着优化补偿性在努力但必须承受增长滞后的窘境。对于前者，乘势完善和丰富产业体系，产业组织水平向着集群化和模块化的演进，可能是其发展策略的选择；而对于后者，同样可以在不大幅调整产业结构的前提下在产业组织效率方面引入外力实现提升，也是一个可行的发展策略。

表现较差的梯队包括8个样本：井研县、沐川县、邻水县、资中县、大竹县、宝兴县、石棉县、荥经县。这一梯队在发展策略选择中略显迷茫，未能形成自身的特色。此类样本中，产业门类面临优化取舍，内部经济组

织方式也有待更主动地工作，但都需要首先明确是继续增长性优先的道路，还是重视补偿性的道路。

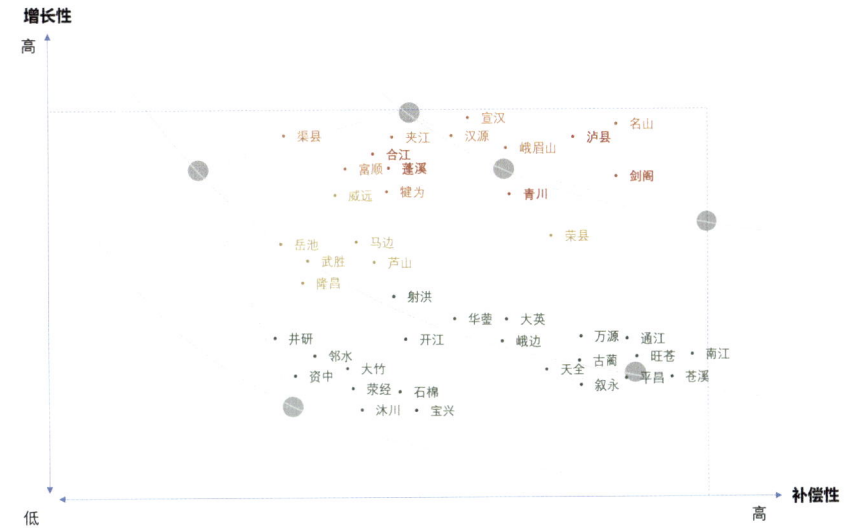

图 6-9　2010—2019 年各样本产业发展模式的价值评判

注：图中各样本名文字颜色，分别表示其发展绩效所在分组：红色表示"顺势领先"、橙色表示"逆势赶超"、黄色表示"外降内升"、绿色表示"发展滞后"

数据来源：根据表5至表14各表所示分析结论绘图

第五节　结论与政策含义

本研究通过运用调节理论的理论工具，从大区域分工的外部动因对样本经济体的作用机制讨论了各经济体参与外部经济形式的多样性及其对应的产业门类特征，再进一步深入到经济体内部，从产业生态组织形式和产业生产组织形式两个方面探讨了各经济体内部响应方式的差异，由此建立起各个经济体从产业门类特征到内部组织形式定义之下的小市镇产业发展模式——对县域的产业研究，实际上代表了县域内主要产业小市镇的产业发展总体状况。

本研究针对四川省部分县域经济体样本（42个样本），先从2010年到2019年经济发展绩效入手整体描述了绩效的差异性并对样本进行了分组。再进一步对62个非县城区域的亮点产业小市镇进行梳理，进一步验证了县域产业发展模式的特征来源。最终，利用增长性和补偿性两个价值判断标准，对样本经济体产业发展模式的多目标融合价值进行了规范性评判并得到了优劣区分的4个梯队。分析的样本虽然取自四川省，但对于西南地区或广大的中西部地区，也可采用类似的分析框架进行研究，其结论在更广的地域范围内也具有启发性。

研究的目的基本达到。发展模式多样性的存在是一个无须讨论的话题，但如何进行表征、分析形成机制和最终进行多目标融合的价值判断，是本研究的一个尝试。从最终的结果可以看出，处于相对边缘化的小市镇经济体，虽然参与大区域产业分工程度和方式各异，发展绩效普遍弱于优势地区，但它们发展模式中的补偿性表现确实显著。宏观环境平稳时期，在大区域发展势头强劲的光芒之下，它们显得略微暗淡，但本研究更为关注的是：如果当大区域产业结构出现显著调整时，原本快速扩张的部分产业部门出现停滞或收缩之时，嵌入大区域分工体系程度不深但更具基础性的产业部门或基于地方禀赋长期生长而成的原生性产业部门，却会有错位发展的机遇而表现出逆势成长的发展绩效；如果当宏观经济增长出现失速时，满足基础性需求的产业部门能具备更强的反周期能力而更具发展的韧性；在外部环境不利的情况下，对于劳务输出大省的四川及人口外流明显的各县域，如果出现劳动力的大规模回流，那么更具有就业吸纳弹性的小规模灵活性主体将发挥出更为重要的社会价值，虽然它们在经济成长期的增长性并不如组织高效的规模化正规性部门。

从长期看，立足于区域禀赋的原生性产业，在灵活性主体的参与过程中，虽然投资强度和建设规模不足而影响了增长性，但其对于生态和本地文化造成的冲击强度却也相对缓和和适配，保持着一种温和成长的路径。这种价值开始被许多主体意识到，在近年来开始逐渐显现的逆城市化的趋势中，更多的带有新观念、新技术的人才和相对分散的资本更为精准地参与到了这些产业当中，为此类产业的成长注入了新的动因，而这种动因并非来自大区域的产业分工，毋宁将其理解为另外一种分工：多元化价值观指引下的社会价值分工——这也许就是边缘化小市镇的时代价值的部分表现。

最后，关于政策含义。实际上已有众多学者倡议经年：放弃唯增长论，探索和实现价值的多元化，而且也确实逐步落实到了各级政府的经济管理工作中。本研究能够提供的新的启发，可能在于目标的明确和体系化的梳理上，必然会有很多县域经济体和产业小市镇依然坚持、实际上也适宜坚持增长优先的模式，寻求价值评判模型（图6-1）中的向上优化的路径。但对于并不适宜坚持增长优先的县域经济体和产业小市镇，补偿性应作为一个更具优先性的目标在经济管理工作中被明确，寻求价值评判模型（图6-1）中的向右优化的路径。实现补偿性提升，实际上本文的论述过程中已经提出了可以系统化的手段：对产业门类选择需要有风险防范的针对性；对原生性的产业要给予更多的资源倾斜而非片面追逐热点与前沿；对小规模灵活性主体营商环境的提升，而非仅关注大企业；更为强调市场化的资源配置方式，而非过度依赖行政手段；以更为主动的方式参与到产业平台的建设和运营当中。具体工作中，对地方经济管理者而言最需要转变的，可能是改变招商引资优先且目标过于主观化的即有工作模式和克制"招大商、引大资"的顽固性冲动。

后　记

本研究做了一些初步的尝试，但由于数据和资料覆盖性不足，对于各产业小市镇的分析难免有疏漏之处。但最主要的问题，来源于类型划分和价值评判时尚带有明显的主观性。本研究通过把问题和逻辑层层分拆，寻找到有一定理论基础的研究视角和依据，目的就在于降低直觉在研究过程中的影响。虽然取得了一些效果，但距离更为严谨的论证要求相去甚远。这也将是本研究参与者未来理论和实证研究努力的方向——把当前的叙事框架进一步实现逻辑更为严密的形式化构建和形成更为坚实的量化研究基础。

谨以此文作为未来长期研究的一个命题的提出。

附：参考文献

[1] 吴敬琏.当代中国经济改革[M].上海远东出版社，2004.1.

[2] Akamatsu Kaname. A Theory of Unbalanced Growth in the World Economy [J]. Weltwirts–chaftliches Archiv., 1961（86–2）: 196–215.

[3] 朱宜林.我国地区产业转移问题研究综述[J].生产力研究，2005（9）: 228–230，199.

[4] 蔡昉，王德文，曲玥.中国产业升级的大国雁阵模型分析[J].经济研究，2009（9）.

[5] 张公嵬，梁琦.产业转移与资源的空间配置效应研究[J].产业经济评论，2010（9–3）: 1–21.

[6] 郭爱君，毛锦凰.新时代中国县域经济发展略论[J].兰州大学学报，2018（4）: 82–89.

[7] 储东涛.长三角县域经济发展模式及路径创新[J].江苏大学学报（社会科学版），2010（12–3）: 79–84.

[8] 王新民，薛琳.县域经济发展方式转变评价指标体系的构建及应用——福建省58个县（市）的实证研究[J].东南学术，2013（6）: 123–131.

[9] 武文超.黄河流域县域经济发展不均衡性的时空演化分析[J].统计与

决策，2021（21）：132-135.

[10] 苏艺，陈井安.县域经济发展的历史演变、经验与展望——以四川省为例[J].农村经济，2020（5）：58-65.

[11] 战炤磊.中国县域经济发展模式的分类特征与演化路径[J].云南社会科学，2010（3）：109-113.

[12] 刘吉超.中国县域经济发展模式研究评述及其反思[J].企业经济，2013（2）：154-158.

[13] BOYER Robert. La théorie de la régulation [M]. Les fondamentaux. La Decouverte，Paris，2004.

第七章 小市镇的文化建设：历史文脉与文化自信[①][②]

2022年6月，国家发展和改革委员会印发经国务院批复同意的《"十四五"新型城镇化实施方案》(国函〔2022〕52号)，其中有三方面内容与小城镇有关，一是在指导思想上提出：深入推进以人为核心的新型城镇化战略，持续促进农业转移人口市民化，完善以城市群为主体形态、大中小城市和小城镇协调发展的城镇化格局；显示出小城镇在新型城镇化总体战略中占据重要位置。二是在优化空间布局上强调：提升城市群一体化发展和都市圈同城化发展水平，促进大中小城市和小城镇协调发展，形成疏密有致、分工协作、功能完善的城镇化空间格局；说明了小城镇是优化城市空间布局和功能的重要组成部分。三是关于分类引导小城镇发展的论述，主要包括：坚持规模适度、突出特色、强化功能，因地制宜发展小城镇。支持大城市周边小城镇充分对接城市需求，加强规划统筹、功能衔接和设施配套，发展成为卫星镇。支持具有区位优势或独特资源的小城镇强化要素资源配置，发展成为先进制造、交通枢纽、商贸流通、文化旅游等专业功能镇。支持远离城市的小城镇完善基础设施和公共服务，增强服务乡村、带动周边功

① 作者：丁煦诗，上海交通大学媒体与传播学院博士研究生，上海交通大学城市科学研究院兼职研究员；刘士林，上海交通大学城市科学研究院院长、教授。
② 基金项目：本文系国家社科基金重大项目《大运河文化建设研究》(课题编号：19ZDA186)、国家社科基金艺术学项目《江南传统文化创造性转化与创新性发展研究》(课题编号：20BH153)、上海交通大学"双一流"建设新一批智库基地城市科学研究院建设项目(编号 WH421120001)的阶段性成果。

能，发展成为综合性小城镇。推进大型易地扶贫搬迁安置区新型城镇化建设。方案明确了小城镇在"十四五"时期的总体发展思路和重点工作内容，为更为广义空间概念的小市镇发展提供了政策依据和战略框架。

"镇"这一特殊空间在我国城镇化过程中已经有了大量的实践和研究，充分体现了多样化与多元化。同样，小市镇目前涵盖了小城镇、建制镇、特色小镇等一系列类似空间，内涵还在不断丰富。作为连接城市发展与乡村振兴的纽带，小市镇在经济社会发展格局中的地位正变得越发突出和重要。改革开放以来的专业镇通过实现产业集聚，引入民间资本，以市场化和专业化的手段，建立产城一体化的工作及生活社区，增强了地方政府与民营服务的合作，进一步推动城镇化建设。伴随着城镇化进程的推进，市镇文化在城镇文化的影响下也发生了巨大变化。如何在市镇经济发展的同时，让市镇文化更具生命力、得到良好传承，是我们研究小市镇文化机制必须思考和解决的重要问题。

第一节　小市镇文化的界定与阐释

一、历史文化维度下的小市镇

"市"很早以来就是商贾贸易的地方，而"镇"的名称原指戍兵置将的军镇，"镇"的含义为设置官将加强镇压。北宋以后，"镇"的含义发生了变化，逐渐变为商业市镇的名称。到了明清时期，镇的名称已普遍作为市的共同含义而通称"市镇"，即指产业经济发达、市场经济活跃的镇、乡一级行政单元，是处在县级和乡村中间的地理和行政单元。很多小市镇都有着悠久的历史文化和鲜明的地域特色，不仅具有较高的历史价值，同时具有深厚的情感寄托价值、教育价值、美学价值及旅游价值。在道光年间编撰的《苏州府志》中，曾有这样的记载："江南烟户业田多，而聚居城郭者什之四五，聚居市镇者什之三四，散处乡村者什之一二。"[1] 这条史料可以反映出到清代中后期，民众对城市和乡村的区分认识。市镇已被作为介于两者之间的过渡，而乡村不再包括市镇。到了 20 世纪 80 年代，著名社会学家费孝通先生提出，中国要走小城镇模式，要"及早研究小城镇社区的空间布局""农民安心在小城镇生活，才是小城镇发展的出路"。1998 年，中共中央在《关于农业和农村工作若干重大问题的决定》中，提出"小城镇、大战略"问题。1999 年，中央经济工作会议也特别强调："发展小城镇是一个大战略。"[2]在费孝通先生的《小城镇大问题》中指出，通过细化分工，形成特色各异的"市""镇"，宜农则农、宜工则工，工业制成品、手工制品等形成规模并聚集为专业化市镇，对于发展、建设小市镇同样具有指导意义。

二、小市镇文化的定义

小市镇文化是指在市镇生活中，人们约定俗成的规则与道德，以及依据这些规则所进行的具体生活形式。市镇文化的主要特点有二：一是不同于乡村文化，具有相当浓郁的工商文化特点；二是不同于城市文化，在文化观念上比较倾向于务实。市镇文化是一种介乎城市文化和农村文化之间的独立形态。市镇文化是市镇发展的核心与灵魂，体现在物质生活和思想活动的各个方面，市镇原有的自然风貌和传统建筑、服饰、饮食等，以及约定俗成的乡约民规、民间故事和传说、农耕活动和民俗节庆等，都是市镇文化的具体体现。改革开放以来，城镇化进程的大幅推进，城市文化迅速涌入小市镇，市场经济的发展使利益化和市场化得到加强。信息化扩展了市镇居民的视野，也让市镇居民原有的价值观念得以改变。在新型城镇化建设理念下，小市镇文化应当对原有文化进行充分扬弃，形成更加符合现代小市镇发展的文明和积极的市镇文化。

第二节　小市镇文化的历史演化及典范形态

一、学界关于小市镇文化历史发展的主要观点

市镇作为基层社会的重要组成部分，目前学术界已从多维度对其进行了广泛研究，主要集中在对江南市镇的讨论中。

多数学者集中在对明清时代市镇经济的研究方面。江南市镇在明朝中期就初具规模，贡赋系统与分工、交换形成的市场互动，直接改变了江南农业的种植结构乃至历史进程，导致一些地区涌现出大量以经营棉织业和蚕桑业为主的新兴"专业市镇"[3]。在发展初期，自然、地理环境和社会经济结构等自然因素对市镇的分布影响较大，但在发展过程中，随着市镇经济的繁荣，数量的增加，规模的扩大，市镇逐渐摆脱了自然环境的限制，市场因素对其影响日益加重，这在经济发达地区表现得更为明显[4]。市镇与乡村保持着良性互动的关系，市镇经济的繁荣源于乡村农业和副业的兴盛，市镇手工工场的发展，又反过来增强了乡村经济发展的动力。

很多学者同样发现，市镇变迁不能仅仅只讨论经济现象，应对市镇兴起带来的地方政治制度、社会结构、社会生活，以及社会心理层面进行细致考察，市镇的崛起必然会引起个体行为、社会习俗、宗教信仰以及社会结构的变化[5]。市场的"区位"优势除了交通便利，习俗和行政制度等要素的合理配置同样非常重要[6]。商品经济的发展使得市镇的复杂性增加，需要孕育和形成一个市镇内部自我管理的机制，来协调各种利益关系以应付可能出现的形势变化和外界压力[7]。突破以往市镇起源研究中区位决定论等单线逻辑的解释模式，动态把握市镇在空间、制度、商贸、文化等多条脉络交互作用下产生、成长的复杂过程，从时空、文献和制度等多个维度推进市镇史的研究[8]。

还有学者从城市化的视角或运用近代化的范式分析了江南市镇的发展路径，指出以江南市镇为代表的非传统市镇的发展是中国自宋以来都市化

过程的主要方式。这种原生型城市化以商业机能为标准，建立在以小农家庭为主的手工业和农产品商品化发展的基础之上，将乡村社会民间信仰与商业相结合[9]，既呈现了明清江南地区鲜明的地域特色，也展现了传统农耕文明自我调适和转型的内在机制[10]。将市镇的发展置于特定的区域空间，在具体的区域历史脉络中进行审视。

二、江南小市镇文化的形成和发展

明朝中叶以后，在江南特别是太湖以东地区涌现出大量以经营棉业和米业为主的"专业市镇"，它们在贡赋体系的政策带动下不断壮大，同时为满足中长距离贸易的需要，已逐渐摆脱了传统意义上"定期市"的模式。被称为"中间市场"的市镇，是农村的商业核心地带，我们所熟知的周庄、同里、乌镇、西塘等等，都属于中间市场。各村落与作为中间市场的市镇之间的距离不会太远，这些市镇与农村经济有着密切的联系，是农村产品、手工业品及日常生活用品的交换市场，尤其是著名工商业巨镇的形成，成为资本汇集的地方。

明清江南市镇在经济功能之外，还有其独特的文化功能，自然生态和物质环境是文化功能形成的基础要素。以吴文化为主要代表的江南文化底蕴深厚，构筑出书卷之气足、风雅之士多、科举竞争强的文化型社会。江南市镇历史传统的形成，有一个长期复杂的过程，从创造和承续角度而言，世家名族起着重要的作用，在市镇历史传统形成发展中具有不可忽视的地位[11]。明清之际的江南市镇，文化兴盛的重要表现之一就是科举事业上的贡献，南浔镇、南翔镇、唯亭镇等都是科第兴旺的典型。在科举中取得功名的人，往往都是自由受到良好教育的世家子弟，具有家族递传的特征。江南市镇文人荟萃，在一定程度上得益于为促进文化传播而修建的数量可观的藏书楼。足够的人才储备和浩如烟海的文献著作，使江南地区为推动文化繁荣做出了积极深远的贡献。同时，经济需求使得江南市镇的女性逐渐突破传统文化束缚走出深闺，获得了更强的自主能力和更高的社会地位。

另外，较为开放的社会人文环境和江南人心智的积极智慧，以及元末以来士农工商"四民"阶层地位的观念转变等，同样是江南市镇文化繁荣发展的重要原因[12]。

三、运河小市镇文化的形成和发展

自春秋战国时期为了军事需要开凿运河，到隋炀帝修建贯通南北的大运河，经过唐宋时期的发展和治理，大运河已经在社会中承担起重要的社会职责和任务。元朝开始，大运河改道，从横向变为纵向，开始初具如今京杭大运河的雏形，明清时期大运河已经承担了重要的政治、经济、军事和文化交流作用，对上至国家大事下至百姓衣食住行都产生了举足轻重的影响。运河市镇的兴起与发展是封建社会后期经济发展的重要体现，由于社会生产力的提高、社会分工的扩大、商业的发达及人口的增多，明清以来运河市镇的发展尤为显著。运河沿线市镇的兴起，通过经济的产业效应、政治文化的交流、人才的云集和人口的流动等多种因素促使南北文化以大运河为纽带、以运河市镇为据点进行着广泛的传播与交流，形成了独特的运河市镇文化。

由于运河便利的交通功能，极大地改善了人们的生活水平和生产方式，依靠便捷交通而发展的手工业生产逐步崛起，商品经济的发展使得这些沿岸市镇呈现出生机勃勃的繁荣景象。在北方，古代的运河催生了一批市镇的繁荣，如临清、张秋；在南方，至今运河水系与城镇水系仍旧巧妙连接，塘栖、平望等重要市镇都是在大运河沿岸形成并发展起来的。运河市镇文化因运河而生，凭借发达的水网体系所带来的交通优势成为经济与文化的活跃地带，这些市镇依水而建，临水而居，保存着较为完好的市镇格局和传统风貌。随着漕运制度的不断完善，市场和航运成为运河沿线市镇经济发展的重要推力，发挥着交通枢纽的重要作用。

第三节　小市镇文化的传承保护与当代发展

20世纪80年代以来，中国城镇化进程日益加快，根据国家统计局公布的数据，截至2021年年末，常住人口城镇化率已达64.72%。快速发展的城镇化进程中亦暴露出一些严重问题，为中国的城镇化敲响警钟，要引导中国的城镇化向健康的方向发展，必须开启中国特色新型城镇化模式。市镇作为城镇化过程中的重要组成部分，同样需要总结和推广先进经验和做法，引导新时代市镇又好又快发展。处理好古镇保护和发展的矛盾，是新型城镇化和乡村振兴过程中面临的重要问题。新型城镇化不是要彻底抛弃乡村的特色，而是在时代不断发展的过程中，加强对市镇整体文化生态的保护，进一步增强文化自信，在此基础上传承历史文脉和地方文化基因，创建文化与生态融合、历史与现实辉映的舒适、宜居的新家园。

一、学界关于小市镇文化传承保护的主要认识和评价

目前，学界关于市镇文化传承保护的研究主要涵盖市镇风貌保护、文化遗产传承、文旅融合发展、空间分布特征等领域。

在快速城镇化进程中，传统市镇特色鲜明的空间格局与街巷肌理频遭破坏，导致特色缺失、活力不足。通过分析市镇特色空间格局与街巷肌理，从街道肌理延续、历史信息转译、功能业态更新等多个维度传承历史文脉，保护原有古镇风貌肌理与空间格局，展现文化与艺术底蕴[13]。注重古镇的原真性保护、整体性保护和地方文化基因保护，传承文脉，留住乡愁。

对于文化遗产的传承，因地制宜，坚持整体保护、原地保护、自我保护及动态保护的原则，通过政府主导，居民参与的过渡方式，最终实现文化自主管理。唤醒原住居民珍视文化遗产的意识，增强文化自信与民族自豪感，进而激发其积极参与市镇文化传承保护的热情[14]。同时，全面认识文化遗产的价值与作用，重新构建传承保护的定位和模式，提高规划的科学性和适宜性[15]。

为深入研究市镇的文化资源，把它们融入旅游项目和产品开发中，是解决旅游产业内容供给不足和市镇文化无所寄托的重要发展思路。实现既包括城市的繁荣但又不像大都市那样喧闹，像传统乡村一样安静的同时又拥有城市生活的便利和文化[16]。有的学者提出了"旅游活化"这一概念，以振兴并传承传统市镇的自然、社会和文化资源价值，发扬创新精神，构建可持续路径模型，深入探索资源价值要素，在旅游活化的过程中有所侧重，为传统村落保护和利用提供理论支持[17]。在保护的基础上进行旅游开发，既能够让市镇文化走出去，也有利于推动当地居民利用本土资源就业创业，在推动新型城镇化发展的过程中，体现市镇文化基因的挖掘和彰显[18]。

加强传统文化保护，调控新文化要素的量与质，通过建设局地"文化共同体"，由共建走向融合。促进市镇内外自然环境与整体空间秩序的融合渗透及延续共生。要控制"文化—空间"形态框架及要素体系，要促进不同等级类型的文化景观对空间建设的区域统筹与形态引导，要促进空间场域与文化记忆的协同适应[19]。

二、江南小市镇文化传承发展的主要经验与创新实践

江南传统市镇的保护实践在较早时期就得到了重视，例如苏州周庄古镇1986年就开始了名镇保护规划工作，之后"江南六镇"的保护与开发逐渐兴起。当代江南市镇的文化内涵和精神特征主要体现在两方面。一方面，它所承袭的是古代江南文化成熟期的传统，在其发展过程中并未发生断裂。江南文化不仅以审美和诗性精神为特征，而且具有相对健全的城市文化、市镇文化及乡村文化体系。另一方面，影响江南市镇的文化要素中，拥有更高发展程度、以"经济"和"审美"为核心的江南诗性文化特质，居于最核心的地位[20]。市镇文化传承发展要充分把握当地人文历史、民俗风情、地域情况，充分体现以人为本，将地区文化精华体现出来。新时期的江南市镇在文化传承保护方面做出了一些有益的创新实践，具体来说，主要包括遗产保护、文脉赓续和文旅融合三个方面。

在遗产保护方面,江南市镇的历史文化遗产保护,并不是要限制新的市镇环境要素的介入。除文物建筑外,其他部分都可以有新的创作,一方面保证以建筑的历史文化遗产保护为依据的城市纹理的连续性,另一方面在考虑建筑和风景品质的前提下,维持现代城市机理的协调性。例如,湖州南浔古镇被誉为"江南古镇的封面"。目前,古镇集群内的文物资源、文博场馆、古民居、古桥梁等建筑遗产均较好地保持着传统格局和完整风貌。千年古桥、百年民居、豪门巨宅、经典园林等文化遗产,恪守传统、超越时代、兼容海派的建筑风格和风貌,中西碰撞,令人惊叹。南浔古镇遗产区面积达0.92平方公里,占古镇总面积的42%,近一半的区域保存着原貌肌理和原始生态系统。遵循"修旧如故,保持原貌,以存其真"的文物维修原则,水乡文化的原真性、本源性和根脉性价值得到了保护和延续,为大运河古镇集群文化复兴打下了硬件基础[21]。

在文脉赓续方面,促进文化和现代生活有效衔接。苏绣小镇位于苏州西部生态旅游度假区(镇湖街道),是江苏省首批特色小镇创建单位之一。小镇立足江苏历史经典产业——苏绣产业的传承与发展,依托中国刺绣艺术馆、太湖国家湿地公园两个4A级旅游景区,围绕生产、生活、生态"三生融合"的目标,打造了小镇客厅(中国刺绣艺术馆)、绣品街、绣创空间(双创平台)、锦湖生活广场、"新集"苏绣小镇文创旗舰店等苏绣文化载体,形成了集文、博、展、研于一体的苏绣文旅街区。小镇享有"刺绣艺术之乡""文化产业示范基地""中国刺绣基地镇""江苏省非物质文化遗产生产性保护示范基地""国家级非物质文化遗产(苏绣项目)生产性保护示范基地"等殊荣。目前,小镇连续三年举办第十届、十一届、十二届中国刺绣文化艺术节、江苏省"艺博奖—银针杯"刺绣作品大赛和江苏省大学生刺绣设计大赛,与苏州博物馆、上海顾绣研究所、国馆宝藏等合作举办主题展览,小镇工艺美术大师队伍携作品集体亮相中国美术馆。未来,小镇将依托苏绣创新平台,围绕刺绣人才培育,统筹生产生活生态空间布局,在苏绣产业发展中融合生态体验，注重发展品质，营造宜居宜业宜游的良好环境，实现苏绣全产业链协同发展，真正满足人民美好生活的需要。

在文旅融合方面，体现鲜明的产业特色。市镇建设必须有产业支撑，经济是小市镇发展的动力，文化传承保护应能够进一步促进经济发展。立足本地优势条件制定优惠政策，吸引人才、技术、资金等，发展地方特色产业。做好特色产业布局，建设带有鲜明经济产业特色、职能分工明确（如旅游服务型、乡镇企业主导型、生态保护型等不同经济类型）的小市镇。例如，苏州同里古镇通过品牌的打造、项目的升级、夜游的完善和创意的前瞻推进标准化全域旅游体系建设，主动融入"沪苏同城化"新进程，加快推进同里农文旅融合发展示范区建设，彰显"江南韵更足、小镇味更浓、现代风更强"的新江南水乡典范魅力。在疫情常态化管控的形势下，利用长三角生态绿色一体化示范区内的区位优势，探索示范区的制度创新，吸引江浙沪三地的游客，形成区域联动、模式创新，引领区域文旅产业发展[22]。

三、促进小市镇文化创造性转化和创新性发展的对策建议

新型城镇化过程中，市镇文化创造性转化和创新性发展能够让资源开发找到正确的方向，保持良好的市镇文化内核。一方面，市镇居民辨别能力相对较差，在面对市场经济的诱惑时，容易形成"重利轻义"的价值导向，优秀市镇文化能够使居民在纷繁复杂的市场经济环境中稳住心神，不至于盲目追求利益。另一方面，近年来，市镇人才与劳动力大量流失使得市镇发展缺乏动力，良好的市镇文化能够增强市镇凝聚力，号召更多青年建设家乡，使市镇经济继续腾飞，吸引更多人才流向小市镇，形成良性循环。在小市镇文化保护与传承的过程中，要充分考虑先进性、特色性、客观性和统筹兼顾等原则，使文化保护和经济开发能够同步推进。在产业发展的道路上融入更多优秀市镇文化，同时尊重客观规律，打造新时代富有文化内涵的美丽市镇。扎实推进市镇文化创造性转化和创新性发展，可以考虑以下几个方面。

1. 从全局来看，要以国家的政策和方针作为推动市镇文化传承保护的重要导向。在开发过程中要尊重自然，保护自然，防止盲目开发新的旅游项目，对自然资源和文化资源造成一定的破坏，导致得不偿失的结果。在顶层设计上，应当给予地方政府充分的执行空间，鼓励地方依据当地文化特色有针对性地开发，根据不同的市镇区域建立适合自己的市镇文化发展机制，因地制宜，使区域文化得以更好地发展，文化市场得以兴盛，进而为广大居民群众服务。科学统筹市镇—乡村文化共建机制，以可持续的理念进行传统市镇的保护与发展。在文化传承保护的过程中，强化传统特色功能，修复并延展承载该类功能的空间。同时，选择与小镇主导功能相协调的多元功能，并进行合理的空间布局，使新、旧功能融合发展，在保持地域文化特色的基础上丰富空间层次，提升空间活力。

2. 延续市镇历史文脉。保护文化地标，实施市镇文脉记忆工程。在传承中活化民间技艺，推进非物质文化遗产展示、传习场所的建设。对非物质文化遗产代表性传承人和技艺开展抢救性保护工作，推动非遗项目保护性生产和流通，对非遗进行研究、保护和创意开发，把非遗资源转化为文化产品推向市场。在推广优秀传统文化的过程中，将镇规民约与市镇组织管理结合起来，使优秀民俗能够成为可以利用的平台资源，在传承与发展中获得凝聚力和认同感。同时与现代化产业紧密联系，通过打造特色小镇来带动市镇居民致富，打造宜居宜业的新家园。

3. 建立群众参与机制。提升小市镇居民文化自觉与主体意识，增强小市镇文化传承与保护的内生动力。市镇居民是一个庞大的社会群体，是市镇文化建设的中坚力量，把握市镇居民的文化喜好和兴趣构建适合居民群众参与的文化管理体制。一方面，从推进乡贤文化入手，小市镇长期以来的"熟人社会"氛围，乡贤拥有巨大的号召力，他们可以让人们有意识地参与到当地的文化保护和传承中去，进一步带动市镇居民提升文化自觉；另一方面，要积极发挥教育的作用，通过教育提升居民的文化自觉和文化意识，只有通过更为全面的教育，才能够让传统文化的保护意识深入人心。居民文化自觉性的提高可以进一步吸引更多人才和劳动力流向小市镇，为文化产业建设提供支持。持久而强大的文化创新能力，社会各个阶层对文化建设的共同参与、雅俗之间的不断互动，是市镇得以保持鲜活文化个性和旺盛生命力的重要源泉。

4. 完善资金投入机制。通过政府、集体、个人等多渠道筹集资金的方式，逐步建立文化发展资金投入机制。各级财政可以设立专项经费，安排一定数量的专用资金用于文化建设，对市镇文化设施建设提供专项补助，将公益性文化事业建设纳入财政预算。同时，扩大服务范围，公共财政能够实现市镇文化建设投入与经济增长和社会发展要求相适应。运用多种形式的财税优惠政策和多种投融资工具，使各类社会资本和生产要素合理流动于市镇文化服务领域，形成政府和市场共同促进文化发展的互动机制。

5. 健全文化保护政策法规。我国幅员辽阔，各地之间文化差异较大，小市镇文化保护无法在短时间内形成统一的标准。可以通过地方性的政策法规规范文化传承与保护工作，充分发挥地方政府积极性，形成经济发展与文化保护并行的长效机制。加强文化评价监督机制，建立职能科学合理、机构统一精干的文化管理和监管机构，制订市镇文化发展评价体系和实施办法，把促进文化的创造性转化和创新性发展作为评价市镇发展水平和发展质量的重要内容，形成政府、社会、市镇居民共同参与的监督管理体系。

在市镇文化创造性转化和创新性发展过程中，我们很容易发现，以江南市镇为代表的南方市镇获得了人们大量的关注，而北方市镇文化传承保护的案例相对较少。截至2020年年底，全国已公布的历史文化名镇有312个，位于北方地区的占近1/4，虽然数量可观，但与南方古镇保护发展水平差距较大。其中原因，一方面是北方传统古镇保存至今的相对较少，另一方面是北方传统古镇的历史文物保存状况不佳。北方古镇需要深入挖掘、保护和利用自身特色，不能一味模仿南方的经验模式。虽然南北方市镇都力图通过发展旅游业来获得文化发展新的生机，但针对具体市镇的特色保护还缺少良策。同时，还要警惕过度商业化、粗放型开发、低层次利用、同质化建设等带来的破坏力。如何实现文化传承保护与社会发展的平衡，依然需要深入思考。

附：参考文献

[1] 石韫玉等.道光苏州府志[M].卷十：田赋.

[2] 国家发改委城市和小城镇改革发展中心.冯奎：为什么要重提"小城镇、大战略"议题？[EB/OL].每日经济新闻，2018-09-27.

[3] 吴滔.赋役、水利与"专业市镇"的兴起——以安亭、陆家浜为例[J].中山大学学报（社会科学版），2009（9）：97-110.

[4] 胡勇军，徐茂明."施坚雅模式"与近代江南市镇的空间分布[J].南通大学学报（社会科学版），2012（5）：28-34.

[5] 丁贤勇.传承与开拓：打开近代江南市镇的历史场景——评《南浔现象——晚清民国江南市镇变迁研究》[J].历史教学问题，2011（8）：108-110.

[6] 吴滔.从"因寺名镇"到"因寺成镇"：南翔镇"三大古刹"的布局与聚落历史[J].历史研究，2012（2）：54-70.

[7] 潘中祥.关于南浔区域史研究的几点思考[J].浙江档案，2015（7）：52-55.

[8] 吴滔.回归"前乡镇志"时代：明清市镇历史的知识考古[J].探索与争鸣，2019（2）：23-25.

[9] 乌再荣，鲍家声.明清江南民间信仰与市政空间结构[J].城市规划学刊，2011（2）：95-104.

[10] 胡端.从佛寺聚落到"城西首镇"：清代上海法华镇原生型城市化研究[J].中国经济史研究，2019（1）：133-145.

[11] 罗时进.明清江南市镇及其文学群落的形成——以空间分布、流动

汇聚、环境生态为视角[J].社会科学，2017（8）：173–183.

[12] 夏斌."江南文化回望与前瞻"访谈录——江苏：明清市镇的繁盛与风雅[N].上观新闻，2018–06–09.

[13] 吴宦漳，卢锐，陈桂秋等.本土文化导向下的老城区特色塑造与活力复兴——以浦江县城西区块城市设计为例[J].城市规划，2020（8）：120–128.

[14] 廖军华.乡村振兴视域的传统村落保护与开发[J].改革，2018（4）：130–139.

[15] 赵中枢，胡敏，徐萌.加强城乡聚落体系的整体性保护[J].城市规划，2016（1）：77–79.

[16] 王晓静，刘士林.中国文化村镇的理论问题与历史变迁研究[J].山东大学学报（哲学社会科学版），2020（9）：86–93.

[17] 高璟，吴必虎，赵之枫.基于文化地理学视角的传统村落旅游活化可持续路径模型建构[J].地域研究与开发，2020（8）：73–78.

[18] 刘天曌，刘沛林，王良健.新型城镇化背景下的古村镇保护与旅游发展路径选择——以萱洲古镇为例[J].地理研究，2019（1）：133–144.

[19] 刘瑞强，余咪咪.文化生态视野下历史城镇的保护更新[J].城市发展研究，2019（8）：25–31.

[20] 刘士林.江南城市与诗性文化[J].江西社会科学，2007（10）：185–195.

[21] 浙江省文物局.湖州南浔活态的文化 活着的古镇[EB/OL]. [2022–06–22]. http://wwj. zj. gov. cn/art/2022/6/22/art_1641242_58880508. html.

[22] 杜立明.专家学者同里探讨"江南文化传承与创新"文旅融合浇灌古镇创新之花[N].江南时报，2021–09–28.

第八章 小市镇的社会治理：结构转型与治理创新 ①

进入21世纪以来，面对高质量发展的高要求，我国乡村的空间利用正面临着前所未有的挑战与机遇。目前，我国城镇化已步入发展中后期，城镇化的发展速度开始减缓，更高水平、更高质量的新型城镇化不仅是舆论呼声也是大势所趋。2022年7月，国家发展和改革委员会颁布了《"十四五"新型城镇化实施方案》，其中提出坚持规模适宜、凸显特点、完备服务功能，因地制宜建设小城镇。鼓励大都市与周边小城镇适当衔接都市需要，建设成城市卫星镇。鼓励具备明显区域资源优势或特色资源的小城镇进一步完善基础要素资源，建设成专业特色功能小镇。鼓励远离城市的小城镇进一步健全基础配套和服务，建设成集合型小镇。小城镇在我国社会经济发展过程中，发挥着重要的"承上启下"功能，是连接我国城市和乡村经济发展要素流动的重要桥梁[1]，而促进小城镇特色发展的关键在于逐步推动中国小城镇治理体制和治理能力现代化。

"小城镇"是"小市镇"的重要组成部分，"小市镇"是一个广义概念，包含了小城镇、乡镇等。作为我国治理的根源与核心，小城镇治理无疑是我国治理现代化的重要部分[2]。乡镇政府是最基础的地方政权，是将国家权力延伸到乡村社会的"最后一公里"。2017年，中共中央办公厅、国务院办

---

① 作者：李志刚，武汉大学城市设计学院院长，教授，博导，中国城市规划学会常务理事，中国城市规划学会学术工作委员会委员，国外城市规划学术委员会副主任；薛瑞爽，武汉大学城市设计学院硕士研究生。

公厅印发了《关于加强乡镇政府服务能力建设的意见》，逐步确定并完善乡镇政府的公共服务功能，以推进小城镇基本公共服务资源的合理配置，并不断创新小城镇基本公共服务模式。基于我国的基本国情：幅员辽阔，地理条件复杂，全国各地区的小城镇在地理、气候、经济、人文状况等方面有很大差异，发展模式及其基层治理状况也不尽相同。在快速城镇化过程中，原有地域要素逐步解体，小城镇生产经营模式、劳动力形式、消费结构、城乡关系、工农联系等领域均出现了重要变化，同时许多小城镇受到了以服务为核心的管理模式变革的冲击。欠发达地区尤其需要在这种城乡关系的快速变化中找到适合自己的发展方式和治理模式。这不仅是对欠发达地区经济发展的迫切需求的回应，也是小城镇自身在城乡转型背景下主动适应社会经济环境的重要选择。

进入新时期，小城镇也是全面推进乡村振兴和城乡融合发展的重要阵地，加快推进小城镇治理体制和治理能力现代化成为当务之急[2]。为了有力推动小城镇治理体系现代化，亟须探索差异化的小城镇结构转型与治理机制创新路径。基于此，本文通过梳理小城镇治理的相关理论及案例，研究东部沿海地区、中部地区小城镇发展与治理改革的动因及治理创新的具体实践探索，总结其治理创新成就及发展问题，以期为推进小城镇治理体系和治理能力现代化探索有效途径及发展对策。

第一节　小市镇治理相关研究述评

一、相关概念界定

（一）小市镇与小城镇

随着我国城镇化进程的不断推进，"小城镇"概念的内涵与外延不断发生变化。目前有关"镇"的多元化概念已经形成了一个非常广义的"谱系"，本书将其称为"小市镇"。与"小城镇"的概念相比，"小市镇"是一个广义的概念，包含了小城镇、乡镇等，更强调以动态演进的视角研究镇级空间的发展模式，更易于阐释我国小城镇在新时代背景下展现出的新特征与新趋势。小城镇作为城乡之间的过渡形态，不仅是全面推进乡村振兴的核心阵地，也是衡量一个地区社会经济发展水平的重要指标，更是治理体系和治理能力现代化探索的重要载体，在促进城乡融合中发挥着重要作用[3]。由于本章内容主要是研究社会治理、结构转型等相关问题，涉及区划等因素，因此本章用"小城镇"为切入点，将其作为主要的研究对象，兼顾小市镇展开论述，以此深入探讨小市镇社会治理结构转型与治理机制创新路径。

（二）乡镇与小城镇

从行政区域管理的角度理解，将乡镇分为"建制乡"和"建制镇"两个层次。建制乡为我国最低层级的行政单元，而建制镇是指经省、自治区、直辖市政府审批而建立的镇或小城镇[4]。从城镇发展的观点理解，我国的乡镇通常是指位于广袤深远农村腹地的乡镇，或是农村里的小城镇[5]。乡镇这一定义在不同的研究领域内也有不同的定义与理解。行政学认为乡镇位于国家行政机关的最底端；而政治学将乡镇政府看成是我国政体体系在广大农村中的最核心机构和末梢；社会学则将乡镇视为一种地方实体或地方社会单元；经济学一般将其看作一种地域经济范畴；公共管理学则将其视为一种社会治理单元，是由共同治理农村社会范围内公共事务的不同利益主体构成的合作共同体[6]。乡镇既区别于一般乡村又和附近的村镇存在着紧密的关系，费孝通先生称之为"小城镇"，认为这是一个崭新的正在由乡村性社会转为各种经济并存地向现代化都市过渡中的过渡型社会，它基本上已摆脱了乡村社区的地位，但仍未能实现城镇化的进程[7]。

（三）小城镇治理

所谓的小城镇治理，包括所有与小城镇文化、政治、社会变迁有关的变革机制与管理体制，如政治上的小城镇自治或农民自治，行政上的小城镇管理制度和方式，经济上的城镇化规划建设、家庭联产承包与小城镇企业，还有小城镇政府与农户、村民自治小组之间的合作关系等等[8]。狭义的小城镇治理是对小城镇地区内的各类公共事务进行决策的过程，也是政府、基层组织、私营部门和村民等社会主体管理该地区公共事务的各种方法的总和。根据该地区的特点，小城镇治理就是要在国家和社会之间建立一种积极的互动，这种互动不仅包括行政指令的发布和执行，还包括公众参与、共同决策及各类公共服务的提供和管理[9]。

二、小城镇治理相关研究

快速城镇化背景下，我国乡村的发展面临着前所未有的机会与风险。2018年，中共中央、国务院发布了《乡村振兴战略规划（2018—2022年）》，明确提出了分区、分类，推动城乡发展。乡村振兴需要尊重乡村地域的分异规律，以解决乡村发展存在的困境为方向，以补齐乡村发展短板促进城乡统一发展为要求，以分区、分类、分级推动乡村振兴战略[10]。作为地方政府治理的场域和对象，小城镇空间是实现乡村振兴和国家治理现代化的关键要素[2]。新时期乡村振兴挑战与国土空间资源配置问题密不可分，基于空间治理建构乡村振兴的实践路径引起了大部分学者的关注。但是传统的小城镇空间治理领域多专注于生产、生活、生态等三生空间治理，过于注重物质空间治理在小城镇空间治理中的角色[11]，一定程度上忽略了对小城镇治理多元主体的互动关系、决策机制的探讨。

在当前构建国土空间治理体系的背景下，相关规划实践及研究更加重视人本主义，针对小城镇治理主体及治理模式的探讨受到了关注。在当前我国的小城镇治理体系中，治理主体主要由党委、政府、派驻单位和社会力量构成，其中，政府部门和村委会在正式制度下发挥作用，而市场和社会的力量则在非正式制度范围内产生作用[12]。不同治理主体在小城镇地区发挥各自的作用，而且各阶段的小城镇治理过程是由多个主体相互互动的结果，在多元互动中逐渐形成了"国家—社会—市场—村民"的良性互动体系结构，进一步推动了小城镇治理现代化的发展[13]。根据"协同治理"理论，学者们提出要实现小城镇基层政权的"软着陆"，应明确小城镇治理的逻辑，完善当地公共财政体制，优化乡村治理结构等协同治理实践[14]。部分研究以浙江三门县横渡镇为例，采用"多中心治理"理论加以实证分析，为该镇各类行政村庄的类型建立了具体的治理方式与发展环境，以便较好地解决乡村振兴中的小城镇治理难题，以期为浙江其他小城镇的治理优化提供参考[15]。

在小城镇治理体系建设及优化对策等领域，学者们提出推动小城镇治理的现代化发展，迫切需要建立共建、共治、共享的综合治理体系，建立由党委主导、以政府为主、村支二委为基础，以人民群众为主体，以合作社等社会团体和新型家庭农场等集体经济组织为主要组成部分的乡村多元化综合治理体系，在制度层面需要进行系统化建设[2]。部分研究者立足于多元主体主导的小城镇社区基础，主张农户积极参与、规划师协同参与、政府赋权的协调机制，并将这种关系纳入常规的社会治理模式，形成基于小城镇内发展的沟通型规划模式[16]。戈大专等（2022）认为，应强化小城镇治理基层组织能力，通过优化多元主体参与机制促进小城镇发展新格局的形成[11]。而且小城镇政府在维护其核心地位的同时，必须全面关注市场和社会力量、借鉴非正式体制的优势，开展体制创新，保证二者之间良好健康的互动关系[12]。

目前学界针对小城镇治理的相关研究为理解小城镇治理内涵和机制提供了重要借鉴，但已有研究多围绕单个实证案例探索小城镇治理优化路径，缺乏对不同类型、不同机制的小城镇治理模式的总结。一方面，研究应进一步结合不同地区小城镇的基本特征，概括小城镇发展的地域分异及制约因素，在总结现有小城镇治理模式和路径的基础上，思考未来乡村振兴方向，以此为国家乡村振兴战略需求提供参考和借鉴。另一方面，中国特色的新型城镇化强调以城乡统筹为主要路径的差异化，有必要从城乡融合发展的视角重新审视小城镇治理，尤其关注多元治理主体的互动特征、决策机制等，为推动实现新型城镇化提供科学支撑与参考。

○── 第二节　国内外小城镇治理案例研究 ──○

一、国外地区小城镇治理案例研究

发达国家的小城镇治理理论研究和实践起步比较早，积累了不少先进经验，对我国的小城镇治理工作有着很大的借鉴意义。国外小城镇治理的案例研究，本文重点围绕美国的小城镇自治、德国的地方自治展开。

美国小城镇自治具有200多年的历史，是国际间小城镇民主政治的典范。作为美国最基础的地方政府，小城镇政府的自治制度有其独特性，如政治民主、决策公开、严格监督、财务公开等。这不仅是国家民主的基本政治基础，是公众行使民主权利的重要途径，是小城镇宜居生活的重要保障，同时也是培育公民权利和爱国主义的场所[17]。美国小城镇自治主要包括下列特点：一是美国小城镇自治非常重视公民权利，公共决策通过直接投票机构进行；二是决策运行机制透明公开，听证会议成为地方政府最高效的决策形式；三是地方政府官员由选民直接监督，选民也有权罢免官员；四是小城镇有大量的社会组织，大多数小城镇由不同规模、类型和影响力的社会团体自我管理，包括农民协会、商会、工会、体育俱乐部、社会卫生组织、基金会、教会团体等[18]。总的来看，小城镇自治是美国民主的基础，塑造了美国的政治参与文化，对全国小城镇的稳定发展有着重大作用。

德国属于联邦制国家，由联邦和洲政权所组成，其中包括16个州。由于各州是拥有相对的国家主权（国际外交等除外），所以德国的地方政权是指各州下面的区、市、县等地方自治政权。德国地方政府具有高度的地方自治和完善的公共管理，并建立了一系列规范、高效的公共管理运行机制[3]。作为基层自治单位，德国的小城镇也称为社区，对辖区内的一切事务负责。

德国小城镇自治具有法律依据及良好的民主文化，其民主领导大多经由小城镇议会进行。作为立法和行政机关，小城镇议会作用主要是制定小城镇规章、进行重大决定及监督小城镇治理。在小城镇治理资源整合领域，德国主要通过调整小城镇行政区域，减少小城镇数量，进而降低政府的管理开支，增强政府部门的办事效率，有效促进小城镇社会发展与基层民主的减少[19]。

总体而言，美国和德国的小城镇治理水平较高，在小城镇自治、小城镇治理体系建设、小城镇行政部门适应性、社会组织参与等方面积累了丰富的经验，对我国小城镇治理的创新实践具有很强的借鉴意义。

二、国内地区小城镇治理案例研究

改革开放以来，我国各地因地制宜地开展对小城镇治理变革的实践，国内案例研究重点，本文围绕广东省的"简政强镇"、山东省的"扩权强镇"展开。

广东省作为扩权改革的第一个起步者，早在2000年就发布了《关于推进小城镇健康发展的意见》，其中明确指出要确定300个核心镇，进一步健全镇人民政府的职能，并向核心镇下放部分权限。2010年广东省下发了《关于简政强镇事权改革的指导意见》，明确提出了在小城镇内主要以推动经济发展、增强社会管理、提高公共服务水平为重心，通过推进基层民主发挥作用，并着重加强对社会基层群体的社会管理和服务职能。重点任务主要涉及以下五个方面：一是通过科学合理划分小城镇政府职责，进一步增加小城镇政府权力；二是通过推动地方政府管理机制创新，进一步扩大经济发达小城镇改革试点；三是进一步理顺地方政府纵向权力和职责关系，强化小城镇财政保障；四是健全公共服务管理与服务体系；五是不断创新地方政府治理与公共服务体制机制，进一步健全政府决策体系和机制。由此可知，"简政强镇"的核心理念就是通过精简地方政府机构的权力下放，给予经济强镇更多的行政自主权，以缓解阻碍经济和社会发展的地方基本公共服务供给不足的问题。由于广东省放权非常强调将放权与还权结合起来，因此在很大程度上避免了传统改革中权力"一管就死，一放就乱"的困境[20]。

山东省在2010年启动了"镇级市"建设工作试验，全省选择了经济发达镇从事行政管理体制改革试点，从加大经济社会管理工作权力、调整机构和编制、完善体制和运行机制等方面尝试"强镇扩权"。东营市政府根据目前试点强镇实行管理单位过多、力量薄弱等实际问题，发布了《深化试点强镇行政管理体制改革工作的实施意见》，对尝试实行小城镇综合执法提出了具体建议。潍坊市出台了《关于扩大乡镇街道管理权限加快镇域经济社会发展的暂行办法》，强调依法放权，增加财政管理权，下放部分管理权限，改革人事权，保障城市建设用地。青岛市发布的《关于增创改革活力加快镇域经济社会发展的试行意见》，明确指出要对市主管部门所实施的经济许可业务和管理权限，要通过委托、授权等手段，逐步增加对各镇经济社会发展的管理权限，推动小城镇经济发展[3]。总体而言，山东省"扩权强镇"的创新实践主要集中在政策激励上，通过制定相关激励政策促进小城镇高质量发展。

综上所述，"简政强镇"改革是提高小城镇行政效能的必然举措，深化"扩权"改革是小城镇政府体制机制创新的重要内容，而"扩权"也意味着县（市、区）这一层级的"放权"，两者之间的博弈是小城镇治理改革成功的关键[21]。

第三节　我国典型地区小城镇治理实践研究

一、浙江省小城镇治理实践研究

（一）改革的动因

作为中国东部沿海经济发展较快的地区，浙江省小城镇的开发与建设一直走在全国前列。改革开放以来，浙江省民营经济发展迅猛，"温州模式"正是在这一时期产生的民营经济内向式发展的典型模式，经济增长的主要动因是对生产要素的整合和产业市场的获取，并非依赖地方政府投入或外国投资，而是借助民间资金、区域和国内市场[22]。在此过程中，家庭作坊式的生产方式发展极为迅速，极大地促进了农村人口的转移和集聚，在省内形成了大量小城镇人口集聚区。浙江省内许多地方的投资创业环境和发展条件比较好，各地的投资条件也基本均等。在这样的历史背景下，大量小城镇企业快速兴起，逐渐形成了以地方特色经济为基础，促进了人口的再次集聚[23]。这些小城镇也可以提供就业岗位，促进社会经济发展，极大地推动了浙江省的城镇化进程[24]。从全省层面来看，浙江省小城镇在发展过程中还存在着很大的挑战，具体表现在城镇格局、治理机制等方面。

浙江省的发展空间密度高，平原地区的人口密度远高于全国平均水平，但省内的区域空间集聚发展不足。在城镇分布上，当前浙江省的小城镇建设具有多点、高密度分布的空间特征，呈现全局分散、局部混乱的现象，"马路经济"在一定范围内依然存在[25]。除此之外，城镇功能有待加快完善，小城镇空间结构普遍具有郊区化特点，空间集聚水平亟须提升；大、中型城市发展加速，城市功能日益提升，但辐射带动力仍亟待整合[23]。在小城镇规划和管理中，存在着"重规划、轻实施，重开发、轻管理"的倾向。在治理机制上，由于资源较丰富、产业发达的小城镇的人口、经济规模与其管理权限不对应，已经超出了一般小城镇的管理范围，从而产生了"小马拉大车""权责不对等"的问题[1]。同时政府内部仍受到施压型制度的影响，基层社会内部利益问题凸显，治理主体分散化使治理行动陷入困境[15]，严重制约了小城镇的进一步发展。

（二）治理创新的具体实践探索

20世纪90年代，随着全国经济市场的统一，国内产品的快速市场变化迫使大多数小城镇企业进行转型升级，这一过程是市场力量难以自发解决的。20世纪90年代中后期，浙江省进入了一个政府积极干预和探索创新治理模式的时代[26]。

政府积极探索小城镇治理创新的过程分为4个阶段。1996至2000年为小城镇综合改革阶段，浙江省相继提出了小城镇综合改革试点、局部地区的小城镇区划调整等改革实践，全省选择了114个小城镇开展综合改革试点，在户籍、企业产权、财政、行政、投融资等多个领域推进改革。总的来说，在这一阶段，改革往往由中央和省级政府进行自上而下地实施，各地方政府缺乏主动改革能力，虽然省内建制镇数量的增长趋势得到控制，产业结构调整初见成效，但创新措施的深度和广度都很有限。2001至2005年是小城镇转型发展的主要推进阶段，地方政府全面推动了乡村基础设施建设，并以大区域全覆盖的发展理论开始对小城镇区划做出调整，而且还初步开展了核心镇的培育工程。与以往小城镇转型发展过程有所不同的是，小城镇建设还承接了乡村地区的现代化改造，这也意味着小城镇建设由镇区向镇域方向的延伸，在此期间基本建立了"一镇一品"的区域化结构，并伴随着成效较为显著的产业结构调整过程[27]。

2006至2019年为小城镇深化培育阶段，政策供给范围在广度和深度上得到了极大的拓展。政府推行了"强镇扩权"政策，并全面实施了核心镇培育工程，确定了141个核心镇进行财政投资、户籍、建设用地制度、农村集体资产管理、就业和社会保障等方面的改革，巩固了浙江省众多强镇的主导地位[26-27]。2010年以后为小城市培育阶段，浙江省政府制定并发布了《浙江省强镇扩权改革指导意见》，确定了43个省级小城市实施强镇扩权，随后又出台了《关于开展小城市培育试点的通知》，小城市培育试点镇展示出较好的势头[28]。

通过梳理浙江省小城镇的发展阶段及相关治理创新实践，可以看出政府注重探索强镇扩权及小城镇培育等创新方式，通过体制机制创新和政策支持，扶持核心镇的发展并推动特大镇向小城市转型。由此可见，中心镇的发展与小城市培育是密切相关的[24]。通过强镇扩权等一系列改革，可以满足一些总体上发展较快的小城镇社会经济发展与行政管理机制的需要，有利于将小城镇从现有行政体制的桎梏中解放出来，赋予政府真正的社会管理权[8]。

（三）治理创新成就及问题反思

浙江省创新小城镇治理的主要特点是市场驱动、政府有限参与和社会全面参与，在自下而上的市场主导的基础上，浙江省各级地方政府积极推进城镇化进程，鼓励社会力量积极参与小城镇的建设与运营[26]。在浙江，政府主要干预和引导以产业规划和城镇规划为核心的小城镇规划，而且不同级别的地方政府有不同形式的干预措施。例如，省政府制定小城市培育试点工作的总体目标、任务和政策，各地级市分解目标，县（市区）级政府则进一步落实规划目标，试点小城镇负责制订更为具体的行动计划等等。此外，浙江省的"强镇扩权"模式使国家给予小城镇政府一定的财政权力来保障其公共产品供给[8]，经济总量与市场化程度、外来人口与社会问题、制度创新与公共服务需求之间的供给矛盾得到了缓解[29]。

在治理创新实践中，扩权改革可能会导致权力分配的随意性、法律依据的不足、权力行使的不充分差、权力的变异以及权力和责任分担困难等问题[29]。通过分析浙江省强镇扩权改革中项目审批扩权的实施过程，研究者们认为政策的实际效果与改革政策的期望之间仍有一定的差距：涉及社会管理方面的权限内容比较容易实施，但权限下放的整体过程是反复的，由于缺乏专业人员等因素，多数小城镇对权限的渴望并不强烈[28]。以浙江省首批27个小城镇培育试点镇为例，学者们研究发现大部分试点镇长期以制造业为主，产业集群处于集聚加强成长阶段，人口集聚水平普遍偏低，城镇经济发展还处于低水平增长阶段，集约发展意识明显欠缺[23]。

总的来说，浙江小城镇建设还存在一些经济、空间、社会、文化及行政决策方面的困境。在经济方面，小城镇的产业结构还处于低水平竞争阶段，缺乏核心竞争力，不能适应可持续发展的需要；在空间层面，地区体系结构发展缺乏协调，基础设施建设缺乏统筹，土地的无序开发问题较为突出；在社会层面，以劳动型密集型的就业居多，流动人口认同感相对较弱；在文化方面，由于大规模征地开发导致小城镇的地域性失调；在政府执政与决策方面，小城镇的发展定位趋同，"重开发、轻管理"的现象仍较为严重[23]。

二、江苏省小城镇治理实践研究

（一）改革的动因

江苏省小城镇发展起步较早，小城镇数量多、发展快，崛起的小城镇企业推动了小城镇的快速发展[30]。改革开放以来，"以工带农、以工建镇"小城镇已成为江苏省经济高速发展的主力军，是我国城镇化发展的经典模式之一[31]。其中，我国国内最具特色的"苏南模式"起源于20世纪60年代，由费孝通先生在1983年总结而来，具体是指以乡村集体企业为主，并结合了小城镇企业以实现非农化经济发展的模式[32]。传统的苏南模式以"自发与可持续"和"农民市民化"为中心，是一条"自主式和内源式"有机结合的新型村镇建设路线，但仍存在政企不分、产权模糊等一系列问题[33]。研究者们也把20世纪90年代中期之后的苏南发展模式称之为"新苏南模式"，一般是指在传统苏南模式的基础上，通过发展经济而产生的新型区域发展模式[22]。"新苏南模式"以"制度创新和城乡一体化"为基础，更强调发展外向型经济，开展集约式、规模化的经营活动，并逐步将产业园区集中到资源丰富的城镇，旨在促进城乡一体化发展[33]。

随着国家出台一系列小城镇建设的标准和意见，江苏省进入小城镇持续快速发展阶段。据统计显示，1985年江苏省约有200个建制镇，2018年建制镇数量增加到600多个，其中，建制镇数量在2000年至2003年左右达到高峰，超过1100个；1998年至2018年的镇域平均面积从40平方公里增加至98平方公里，镇域平均常住人口数也从27000人增加为60000人[30]。总体上，江苏小城镇的规模有了较大的提升，一定程度上实现了从量变向质变的转换。但在快速城镇化过程中，江苏省小城镇在城镇建设、管理机制、公共服务等领域面临着极大的挑战。在城镇建设方面，小城镇用地规模扩张过大，区域城镇化进程中资源供应压力加大，在小城镇工业园和开发区投资中也产生了一定的盲目性[34]。在管理机制方面，由于经济强镇往往是由多个小城镇整合而成，其管辖区域也较以往增加几倍，但政府部门仍沿用原来的管理模式，使得镇域的管理压力进一步增大，存在"车大马小"等问题。在公共服务方面，小城镇政府提供的公共服务不能满足群众的公共需求，政府的财政资源与其职责不匹配，这大大阻碍了江苏省经济强镇的基本公共服务均等化的实现[3]。

（二）治理创新的具体实践探索

从演化历程来看，江苏小城镇积极探索小城镇治理创新的过程分为以下4个阶段。1978至1990年为小城镇粗放治理阶段，以"离土不离乡"就业方式为基本的企业建设和小城镇发展方式，是江苏在20世纪90年代初城镇化发展的主要标志[30]。该阶段以自下而上的就地城镇化为主，具有空间分散和低效治理的典型特征。1991至2000年为小城镇试点改革阶段，外资和民营资本快速推动小城镇特色化发展，逐步形成了农业型、旅游型、工业型等多元复合的城镇体系[31]。在此基础上，为继续推动小城镇的高质量快速发展，江苏省在1999年发布了《关于进一步加快小城镇建设的意见》，随后又公布了《关于推进小城镇建设加快城镇化进程的意见》，明确提出了"择优培育小城镇，全面提升城镇发展质量"的新思路，并首次确定了222个中心镇作为重点培育对象，对企业向重点中心城镇集聚、城市基础设施建设、土地利用指标管理等方面都给出了相应的优惠政策，并将继续积极稳妥地实施小城镇行政区划布局调整，为小城镇集约发展创造了条件[30-31]。

2001至2010年是小城镇综合培育的推进阶段，江苏进入了以政策导向激励为主的治理阶段。2003年，国务院办公厅批复了《江苏省城镇体系规划》，提出重点抓好200个左右中心镇建设，缓解城镇空间上"南密北疏"的发展形势[30]。在各级地方政府"自上而下"的有力控制下，通过撤乡并镇推动城乡空间资源集聚，逐步改变了城镇分散开发的局面。2011年以后为小城镇创新治理阶段，政府以制度创新推动区镇融合发展。江苏省专门研究了现代基层行政管理工作的创新模式：采取了"下放县级经济社会管理权，统一审批、规划建设、经济发展、财政支付、人事管理、社会公共服务管理六项权力"的改革，以促进推进城乡统筹发展，为城镇化建设提供了提供体制创新保障[31]。

通过梳理江苏省小城镇的发展阶段及相关的治理创新实践，可以看出江苏小城镇建设主要是通过撤乡并镇、强镇扩权等创新方式。一方面，推动了小城镇的集约化发展和凝聚力，扩大了经济强镇的社会管理范围。另一方面，推动城镇化发展必须和工业支撑、就业转移与人口集聚相统筹，以推动公共资源均衡分配与城乡要素均衡交换[35]。

（三）治理创新成就及问题反思

江苏省小城镇治理创新主要涉及管理体制创新、扩大管理权限、强化公共服务、创新社会治理，具体体现在"撤乡并镇"和"强镇扩权"两项重要举措中。在"撤乡并镇"方面，小城镇的设置必须顺应小城镇建设发展，适应城镇化的发展阶段特征，与基层人民政府的管理水平和服务能力相适应。此外，要着力完善公共服务指标和基础设施指标[36]。在"强镇扩权"方面，政府主要通过向强镇放权，赋予强镇部分县级管理部门职权；通过在强镇建立公共信息服务平台，为直接面向群众服务的综合执法组织；重组强镇资源配置，尊重试点镇为自身发展建立综合机构的灵活性；通过"一对多"的权责对应与运作策略，优化强镇政府的运行方式；因地制宜地推进扩权试点，尊重基层首创精神，把一些地方的成功做法转化为经验进行推广[3]。

撤乡并镇促进了中心城镇发展要素、空间集聚，为江苏城镇化发展提供强大推力[36]。但通过研究苏州市被撤并小城镇发展，发现由于管理体制滞后，针对被撤并小城镇的服务弱化，被撤并小城镇虽然建立了社区服务站，但限于缺乏管理权限，申请确认的事项仍要在主镇区办理，加大了居民的办事难度[36]。通过研究苏南小城镇治理模式的重构，学者发现强镇扩权不仅能增强经济实力、提高政府行政效率、改善人民生活条件，也会带来权力下放和权力行驶的合法性，以及资源政策针对性不强等问题[3]。以江苏省戴南镇为例，研究者们分析认为"强镇扩权"对小城镇建设有助于促进产业集聚、提升人居环境品质，但也会造成功能类型较为单调、新增用地规模过大的问题[37]。

总的来说，江苏小城镇治理创新取得了良好的效果，但由于路径依赖导致阶段性的合法性不足，制度设计不完整、不系统等，小城镇发展在政策执行、部门协调、体制机制等方面仍存在若干问题[3]，需要在探索中不断积累经验、总结完善。

三、湖北省小城镇治理实践研究

（一）改革的动因

作为我国中部的人口与经济大省，湖北在全国的发展大局中具有重要地位。截至2020年年末，湖北省的常住人口城镇化率已达62.89%，比"十二五"末提高了6个百分点以上，全省新型城镇化建设也取得了明显进展。湖北各地政府积极指导重点小城镇发展壮大地方特色产业，扩大重点镇区规模，并着力打造具有地方特色的新型小镇。但是就当前湖北省的实际经济状况来看，虽然全省小城镇经济蓬勃发展，使重点小城镇在吸引就业机会、聚集人口方面实力迅速增强，小城镇已经成为全省农村经济发展的重要载体和主要支撑[38]，但是湖北在新型城镇化发展中仍存在着城乡体制不完善、区域经济社会发展乏力、小城镇特色不突出等问题，而这些问题也始终是制约湖北地区协调发展和城乡一体化发展的阻碍[39]。

随着国家城乡一体化政策的推行，小城镇的发展与建设日益受到重视。

相关数据显示，2020年，湖北省有699个建制镇，人口密度为每平方公里3828人，建成区平均面积为320平方公里，共有4576个建制镇村镇建设管理人员；2020年，浙江省建制镇的建成区平均面积为372平方公里，人口密度为每平方公里4710人，共有5326人为村镇管理人员。尽管我国小城镇在改革开放后取得了迅速的发展，但同浙江、江苏等东部沿海城市比较，湖北省小城镇的发展现状还是相对落后。具体而言，湖北省的小城镇数量分布呈"宝塔形"，规模较大的小城镇相对较少，规模较小的小城镇多。从小城镇的空间分布来看，呈现"东密西疏"的格局，人口主要集中在沿长江和汉江沿岸地区。从发展水平看，大多数小城镇经济薄弱，缺乏主导产业和龙头企业，现代服务业发展滞后[40]。在小城镇治理的体制机制方面，政府职能转变困难，相关机构存在责权不对称，职责大、权力小等问题。此外，小城镇体制还存在管理机构存在过于严格、不灵活的问题，难以适应现实需要，严重制约了小城镇的进一步发展[41]。

（二）治理创新的具体实践探索

湖北省政府高度重视小城镇建设，积极探索小城镇治理创新。1994年、1999年、2003年和2005年先后出台了关于加快小城镇建设的意见，对推动全省小城镇建设及治理转型起到了极大的促进作用[38]，具体实践过程可划分为以下3个阶段。

1994至2000年为小城镇综合改革的培育阶段，该阶段政府加强了以规划引领小城镇空间治理的策略，强调科学规划的重要性，提倡利用市场的力量鼓励小城镇建设。1994年，湖北省发布了《关于加强小城镇建设的决定》，对小城镇建设的目标、重点、规划和管理、城镇建设用地制度、投资渠道等都做出了相关规定。这一决定为湖北省小城镇建设提供了政策支持和保障，使得湖北小城镇发展逐渐受到重视[42]。1999年，湖北省政府发布了《关于进一步加快全省小城镇建设的意见》，建议以促进县（市）域经济发展为出发点，以县城（市区）为核心，构建中心镇——一般镇—中心村

"一点三级"的小城镇规划建设的基本框架，并将把小城镇建设列入政府的重点管理范围，促进全省小城镇建设工作的全面有序开展。

2001至2010年为小城镇综合治理的推进阶段，该阶段加强政策激励，推动重点小城镇综合发展。2005年湖北省政府发布了《关于进一步加快小城镇建设的意见》，其中提出要推进100个重点镇的建设，推进1000个示范村建设，以发挥政府和市场的双重功能，善于用市场经济的办法吸引社会资金参与小城镇建设[39-43]。2010年，省委省政府发布了《关于加快推进新型城镇化的意见》，明确提出要加快发展重点镇和特色小镇，优先扶持县域中心镇建设[39-43]，并选定了100个重点中心镇，逐步进行扩权强镇，按照小城市规模和标准建设，使之成为经济发展强镇和县域副中心。

2010年以后为小城镇精细化治理阶段，促进政府向服务型政府转变。2012年，湖北省又发布了《关于开展经济发达镇行政管理体制改革试点工作的通知》，确定了在全省选择31个镇，以扩权强镇、简政放权、创新体制机制作为改革试点的重点任务[39]。2019年，湖北省住房和城乡建设厅颁布的《湖北省"擦亮小城镇"行动实施方案》，明确提出了要补齐规划不足、提升生活环境、基础设施建设、产业、公共服务、景观、治理水平，并采取"试点先行、分段推进"的五年计划。小城镇政府非常重视这项人居环境改善行动，组织了一个专门的团队，成立了一个领导小组，通过动员社会力量、鼓励居民参与、加强政府职责，以此实现小城镇治理水平的提升。

通过梳理湖北省小城镇治理创新实践，发现湖北小城镇建设主要通过简政放权和精细化整治等创新路径。一方面，通过精简机构，降低部门规模、领导职数，以减少政府管理开支，最终提高小城镇机关的办事效率。另一方面，通过改善小城镇人居环境，带动居民参与治理，推动小城镇精细化整治。

（三）治理创新成就及问题反思

湖北省小城镇治理创新主要包括精简机构、促进政府功能向服务型政府转变、以环境整治行动推动精细化治理，具体体现在打造"服务型基层政府"和推动"精细化治理"两项重要举措中。

在打造"服务型基层政府"方面，按照"用钱买服务"的策略，创新了小城镇公益性公共服务体系，即从直接提供公益性服务到间接承担公益性服务的转变[41]。在精细化治理方面，通过环境综合整治行动，推动小城镇治理水平提升，解决小城镇的民生问题，主要做法包括以下三个方面：一是加强统筹协调，为工作建立强有力的组织保障，各试点小城镇结合自身特点，成立专项整治小组；二是通过汇集各政策渠道资金、吸引民间资本、创新政策等方式筹集资金[44]；三是强化政府责任，完善体制机制、优化方式方法，建立了湖北省"擦亮小城镇"建设美丽城镇联席会议制度[45]。以"擦亮小城镇"行动50个试点小城镇为例，研究者对实施情况进行总结分析发现，一方面，由于县（市、区）政府对"擦亮小城镇"行动缺乏相关扶持资金和政策，小城镇建设和投资体系在投资条件和领域上受到一定制约，多数小城镇建设仍存在资金不足、渠道单一的问题；另一方面，由于各个部门的权力和责任不明确，而且没有保障机制，因此工作合力难以形成[44]。

总体而言，湖北省小城镇治理实践取得了一定成就，但与东部沿海地区相比仍存在一定差距。由于小城镇治理方法和模式不完善，政府职能转变比较困难，治理格局存在失衡的风险[41]，需要不断学习借鉴发达地区城镇的治理模式，优化自身的治理策略及机制。

第四节 结论与讨论

在快速城镇化的背景下，处于我国行政体系末端的小城镇，在社会快速转型发展和治理机制变革的进程中变得更加重要[2]。我国高度重视小城镇治理现代化体系建设，近年来，不断出台新的政策来促进小城镇的高质量发展。但是在小城镇政府治理创新实践中，往往会出现一系列问题，如过渡行政化、权责不对等、政府职能分配不均、缺位、能力不足等。为大力推进小城镇治理体系的现代化，迫切需要探索小城镇结构转型与治理机制创新的差异化路径[46]。基于此，本文通过梳理小城镇治理的相关理论及国内外案例，研究东部沿海地区——浙江省和江苏省、中部地区——湖北省的小城镇发展与治理改革的动因及治理创新的具体实践探索，并总结了这些典型地区的治理创新成就及发展问题，以期为推进我国小城镇治理能力现代化探索优化策略及发展建议。

研究发现，浙江省重点探索强镇扩权及小城镇培育等创新方式，通过体制机制创新和政策支持，支持核心镇的发展并促进特大小城镇向小城市转化。江苏小城镇的建设重点采取了撤乡并镇和强镇扩权等创新途径，重点促进小城镇的集约化发展、连片发展，并拓宽了经济强镇的社会管理范围，除此之外，政府还积极推动城镇发展与产业扶持、就业转移和人口集聚相统筹，以促进城乡要素平等交换和公共资源的均衡配置[47-48]。湖北省则主要通过简政放权和精细化整治等策略，旨在降低行政成本，提高政府部门的办事效率，并通过带动居民参与治理和改善人居环境，促进小城镇精细化整治。基于以上认识，提出两点政策建议：一是厘清小城镇政权的运作逻辑，构建合作性的网络治理模式，通过协商和互动共同解决公共治理问题[14]；二是小城镇治理机制应从单一治理向多元治理转变，改善政府提供服务的方式，并努力实现以人为本的全流程治理。

附：参考文献

[1] 于涛，乔文凯.强镇扩权的实施评估与治理创新研究——以杭州为例[J].上海城市规划，2016（02）：15-19.

[2] 陈文胜，汪义力.乡村振兴背景下乡镇治理现代转型研究[J].农村经济，2022（04）：73-81.

[3] 孙广琦.强镇扩权：苏南乡镇治理模式的重构[D].苏州大学，2014.

[4] 叶杉.乡镇"四化同步"发展机理及模式路径研究[D].华中科技大学，2015.

[5] 彭恒军.乡镇社会论[M].北京：人民出版社，2001.

[6] 侯保疆.乡镇概念：内涵与特征[J].社会主义研究，2005（04）：83-85.

[7] 费孝通.论中国小城镇的发展[J].中国农村经济，1996（03）：3-5+10.

[8] 姚莉.论乡镇政府的社会治理能力：现状、改革及启示——以浙江"强镇扩权"为例[J].经济与社会发展，2008（10）：60-63.

[9] 方治豪.协同治理理论视阈下乡镇治理范式优化研究[D].福建师范大学，2017.

[10] 刘彦随.中国新时代城乡融合与乡村振兴[J].地理学报，2018，73（04）：637-650.

[11] 戈大专，龙花楼，杨忍.中国耕地利用转型格局及驱动因素研究——基于人均耕地面积视角[J].资源科学，2018，40（02）：273-283.

[12] 古倩华，郭璞若，赵渺希.乡镇治理的正式制度——非正式制度耦合分析——以广东省河源市林寨古村为例[J].小城镇建设，2019，37（04）：60-66.

[13] 储金龙，滕璐，李久林，李瑶.多元主体在乡村治理中的作用过程与驱动要素研究[J].小城镇建设，2022，40（02）：5-12+20.

[14] 高军龙，寇荷超，张海洋.协同治理："悬浮"化乡镇基层政权"软着陆"的实现理路[J].理论导刊，2015（08）：74-76.

[15] 张紫鹃，李永浮，王子璇.多中心治理视野下乡村治理模式研究——以浙江省三门县横渡镇为例[J].上海城市规划，2021（06）：36-42.

[16] 李娜，刘建平.乡村空间治理的现实逻辑、困境及路径探索[J].规划师，2021，37（24）：46-53.

[17] 郑易平.美国乡镇自治的特点、意义及启示[J].求实，2012（03）：

86–89.

[18] 覃糠.美国乡镇自治对我国乡镇体制改革的启示[J].市场周刊（理论研究），2017（09）：158–160.

[19] 曾学华.乡镇治理：发达国家的经验及启示[J].农村经济与科技，2016，27（23）：227–231.

[20] 刘玉蓉，邵任薇.广东省"简政强镇"改革的创新探索及体制性障碍[J].战略决策研究，2012，3（02）：79–83+90.

[21] 张立，董舒婷.国家治理现代化趋向下中国特色的市制体系建构——暨关于"镇设市"的讨论[J].城市规划学刊，2019（06）：50–55.

[22] 李兴山."温州模式"和"苏南模式"的转型升级[J].理论学习，2012，7：42–43.

[23] 徐靓，尹维娜.小城镇从"镇"到"市"发展路径——对浙江首批27个小城市培育试点镇研究小结[J].城市规划学刊，2012（S1）：216–222.

[24] 王宝龙.浙江省织里镇治理问题研究：从小城市治理角度[D].西北大学，2017.

[25] 孙裕增，徐少君.浙江城市化进程中小城镇发展机制研究[J].商业经济与管理，2004（11）：44–48.

[26] 张丙宣.新型城镇化的浙江模式：反思与进路[J].浙江工商大学学报，2015（05）：123–128.

[27] 陈前虎，寿建伟，潘聪林.浙江省小城镇发展历程、态势及转型策略研究[J].规划师，2012，28（12）：86–90.

[28] 吴德刚，王德.浙江省强镇扩权改革中项目审批扩权的实施过程及评价——以嘉善县姚庄镇为例[J].现代城市研究，2018（06）：79–84.

[29] 陈国申，罗丹."强镇扩权"改革研究述评[J].广西社会科学，2014（10）：151–154.

[30] 王雨.小城镇发展历程及规律——以江苏重点中心镇为例[C]//面向

高质量发展的空间治理——2020中国城市规划年会论文集（11城乡治理与政策研究），2021：453-465.

[31] 雷诚，孙萌忆，丁邹洲，王鹏，马思宇.产镇融合演化路径及规划策略探讨——江苏省小城镇发展40年[J].城市规划学刊，2020（01）：93-101.

[32] 毛帅，聂锐，程平平.基于政府机制的创业模式发展研究——苏南、温州、珠江模式再析[J].科技进步与对策，2012，29（04）：36-39.

[33] 武小龙，谭清美.新苏南模式：乡村振兴的一个解释框架[J].华中农业大学学报（社会科学版），2019，（02）：18-26.

[34] 卞素萍，宗思静.转型发展的新型小城镇建设——以江苏小城镇发展现状和路径为例[J].建筑与文化，2015（10）：136-137.

[35] 张波.绿色——坚守城镇化的命脉[J].城乡建设，2015（6）.

[36] 胡怡.苏州市被撤并乡镇发展存在问题及优化策略研究[J].城乡建设，2020（03）：55-58.

[37] 邓骥中，于涛，冯静.制度变迁视角下的强镇扩权地域空间效应研究——以江苏省戴南镇为例[J].现代城市研究，2014（10）：39-45.

[38] 涂君山.湖北小城镇建设现状及对策[J].当代经济，2013（09）：14-15.

[39] 郝华勇.湖北省特色小镇培育路径及对策研究[J].湖北社会科学，2018（03）：90-95.

[40] 陶良虎，张继久，李波平.湖北小城镇建设的总体思路与对策建议[J].政策，2014（05）：49-52.

[41] 赖丽娟.湖北乡镇体制改革的若干问题研究[D].湖北省社会科学院，2016.

[42] 周舟.湖北省小城镇发展路径研究[D].华中科技大学，2011.

[43] 陈洁，欣闻，赵俊.湖北小城镇建设一马当先[N].中华建筑报，2005-11-01（005）.

[44] 程梦.小城镇环境综合整治的"湖北模式"——以"擦亮小城镇"行动50个试点乡镇为例[J].城乡建设，2020（22）：62-65.

[45] 吴文杰."内外兼修"迎"蝶变"——湖北"擦亮小城镇"行动试点侧记[J].城乡建设，2021（01）：59-60.

[46] 高建新.乡村振兴战略背景下农业科技创新引领农村高质量发展路径研究[J].价值工程，2022，41（22）：161-164.

[47] 南宁市人民政府办公室.关于印发南宁市新型城镇化规划（2021—2035年）的通知[J].南宁政报，2022（02）：18-44.

[48] 李秋实.大财富管理体系下助力乡村振兴的探索与思考[J].现代金融导刊，2022（02）：24-27.

第九章 小市镇的品质提升：品质市镇与高质量发展 ①

第一节 发展转型与品质小市镇的提出

一、城乡区域高质量发展理念

小市镇品质的发展演化在很大程度上受到国家政策的影响。面对资源约束趋紧、环境污染严重、生态系统退化的严峻形势，2012年11月8日，中国共产党第十八次代表大会提出"美丽中国"的理念。强调把生态文明建设放在突出地位，融入经济建设、政治建设、文化建设、社会建设各方面和全过程，努力建设美丽中国，实现中华民族永续发展。2013年，习近平总书记在中央城镇化会议上讲到城市政府应该从"划桨人"变成"掌舵人"。会议要求要以人为本，推进以人为核心的城镇化，坚持布局优化，坚持生态文明，坚持文化传承。解决新时代我国社会主要矛盾，实现高质量发展，促进农业转移人口市民化和基本公共服务均等化，破除体制机制障碍，提高资源配置效率。

2014年，国务院办公厅印发《关于进一步加强棚户区改造工作的通知》，推进改造棚户区和城中村，优化生产生活环境，解决一大批困难家庭住房与社会发展不适应等问题。为了完善城市治理体系，提高城市治理能力，解决城市病等突出问题，2015年，中央城市工作会议在"建设"与

---

① 作者：乔硕庆，南京大学规划院北京分院研究员。

"管理"两端着力,转变城市发展方式。

党的十八大以来,走"新型城镇化"道路逐渐从规模扩大转到质量提升方向,经济社会的发展离不开政府的作用,城市品质质量发展离不开政府的引导。政府在处理好社会关系,把握社会稳定,解决社会矛盾,治理城市,提升城市品质等方面发挥着重要作用,城市发展的政策引导也从发展经济到坚持以人为核心,全面提升城市品质的城市建设改变。小市镇作为国家乡村振兴战略和新型城镇化战略的结合点,品质建设也该随着供需的改变与时俱进。

二、建设品质小市镇的战略构想

2019年,中央经济会议首次强调"城市更新"概念,针对城市困难群众住房难的问题提出解决方法,帮助解决城市扩张受限、城市房屋建筑破旧及设施环境落后等问题,提升城市发展效率、促进城市高质量发展。2021年11月,国家发展和改革委员会官网发表《开展高品质生活城市建设行动 提高人民生活品质》的文章,解读城市是经济社会发展和人民生产生活的重要载体,也是现代文明和社会进步的重要标志,提高人民生活品质是城市建设发展的价值核心和根本所在。

2021年,全国政协常委、民盟中央副主席、自然资源部原副部长曹卫星率调研组赴湖南省长沙市和株洲市,就民盟中央重点课题"面向现代化强国的城市更新与城市品质研究"开展实地调研,并在座谈会上指出完成面向现代化强国的城市更新与城市品质提升,要重点厘清什么是城市品质、如何构建城市品质两个大问题。构建城市品质,一要切实增强城市品质建设的使命意识。在城市现代化建设中,注重高质量发展与高品质内涵并重,实现由外延扩张到内涵建设、由数量增长到品质提升的转变,切实处理好传统元素和时代特征的关系,处理好中国特色和国际水准的关系,以城市品质建设推动城市现代化建设。二要构建科学完整的城市品质建设评价指标体系。要把握城市品质建设的内涵,既体现全面性、系统性,又体现引领性、指导性，从空间规划、产业结构、文化发展、绿色生态、交通出行、公共服务、社会治理、应急管控等方面，制订具有前瞻性和实践性的评价指标。三要努力推进城市品质建设试点示范。着力打造高品质城市建设试验区和示范区，定期开展监测评估，营造良好氛围和工作导向[1]。

2022年3月7日，陈群委员代表民盟中央在全国政协十三届五次会议做发言：我国城市发展已从过去的增量扩张转向内涵品质提升的新阶段，应坚持以人为核心的价值导向，科学有序推进城市更新，努力做好城市品质提升这篇"大文章"。民盟中央高度重视城市品质研究，2年来在20余座城市开展了实地调研。调研发现：相关部门和地方政府已将建设高品质城市纳入重要议事日程，取得阶段性成果，积累了许多宝贵经验。但同时也发现，各地在提升什么、怎样提升、如何评价等环节，还存在一些共性的"偏差"和不足，突出表现在：政府部门普遍重视户籍人口的诉求，但对解决流动人口面临的居住、教育等问题，还缺乏明确的时间表与路线图；对"里子工程"的整治提升，仍是零零星星不成系统，有时是人民生命财产遭受实际损失后，有关部门才应急补救；个别地区仍存在大规模、突击式的违规拆迁现象，一些"建设性破坏"行为影响市民生活，人民群众反应比较强烈；更多倚重国有资本与政府力量，在动员市民力量、调动社会资本参与方面办法不多，程序与机制不健全；重视主管或垂直部门的评价，城市自我评价、市民满意度评价明显不足；等等[2]。

2022年7月5日，民盟兰州市委员会调研组到市住建局开展"加速城市更新，提升城市品质"重点课题调研。唐浩漾指出，城市更新对于改善人居环境、提升城市形象、推动产业发展具有重要意义，既是民生工程，也是民心工程，要下更大决心、花更大力气，全面提升居民生活品质；要聚焦涉及体制机制、法律法规和需要跨部门区域突破的瓶颈问题，研究制定适用政策；要探索社会资本参与模式，加强政策统筹，落实主体责任，发挥各方面的作用[3]。

三、以人为本的城市空间建设

随着城镇化的不断推进，高密度的城镇地域进一步发展，形成单个城市、都市圈、城市群等多层次的空间形态。小市镇作为城乡统筹发展的空间载体，既承担着疏散城市人口、缓解城市就业、住房及交通的压力，也承担着带动乡村振兴、推动乡村非农人口转移、助推农业农村现代化的任务，还承担着衔接城市与乡村、缩小城乡差距、保障就业等多方面的责任。

提升品质不是说楼建得多高、花园建得多大，也不是科技多发达、操作更智能，而是立足于满足人民日益增长的美好生活需求的品质提升。人们需求的提升是在原本需求的基础上呈现出升级态势，除对物质有更好的期待以外，也对精神文化、生活文化有了更高的需求。小市镇的高品质建设伴随着城市与乡村的流动机制发生改变，改变市镇内劳动力、土地、资本、制度创造及创新等要素，提高供给质量，建设更加民主、更加和谐、更加公平、更加安全、更加环保的社会生活环境，进一步满足人们对日益美好生活追求的愿望。

第二节　多元视角下的小市镇品质理解

一、马斯洛需求层次理论：人的一般性基本需求

城市建设依赖人，人口数量影响城市经济发展。马斯洛从人的动力方面出发提出人的需求层次结构理论，马斯洛需求层次理论是心理学中的激励理论，通常用金字塔内的等级表示人类需求层级。从层次结构的底部向上，需求分别为：生理（食物和衣服），安全（工作保障），社交需要（友谊），尊重和自我实现。人的需求是随着时间不断进化的，马斯洛需求层次结构可以帮助解读不同群体选择地方生活的前提，检验提升小市镇品质是否能够缓解"城市病"与城市治理等方面的问题。

（一）原住民对居住环境的品质诉求

对于选择居住地的人来说，衣食住行依然是现代年轻人"蹲"的基本要素。2022年6月23日，DT财经联合小红书和中国社会科学院社会学研究所发布《"蹲"个城市：年轻人选择城市新需求洞察报告》，想结合数据看看现代年轻人理想中的城市是什么样子的。其中，房价成为年轻人最关心的一项，其次是交通、生活便利、医疗等方面。另外，一些年轻人还会根据自身爱好提出一些个性化的需求，例如是否有二手旧货市场、周边露营、对宠物友好等。包容性也是他们比较关心的一个方面，在迁入新的环境的时候，有归属感的同时，也希望获得自尊、希望、理想、抱负与别人的尊重。小红书用户统计中，生活性价比无论在"00后""95后""90后"还是在"85后"的人心中占据重要位置。收入与生活质量的性价比在满足安全需求方面时也对自我实现方面提出一定的要求：在收入尚可的同时又有一定时间可以更多地享受生活；排在第二位的居住便利度反而没有让大多数有家庭、有车的"85后"人群对公共交通通达全城，便利店遍布城市角落、美食与生鲜触手可及的需求太过重视；工作机会对于四个年龄段选择的人占比差别不大，本地是否有更多大公司和创新产业，是否能够提供广阔的发展平台和实现自我价值的工作机会是他们都看重的方面。数据表明，相对于花哨的娱乐生活，简单有质感、追求内心深处的感觉、过得舒心的反而是大部分人追求的生活状态。

例如服装，在满足御寒保暖、遮羞蔽体的前提下对舒适度、款式及品牌等方面有"买买买"的品质追求。例如餐饮，20世纪60年代人们为填饱肚子发愁；20世纪70年代人们能吃上肉就感到幸福感满满；到20世纪90年代，食物充足，食品种类也丰富了起来，消费升级让人们对食物的追求已不再满足于饱腹，还有喜好与健康的选择，食物不仅仅作为补给，也是另一种人们追求美好生活的方式。例如居住，贝壳研究院通过对全国307个城市居民调研，推出《2021年新居住消费调查报告》（以下简称《报告》）。新时代下，人们对于居住需求的内涵和边界正在发生深刻变化。《报告》表明，消费者不仅关注居住空间，还在意居住空间所在的绿化、物业、公共设施、交通等配套设施条件，居民关系、社区文化等外部环境也影响着租户的选择。例如出行，中华人民共和国成立之初，我国的交通设施十分落后，全国铁路总里程仅2.18万公里。60多年来，中国交通运输总体上经历了从"瓶颈制约"到"初步缓解"，再到"基本适应"经济社会发展需求的奋斗历程[4]。人们对交通便捷程度的要求也越来越高，美好出行不光要"走得了"更要"走得好"。

中智咨询数据中心发布了《2021年中国（新）一线城市薪酬性价比排行榜》（第四届），薪酬性价比是将城市职场人的每月薪酬收入，和当地的生活成本进行对比核算。其排行榜对4个一线与15个新一线城市的薪酬性价比数据进行比较，北上深等一线城市工薪阶层购买一平方米的房子至少需要5个月以上的薪水，居住面积呈现"城市越大，房子面积越小"的现象，性价比低于1，属于入不敷出状态。成都、重庆、苏州居前列，薪酬性价比较高。由此可见，并不是城市越发达生活性价比越高。

而在小红书用户选出的宜居城市中，除大家熟悉的经常上榜的城市外，还有昆明、珠海、南宁、大连、无锡、贵阳等不怎么会出现在榜单上的城市，且排名靠前。更多元化的选择因素让年轻人发现了更多可选择空间，大城市不再是年轻人选择流入的唯一因素。

（二）游客对旅游环境的品质诉求

对于游客的需求来说，好吃、好玩、安全是游客最关心的品质问题。2019年12月27日，马蜂窝旅游网发布"旅游年度关键词2019"。2019年是文旅融合之年，旅游经济继续保持高于GDP增速的较快增长，国民旅游需求持续升级，大众旅游频次、旅游消费和品质要求都在不断提升。2019年，国民旅游年度关键词包括：假期去哪玩、周边游、避暑、签证、免签、特色民宿、特色美食、自驾、博物馆、夜游、中国古镇。通过关键词可以看出，游客选择目的地的需求更加随意、自由，也更加倾向文化旅游的需求。2021年，中国旅游业最发达城市排名中，北京、重庆、上海分别排在前列，并且在旅游人数、旅游收入及基础设施三个维度方面排在前列。

交通设施发达。根据2020年北京市国民经济和社会发展统计公报数据显示，2019年，北京共接待游客3亿2200万人次，同比增长4%；旅游总收入达5866亿元，增长6%。北京有2个国际机场、5个火车站、27条地铁线路以及其他便捷的交通设施，贵气与地气并存的老城吸引着无数游客前往。

游玩业态丰富。2019年，重庆旅游人次占全国第一，旅游总收入达到5734亿元，旅游总人数达6亿5700万人次。众所周知，山城重庆的三张名片是美食、美景、美女。有人说，重庆这座城市到处都飘着火锅的味道，到重庆不吃一顿正宗的重庆火锅都不算到过重庆。重庆小面、万州烤鱼、酸辣粉、小汤圆等等。穿梭在洪崖洞仿佛置身于宫崎骏笔下的《千与千寻》，长江索道可欣赏重庆美丽全貌，美食美景美不胜收。

自然景观优美。贵阳旅游基础设施仅仅排在第45位，贵阳旅游发展的优势在于气候宜人、旅游资源丰富，是"中国避暑之都"，也是中国第一个"国家森林城市"。有著名的景区黄果树瀑布（5A）、铜仁梵净山风景区（5A）、毕节百里杜鹃景区（5A）、安顺龙宫风景名胜区（5A）、荔波樟江景区（5A）、赤水丹霞景区（5A、世界遗产）、贵州镇远古城景区（5A）、肇兴侗寨景区（4A）、格凸河风景名胜区（4A）等，自然资源丰富多样且具有特色。

（三）商人对营商环境的品质诉求

对于投资的商人来说，营商环境的品质问题是主要的。商业模式三要素是顾客、价值、利润。合理市场定位是商业模式的起点，只有明确客户群体，了解客户的真正需求，才能提出针对性的解决方案，提供客户真正需要的产品，拓宽产品市场。

稳定的市场空间。有些演员由于缺乏经验导致投资失败。盲目追求热点行业是创业失败的原因之一。互联网行业赚钱转行互联网、影视行业赚钱创办影视公司、房地产赚钱又转行房地产经营，盲目追求市场不做风险评估，也许是太过理想主义了。市场空间是决定企业是否加入的前提，经验判断与数据研究分析两者缺一不可。

无限的市场潜力。新能源、无人驾驶汽车是未来中国乃至世界重要的潜力市场，未来人们的出行方式将会发生巨大变化，部分企业家依靠敏感嗅觉纷纷加入造车产业中。格力、小米、苹果、百度等无造车背景的企业跨界进军汽车行业的消息纷纷传来，大厂似乎都急速赶来分汽车产业这杯羹。2017年，百度确定"夯实移动基础，决战AI时代"的发展方向，智能驾驶是其中优先级的战略之一。2021年，百度联合吉利投资成立集度下场造车，百度从整车生产制造到单车协同，再到车路协同，几乎涉及跟车有关的所有核心领域。华为被多次传出将要参与造车项目，2021年，华为冬季旗舰新品发布会上，余承东表示："华为具备制造一辆汽车的全部能力，但是华为不造车，华为的目标是帮助车企造好车、卖好车。"华为不造车，但是很早已将智能汽车业务作为当前布局重点之一。在2021年世界新能源汽车大会上，华为智能汽车解决方案BU首席运营官王军介绍，目前华为已上市30多款智能汽车零部件产品，包括MDC（自动驾驶计算平台）、激光雷达、鸿蒙车机OS、AR-HUD、多合一动力总成等产品，即使不直接参与造车，也要掌握相关技术。

可观的市场利润。商业模式中最核心的板块就是盈利，例如产品盈利、品牌盈利、模式盈利、系统盈利、资源盈利、收租盈利、金融盈利、生态盈利等模式。产品模式是一种价格战的博弈策略，2014年，格力希望以价格战在冰箱市场取得突破，但由于之前一直忽略冰箱市场占有率问题，最终导致格力铩羽而归。自此格力开始注重业务多元化发展，以应对市场多样化的挑战。品牌盈利模式是借助品牌本身的知名度开拓市场，例如国际知名奢侈品品牌路易威登、香奈儿等，品牌价值已经是成本中重要的一项，实际销售价格远高于原材料加工成本，奢侈品购买不是买物品，而是买品牌送产品。模式盈利是一种隐形盈利的方式，例如小米电视售价低廉，主要依靠视频广告与会员赚钱等附加产品赚取利润。系统盈利属于整合资源盈利模式，通过整合全国各地资源，规范管理流程，按照统一的系统运作。资源盈利模式利用核心资源比如特殊的自然景观资源、农业资源等独特性资源进行盈利。收租盈利模式用出租的方式盈利，如出租技术、专利、知识产权、版权等。金融盈利利用杠杆差进行盈利，企业通过整合自身以及利益相关者资源而形成的实现价值创造、价值获取、利益分配的组织机制及商业架构找到盈利机会。生态盈利是构建商业生态圈及盈利体系，提供定向衍生需求的满足，与客户群体创造共同价值裂变出新的需求。

二、不同社群对空间品质的需求

人既是独立的个体，又是群体的分子。普罗泰戈拉（Protagoras）认为，人是万物的尺度，是存在的事物存在的尺度，也是不存在的事物不存在的尺幅。人文主义影响着社会诸多方面，是一直推动人进步与发展的思想体系和社会运动的精神。城市设计不是服务于抽象的人，而是特定社会、历史和文化中具体的人、生动的人。以人为尺度为依据的设计，才能证明生活是否变好，精神是否更自由，社会制度是否更完善，自然环境更生态等等。

简·雅各布斯（Jane Jacobs）在《美国大城市的死与生》[5]中写道："城市是一个巨大的实验室，有试验也有错误，有失败也有成功。在这个试验室里，城市规划本该是一个学习、形成和试验其理论的过程。但恰恰相反，这个学科（如果可以这么称呼的话）的实践者和教授们却忽略了对真实生活中的成功和失败的研究，对那些意料之外的成功的原因漠不关心，相反，他们只是遵循源自小城镇、郊区地带、肺结核疗养院、集市和想象中的梦中城市的行为和表象的原则——这一原则源自除城市之外的一切。如果说城市中的改建部分以及遍布城市各处的无休止的新的开发项目正在把城市和周边地区变成一碗单一的、毫无营养的稀粥，这并不奇怪。所有这一切以第一手、第二手、第三手或第四手的方式，出自同一碗知识稀烂粥，在这碗粥里，大城市的素质、需求、优势和行为整个与那些毫无生气的（小城镇）居住区的素质、需求、优势和行为混为一谈。"她认为，城市是人类聚居的产物，成千上万的人聚集在城市里，而这些人的兴趣、能力、需求、财富甚至口味又都千差万别，规划的意义在于解决城市的衰落、落实到位的政策扶持、建设城市与汽车和谐相处且可实际运行的活力城市，而不是一碗"稀烂粥"。

大量设计师吸取理想主义的思想，一味地倾心于形式主义，刻意追求某种风格的表达，例如勒·柯布西耶（Le Corbusier）追求城市功能分区的功能，规划一个乌托邦似的理想社会，却忽略对大众空间行为的真切体察。设计师对生活理解的表面性、片面性与主观性导致城市环境与人、生活、社会形成一种机械式的表现的关系，忽视某些情感联系、城市对人的作用等角度而是按照既定模式仿佛成为一种习惯[6]。简·雅各布斯在书中有这样一个场景描述：在纽约东哈莱姆有一个住宅区，那有一块很显眼的长方形草坪，它成了那里居民的眼中钉。这个草坪的问题被提出来的频率如此之高，使得一位经常往那去的社区工作者诧异不已，无意间她发现居民们非常讨厌那块草坪，并催促把它铲掉。当她询问原因时，通常得到的回答是"这块草坪的用处在哪里"或者是"谁需要它"。最后，一位居民说出了完整的理由：他们建这个地方的时候，没有人关心我们需要什么。他们推倒了我们的房子，将我们赶到这里，把我们的朋友赶到别的地方。在这儿我们没有一个喝咖啡或者看报纸或借五美分的地方。没有人关心我们需要什么。但是那些大人物跑来看着这些绿草说："岂不是太美妙了！现在穷人也有这一切！"她认为有一种东西比公开的丑陋的混乱还要恶劣，那就是带着一副虚伪面具，假装秩序井然，其实质是视而不见或亚裔正在挣扎中的并要求给予关注的真实的秩序[6]。

苏格兰生物学家帕特里克·盖迪斯（Patrick Geddes）在《城市发展》《进化中的城市》两本书中强调在对城市的探索中，要按照事物的本来面貌去认识它，按照事物的应有面貌去创造它。城市最终会成为缺乏研究、缺乏尊重的设计的牺牲品。城市发展与人的生命活动有着共同的价值取向。城市发展得好，人们的生活才能更加幸福，人们更加幸福，证明城市发展得好。

第三节　小市镇品质方面存在的问题与挑战

一、现状发展存在的问题

品质城市指标体系于2020年11月19日实施，《新型城镇化——品质城市评价指标体系》（GB/T 39497-2020）是中华人民共和国国家标准，归口于中国标准化研究院，主要从经济发展、社会文化、生态环境、公共服务以及居民生活五个方面进行品质城市的评估。小市镇品质评估的现状问题也将根据国标品质进行阐述。

（一）经济发展品质的现状问题

经济发展指导思想相对落后。事实上，长期以来我国城市建设与城市管理走的是一条建管合一的捆绑式发展之路。因经济发展的需要，一直处于建设引领，管理依附的发展模式。二者关系模糊不清，城市管理一直处于若有若无的境况，城市建设重于城市管理导致的不均衡发展结果也是客观存在的。中卫市迎水桥镇重建设轻管理，重旅游经济轻环境保护的思想导致农村生活污水处理设施形同虚设，严重威胁黄河水水质；山区农村为了提供村民休闲聚集地，驻村扶贫工作队出资建设休闲公园，然而由于缺乏后续管护，"美丽乡村"建设成"荒草园"；部门注重工程政绩建设，缺乏后续长效管理，大建公厕、垃圾站点，后续清洁力量乏力，影响地区卫生环境质量。这种重建设，轻管理，建管失衡的经济指导思想不仅使小市镇政府管理发展脱离实际，还给地区带来巨大的财政压力，不适用于市场经济。

区域结构不平衡问题。2021年2月25日，在全国脱贫攻坚总结表彰大会上，习近平总书记庄严宣告："我国脱贫攻坚战取得了全面胜利！"但同时也提到，脱贫摘帽不是终点，而是新生活、新奋斗的起点。解决发展不平衡不充分问题、缩小城乡区域发展差距、实现人的全面发展和全体人民共同富裕仍然任重道远。2020年，全国居民人均可支配收入基尼系数为0.468，居民收入差距过大。根据2021年统计年鉴数据显示，东部地区收入水平明显高于中部、西部及东北地区，西部地区人均收入最少，发展相对落后。

表9-1　全国居民按东、中、西部及东北地区分组的人均可支配收入，单位：元

组别	2014	2015	2016	2017	2018	2019	2020
东部地区	25854.0	28223.3	30654.7	33414.0	36298.3	39438.9	41239.7
中部地区	16867.7	18442.1	20006.2	21833.6	23798.3	26025.3	27152.4
西部地区	15376.1	16868.1	18406.8	20130.3	21935.8	23986.1	25416.0
东北地区	19604.4	21008.4	22351.5	23900.5	25543.2	27370.6	28266.2

数据来源：《中国统计年鉴2021》国家统计局

产业结构不平衡问题。2020年，我国第一、二、三产业占比分别为7.7%、37.8%、54.5%，最终进入"三、二、一"产业发展格局。其中第二与第三产业占比高达92.3%，第三产业已经成为我国产值最高、从业人数最多的产业。与全国产业结构不同，东北三省产业结构以第二产业为主，且趋于分散化，没能形成专业优势产业，产业结构陷入固化陷阱[7]。除此之外，经济发展总是会出现先城镇后乡村的问题，城乡之间产业结构有较大差异。相比城市之间的"乱花迷人眼"，乡村才刚刚"浅草没马蹄"。费孝通在《乡土中国》中描述乡村是农产品的生产基地，它所出产的并不能全部自销，剩余下来的若堆积在已没有需要的乡下就失去了经济价值[8]。小市

镇蜷缩在城市与乡村之间，既无法完全承接大城市的产业转移，又为了发展绿色经济调整产业结构，造就了"高不成低不就"的现象，小市镇的市场未能全面打开。

城乡结构不平衡问题。城镇化水平、城乡居民收入水平和城乡居民消费水平的高低反映了城乡结构是否合理。2020年，中国城镇化水平为63.89%，城市人口占比大于农村人口，相较于第六次人口普查数据城镇化水平有了很大的提升，农村人口向城镇聚集。中国城镇居民年均可支配收入为43834元，农村居民人均可支配收入为17131元，城乡之间收入水平2.6：1，城乡之间收入仍有一定的差距。从消费支出来看，城镇居民人均消费支出27007元，农村居民人均消费支出13713元，全国居民人均消费支出21210元，农村居民消费支出远低于城镇居民，除收入较低外，农村居民消费单一也影响着农村居民消费支出水平。

经济发展逐步放缓问题。近年来，除受到中美贸易冲击及新冠肺炎疫情等外部因素影响我国经济发展步伐外，内部因素也有一定的影响。首先是工业化进程的终结。当经济发展进入后工业化时代，明显的特征是经济增速放缓。其次是人口红利问题。2022年5月31日，我国开始全面放开三孩政策，为贯彻落实党中央关于优化生育政策促进人口长期均衡发展的任务部署，各个地区根据实际制定相应政策鼓励生育。例如江苏印发《江苏省关于优化生育政策促进人口长期均衡发展实施方案》，组织实施好三孩生育政策及配套支持措施。浙江出台三孩家庭住房保障政策，对三孩家庭的住房保障进行倾斜照顾等，但是大部分年轻人的生育意愿依旧不是很强烈，人口年龄结构趋向于老化，人口红利逐渐消失。

最后是供给侧改革问题。供给侧改革目的是提高社会生产力水平的改革，使要素实现最优配置，提升经济增长的质量和数量。中国经济经历了很长时间的高速发展阶段，如今中国经济已经进入"新常态"，当经济提升到一定的阶段之后，再进行跨越具有一定的困难，而单一的外部动力模式难以持续满足小市镇多元化的发展需求。

（二）社会文化品质的现状问题

习近平总书记在党的十九大报告中指出：没有高度的文化自信，没有文化的繁荣兴盛，就没有中华民族的伟大复兴。近几年我国文化产业发展态势良好，但小市镇的文化发展仍然存在着一些问题。

首先，文化发展观念的滞后。一方面，文化产业发展自主创新能力不够强，中国文化有五千多年的历史，但随着时间的推移，欣赏的人也在变化，没有融入时代性的文化很难吸引到年轻人的目光。例如传统戏曲文化正在面临的考验，上得了台的戏剧越来越少、戏曲的时长越来越短、看戏的人越来越少。另一方面，文化管理观念陈旧、制度死板、缺乏新思维。文化发展是一个双刃剑，有些地方政府在文化产业管理方面约束机制过高，制约了企业创新能力和营销能力的发展。有些地方政府文化内涵的思想性、艺术性不高，文化产业发展过程中常常出现创作低俗的现象，一味追求经济利益，过度渲染娱乐性。

其次，人才培养机制缺失，文化继承断层。一方面，年轻人对传统文化的兴趣丧失，缺少人才。文化传承不仅需要自身感兴趣，还需要一定的天赋，更需要一定的决心，人才培养存在断层。我国非物质文化遗产贝雕有着悠久的历史，主要利用贝壳经过磨雕形成工艺品，由于工艺十分复杂又耗时过长，很难找到感兴趣的继承人。另一方面，对于文化产业投入不高。长期以来，长期以来，文化发展一直注重"硬件"的打造，忽略了"软件"的发展。大多数都集中在传统文化产业中，创新能力不足。在产业投资的问题上过于依靠政府财政包办，投资渠道单一，面临资金短缺的问题，难以撬动社会资本的热情。

再次，公共文化建设不足。小市镇缺乏统一标准的公共文化基础设施，居民教育娱乐文化、公共体育设施达不到国家标准，现有公共文化服务设施效能较低，设施较为落后，配套文化产品和文化服务匮乏，对应的政策保障与机制保障不足[9]。

最后，全球多元化的格局使传统文化面临着被重塑、被肢解，甚至消亡的危险[10]。改革开放以来，我国坚持百花齐放的文化方针，文化产业蓬勃发展，外来文化大量涌入国内，一些"灰色文化"逐渐流行、泛滥，在越来越多的场合侵蚀了主导文化的空间。例如中国建筑文化特色的流失。1992年，南平市峡阳政府重发展、轻保护，对古镇建筑大拆大建，导致古村落受到严重破坏；2015年，为了配合"智能电器产业园建设"，河南郑州千年古村马固村7处文物5处被拆毁，全村整体迁移，这个有"中原第一文物古村落"的著名村落，只剩下王氏家庙和马固大庙两处建筑，令人唏嘘；始建于1904年的济南老火车站曾是当时世界上唯一一座日耳曼式建筑群落车站、亚洲最大的火车站，1992年为了扩大站场被拆除，城市文脉被割断。城市建设急于扩大建筑面积导致文脉断裂、面孔雷同、城市个性缺失的例子比比皆是，小市镇照搬大城市的开发建设模式，追求形式、浪费严重，"千镇一面"现象突出。

（三）生态环境品质的现状问题

虽然相比于城市，小市镇的生态环境品质具有一定的优势。但于涛老师在文中提到小市镇的生态机制包括供给效率低、有效供给少；供给数量不足，质量较差；供给持续性弱，缺少激励机制以及制度建设滞后于市场化演进等资源保护与产品供给方面的局限问题，说明小市镇在生态环境品质方面仍有很大的进步空间。

1. 环境污染问题。2011年，河南洛阳涧河遭到污染，河水变成血红色。洛阳市环保局调查发现是两家非法作坊，生产污水直接排放进雨水管网，并流入涧河染红河水。2021年1月20日4时，嘉陵江陕西入四川断面铊浓度首次出现异常，铊浓度超过《地表水环境质量标准》（GB3838-2002）表3中铊标准限值（0.0001mg/L，以下简称水源地标准限值）0.12倍，肇事的两个企业主要从事锌冶炼与产钢方面。当地有6个村设有河道取水井，涉及人口931人，庆幸的是未出现铊超标情况。环境污染对人类的生命财产可能会带来巨大的伤害，它能造成各种规模性的急、慢性毒害事件，增加人群癌症发生率，甚至对子孙后代发育与健康带来严重影响。

2. 管理部门整改力度不到位。2021年，第二轮第三批8个中央生态环境保护督察组进驻山西、辽宁、安徽、江西、河南、湖南、广西、云南8个省（自治区）开展督察，暴露出类似于河南新乡市对垃圾填埋场长期超负荷运行和渗滤液污染隐患突出问题重视不够，导致垃圾填埋场污染隐患突出等问题；山西忻州市存在工业垃圾排放至自然保护区内且并未处理；湖南湘西州仅对群众举报的具体点位问题进行了整改，而对辖区内存在的大量同类问题视而不见等现象整改落实，与群众要求还存在一定的差距。

（四）公共服务品质的现状问题

高品质生活既要夯实物质基础也要重视社会精神文明的建设，现实上社会公共服务均等化发展仍然面临一些困难和阻碍。

1. 公共服务发展不平衡不充分，公共服务设施供给结构失衡的问题。在大力建设新农村的背景下，人口外流的最根本原因是就业机会受限、医疗教育资源的落后。乡村地区农业产业链条较短，劳动力的吸纳能力有限，农村劳动力过剩。同时，农村地区师资力量薄弱，整体教学水平不高，父母为了孩子受到更好的教育迁入城镇，农村人口流失严重，"空心村"现象越来越普遍。

2. 公共服务质量标准参差不齐，城市优于县城优于小市镇优于乡村。区域社会经济发展基础不同拉大了城市品质差异。我国地域辽阔、物种丰富、人口众多，目前还无法满足均等资源分配，例如教育水平的标准，大部分教育水平较高地区的高校人才，在完成学业后选择留在大中城市，加剧了区域间人力资源分布的差异性。

3. 公共服务质量于社会经济发展不匹配的问题。"重经济、轻社会"，社会发展滞后于经济发展，公共服务水平与经济社会发展阶段不适应。

《2019年Q3中国主要城市交通分析报告》，淄博位列"夜间相对活跃度最低城市"第二位，由于业态单一、特色不突出、公共服务跟不上因素，淄博夜间经济于城市经济发展在全国的位置并不匹配，无法满足淄博人的夜间活动需求。

（五）居民生活品质的现状问题

党的十九大报告提出，要坚持在发展中保障和改善民生，必须多谋民生之利、多解民生之忧，在发展中补齐民生短板，促进社会公平正义。居民生活品质的提升与地方经济发展的兴起是相关的。改革开放40多年来，随着我国经济社会的快速发展和综合国力的显著增强，城乡居民的生活水平明显提高，但仍有些地方有待改善，高品质发展仍需努力。

1. 居住生活环境状况。全球经济下行严重，持续性的高膨胀、俄乌冲突带来的潜在性的地缘政治危机、能源危机及粮食危机等等，引起了一系列的社会问题。近几年在疫情重压下，经济发展受到制约，失业人数增多，生活压力增大，家庭收入降低，越来越多的人无法偿还房贷而出现"房子断供"的问题，本应该期望买房提高生活品质反而因为房贷压力降低了生活质量。

2. 交通出行问题。随着经济的快速发展，城镇化进程的加快，小市镇人口、车辆急剧增加，交通线路的不合理及配套管理不到位导致小市镇道路拥堵、停车不便、人车混行等问题凸显，小市镇的交通设施现状明显不能满足人们对交通出行的需求。

二、小市镇品质建设发展中面临的挑战

大城市是年轻人就业的首要选择。任泽平团队根据智联招聘2.6亿用户统计出2021年最具人才吸引力100强城市。其中，北上广深居前列，男性比率高于女性跨城求职、高学历比率高于低学历跨城求职、18～30岁占跨城求职总人口的64.4%。根据人口第七次普查数据发现，人口净流入最多的地区主要是发达地区。由此可见，大部分年轻人认为实现远大抱负理想的地方还是大城市。人与城市的关系对个人及城市的发展具有重要意义。小市镇经济基础薄弱，经济发展速度不快，给人才提供的发展平台过小，对人才的吸引力较小，"引才难、留才难、用才难"。

基层的规划谋划功能不足。小市镇的建设需要管理的保障，没有相适应的管理保障不仅会影响城市功能的发挥，也会影响人与经济、人与自然、人与环境等方面协调一致的可持续发展。管理在机制上尚未理顺，执法保障不完善。政府执法部门职责权限不分明，尤其是行政管理不同的情况下，部门与部门之间衔接不够通畅，后续反馈机制与联动惩戒机制存在缺失。地方设置层层关卡、"办证多，办事难""肠梗阻""断头路"等现象仍然存在。品质建设中相关国家标准具有平均性，无法涉及整个领域。即使每年基层或者地方都制定自己的发展规划，但因为对自身能力的不自信以及不确定，大多直接照搬国家标准，因此地方规划价值大打折扣，并不能真正惠及到人民群众中。

第四节　小市镇形态演化案例参考及品质提升建议

一、案例参考

提升的前提是认识实力、承认不足，最终才能发现问题并解决问题。不同城市、城乡都有其特有的文化与魅力，城市与城市、地区与地区之间存在着一定的差距，以发展为前提盲目模仿复刻其他地区的成果是不理性的。在遵循国家治理要求的同时必须处理好自身的特殊性，才能对症下药。

（一）浙江省安吉县鲁家村

鲁家村位于安吉县东北部，全村总面积16.7平方公里，以山地丘陵地形为主，2011年村集体资产不足30万元，是一个落后薄弱村。而如今，村集体资产已剧增到2个亿。农民年均纯收入从1.9万元增加到3.5万元,鲁家村也在2015年成功创建中国美丽乡村精品示范村。朱仁斌作为鲁家村村支书记,认为传统乡村的点状发展、局部发展或者单一优势产业发展无法带领鲁家村走出去。因此,邀请专业公司站在全局建设村庄的视角下,对村庄、产业、环境提升等做了统一规划,摸索出属于鲁家村的发展之路。

怎么建、钱从哪里来、集体经济如何发展、农民收入如何增加?鲁家村坚持以"未来农场·农业之花"发展定位,即以家庭农场为核心、积极提升基础设施、开拓村庄经营新模式,实行"党组织+公司+家庭农场"的合作发展模式,通过土地置换、项目资金整合、用政府投资撬动社会资本、实行农村集体股份合作制等一系列创造性的举措,突破发展中的瓶颈制约和制度障碍。以生态资源换取产业发展,将生态优势转化为生态效益。先后引进万竹农场、葡萄农场、野猪农场等18个各不相同的农场,以一条4.5公里长的轨道、一辆小火车将18个农场串联起来,将鲁家村打造成为"游、吃、住、购、娱乐"的旅游大景区。真正实现了鲁家村的"三变",即田园变景区、资源变资产、农民变股民的历程。

(二)浙江省德清县莫干山镇

莫干山文旅产业小镇项目位于德清县莫干山镇庙前村,地处沪、宁、杭金三角的中心。莫干山脚下的德清筏头乡,距杭州、湖州55公里,距离现代大都市上海210公里,距离六朝古都南京250公里,09省道贯穿全境,104国道、宣杭铁路、杭宁高速公路旁侧而过。莫干山本身是国家AAAA级旅游景区、国家级风景名胜区、国家森林公园,景区面积达43平方公里,是中国四大避暑胜地之一,且因为历史因素,具有数十种国家的建筑风格,有"世界建筑博物馆"之称。

莫干山镇以打造全国一流国际乡村旅游目的地为目标,按照"原生态养生、国际化休闲"的理念,大力发展生态经济和休闲旅游业,以"民宿模式"为基础产业构建多层次产业体系。深入挖掘莫干山及周边旅游资源,按照康体健身和民国体验发展主题构建全域旅游产业。依托莫干山风景名胜区，打造户外生态运动基地，修建莫干山国家登山健身步道；打造"环莫干山"游，串联莫干山周边旅游资源，山上山下联动发展；出资对镇区街道进行民国风格改造，植入老式照相馆、布鞋、老酒、咖啡馆等怀旧风格的业态，建造了小型博物馆、VR体验馆、复古钟楼等建筑。

莫干山规划坚持三个"一"原则："一张蓝图绘到底"就是坚持"生态立镇、旅游强镇"的绿色发展之路毫不动摇；"一根管子接到底"指实施农村生活污水治理工程，民宿和农户通过农村生活污水处理系统处理后（其中7个房间以上民宿要求安装独立的污水处理系统，处理达标后才可纳管），全部纳入污水总管并接入县城污水处理厂，确保山区污水零排放；"一把扫帚扫到底"指农村环境卫生长效保洁、垃圾分类、河道保洁等由镇政府统一管理，采用城市环卫管理模式，"一把扫帚"扫到每一个自然村和农户，保持环境整洁[11]。

除了有效资源的合理利用，莫干山还对闲置资源进行盘活，探索到乡村宅基地、集体土地资源利用的新方式，争取到了点状供地的"坡地村镇"试点、集体经营性资产股份制改革、农村集体经营性建设用地入市试点等25项国家和省市改革试点，有效破解了制约三产发展中的土地、产权等制约因素，为莫干山率先发展乡村旅游提供了新的机遇。振兴乡村，人才不可少。莫干山为鼓励人员返乡就业，在环境上营造良好的创业环境、在就业上引导旅游企业加大对返乡人员的录用培养、在保障上创建返乡创业组织，传帮带促进年轻人返乡创业。2015年5月，德清县以莫干山镇为实践样本，在全国率先推出了首部县级乡村民宿地方标准规范（《德清县乡村民宿服务质量等级划分与评定》），使乡村民宿走上了规范化、标准化与正规化的道路，2016年年底，该标准被国家标准化委员会列入城乡统筹国家标准制定项目，德清民宿标准正式被立项为国家标准[11]。

（三）印度昌迪加尔

印度东旁遮普邦首府昌迪加尔，是一座从平地新建的新城市。东旁遮普邦地区内所有城镇公共服务设施质量差、生活环境较差且难民数量激增，无法得到安置。印度政府无法在现有地区找到适合改造成首府的地方，因此决定在首都新德里以北240公里划出一块114.59平方公里土地新建首府并取名昌迪加尔。

1951年，法国建筑师勒·柯布西耶受邀参与新城市的规划工作。勒·柯布西耶把昌迪加尔比作一个"人体"，将首府的行政中心比作大脑、文化中心比作"神经中枢"、商业中心比作"心脏"、教育中心比作"右手"、工业中心比作"左手"、基础设施比作"血管神经系统"、道路系统比作"骨架"等等，将城市功能进行分区规划。勒·柯布西耶设计功能明确，布局规整，但在塑造具有人性尺度的城市空间、创造复杂有活力的城市氛围、提供城市居民生活便利等方面未能达到令人满意的程度，理性至上而忽略了城市中居民的需求的复杂性。

分区导致社会分化。城市各邻里面积大体相等，服务设施相等，没有考虑低收入人群的生活。印度政府新建首府的其中一个原因是难民数量的激增，但在勒·柯布西耶的规划中没有设置小户型，无法解决低收入人口的住宿问题。

建筑师勒·柯布西耶是一名法国建筑师，在设计规划中忽略了印度人的生活习性及商业习惯，商业完全集中在与生活割裂的区块，建筑空间与环境不够亲切，建筑之间距离过大，人的需求被割裂成模块，满足需求需要去特定的模块，忽略了占全市一半左右的印度传统小商业的商业模式如何生存。

忽略印度发展现实，移植西方经验。勒·柯布西耶相信未来主流的交通方式是汽车，建造了一座小汽车的理想之城，却忽略当时印度是一个很多人买不起自行车的国家。

（四）韩国松岛新城

韩国松岛新城也是一座从零开始的城市，建造在韩国西海岸1500英亩以上的填海地块上，被认为是世界上最大的私人房地产投资项目。松海新城以韩国政府为信用依托，美国Gale公司建造。以解决现代都市生活所面临的各种空气污染、环境安全等问题为宗旨，以绿色、地毯、智慧之城为目标，发展成为自由贸易与国际商务中心。松岛新城的"智慧化"体系思路力求全天候全覆盖，为入驻园区内的企业和用户提供一种的"无时不在无处不在"的共享信息服务。

但是，融资过程中承诺的未来房产销售回款为抵押的方式决定了优先发展房地产而导致商业尤其是产业与发展需求不匹配的局面。产业集群带动区域发展的功能完全无法成势，导致人口聚集效应式微。作为产融新城，职住长期失衡更是进一步加剧"世界级城市"的初衷与现实渐行渐远。而高昂的智慧基础建设成本最终还需要从住户口袋里掏出，生活成本过高亦将大部分公众拒之门外。基于信息共享与流通的便利生活背后，是被动的数据监视。十几年从0到1完成的只是一些智慧技术的堆砌，不纳入城市居民的情感与体验，只以计算机精确控制的城市，似乎注定失败。不怪外界将其称为"切尔诺贝利般的鬼城""人类的沙漠""枯燥无味的城市主题公园"。

二、品质提升建议

（一）提升小市镇市容市貌环境

市容市貌环境卫生代表一个地区的城市形象，是衡量一个地区经济水平、市民道德水准及政府管理能力的重要标志。因此，创建整洁、文明、有序的生活环境是提升小市镇品质的基础。

例如在区域整治方面，分批确定整治区域，加大重点整治力度。解决乱搭建、乱摆卖、乱堆放、乱设桩、乱张贴等现象，对主要区域进行综合重点整治提升。综合推进街道小巷整治，依据街巷本身固有的资源，打造精品小巷。在街道设施方面，改善照明环境。对照明品质差的区域进行亮化工程建设，更换环保高效能源、降低能耗。在环境卫生方面，提升环境卫生水平。落实标准化管理工作，做好环卫清洁、生活垃圾收运处置、公共厕所管理等生活环境卫生保障工作。在景观特色方面，提升园林绿化行动。加大游园绿地建设和提升力度，实现"一路一景"、打造"一园一花"。

（二）提升小市镇交通设施

交通条件对小市镇的建设形成至关重要，与推动区域要素流通、加快建设现代化、提升小市镇品质息息相关。在交通设施基础上，优化道路网结构。加快交通基础设施建设、完善交通运输体系，打通"肠根阻""断头路"，提高道路交通通达性，提升公共交通能力。根据交通出行数据统计，整合运力资源，规划管理交通路线，补充公交现网薄弱区域，提高服务供给能力，衔接各项交通工具，扩大服务范围，并持续做好车容车貌和服务水平等方面的提升管理工作。在创新上，推进智慧交通建设。加快系统内部的统筹整合。按照建设"大平台、大数据、大系统"的要求，实现"门户入口整合、信息资源共享、支撑环境统筹"。创建智慧交管平台，加强管理行业间信息共享，提升道路通行效率。

（三）推动产业升级，加快经济产业发展

产业创新发展是消除经济制约增长、弥补市场机制缺陷、提升地区经济活力的突破口。产业发展不仅要聚焦市场核心需求，聚焦于市场主体的人的需求，促进经济结构改善和优化，调节技术结构、产业结构、收入分配结构、消费结构及人口结构等合理化，提高人均居民收入水平，增加就业机会。还需要优化产业结构和空间结构，促进产城融合发展，积极培育经济增长新动能。坚持市场调节和政府引导相结合，以自主创新提升产业技术水平，改造与提升传统产业，促进经济发展，改善和提高经济发展质量，提高经济效益，加快新技术、新产品、新业态、新模式等方面发展。

（四）加强文化建设，提升文化自信

文化是人类社会活动的精神产物，文化自信是对自身文化价值的充分肯定和对生活实践的坚定信心，提升文化自信是建设繁荣小市镇的精神支柱。首先在社会风气上，提升小市镇社会文明程度，加强社会公德、职业道德、家庭美德、个人品德建设，营造良好的社会风气。其次在社会文化服务体系方面，完善公共文化服务体系，要加强科学管理，形成长效机制。培养基层文化服务意识，文化建议要落实到行动中。加大基层公共服务设施建设，完善文化民生机制，完善多元供给机制，吸引多元主体参与。共享需要共建，公众不应该被视为消极被动的服务对象，而应该确立公共文化服务消费者的主体意识，切实为公众文化需求建立完善的表达机制，推动公共文化取得更大成效。最后在文化创新方面，充分挖掘利用文化资源中的优秀基因，立足于社会实践，创新文化内容，结合数字化、智慧化、科技化等创新领域，用文化创新推动城市韧性发展。

（五）加快智慧城市与数字政府建设

经济社会的发展扩大了政府服务的内容与范围。加快智慧城市建设不仅能提高政府决策效率，还能改变传统管理模式，提高治理能力与水平。统筹完善"城市大脑"架构，构建城市智能运行底座。在经济发展方面，推动数字产业化、产业数字化，发展数字经济；在基础设施方面，推动通信网络全面提速，加快终端设备全面感知，加快大数据中心建设，加快人工智能基础设施整合提升，加快区块链技术基础设施建设，全面推进政务服务"全网通"渠道；在治理方面，提升公共服务智能化管理水平，提升公共卫生智慧化水平，强化网络信息安全管理系统，建设基层网格治理平台，构建智慧化共建共治共享治理体系。

（六）依靠城市更新提升城市品质

在城市更新中全面落实"绿水青山就是金山银山"的理念，将城市更新与城市"双修"相结合，围绕邻里、教育、健康、创业、交通、低碳、

建筑、服务、治理等市民关心的痛点、热点，通过旧功能升级，新功能的注入，提升城市品质。

坚持"有机更新"的价值观导向，以保护利用为主、拆除重建为辅的方式推进城市更新工作，因地制宜有序推进，远近结合久久为功。坚决反对大拆大建，不片面追求规模扩张带来的短期效益和经济利益，坚持分区施策、分类指导。严格控制大规模增建，除增建必要的公共服务设施外，不大规模新增老城区建设规模，不突破原有密度强度，不增加资源环境承载压力。

附：参考文献

[1] 中国民主同盟.曹卫星副主席率调研组开展"面向现代化强国的城市更新与城市品质研究"重点课题调研[EB/OL]. [2021-09-19]. https://mp.weixin.qq.com/s/d5heYaP5k87RCLhKaG_CNg.

[2] 中国民主同盟.陈群代表民盟中央作大会发言：科学推进城市更新切实提升城市品质.中国民主同盟网站[EB/OL]. [2021-09-19].https://www.mmzy.org.cn.

[3] 中国民主同盟兰州市委员会.开展"加速城市更新，提升城市品质"重点课题调研.中央民主同盟网站[EB/OL]. [2021-09-19].https://www.mmlz.org.cn.

[4] 中华人民共和国国务院新闻办公室.《中国交通运输发展》白皮书.[EB/OL].[2016-12-29].http://news.cctv.com/2016/12/29/ARTIgw94hqNUOykGOShRvaMZ161229.shtml.

[5] 简雅各布斯（Jacobs J.）.美国大城市的死与生（纪念版）[M].金衡山，译.南京：译林出版社，2006.8.

[6] 董禹，凯文·林奇.人文主义城市设计思想研究[D].哈尔滨：哈尔滨工业大学，2008.

[7] 邢玉升.东北三省产业结构的现状、演进及其变动[J].北方经

贸,2016(12):40–41.

[8] 费孝通.乡土中国[M].北京：作家出版社，2019.9.

[9] 李国江.乡村文化当前态势、存在问题及振兴对策[J].东北农业大学学报(社会科学版)，2019，17(01):1–7.

[10] 王磊.戏曲文化现状及其发展趋势探讨[J].大舞台，2013（10）:13–14.

[11] 中华人民共和国国家发展和改革委员会.国际乡村旅游小镇的湖州样本——浙江省湖州市莫干山镇[EB/OL].[2020–04–24]. https://baijiahao.baidu.com/s?id=1664838944365601111&wfr=spider&for=pc.

第十章 小市镇的区域空间：整体统筹与城乡一体 ①

我国人口城镇化率2021年达64.7%，小城镇成为农村人口就近就地城镇化的重要空间载体，功能和品质也逐渐提升，出现了一大批小市镇。城乡一体化是这些小市镇的空间形成机制，在县域城镇化进入高质量发展新的阶段，应以城乡一体为导向，整体统筹小市镇发展。

第一节 小城镇向小市镇的发展转型

一、"乡村型"和"城市型"两种类型的小城镇

我国小城镇数量多、分布广、类型多样，但是，若从小城镇的人口与建成区规模、基础设施状况和产业结构、社会事业发展及社区管理、生态环境等方面的实际情况，综合评价小城镇的功能和品质，我国小城镇大体可以分成两种类型：一是"乡村型"小城镇，二是"城市型"小城镇。

所谓"乡村型"小城镇，是小城镇的功能和品质特征仍然是乡村属性的小城镇。这类小城镇居民的思想、观念、文化、风俗习俗等，与当地农民几乎基本相同，居民收入水平虽然高于农民，但与城市居民还有较大差距。我国区域经济社会发展长期处于"乡村主导型"的状况，在这种情况下，各地小城镇尽管普遍发展，但很多仍然是"乡村型"小城镇。从我国

---

① 作者：程必定，中国区域经济学会顾问、安徽省社会科学界联合会原党组书记兼常务副主席、安徽省时代战略研究院院长。

当前小城镇的总体状况看，大量的小集镇和规模较小的建制镇，都是这种类型的小城镇。

所谓"城市型"小城镇，是小城镇的功能和品质特征已经具有城市某些属性的小城镇。这类小城镇居民的思想、观念、文化及风俗习惯等，已具有城市的某些特征，比农村居民有一定的先进性，居民收入水平尽管与城市居民有一定差距，但高于农村居民。改革开放以来，我国的区域社会经济发展正由"乡村主导型"向"城市主导型"转变，小城镇也由"乡村型"向"城市型"转变，"城市型"小城镇也大量出现。从我国当前小城镇的情况看，县城和少数规模较大的建制镇，多属于这种类型的小城镇。

建制镇是规模较大、功能较强的小城镇，当前大都处于由"乡村型"小城镇向"城市型"小城镇的转型阶段，有一部分已成为"城市型"小城镇，如县城基本上都是"城市型"小城镇。非建制集镇是乡政府驻地的小集镇，规模较小、功能较弱，当前都仍是"乡村型"小城镇。据统计，2020年我国共有各类小城镇29966个，其中，建制镇21157个，县城1429个，乡政府所在地的非建制集镇8809个。由于地理、经济、历史等重要因素的影响，"城市型"和"乡村型"小城镇发展的地区差异都较大，表10-1是东、中、西和东北地区建制镇、县城、非建制集镇在2020年的分布情况。

表 10-1　我国小城镇的地区分布及结构比较表（2020 年）

地区	小城镇总数（个）	建制镇		县城		非建制集镇	
		数量（个）	占比（%）	数量（个）	占比（%）	数量（个）	占比（%）
东部	7846	6450	82.21	293	3.73	1196	15.24
中部	8064	5452	67.61	379	4.70	2612	32.39
西部	11706	7627	65.15	667	5.70	4079	34.85
东北	2350	1628	69.27	90	3.83	722	30.72

续表

地区	小城镇总数（个）	建制镇		县城		非建制集镇	
		数量（个）	占比（%）	数量（个）	占比（%）	数量（个）	占比（%）
全国	29966	21157	70.60	1429	4.77	8809	29.40

注：建制镇包括县城，非建制集镇是乡政府驻地的小集镇

资料来源：国家统计局《中国城统计年鉴（2021）》，中国统计出版社，2021年

　　由表10-1可见，东、中、西和东北地区建制镇、县城、非建制集镇的结构差异较大。从建制镇数的占比看，东部地区的占比高于全国平均水平，东北地区的占比略低于全国平均水平，而中部和西部地区的占比都低于全国平均水平，西部地区最低，仅为65.15%。由于"城市型"小城镇在建制镇之中，这种情况说明，东部地区的"城市型"小城镇发展最好，东北地区发展次之，而中部和西部地区的发展却相对滞后。

　　从东、中、西和东北地区县城数的占比看，与建制镇的情况不同，东部和东北地区县城总数占比低于全国平均水平，中部地区接近全国平均水平，西部地区因面积大、设县多，县城总数占比高于全国平均水平。由于县城既是建制镇，又是功能较强的"城市型"小城镇，若把县城和建制镇一并考虑发现，一个地区县城数的占比越低，则建制镇成为"城市型"小城镇数的占比也就越高，反之越低。东部和东北地区县城数的占比低，说明建制镇成为"城市型"小城镇的数量多；中部和西部地区县城数占比高，说明建制镇成为"城市型"小城镇的数量少。其中，西部地区县城数占比最高，达5.70%，说明西部地区建制镇成为"城市型"小城镇的数量更少。

　　从东、中、西和东北地区非建制集镇数的占比看，东部地区的占比大大低于全国平均水平，中部和东北地区的占比接近全国平均水平，而西部地区的占比高于全国平均水平。由于非建制集镇仍是"乡村型"小城镇，这种情况表明，东部地区大批"乡村型"小城镇已转型为"城市型"小城

镇，所以"乡村型"小城镇数的占比最低；中部和东北地区"乡村型"小城镇数占比接近于全国平均水平，说明"乡村型"小城镇向"城市型"小城镇的转型大体与全国同步；西部地区的"乡村型"小城镇数的占比最高，说明"乡村型"小城镇向"城市型"小城镇的转型相对缓慢。

我国小城镇发展的地区差异，与地区间的面积、人口和经济发展水平的差异密切相关。由表10-2可见，东、中、西和东北地区小城镇数在全国的占比，与面积在全国的占比呈反比，与人口和地区生产总值在全国的占比呈正比，这种情况既反映地理条件、人口密度对小城镇发展的天然影响，也表明小城镇在地区经济发展中的地位极为重要。在我国新型城镇化加快向县域延伸的发展阶段，各地区都要重视小城镇发展，推进"乡村型"小城镇向"城市型"小城镇的转型，中、西部和东北地区的这种转型更为紧迫。

表10-2　我国四大地区小城镇数及面积、人口、GDP比较表（2020年）

地区	小城镇（个，%）		面积（万平方公里，%）		人口（亿人，%）		GDP（亿元，%）	
	总数	占比	总数	占比	总数	占比	总数	占比
东部	7846	26.16	91.58	9.54	5.64	40.0	52.58	51.9
中部	8064	26.91	102.82	10.71	3.64	25.8	22.25	22.0
西部	11706	39.07	686.69	71.53	3.83	27.2	21.33	21.1
东北	2350	7.84	78.91	8.22	0.98	7.0	5.12	5.0
全国	29966	100.0	960.1	100.0	14.12	100.0	101.6	100.0

资料来源：国家统计局《中国城统计年鉴（2021）》，中国统计出版社，2021年

二、小市镇：小城镇由"乡村型"向"城市型"转型的空间载体

乡村和小城镇是县区层面人的经济社会活动的两大空间载体，对于乡村，我国早就提出了建设社会主义新农村，有了明确的发展方向；对于小城镇，从上面的分析可以看出，小城镇的发展方向应是建设具有较强功能

和较高品质的小市镇。因为小市镇是小城镇由"乡村型"向"城市型"转型的空间载体，是新时代我国小城镇高质量发展的新形态，与传统小城镇相比，小市镇具有新功能、新形态、新布局、新居民四个鲜明特征，可以推进小城镇的功能和品质提升。

新功能。即小市镇会提升"乡村型"小城镇的功能，在经济、社会、文化、交通与生态环境等方面，逐渐具有城市功能，转型发展为"城市型"小城镇。特别是在居民生活、商业服务、交通物流、公共设施、医疗卫生、基础教育、文化娱乐、治安消防、社会管理等基本功能方面，条件逐步改善，能力逐步增强。在产业发展上，小市镇也会从区域条件出发，培育和发展具有相对优势的主导产业，形成具有鲜明特色的主导功能。比如，综合性功能、工贸性功能、农贸性功能、旅游性功能、商贸物流性功能等，都可能成为不同类型小市镇的主导功能。

新形态。即小市镇脱胎于"乡村型"小城镇，逐步生成"城市型"小城镇的新形态，"硬形态"和"软形态"都会发生新的变化。在"硬形态"方面，从建成区规划到市政建设都具有城市特色，比如，按照城市标准高起点规划中长期发展，小市镇的建成区布局会形成生活区、产业区、商业区、文化区等合理的功能分区，街道路面宽敞，立面整治，突出美化、绿化，生态环境得到合理保护等。在"软形态"方面，从管理到环境都具有较高的水平，可以提升小市镇的空间品质，比如，经济社会管理健全而有效率，公共服务能力逐步增强，形成具有地方特色的文化景观和宜居、宜商的发展环境。

新布局。即小市镇既脱胎于"乡村型"小城镇，又重组提升"乡村型"小城镇，形成县域城镇体系的新布局。"乡村型"小城镇数量多、分布广、类型多样，有的区位和发展条件较好，会直接向"城市型"小城镇转型而成为小市镇；有的规模小，区位和发展条件相对较差，不具备建设小市镇的条件，会通过小城镇之间的重组与整合，一些小城镇可能在原有基础上发展为较强功能的小市镇，一些规模很小的若干相邻小集镇可能整合发展为一个规模较大的新兴小市镇。这样，县域城镇体系的空间布局在发展中会发生新的变化，小市镇也就具有新布局的特征。

新居民。即小市镇在发展中既会扩大人口规模，从而会增加新居民，又会缩小与城市居民在收入、观念、文化等方面的差距，提升居民的物质文化生活水平，原居民也会成为不同于过去的"新居民"。一方面，小市镇会吸引周边农村人口进入务工经商和居住，特别是小市镇在公共服务方面与大中城市的差距越来越小，而在生态环境上又普遍优于大中城市，这样，还会吸引城市居民到小市镇投资置业购房，出现"逆城市化"现象，会在规模上出现大批新居民；另一方面，小市镇的功能提升和形态更新又潜移默化地影响居民的思想观念、心理文化、生活方式乃至风俗习惯，会在人的素质上造就新居民。这样，居民的生活水准和观念文化素质逐步提升，内在地增强小市镇的发展活力，成为小市镇最重要而又最有深远意义的新特征。

我国是"二元结构"比较突出的超大规模国家，必须走符合国情的新型城市化道路。考察世界城市化的发展史发现，城市化可以分为两种类型：一是人口转移型的城市化，基本特征是乡村人口向城市的大规模转移，到城市获取现代生活方式，这种城市化的基本标志是人口城市化率的提高；二是结构转换型的城市化，基本特征是区域经济社会结构的城市化转型，包括区域产业结构、就业结构、布局结构、文化结构等城市化转型，在这种情况下，乡村人口不一定向城市转移，就近就地城镇化，生产和生活方式也会达到城市化或准城市化的水准，既可以避免"城市病"，又可以治理"乡村病"。2021年我国人口城镇化率已达64.7%，今后，人口城镇化率还会持续提高，但提高速度会下降，结构转换型的城市化逐渐趋强，并成为新型城市化的主流，城市化方式会转型。显然，小市镇具有上述四个鲜明特征，可以在国家底层走符合国情的新型城市化道路，发展小市镇对于推进我国城市化方式转型，具有重要的战略意义。

第二节　城乡一体化：小市镇的空间形成机制

小市镇是"乡村型"小城镇向"城市型"小城镇转型的新型空间载体，从区域发展规律视角看，小市镇的空间形成机制是城乡一体化。我国各地区应重在培育这种机制，推进小市镇的高质量发展。

一、城乡一体化的含义

城乡一体化是城市与乡村经济社会发展逐渐融合的过程，基本含义是，在不改变城市与乡村空间存在的状况下，城乡之间经济社会发展联系的扩展与加深，城乡差距逐渐缩小，城市与乡村逐渐成为互动发展、相互依存的经济社会综合体。城乡一体化的最高形态是城乡差距完全消失，城市与乡村地区只存在景观、产业及人口密度的差别，城市与乡村已融合为一个地域综合体。我国要建设社会主义现代化强国，是包括广大农村在内的现代化强国，推进城乡一体化是国家或地区政府不懈追求的发展目标，也是城乡居民的共同理想。

改革开放后，城乡一体化作为一个重要概念出现并广泛使用。城乡一体化有两个基本特征：一是在空间形态上不改变城市与乡村的空间存在；二是在发展过程中逐步缩小城乡发展差距，这两个基本特征，正是由中国的国情所决定的。从前一个基本特征看，中国地域广、人口多，农村人口比重高，中国的经济社会无论发展到什么程度，乡村不仅不会消失，乡村人口的数量仍会十分庞大；从后一个特征看，中国是"二元"结构比较突出的发展中国家，城乡差距明显，缩小这种差距，使乡村人口也能达到城市人口的生活水准，是政府和人民的共同愿望。所以，20世纪80年代初期，沿海发达地区的一些城市政府首先提出了城乡一体化发展战略。例如，江苏南部地区由于受到上海市的辐射与带动，乡镇企业快速发展，许多乡镇办起了工厂，大量农民进厂务工，还有一些农民成了工商业主，出现了"离土不离乡"的非农化转型，形成了城乡一体化的"苏南模式"[1]。很快地，城乡一体化在中国大地广泛传播，实践模式越来越多，影响比较大的有：珠江三角洲地区"以城带乡"的城乡一体化模式，上海市的"城乡统筹规划"城乡一体化模式，北京市的"工农协作、城乡结合"的城乡一体化模式，青岛市的"工业扩散、渗透融合"的城乡一体化模式等[2]。2007年11月召开的中国共产党第十七次全国代表大会，正式提出了"建立以工促农、以城带乡长效机制，形成城乡经济社会发展一体化新格局"[3]，城乡一体化进入了国家最高战略决策。

恩格斯很早就关注城乡之间的"对立"即城乡差距，并科学预见消灭城乡差距是历史发展的必然，而缩小城乡差距的过程，就是要走城乡发展一体化的道路。早在1876年，恩格斯在《反杜林论》中就明确指出："城市与乡村对立的消灭不仅是可能的，它已经成为工业生产本身的直接需要。"而城市与乡村对立的消灭，"只有通过城市与乡村的融合"[4]。如今，中国提出并出现的城乡一体化，也就是恩格斯那时所提出的"城乡融合"在中国的实现。

二、小市镇在城乡一体化中的作用

城乡一体化是针对城乡差距而提出来的，城乡之间的差距主要有天然的空间差、居民收入差和社会发展程度差，城乡一体化的作用正在于可以缩小这三大差距，小市镇在其中都处于关键地位。

首先，从缩小城乡之间的空间差看，小市镇具有节点性的作用。城乡一体化的前提是不改变城市与乡村的空间存在，而这种空间存在决定了城乡之间存在着不可改变的空间差。但交通可以将这种不可改变的空间差，转化为可以改变的时间差，小市镇是县域交通网络的节点，哪里有小市镇，哪里就会有通往乡村和城市的公路或水上交通线，小市镇越发达，这些交通线等级就会越高。显然，在缩小城乡之间的空间差方面，小市镇具有节点性的重要作用。

其次，从缩小城乡居民的收入差看，小市镇是对乡村居民具有收入增长源的重要作用。一方面，在工业化推动下，小市镇可以承接城市工业的转移，兴办起具有特色的工业和商业服务业，就近吸纳农村劳动者在这些非农产业就业，开辟了农民收入的新来源；另一方面，农民向非农产业的转移又为扩大农业的规模经营提供条件，一部分农民通过有偿租赁或再承包方式扩大经营规模，成为种粮大户，可以获得较高的规模经营收入，而转移到城镇的农民将耕地租赁给种粮大户，获得较为稳定的耕地租金收入。显然，小市镇作为乡村居民收入的增长源，在缩小城乡居民收入差方面，具有基础性的作用。

最后，从缩小城乡社会发展的程度差看，城市与农村的社会结构不同，城乡之间的社会发展程度差，归根到底是体现在人的观念与习惯上的文化差距。因为小市镇是"城市型"小城镇，在社会与文化上成为农村的"天然标杆"，农民们会自觉不自觉地跟进小市镇，就近学习和直观模仿小市镇居民的观念、文化和习惯，提升农村的社会与文化发展水平。小市镇上承接城市先进文化辐射，下直接向农村传播先进文化，内在地催化了农村社会、文化发展。显然，在缩小城乡社会发展的程度差方面，小市镇具有标杆性的引领作用。

城乡一体化的实质是缩小城乡之间的差距，推动城乡居民共同发展、共同富裕。小市镇在缩小城乡之间的三大差距方面发挥关键作用，又会推进城乡一体化的发展。在进入高质量发展的新时代，我国城乡一体化也会朝着高质量方向发展，要求小市镇进一步提升功能与品质。而小市镇功能、品质的空间形成机制，则是高质量的城乡一体化。

三、高质量的城乡一体化是小市镇的空间形成机制

城乡一体化作为城市与乡村经济社会发展逐渐融合的过程，目前已进入高质量发展新阶段，相对过去人口城镇化率快速提升时期的城乡一体化，新阶段城乡一体化应该是高质量的城乡一体化，主要特征是，人口城镇化率的增长会逐渐放缓，但区域的"城市性"会显著提升，"乡村型"小城镇加快向"城市型"小城镇转型而成为小市镇，功能和品质都会提升。高质

量的城乡一体化是小市镇多功能、高品质的空间形成机制。

所谓区域的"城市性",是指一个区域的综合特征已越来越具有城市的特征,包括区域的经济特征、社会特征、文化特征、人的生活特征和观念特征,以及制度与管理特征等。最早提出"城市性"概念的学者,是美国著名社会学家路易斯·沃思,他在1938年发表的里程碑式论文《作为一种生活方式的城市性》提出,"城市性"具有大规模、高密度、多样性三个基本特征[5],特别强调人们生活方式的城市优质性,凸显出"城市性"的巨大吸引力。这种认识在我国也得到了认同,如《中华人民共和国国家标准城市规划基本术语标准》强调,城市化是"农村型向城市型转变",所就使用的"城市型"概念与区城"城市性"的含义也是相同的。

区域"城市性"的提升,是高质量城乡一体化发展的必然结果。因为从区域经济学的角度看,乡村和城市作为人类经济社会活动的空间载体,在经济、文化、社会乃至制度与观念等方面的结构完全不同,乡村的这些结构特征构成了"乡村性",城市的这些结构特征构成了"城市性"。城市是区域的经济、社会、文化集聚高地,"城市性"是区域经济社会发展程度的标志。城市在对广大区域农村不断地发挥集聚和辐射作用的过程中,既不断地提高自身的"城市性"程度,同时又改造农村地区的"乡村性",逐渐提升"城市性",亦即一方面退化"乡村性",另一方面又生长出"城市性"。这样,整个区域就会逐渐形成"城市性"。而城乡一体化是城市与乡村经济社会发展逐渐融合的过程,这种融合过程在农村地区的综合体现是在改造"乡村性"的同时,提高"城市性",城乡差距逐渐缩小。随着城乡一体化朝着高质量方向发展,区域的"城市性"会不断提高,这种提高并不是扩大城市边界,而是不断地提升"城市性"对乡村的带动力,更不是消除乡村,而是不断地更新农村,提高乡村地区的"城市性"。有人甚至提出"农村消亡"的主张,实际上,只要有农业的存在,农村是不会消亡的,农村所消亡的是它的"乡村性",成长的则是它的"城市性"。区域"城市性"的提升，是高质量城乡一体化发展的必然结果。

高质量城乡一体化发展的显著特征是区域"城市性"的提升，小市镇发挥着"承城带乡"的关键作用，高质量的城乡一体化不仅会提升区城的"城市性"，而且还是小市镇的空间形成机制。深入分析可以看出，高质量的城乡一体化从小市镇的外部和内部两个方面，塑造其多功能、高品质的空间形成机制。

从外部看，小市镇的生存和发展空间并不仅仅在小市镇之内，还在小市镇之外的广阔城市，特别是相邻的中心城市会就近给小市镇的生存和发展输入动力源。因为城乡一体化的空间动力机制来源于城市，正是城市作为区域经济文化中心，对周边腹地所天然具有的辐射功能，催发"乡村型"小城镇向"城市型"小城镇转型，从而成为小市镇，小市镇又会达到更高水平的"城市性"。特别县城和规模较大的建制镇，因为能承接中心城市的某些功能，会发展成为新生的中小城市。尤其是城市群、都市圈的蓬勃发展，会加快推进城乡一体化的高质量发展，在大中城市的辐射带动下，从外部更有力量给小市镇输入动力源，强化小市镇多功能、高品质的空间形成机制。

从内部看，一方面，小市镇具有的新功能、新形态、新布局、新居民四个鲜明特征，是小市镇功能和品质提升的表现，在高质量城乡一体化发展推进下，内生出小市镇多功能、高品质的空间形成机制。另一方面，随着小市镇的功能和品质提升，会增强对周边乡村的辐射力，带动乡村人口就近就地城镇化。乡村人口就近就地城镇化是结构转换型的城市化，包括乡村产业结构、就业结构、布局结构、文化结构的城市化转型，这种结构转型会在多领域、深层次孕育乡村高质量发展的动力，辐射带动新农村建设，小市镇与新农村以包容性的发展方式，吸纳新农村多样性、特色化的积极因素，又强化小市镇多功能、高品质的空间形成机制。显然，小市镇内生的空间形成机制，可以不断提升小市镇的功能和品质，在国家底层提升区域的"城市性"，对建设社会主义现代化强国发挥基础性的作用。

第三节 以城乡一体为导向整体统筹小市镇发展

城乡一体化是小市镇的空间形成机制，在这种机制推动下，形成城乡一体的空间格局。在新时代新阶段，应以城乡一体为导向整体统筹小市镇发展，提升小市镇的功能和品质，在国家底层提升区域的"城市性"。

一、以城乡一体为导向整体统筹小市镇发展的思路与模式

城乡一体作为城市与乡村融合形成的社会综合体，是小城镇向小市镇转型发展的导向。我国近3万个小城镇，规模、条件、发展能力都差异很大，以城乡一体为导向整体统筹推进小市镇发展，每个镇尽管都应从实际出发，因地制宜地走出有自身特色的转型发展之路，但从城乡一体的内在机理和底层逻辑看，在发展思路和发展模式上，也具有共性的客观规律。应遵循这些客观规律建设小市镇，推进小市镇的高质量发展。

（一）以城乡一体为导向整体统筹小市镇发展的思路：城乡统筹融合、推进共同富裕

整体统筹小市镇发展，城乡统筹融合是基础，推进共同富裕是目标。以城乡一体为导向整体统筹小市镇发展，应坚持城乡统筹融合、推进共同富裕的思路，提升小市镇的功能和品质。从城乡一体的内在机理和底层逻辑看，城乡统筹融合主要在于提升小市镇的功能，推进共同富裕主要在于提升小市镇的品质。

理论和实践都表明，小市镇与乡村天然形成的空间紧密关系，决定了小市镇与乡村之间具有"互动发展、共生共兴"的内在机理，这种内在机理也就必然形成"小市镇兴乡村兴、小市镇衰乡村衰"的底层逻辑。城乡统筹融合之所以能提升小市镇的功能，因为小城镇是城乡融合发展的重要动力源，而长期以来，许多小城镇的要素集聚功能弱，优质要素被大城市

"虹吸"，成为区域经济的"凹地"。以城乡一体为导向整体统筹小市镇发展，最基础的是对小市镇与周边乡村的统筹融合。这样，在小市镇与乡村之间"互动发展、共生共兴"内在机理的作用下，既会增强小市镇的"增长极"功能，又能培育乡村的"反虹吸"功能，符合"小市镇兴乡村兴"的底层逻辑，可以构建小市镇与乡村互补互促、协调发展的新型空间关系，提升小市镇对人口和要素的集聚功能。

习近平总书记在党的十九届六中全会讲话时指出，我们党要保持党同人民群众的血肉联系，站稳人民立场，着力解决发展不平衡不充分问题和人民群众急难愁盼问题，不断实现好、维护好、发展好最广大人民根本利益，坚定不移推进共同富裕[6]。2021年，我国城乡居民人均可支配收入之比为2.5，反映我国城乡居民收入差距仍较大。"小康不小康，关键看老乡"，从推进共同富裕的角度看，重点是提升农村居民的收入，从空间关系看，乡村是推动城乡融合发展的重点区域，这样，城乡一体的内在机理和底层逻辑也就决定了，促进乡村振兴是整体统筹小市镇与乡村融合发展的逻辑出发点。小市镇与乡村融合发展的必然结果是提升农村居民收入、推进共同富裕。正如管子在2000多年前所言："仓廪实而知礼节，衣食足而知荣辱"，共同富裕是提升社会整体文明程度的物质基础，也是一个地区综合品质的体现。从这个意义上讲，因为城乡统筹融合在提升小市镇的功能基础上推进共同富裕，可从底层为提升小市镇的品质创造条件，城乡统筹融合、推进共同富裕，应该成为以城乡一体为导向整体统筹小市镇发展的思路。

（二）以城乡一体为导向统筹小市镇发展的模式：田园小市镇

田园城市是一种兼有城市和乡村优点的理想城市，最早是19世纪末英国社会活动家霍华德提出的关于城市规划的设想，西方发达国家逐渐兴起一批高度"田园化"的新兴城市，我国也有许多地区正在建设田园城市。由于田园城市是城乡融合体，城市和乡村优点兼有，以城乡一体为导向整体统筹小市镇，田园小市镇是一种可供选择的发展模式。

我国推行的新型城镇化是以人为中心的，小市镇的兴衰也取决于人，特别是朝气勃勃的年轻人。但是，我国小城镇当前的实际情况是，很多居民转移到大城市，特别是年轻人大量流失，是小城镇发展面临的一个重大问题，而解决这个问题，从现实和长远角度看，田园小市镇是可以选择的发展模式。因为田园小市镇兼有城市和乡村的优点，特别是生态环境质量优于城市，随着快速交通城乡贯通、互联网覆盖农村、公共服务城乡均等，生活在田园小市镇的居民，既可以享受到与城市居民同等的交通之便、互联网之便和公共服务，又可以享受到城市居民没有的优质生态环境，不仅可以留住人，还可以吸引人。近年来，我国已出现城市居民向小市镇迁居的"人口效外化"现象，而城市居民迁居所选择的小市镇，大多是田园小市镇，说明城乡居民已认可田园小市镇是一种很好的发展模式。这也反映，田园小市镇体现"以人为中心"的新型城镇化本质，是以城乡一体为导向整体统筹小市镇发展的空间模式。

特别应该看到，田园小市镇对高校毕业的年轻人会更有很大的吸引力。近年来，许多大城市发布了优惠的人才政策吸引高校毕业生，城市进入了"抢人时代"，但并不能解决所有高校毕业生的就业问题，因为重要的不是"抢人"，而是"留人"，城市应该进入"留人时代"。据DT财经发布的《2019年中国青年理想城报告》，青年人选择理想城的标准，大多看城市的品质，而田园小市镇的品质很受青年人的青睐[7]。近年来已出现的一种新现象是，一些在"抢人大战"中不能进入一二线城市的高校毕业生，选择到田园小市镇创新创业，因为田园小市镇特别是县城给他们提供了介之于城市与农村的弹性空间，既会给向往城市的高校毕业生驻留的历练空间，又可给创新创业者开辟上升空间。这样，从吸引和留住年轻人的长远视角看.田园小市镇更可能成为小市镇发展的一种理想的空间模式。

二、城乡一体从四个维度整体统筹小市镇发展

小市镇作为一种新型的城镇形态，应该走出一条新的建设道路。就每一个小市镇来说，建设道路可以各有特色，从城乡一体的视角看，不同类型的小市镇也具有共性的发展路径。理论和实践都表明，这些共性发展路径的体现，是城乡一体从四个维度统筹小市镇的发展：

（一）从基础设施维度整体统筹建设小市镇

基础设施是小市镇生存和发展的基础条件，从基础设施维度整体统筹建设小市镇，应实现基础设施的城市化。那就是要按照城市标准规划与建设小市镇的基础设施和市政公共工程，完善基础设施功能，提高基础设施水平，为小市镇居民有优良的生活质量、高效的工作效率和优美的生态环境，提供充分的支撑条件。

小市镇基础设施城市化指的是"质"而不是"量"，亦即不是照搬城市的基础设施求"全"，而是对照城市的标准求"好"。因为小市镇的规模小于城市，未必像城市那样什么都有，但凡有的，应该具有城市那样的功能和作用。随着小市镇人口与建成区规模的扩大，基础设施和市政公共设施也应该按城市标准新建，在发展中保持基础设施的城市化。小市镇的基础设施可分局域性和广域性两大类型，所谓局域性的基础设施，是指服务于局部地区的基础设施，比如供水、供电、供气、交通、通讯、文化、教育、卫生、公园、绿地等市政工程；所谓广域性的基础设施，是指服务于更广地区的基础设施，比如机场、港口、高速公路、博物馆、图书馆、展览馆等。对于小市镇来说，局域性的基础设施建设要城市化，不仅求全，而且求好，不仅做到等级高、配套好，而且要达到城市标准；广域性的基础设施可实行多镇共建同享，邻近城市的小城镇可与城市"接轨"共享，实现基础设施"同城化"，合力提高小市镇基础设施的城市化水平。

（二）从产城一体维度整体统筹发展小市镇

产城一体以产业发展为前提建设小市镇，是小市镇生存和发展的基本保障。因为以人为中心的新型城镇化，并非仅是人口居住的城镇化，成为"卧镇"，而是劳动者就业的城镇化，小市镇建设的首要问题是解决就业问题，而产城一体的小市镇建设正是以产业发展为前提，创造就业岗位，吸引农村劳动力向小市镇转移。进镇者"乐业"才可能"安居"，"安居"才可能消费，消费才能催发城镇的繁荣。因此，产城一体以居民为中心构建起小市镇的发展链，是小市镇生存和发展的基本保障。"乡村型"小城镇的根本缺陷，是没有形成产城一体，导致小城镇发展缓慢，一些小集镇甚至逐渐走向衰落。东部沿海发达地区及中西部发达县的小城镇顺利实现了向"城市型"小城镇的转型，正是因为走上了产城一体的发展道路。

小市镇的产业发展可适度多元、突出特色。因为小市镇具有城乡融合体的空间优势，可以围绕产业链、供应链的城乡分工合作，既承接大城市、大企业的产业转移发展某类产业，又面向乡村发展为现代农业服务的行业，产业或行业门类可以适度多元。又因为小市镇规模不大，人口与要素承载力有限，产业选择要突出特色，以"专特新精"为发展方向，以小微企业为主体，以突出特色提升产品和服务的市场竞争力，积极融入地区性乃国内大循环，在细分市场上形成优势。由于产业关乎小市镇生存和发展的前途，选择什么产业，如何发展产业，产业的空间布局与小市镇的功能分区建设如何合理衔接等，都是小市镇产城一体发展的重大问题，不同类型的小市镇要根据区位、资源和市场情况，选对产业、选准赛道，发展具有发展条件和潜力的产业。小市镇的政府要主动作为，积极培育企业和个体工商户等市场主体，领悟与实践政府与市场的相处之道，有效市场与有为政府更好结合，以产业的高质量发展，保障小市镇的健康持续发展。

（三）从社会文化维度整体统筹提升小市镇

小市镇是脱胎于"乡村型"小城镇而转型发展起来的，迫切需要社会建设、管理与文化由传统式向现代化的转型，实现社会建设与小市镇发展相适应、社会管理与小市镇运行相协调、城镇文化与现代文明相吻合，在社会文化方面提升小市镇的"城市性""现代性"和"软实力"，塑造小市镇的新风貌。

　　小市镇的社会建设由传统式向现代化的转型，需要扩大社会建设的范围，提高社会建设的水平。社会建设包括教育、科技、文化、卫生、体育和社会保障等广泛领域，小市镇应根据居民需求扩大社会建设内容，特别要加强社会公共服务建设，扩大公共服务的受益面，提升居民的幸福感和归属感，从居民个体到城镇整体，从人的心灵到城镇面貌，都能体现出小市镇社会建设的现代化进程。

　　小市镇的社会管理由传统式向现代化的转型，需要运用智能化、人文性等现代方式管理社会事务，构建政府负责、社会协同、公众参与的社会管理新格局，努力造就民主法治、公平正义、诚信友爱、充满活力、安定有序、人与自然和谐相处的新环境。由于小市镇不断进入新居民，社区建设不断发展，对社区管理提出了新的要求，应构建以公众参与为特征的社区自治管理，不断完善社区功能，把社区建设成为管理有序、服务完善、文明祥和的社会生活共同体。

　　小市镇的文化由传统式向现代化的转型，需要通过多种载体和居民喜闻乐见的形式，推进先进文化因素向小市镇的渗透，不断提高小市镇发展的文化含量。加强惠及全体居民的公共文化建设，继承和弘扬中华民族文化的基本价值观和当地乡土文化的精华，克服"乡村型"文化的落后性、封闭性，承接城市文化的先进性、开放性，倡导高雅文明的文化消费习惯，在潜移默化中推进居民思想文化观念的城市化转型，不断提高居民的文化素养和"文化自觉性"，在文化层面提升小市镇发展的"软实力"。

（四）从社会管理维度整体统筹优化小市镇的行政区划设置

　　我国小市镇发展很快，许多小市镇的建成区都设置了城市社区，事实上已成为街道、特别县城。据《中国城乡建设统计年鉴》数据，2020年，我国县城平均常住人口10.6万人，建成区面积平均达13.96平方公里，一些人口大县的县城常住人口已超过20人，建成区面积超过30平方公里，已形成大面积的街道，但在行政区划管理上，仍然是"乡村型"镇的建制，束缚了"城市型"小市镇的发展。因此，从社会管理维度整体统筹优化小市镇的行政区划设置，就很有必要。

从小市镇的总体发展情况看，"十四五"时期可以在常住人口规模大的县城，稳妥开展设置街道改革的试点，进一步提升小市镇的管理能力和管理效率。由于我国县城的人口和建成区规模都差异很大，可采用两种方式进行试点：一是撤销县城的镇建制，分设若干街道，作为县人民政府的派出机构，负责社会管理事务，每个街道办事处既管理几个城市社区，也兼管若干个农村行政村；二是保留县城的镇建制，增设若干个街道，均由县人民政府直辖，街道办事处负责建成区社会事务管理，城关镇负责非建成区经济发展和社会事务管理。两种试点方式由各省、直辖市、自治区政府决定，取得经验后再完善、推广，不少省（市）区已在试点，效果较好。2022年5月初，中共中央办公厅、国务院办公厅印发的《关于推进以县城为重要载体的城镇化建设意见》指出，县城是我国城乡融合发展的关键支撑，通过改设或增设街道，整体统筹优化县城的行政区划设置，条件已经成熟，可以从社会管理维度促进小市镇的高质量发展。

第四节　以小市镇为载体优化县域城镇化的空间布局

包括县城在内的小市镇，是我国县域新型城镇化的空间载体。在新时代新阶段，以城乡一体为导向整体统筹小市镇发展，不仅要谋划好如何提升每个小市镇的功能和品质，更要从县域视角整体统筹小市镇发展，以小市镇为载体优化县域城镇化的空间布局。

一、县域小市镇的组团化布局

我国在改革开放以来，随着城市化的快速发展，已形成三个层次的城市化空间布局：第一个层次为城市群，是具有全国意义的跨省（市）区城市化空间布局；第二个层次为都市圈，是以省会城市或重要大城市为中心、具有跨县（市）区意义的城市化空间布局；第三个层次为县域的城镇组团化，是具有跨乡镇意义的县域城镇化发展空间布局。三个层次的城市化空间布局是密切联系的，但发展还很不平衡，主要是人口大量向大中城市集聚，城市群、都市圈发展较快，而县域的城镇组团化发展却相对滞后，在城镇化发展向县域延伸的新阶段，推进县域城镇的组团化发展，以开放的眼光优化县域城镇化布局，是值得重视的新课题。中共中央办公厅、国务院办公厅印发的《关于推进以县城为重要载体的城镇化建设意见》特别强调，"提高县城辐射带动乡村能力，促进县乡村功能衔接互补"，说明这个问题已引起党中央的高度重视，加快县城建设必将推动县域城镇形成组团化的空间布局。

所谓县域城镇的组团化空间布局，是以包括县城在内的小市镇为载体，相邻城镇间所形成既有各自特色、又是密切联系的组团式空间布局。随着交通条件的改善、产业发展的关联性和县域城镇化水平的提高，相邻小城镇在规模扩张和经济发展中的联系越来越密切，在县域空间层次会逐渐形成这种组团化的空间新布局。特别是县城功能和品质的提升，为县域城镇的组团化布局输入新动能，而大量"乡村型"小城镇向"城市型"小市镇的转型，又会为县域城镇的组团化布局奠定基础。因此，以城乡一体为导向整体统筹小市镇发展，县域小市镇的组团化空间布局具有必然趋势。

二、县域小市镇组团化空间布局的四种类型

我国1429个县和近3万个小城镇，东西南北中、平原丘陵山地、发达地区和欠发达地区，县域小城镇的空间布局和发展水平都差异很大，以小市镇为载体优化县域城镇化的空间布局，大体会有四种类型的城镇组团化布局：

第一，融入城市的组团化空间布局。这种类型主要发生在城市周边的小城镇，与城市的距离一般在10—30公里，是城市的卫星镇。在城市拉动和小市镇自身发展推动的双重作用下，小城镇的基础设施建设及经济、社会、文化发展逐渐与主城区"同城化"，成为主城区的一个组团，有的甚至会承担主城区的某些城市功能。

第二，单核心的组团化空间布局。这种类型主要出现在国土面积较小的县，一般是以县城或少数与县城相距较远的大镇为核心形成的组团。这类城镇历史上就是局域性的经济文化中心和人流、物流集散地，随着县域经济发展和社会进步，生产要素和农村人口会越来越多地向县城和大镇等小市镇集聚，与其距离很近的小集镇发生一定的分工协作关系，形成单核心的城镇组团式发展格局，成为县域人口和经济密集区域。

第三，双核心的组团化空间布局。这种类型主要发生在占地面积较大和地形狭长的县，县城和大镇是县域的经济文化中心，县域城镇化会以县城和第二大镇为两个"龙头"，在发展中形成密切相关的联系，逐步构成城镇组团化板块。同广域范围双核心的城市群一样，在一个县的范围，也会出现双核心的城镇组团化空间布局。

第四，无核心的组团化空间布局。这种类型主要发生在没有大镇的相邻小集镇之间，各小集镇的规模同步扩张、平行发展，但产业发展各具特色，相互之间也有密切的联系，逐渐形成一体化的城镇化组团板块。在一些大县的偏远地区，如果人口较多，因为距县城较远而又没有大镇，会出现这种无核心的城镇化组团。

需要指出的是，在以城乡一体为导向整体统筹小市镇发展的背景下，无论是何种类型的城镇组团化空间布局，对近镇地区的农村发展都会产生重大影响。一方面，随着小市镇基础设施的改善和经济社会发展，农村人口会向小市镇转移，成为小市镇规模扩大的要素来源；另一方面，随着小市镇辐射功能的增强，其发展要素又会向近郊地区的农村转移，一些区位优越、条件较好的大庄大村会得到提升，基础设施与小市镇共建共享，经济、社会、文化结构会向城镇化转型，也会成为小市镇的组成部分。在这种情况下，农村人口并不向城市或城镇转移，在生产方式和生活方式上都会发生就地城镇化的新变化。可以说，县域小市镇的组团化布局会就近就地带动周边农村的城镇化转型，是结构转换型城市化在县域空间的实现，也是县域新型城镇化发展的必然产物。

附：参考文献

[1] 胡福明，贾轸，严英龙.苏南现代化[M].南京：江苏人民出版社，1996：142.

[2] 余英辉，吴义正.国内城乡一体化的理论探索与实践经验[J].乡镇经济，2009（7）.

[3] 中国共产党第十七次全国代表大会文件汇编[M].北京：人民出版社，2007：23.

[4] 恩格斯.反杜林论[M]//马克思，恩格斯.马克思恩格斯选集：第3卷.北京：人民出版社，1975：335.

[5] Louis Wirz. Urbansm as a of Life[J]，American Journalof Sociolog，1938（44）:1-24.

[6] 习近平总书记在党的十九届六中全会讲话[N].人民日报，2021-11-12.

[7] DT财经.2019中国青年理想城报告[EB/OL].[2019-09-04].http：//www.199it.com/archivrs/933765.html.

第二篇
案例篇

　　从理论篇的研究我们不难看出，小市镇的运行逻辑是非常复杂的。生态、产业、文化、组织等各类要素在小市镇的发展中都起到了重要作用，或轻或重、或浅或深。理论研究为我们初步梳理了一个有关小市镇发展的框架，然而这距离我们真正理解小市镇还是远远不够的。有必要结合实际案例分析，更直观地去了解小市镇的发展过程。

第十一章 低碳与绿色：英国小市镇生态化建设的经验借鉴①

2022年的盛夏无疑已经成为又一个"全球变暖"问题的例证：北半球各大城市普遍出现史无前例的炎热天气，部分地区的地表温度一度高达50摄氏度。全球变暖随着城市化的全球蔓延而加剧，研究显示，40%至70%的温室气体排放来自城镇，既然全球变暖已经难以逆转，那么人们所能做的只能是放缓速度而已。

在这样的背景下，各国对环境保护和可持续发展更加重视[1]。在探索具体的人居环境建设策略以应对环境恶化挑战的过程中，生态城镇的建设已经成为一种影响深远的发展模式。为应对工业化城镇发展模式造成的一系列问题，1971年联合国教科文组织在"人与生物圈计划"中首次提出了"生态城镇"的概念[2]。作为第一个开始工业革命的国家，英国不断积极应对快速城市化所造成的一系列问题，其生态城镇理念及建设实践走在世界前列。

埃比尼泽·霍华德早在1898年就提出了"田园城市"理论，如今被视为"生态城镇"的发端。而且英国是率先提出"低碳经济"的国家，同时也是应对气候变化最为积极的倡导国家之一[3]。英国强调在未来所有的城市和镇均应按照生态城镇的模式发展，将生态城镇建设作为一项公共政策

---

① 作者：李志刚，武汉大学城市设计学院院长，教授，博导，中国城市规划学会常务理事，中国城市规划学会学术工作委员会委员，国外城市规划学术委员会副主任；薛瑞爽，武汉大学城市设计学院硕士研究生。

加以推进，并建议将居民福祉作为引导城市可持续发展的基本诉求。本文通过研究英国生态城镇建设的相关理论及实践案例，对其规划思路、体系、建设重点、具体策略等进行总结，以期为我国生态城镇规划及建设提供经验借鉴。

第一节　英国生态城镇建设概况

一、英国生态城镇建设总体概况

英国的生态城镇建设主要基于以下三个背景：一是气候变化的挑战；二是住房短缺的社会问题；三是英国社会对可持续发展形成的共识[1]。生态城镇规划是建设生态城镇的先导，而英国的生态城镇规划则是世界范围内的典范，主要从系统规划的层面布局建设，通过构建完整的功能系统，规划有机的空间结构和格局，建设充满活力的新型可持续示范城镇。2005年，英国政府提出了开展生态城镇（ECO-TOWN）建设的计划，两年后又发起了"生态城镇倡议"，旨在应对日益增长的城市化和全球变暖的双重挑战。英国生态城镇倡议包括经济、社会和环境等方面的内容，展现了典型的可持续发展特征，同时也被视为政府可持续社区政策的一部分。该倡议涉及多元治理主体，包括国家、区域和地方各级的政府和非政府行为者[4]。

作为一项重要的新城开发计划，政府最初提倡建设生态城镇以解决经济适用房短缺的问题，尤其是在英格兰东南部。英国生态城镇提案一开始就受到了地方的积极响应，共有57个生态城镇项目提交了申请。经过相关评估后，最终共入选了15个生态城镇规划方案，优先发展为生态镇试点项目，具体包括汉普郡博尔登、诺福克郡科提肖、斯塔福德卡伯勒、艾塞克斯郡埃森汉姆、西萨塞克斯郡福特机场、剑桥郡汉利农庄、康沃尔圣阿斯泰尔、西约克郡利兹中心区、林肯郡孟比、贝德福德郡马斯顿山谷和新马斯顿、沃里克郡中部昆顿、莱斯特彭伯里、南约克郡罗兴顿、诺丁汉郡拉什克利夫、牛津郡西莫特莫[5]。英国政府通过制定规划和先进技术标准，提供优惠政策和资金补贴，积极推进这些生态城镇试点建设。

二、英国生态城镇发展历程

英国社会活动家埃比尼泽·霍华德建立的"田园城市"理论被认为是现代生态城市思想的起源[6]，也被视为"生态城镇"的发端。霍华德早在1898年就确立了"田园城市"理论，提出了新型的城乡模式，倡导建立城市与乡村兼具的"田园城市"。创造一个完美的社会生活是田园城市理论的中心思想，尝试用城乡一体的新社会结构形式替代旧有的城乡分治的社会结构形式。1903年，田园城市协会在莱奇沃思创建了第一个田园城市，1919年，第二个田园城市在伦敦西北部的韦林建成。田园城市的创建受到了社会的关注，并被整个欧洲所效仿，逐渐成为一场世界性的运动[7]。

进入21世纪后，为解决日益严峻的住房问题，英国提出"可持续社区：所有人的家"方案，计划每年建设绿色住宅20万套[1]。紧接着又提出了"人群、家园和繁荣"计划，致力于构建"人人家园"，为了这个社区或住房的建设，必须至少满足以下8个要求：①积极、友好、安全、和谐的邻里关系；②有效、可靠的社区管理；③对气候影响最小，保护生态环境和生物多样性；④高质量的建筑设计；⑤改善交通、购物和通信服务；⑥可持续的区域经济，能够为居民提供基本的工作条件；⑦公共和私人服务系统，包括教育和咨询；⑧尊重人民权利的人文环境。从上述标准可以看出后续生态城镇建设的雏形，注重对气候的影响，保护生物多样性，发展可持续经济等。

2005年，政府初步提出了生态城镇（ECO-TOWN）试点建设，这是在环境保护背景下的住宅建设，在生态镇试点成功后，政府希望能向现有普通住宅推广。建设生态镇的目的是为了实现碳零排放及生活方式的可持续发展，倡导生态建筑设计、绿色出行方式等。2007年是英国生态城镇发展的关键时刻。英国首相发布了《建设生态城镇宣言》（Declaration on Building

Eco-Towns），然后政府与地方宣布开展生态规划建设试点。《建设生态城镇宣言》的提出，标志着生态镇正式进入试点阶段，生态城镇将以新的可持续住区为基础，实现能源、经济、环境和社会多方面的可持续发展。2008年，政府公布了首批15个生态镇规划，随后公布了生态镇发展理念和选址政策。2009年，政府颁布了《生态城镇规划政策指引》（Eco-Towns Planning Policy Statements），包括生态镇规划的内容和生态镇建设的标准，以规范生态镇的规划和建设[2]。

英国从田园城市设想到可持续社区、生态城镇的建设，走过了漫长的发展历程，也结出了累累硕果。政府通过解决住房问题，促进了低能耗建筑和生态保护与发展，推动了生态城镇的发展。

三、英国生态城镇的建设重点

生态城镇试点全部位于棕地地区，都是以居住为主体，规划5000至20000户居民，以可持续发展的标准进行规划设计的综合性小镇[8]。在开发建设中既强调老城区的复兴，保证生态空间、生活空间和生产空间的保护与可持续利用，又注重和周边地区的小城镇进行有效连接。

总体规划以满足住房需求和创造就业岗位为核心出发点，发展商业、科技、农业等生态经济，促进地区繁荣发展。城镇要求总体呈现低碳或零碳排放，并至少在技术促进环境可持续发展的某些方面具有示范意义。规划制定了充分利用高效能源技术、可持续城市排水系统、科学废弃物处理系统等一系列可持续发展环境技术的方案，致力于所有新建住宅的碳排放减排[2]。规划充分考虑到生态镇的经济发展模式及其与附近城区经济发展的关系，确保城镇规划、城市设计和所有单体建筑的高标准规划和设计，以及街道、公共空间、绿色公园和其他符合可持续发展原则的景观和园林设计。规划强调保护和营造优良生态环境，保证40%的高绿地率，注重构建人与生物和谐相处的居住环境。在规划过程中，强调公众参与，尊重市场化和私有化的土地权益。

　　总之，英国的生态城镇规划是由政府主导的，生态城镇的选址是在城乡边缘区或城市边缘的未利用地区。生态、宜居和可持续发展的概念贯穿整个规划过程，每个生态城镇的目标是为整个国家提供一个模式。

——○ 第二节　英国生态城镇的规划策略 ○——

一、生态宜居与可持续发展

　　作为低碳、生态城镇的全球积极倡导者和先行者，英国一直引领生态交通规划的方向，而且在绿色住宅建设中，不断探索节能技术的新理念。除交通和住房外，英国生态城镇建设也更注重就业与经济发展，为居民提供了更适宜绿色经济的技术岗位，旨在实现生态宜居与可持续发展的发展愿景。

　　在绿色出行方面，目前英国已经形成由轻轨、地铁、公交车、有轨电车及轮渡等多种交通方式构成的立体交通系统。通过建设步行社区和规划自行车专用道、人行道等慢行系统，鼓励步行和骑行出行，增强绿色出行的吸引力[1]。树立全生命周期理念，在交通基础设施的规划、设计、建设、运营、维护和管理的全过程中落实节能要求。除此之外，还成立了智能交通信息平台，便于居民掌握实施的交通信息，选择有利的出行方式。

　　在绿色住宅建设方面，英国政府在住宅建筑中大力推广生态低碳技术，以住宅可持续发展理念推动社会、经济和环境问题的解决。主要采用太阳能技术、新型墙体材料、屋面覆土和重型结构蓄热技术、建筑通风技术、新供暖空调技术等建造绿色住宅，其中太阳能技术包括主动和被动式太阳房，建筑通风技术主要利用中庭、竖向风井等合理组织室内气流流动，新供暖空调技术包括热电联产、地源热泵等[9]。

　　在就业与经济发展方面，英国通过解决就业问题而促进经济发展的模式，在生态城镇规划中得到了延续与发展[10]。英国生态城镇规划通过解决就业问题来促进地区经济发展，规划中的产业发展也是为了满足就业、提升就业率。英国城镇整体就业向智能化、绿色化的服务业转移，为发展生态乡镇就业提供坚强基础。英国通过广泛部署环境咨询、环境监测、污染防治、园林建设、社区服务等服务业，为居民提供生态就业机会，并向有意愿就业于绿色产业的工作人员提供培训经费。通过改革福利政策，实施稳定就业的管理政策，鼓励市民就业[2]。

二、环境保护与能源综合利用

除关注交通、住房与就业的规划策略外，英国生态城镇建设更注重构建社区的自然生命支持系统，培育与保护生物多样性，综合利用能源及水资源等，目的是建设一个人与生物和谐共生的美好环境。

生物多样性保护是指"所有陆地、海洋和其他水生生态系统及其形成的生态复合体，包括物种内部、物种之间和生态系统之间的多样性"。生物多样性是城市可持续发展的重要保障，也是人与自然和谐共处的重要基础[11]。英国通过直接投入或补偿等措施保护生物多样性，主要策略包括科学规划湿地、野生动植物栖息地、恢复和重建森林资源、保护稀有物种等。

在绿地基础设施方面，英国注重以绿带为主的绿色基础设施建设。早在1983年，英国就颁布了《绿带法》(Green Belt Act)，绿带内部的开发建设受到严格约束。绿带主要包括林地、农田、小村镇、国家公园等开放用地，提供给居民生态开放的空间。英国的绿色基础设施在发挥生态效益的同时，也能作为公园和游乐场供居民休闲娱乐，丰富城镇的休憩空间，发挥了更优的效益[12]。

在能源综合利用方面，一方面，英国重视水资源利用，在供水水质要求、地下水资源保护、排水系统、水务管理等方面成效显著。通过立法保障高质量供水，倡导"可持续排水"等新型排水理念，构建了一系列科学合理的地下水管理与保护措施[13]。另一方面，英国持续推进能源系统改革和创新，倡导使用清洁化石燃料，推广可再生能源技术，鼓励特点联产，支持区域供热，促进废弃物回收利用。

三、规划指引与政策支持

英国生态城镇政策支持主要来源于以下四个文件：《生态城镇简章》（Eco-Towns Prospectus）、《生态城镇：生活在更绿色的未来》（Eco-Towns：Living A Greener Future）、《生态城镇规划政策指引》《生态城镇建议工作导则》（Eco-Towns Advice Worksheets）[9]。

2007年，英国颁布的《生态城镇简章》明确提出了在社区内要提供30%至50%的经济适用房，保障低收入人群和外来人群的居住权益。2008年，其颁布的《生态城镇：生活在更绿色的未来》指出所有的生态城镇设计与建造方式应以自然环境优化提升为主要目标。2009年，其颁布的《生态城镇规划政策指引》提出了生态建设城镇的目标，以此来规范规划建设生态镇。《生态城镇建议工作导则》则包括交通、住房、包容性设计、能源及水资源、绿色基础设施、实施工作导致等相关内容。除此之外，英国还出台了许多关于指导绿色住宅建设、低碳交通规划、生物多样性保护能源综合利用等方面的政策文件或行动计划[2]，如《可持续住宅标准》（The Code for Sustainable Homes）、《低碳交通创新战略》（Low Carbon Transport Innovation Strategy）、《生物多样性行动计划》（The United Kingdom Biodiversity Action Plan）、《我们能源的未来：创造低碳经济》（Our Energy Future–Creating a Low Carbon Economy）、《英国可再生能源战略》（The UK Renewable Energy Strategy）。

第三节 典型案例研究

一、案例一：西北比斯特生态城镇

（一）总体概况

西北比斯特（North-west Bicester）位于牛津郡，是英国首个生态城镇建设实践范例，规划6000户，规划面积约400公顷，整个总体规划为当地居民带来了更多的工作和住房机会。西北比斯特的发展目标是建设一个自然景观宜人的区域和社区，其选址位于城镇和乡村的中间地带，具有依托大城市地区的区位优势与毗邻小城镇的良好发展基础。选址地原有用地以农田为主，未来开发不存在大量拆迁的问题。总体规划充分考虑了与旧城区的有效衔接，目的是与更大的城镇整合并实现共赢。虽然新开发区域与老城区之间规划了生态绿带，但还是充分利用和依托了原有小城镇及相邻村庄，使新城镇具有可持续发展基础的新田园城市特征[1]。西北比斯特总体规划着力于建设景观主导型的生态城镇，追求蓝绿基础设施与现有历史底蕴的完美融合。除了为新城镇增添公园、河岸景观、休闲设施、自然保护区等，最主要的是提升当地对绿色空间、乡村景观和休闲设施的供应量和获取量。按照规划，西北比斯特将实现零碳排放，并且所有的建设都会朝着可持续发展的目标进行。

（二）规划策略

西北比斯特以8项核心原则为基础：①提供多达6000套住宅和一定比例的经济适用房；②提供总用地的40%作为开放空间、绿色空间和绿色基础设施；③在合理距离内为每个家庭提供一个就业机会；争取所有建筑实现零碳排放；④实现低碳交通行为；⑤确保住宅至少达到可持续住宅标准五级和英国建筑性能评估体系的优秀水平，建筑结构能够保持高水平的能源效率；⑥广泛使用绿色技术，以产生更多的能源，并通过引进先进的技术和设计来适应未来的气候变化；⑦小学的选址要在所有住宅的800米范围内；⑧当地生物多样性的净增长[2]。

西北比斯特总体规划采用的具体策略主要包括空间结构和功能布局、景观和绿色基础设施、住房和就业、出行和交通、能源和水及其再循环、城市设计等6个方面。

在空间结构和功能设计方面，西北比斯特由一系列相互联系的功能区组成，通过加强社区联系，规划一系列绿化带和网格网络，将更多的农村地区纳入总体规划，使比斯特成为连接高度发达的城市和农业景观的过渡性区域，从而增强该地区的蓝绿景观格局。在景观和绿色基础设施方面，比斯特重视现有的自然生境特征，保留了所有的树篱、林地、溪流等，新的生态环境将提供人工沼泽和池塘，以保护和提高生物多样性。在城市中心规划了一个娱乐区，各种娱乐设施由绿色走廊连接，为周边居民提供快速通道。此外，还规划了自然保护区、中央公园、口袋公园、10公里的绿环及社区庭院和菜园，重点是加强和保护现有的乡村景观[1]。

在住房方面，将为居民提供过渡性住房，混合新的住房类型，包括经济适用房和老年住房。新的住宅将按照终身居住标准建造，设计时考虑到低能耗系统，并为居民提供灵活多样的住房选择[9]。在就业方面，总体规划将为每个家庭提供至少一个工作岗位，鼓励混合就业，支持建立商业用途的"西北比斯特"品牌，增加城镇的就业机会。

在出行和交通方面，西北比斯特通过规划不同的出行路线，如"通勤路线"和"休闲路线"，最大限度地减少现有社区之间的交通，促进可持续交通。在能源、水及其再循环领域，提倡使用可再生能源以减少能源消耗。通过整合中水回用设施和应用雨水收集和储存战略，将实现水供应和需求之间的可持续平衡[13]。在城市设计方面，通过创造各种社会、教育和文化空间来创造适合各年龄人群使用的公共空间。

（三）规划亮点

西北比斯特总体规划创造了一个新的景观生态城镇，为新的生活方式创造多样化的空间。通过促进高效的能源使用和强调绿色能源战略，实现了真正的零碳足迹，达到了可持续发展的愿景。该项目将优先使用当地的建筑材料，并雇用当地的承包商，以支持比斯特地区的就业和增长，其中至少有20%的劳动力来自20英里半径范围内。通过建设一个生态商业中心，为企业和家庭工作者提供灵活的工作和生活空间，将支持该镇一些居民的就业[14]。在规划过程中采用了涉及不同部门建设性意见的参与式规划策略，并通过各种教育活动让居民有机会选择绿色生活方式。与其他生态镇规划相比，西北比斯特总体规划在咨询和参与、合作实施方面取得了真正的好成绩，体现了生态城镇在社会层面可持续发展的良好意图。

二、案例二：科提肖生态城镇

（一）总体概况

位于英国诺福克郡的科提肖（RAF Coltishall）是一个前皇家空军基地，自2006年被废弃以来一直没有使用。科提肖规划面积约260公顷，发展愿景是创造一个在经济和社会上可持续发展的零碳生态社区示范项目，包括5000个不同大小、房屋类型和使用权的生态房屋，以及超过100公顷的湿地和公共空间。该地块位于城乡边缘区的未充分利用区域，为原来邻近城市的扩张留下更多空间[5]。该规划以社区和政府的生态城镇标准为基础，重点关注以下5个目标：减少气候变化、减少交通影响、创造一个新的诺福克湖区、建立一个新的生态居住区、并创造一个进步的就业区。总体规划还考虑了有效整合现有的人类遗产和自然资源，保留了许多现有的地标性建筑，表达了城镇的地方特色。该规划还包括对开发活动的管理，以最大限度地减少污染的风险，实现促进生物多样性的概念和目标。可持续的水管理系统的实施将在物质规划和技术管理之间建立一个协同系统，以实现水资源的有效再利用。

（二）规划策略

科特肖生态城镇规划基于9项原则：①可持续的发展形式和高质量的城市设计；②所有开发建设活动对气候变化的影响最小；③促进生物多样性；④尊重历史和文化背景；⑥与现有道路交通相结合，促进环境友好型交通；⑦现有社区的综合发展；⑧最大限度地发挥其可持续性潜力；⑨监测可持续发展目标的实施[2]。

科提肖总体规划提出了可持续交通战略、减缓气候变化战略、景观策略、生物多样性、可持续社区、侧重就业6大策略。

作为可持续交通战略的一部分，规划提出了一些综合交通措施，包括一条新的"生态火车"轻轨连接到市中心的核心就业区，一个基于"10分钟步行圈"概念的行人和非机动车路线系统，以及一些提高环保出行意识的出行奖励和策略。一方面，通过一些激励措施和战略来提高居民的绿色出行意识，例如由协调员与公路局协商管理的停车限制措施，以鼓励居民使用替代的交通方式。作为减缓气候变化战略的一部分，将促进风能和热电联产，以及发展生物燃料、太阳能和风能。另一方面，将通过抵消开发区域的土方工程和通过应用英国建筑研究所提出的"精明开端"和"智慧审计"方案减少建筑垃圾来促进减少废物。为了解决施工过程中产生的环境问题，规划者制订了一个环境管理系统，包括设计管理计划、施工管理计划和开发管理计划，以帮助实现环境友好设计的目标[5]。

景观策略的核心是将原来的草地转化为适合当地动植物的混合生态环境，并作为连接城市和郊区的动物走廊。生物多样性策略以国家生物多样性行动计划为基础，保护和提高该地区的生态环境。根据可持续社区策略，该规划规定了多样化的用地类型，包括不同密度的住宅区、湿地中的住宅区、公共开放空间、商业主街道和湿地景观区。居民可以选择各种住房类型，如生态住房和经济适用房，建筑设计结合了当地传统建筑材料和现代建筑技术的独特住宅建筑。以就业为导向的经济发展战略提供各种工作类型，以满足具有不同技能的人的就业需求。企业孵化器的建立及与生态公园相结合的科技园的建设，吸引了许多企业来到这里，实现了生态城镇安居乐业的目标[2]。

（三）规划亮点

科提肖生态城镇规划的目标不仅旨在创建一个满足居民需求的居住区，而且要建立一个自给自足的城镇，保存当地的传统，保留独特的历史记忆。作为一个前皇家空军基地，科提肖原本有一个零散的交通组织，但通过对不同交通方式的详细规划和对居民需求的考虑，创造了一个系统的交通体系。此外，总体规划还关注新能源和节能设施的使用，提出了热电联产和风能发电的技术。在节能建造方面，采用创新的能源测试方法，通过计算每个家庭每年产生的废物量来衡量可回收的能源量，城市中所有的建筑布局都是以最大限度地收集太阳能为目的，采用主动或被动收集太阳能的方法，最大限度地利用可再生能源。规划还通过各种方式解决湿地的保护和利用问题，通过芦苇的自然净化形成水的循环利用，补充栖息地的发展和保护，并创造一个人和生物可以和谐相处的环境。

三、案例三：福特生态城镇

（一）总体概况

福特（Ford）生态镇位于西萨塞克斯郡，靠近福特火车站，规划面积约为368.68公顷，其中108.36公顷为建设用地，260.33公顷为绿地。福特生态镇规划为该地区发展大型休闲和服务行业提供了良好的机会，选址的目的是为了该镇的未来发展，为周边地区提供大量的住房和就业。规划将创造4000个新的就业机会，并为居民提供5000套住房，包括约2000套不同形式的保障性住房，以满足低收入和移民的住房需求。城镇发展的总体愿景是建立一个宜居、宜业、宜游的生态城镇，在交通层面的规划目标是确保机动车交通不超过40%，在景观层面是创造新的生物多样性区域，在住宅层面是支持一个强大的服务网络和工业运输系统。规划注重物质空间与自然环境的融合，制定了能源、水和废物综合利用的资源战略，并将生态设计和资源的有效利用纳入建筑设计、绿色空间的创建和环境管理计划中，将环境影响最小化作为主要的规划原则[5]。

（二）规划策略

福特生态城镇规划从绿地和景观，住房，就业，出行和交通，能源、水及废弃物综合利用，公众参与6个方面展开，分别提出了具体的可持续性发展策略。

在绿地和景观方面，规划重点是将绿地规划融入当地环境，用公园、湿地、森林和河道的多样化景观取代片面的耕地景观，并利用现有的植被作为新建筑的缓冲区。设计了多功能的公共绿地，同时开发了一个适合所有年龄段游玩的野外风景区。

在住房方面，提供了3种不同密度的新社区类型，所有新住宅都将按照可持续住房的6个级别建造，以被动式太阳能原则为基础，室内采暖采用热回收系统。在条件允许的情况下，建筑材料将被回收用于保温和隔音，以减少住房建设中对不可再生材料的依赖。

在就业方面，将推行本地就业解决方案模式，规划鼓励创建创新型的商业社团，以利于当地市场的发展，主要是通过老城区更新和新空间开发相结合，增加本地就业类型，并将废弃的场地作为劳动力培训基地，提高劳动力的职业技能，逐步培养周边城镇的就业热情。

在能源、水和废弃物的综合利用方面，对能源使用的气候影响进行了评估，随后确定了城镇区域内的能源需求和供应措施，最后对整个规划的整体碳足迹进行了评估，以确保达到减少二氧化碳的规划目标[5]。

在出行和交通方面，强调在现有的交通基础上组织内部交通，用穿梭公交车连接城市内的主要功能区。带拖车的穿梭公交车也可以作为家庭垃圾收集车使用。每个居住区都配备了一个家庭信息平台，以方便人们获取实时交通信息。

在公众参与方面，规划成立了一个由区议会成员和独立策划顾问主持的特别委员会，通过跨党派会议、社区宣传和咨询活动等形式解答规划过程中出现的各种问题[2]。

（三）规划亮点

福特生态城镇规划旨在建立一个相互联系的、有特色的绿色空间网络，包括不同类型的公园和小型绿色街道，为居民提供约150公顷的绿色空间。对生产性绿地的规划也非常重视，以小农场和果园为形式的生产性景观被提议为独特的生态城市景观。在建筑节能方面，为太阳能高效住宅和商业建筑制订了不同的节能标准。在洪水风险方面，提出了详细的防洪减灾策略，并提出了在可持续排水方面具有低洪水风险的安全发展模式。与其他生态城镇规划不同，福特生态城镇规划通过建立一个专门的基金管理委员会来管理信托基金来维持城镇的发展。在规划过程中，积极征求居民和相关部门的意见，定期召开社区论坛，为多方参与提供沟通和反馈的平台[5]。

───○ 第四节　小结与启示 ○───

随着全球变暖的负面影响日益明显，积极推动低碳社会的发展已成为全球共识。随着"碳达峰"和"碳中和"目标的提出，中国正在展现其走低碳发展道路的决心。作为人类社会的生产和生活中心，城镇是碳排放的主要来源，也是应对气候变化和实现"双碳"目标的基本治理单元[15]。英国的生态城镇在面积上与中国的小城镇相当，通过研究英国生态城镇的发展，为中国的生态城镇规划和建设提供借鉴。通过梳理英国生态城镇建设历程，研究生态城镇规划理念、策略，以及对西北比斯特、科提肖、福特三个生态城镇的分析，认为我国生态城镇建设过程中应该注意以下三个方面。

一是生态城镇规划和建设应该以科学合理的方式进行。结合自然条件、资源禀赋、社会经济状况、发展历程和未来发展方向，明确定位，合理布局，科学设定生态城镇的发展目标和建设方式，强调规划的综合性、科学性和独特性。二是积极推广绿色技术和绿色产业。要大力推广和利用绿色能源，在景观设计和社区建设中因地制宜，充分利用太阳能、地热能、风能、水能、温差能和生物能等可再生能源。在生产和生活方面推广绿色工艺和产品，在住房方面推广绿色生态建筑[16]。尽可能地保护生态环境和生物多样性，创造人与生物的和谐共处的环境。三是重视公众参与，构建全过程的公众参与平台，针对性地设计参与路径。居民不仅是社区的受益者，也是能够建设社区文化的主体之一。通过自下而上地表达自己的意愿，社区居民从而能够在规划过程中发挥重要作用。生态城镇建设需要鼓励地方居民以不同方式、有针对性地设计参与路径，而且从规划设计到施工要全程尊重居民意愿。

附：参考文献

[1] 李建华，张杏林.英国生态镇规划实践及启示[J].规划师，2012，28（S2）：73–76.

[2] 董晓峰，尼克·斯威特，杨保军，等.英国生态城镇规划研究[M].北京：中国建筑工业出版社，2016.

[3] 赵清.英国莱斯特低碳生态镇规划策略及其启示[J].北京规划建设，2014（02）：50–54.

[4] TOMOZEIU D，JOSS S. Adapting adaptation：the English eco–town initiative as governance process[J]. Ecology and Society，2014，19（2）：20.

[5] 刘星光，董晓峰，王冰冰.英国生态城镇规划内容体系与特征分析——以三个典型生态城镇规划为例[J].城市发展研究，2014，21（06）：33–38.

[6] 黄肇义，杨东援.国内外生态城市理论研究综述[J].城市规划，2001，25（1）：59–66.

[7] 高中岗，卢青华.霍华德田园城市理论的思想价值及其现实启示——重读《明日的田园城市》有感[J].规划师，2013，29（11）：105–108.

[8] 于立.国外生态城镇的规划与建设[J].城乡建设，2012（07）：86–88.

[9] 类延辉.英国生态城镇西北比斯特的可持续性策略[J].城市住宅，2019，26（05）：10–13.

[10] 于立.中国生态城镇发展现状问题的批判性分析[J].国际城市规划，2012，27（03）：93–101.

[11] 卢玉洁，蔡长泽.基于生物多样性保护的城市绿色廊道研究——以英国自然环境白皮书交通绿廊建设为例[J].小城镇建设，2021，39（02）：

107-115.

[12] 艾伦·巴伯，谢军芳，薛晓飞.绿色基础设施在气候变化中的作用[J].中国园林，2009，25（02）：9-14.

[13] RENUK G，GREGOR P，MARTIN G，et al. Delivering integrated water management benefits：the North West Bicester development，UK[J]. Water Management，2018，171（2）：110-121.

[14] CRAIG J Todd. The UK's First Eco-Town Begins to Take Shape [EB/OL]. （2017-01-14）[2022-07-28]. https：//ecotechdaily.net/the-uks-first-eco-town-begins-to-take-shape/.

[15] 高秀秀，张晓彤."双碳"背景下低碳宜居城镇可持续发展的技术策略[J].可持续发展经济导刊，2021（11）：31-33.

[16] 王明春.生态城镇研究[J].黑龙江科技信息，2010（01）：201.

第十二章 自然与新镇：新加坡新市镇规划理念的迭代更新①

第一节 新加坡生态市镇的理论基础

新加坡是一座高密度的国际化宜居城市。经过近50年的发展，从一个肮脏、破败和落后的第三世界城市，蜕变为"花园城市"和"花园中的城市"，并正逐步向"自然中的城市"迭代。目前新加坡共有24个新镇（New Town），新镇是这座宜居城市的基本"砌砖"。相比欧美国家的新镇，新加坡新镇在整个城市的规划建设管理、经济发展和社会融合中扮演着举足轻重的角色。它们是新加坡落实"居者有其屋"计划和"花园城市"等城市愿景的主要载体。新加坡新镇规划建设的突出特点是逐步融入生态城市理念，为居民提供宜居便利的生活、生产和生态空间。

新加坡生态市镇开发的理论与实践是与时俱进的。在1965年独立建国后，其新镇开发深受埃比尼泽·霍华德（Ebenezer Howard）"田园城市"（Garden City）理论影响[1]。"田园城市"理论认为，田园城市实质上是城和乡的结合体。它是为健康、生活及产业而设计的城市，其规模能够却不宜超过向居民提供充足且丰富社会生活的程度。"田园城市"的三级结构单元

---

① 作者：林光明，新加坡规划师协会隶属会员，目前在海南洋浦经济开发区管委会，担任首席规划师；刘鑫，海南省洋浦经济开发区规划委员会办公室建筑师（中级职称）。同时致谢：感谢王菁、古倩华、王诗语、Athira Radhakrishnan、Robin Alviedo 和 Wong Yi Suen 提供的新邦镇初始案例。

包括大型城市单元（新镇雏形）、中型城市单元（社区雏形）和小型城市单元（邻里雏形），也成为新加坡新镇开发的模型[2]。

19世纪中叶和20世纪初在欧美国家进行的"城市美化运动"（City Beautiful Movement）和自然主义的探索对新加坡初期的花园城市建设和生态市镇实践有重要影响。"城市美化运动"是西方国家的城市为应对郊区化现象，为重现市区的美好环境和魅力而进行的景观改造。在此期间的一个标志性事件是，作为西方景观规划先驱的奥姆斯特德（F. L. Olmsted）带领团队于1859年在纽约建设了第一个现代意义的城市开敞空间——纽约中央公园，成为其他城市公园的样板之一。当一些先贤探索利用技术使城市变得更好时，另一些先贤观察到技术给城市带来的破坏和灾难后，进一步思考如何保护自然，平衡人与自然关系，并充分合理利用土地资源。西谛在《建设艺术》一书中反对工业社会中以超人的尺度来设计城市。他主张城市环境应容纳人的个性，要以树木为基本尺度。对自然主义探索最具影响力的是规划师马驰（G. P. March），他通过探索人与自然、动物与植物之间的相互依存关系，主张人与自然要亲密合作[3]。

在20世纪初期，盖迪斯将生态学理论和方法应用到城市规划分析中，并提出"人类社会必须和周围的自然环境在供求关系上相互取得平衡，才能持续地保持活力"。20世纪50年代，西方现代生态学科的兴起对生态城市的规划、建设起到重要推动作用。鲍勃怀特（Bobwater，1985）的《可持续城市》（*Sustainable Cities*）、大卫高尔登（D.Gorden，1990）的《绿色城市》（*Green Cities*）等著作对城市的可持续发展和生态化途径进行了探讨。1987年，可持续发展理念的提出为生态城市思想提供了基础支撑。在城市规划实践领域中，生态城市思想主要在三个层面展开：一是在城市—区域层面，考虑发展对区域、流域甚至全国生态系统的影响，考虑一个地区、国家或全球系统的生态承载力问题；二是在城市内部，依据生态承载力评价结果，确定城市开发边界合理规模，并尽可能扩大生态容量和城市开放空间；三是在最基础单元的社区层面，强调建立自给自足的能力。

从分析人性角度出发，1984年，爱德华·威尔森在他的著作《亲生命性》中提出亲生命性（Biophilia）概念[4]。他主张人类有种亲近自然世界的本能，其中定义亲生命性为"与其他生命形式相接触的欲望"。人类的发展经历了依山傍水，从大自然中汲取食物、水和矿物质等，并在那里聚居，成为城镇（本身就是自然的一部分），逐渐地，特别是第一次工业革命以后，由于技术的发展，人类的很多需求好像不需要直接从大自然中获取。城市居民逐渐与自然脱节甚至对立起来。但这只是一个错觉，也是短暂的。人类在与自然短暂的隔绝之后，必然要与自然重新联系起来，为子孙后代塑造一个可持续的未来。因为，自然不是野生动物（例如老虎、狮子和蛇）生活的地方才称为自然，城市自然也是大自然的一部分。与自然共生、共荣，构建自然与人类命运共同体是在环境领域的最新趋势。城市其实是一个个有机的生态生命体，里面有很多复杂的生态系统。而人类所建立的各种系统，只是模拟这个生态系统的一种有限尝试。"与自然共生"，其实是邀请大自然的各个系统重新回到城市生态中来，让花草树木等各种生物或动物重新有地方居住和生长。然而，这些不是单纯建设多少绿化带就可以实现的，而应以提高整体城市的生态多样性为出发点和落脚地。

以上这些理论、思想和实践对新加坡生态城市和市镇的规划建设都产生了较大影响。本文着重回答以下几个问题：新加坡生态市镇建设和迭代的原因是什么？不同阶段生态市镇规划理念是什么？对中国市镇有哪些启示？围绕这些问题，文章选用了代表新加坡不同阶段的四个市镇——新加坡碧山镇、榜鹅镇、登加镇和新邦镇为案例进行系统阐述。

第二节　新加坡生态市镇的迭代范例

1960年开始，新加坡正式启动新镇建设。在生态特色方面，历经了

"雏形—成型—升华—未来"四个阶段，呈现较明显的迭代特征。一方面，这些特征反映了新加坡发展各时期的经济技术发展水平、对生态价值的认识水平及居民期望值；另一方面，不断迭代升级的生态市镇规划建设，也是新加坡对国际生态市镇实践和理论探索的有益补充，成为新加坡对外宣传和推广的新名片。这些实践也有利于为新加坡企业在海外提供商业机会，例如中新两国在天津共建的天津中新生态城等。

从实践看，新加坡建国领导人李光耀先生提出的花园城市概念是兴建生态市镇的起因和政治支撑力量。他希望通过花园城市建设向外展示新加坡政府的能力和纪律性，从而吸引外资和发展经济。当然，这个构想不仅仅局限于经济目的，也包含了新加坡建国一代领导人的民本思想。李光耀先生曾在其回忆录中写道："独立后，我千方百计要寻找出引人注目的方法，以向世人显示新加坡跟其他第三世界国家不一样。最后我选定了一个把新加坡打造成为清洁又葱绿的城市计划。我的策略之一是使新加坡成为东南亚的绿洲，达到第一世界的水平，使来自发达国家的商人和旅客，把这里当成是到本地区进行商业和旅游活动的基地。这个绿化行动提高了人民的士气，使他们对自己的生活环境产生自豪感。如果我们不能打造一个全岛皆清洁的社会，那我们将会有两个阶级的人民：一个来自上层、中上层和中层阶级，居住环境舒适高雅；另一个来自中下层和工人阶级，生活条件极差。除了财政和国防，建立平等社会一直是我治国时优先考量的事项之一。如果无法让所有的新加坡人都享有干净和绿化的环境，就无法贯彻种种平等的观念。今天，无论你是住在一房、两房、三房、四房或五房式组屋、执行共管公寓或有地住宅，环境都是干净的。你住的房屋并不平等，但你还是可以和每个人一样享有干净的公共空间。"[5]

一、（雏形阶段）碧山镇：花园市镇

（一）碧山镇简介

碧山镇位于新加坡中部地区，面积约7.43平方公里；在北部与宏茂桥镇接壤，南部连接大巴窑镇，东部衔接中央高速公路，西部与中央集水区接壤。其规划控制区由三个分区构成：碧山东、玛丽蒙和上汤申。碧山镇的建设始于20世纪80年代中期。新镇通过位于新镇中心的地铁站（南北线和环线）快速到达新加坡其他区域，并辅以同样便捷的公交换乘站和发达的公交系统。碧山镇是新加坡系统落实李光耀先生"花园城市"愿景的早期代表市镇之一，市镇除了提供公共住宅（组屋）外，还配套有镇中心、公园、学校、体育场、社区中心和轻工业厂房等[6]。

（二）规划理念

与初期新加坡建屋发展局建设的其他新镇不同，在碧山镇的规划设计中，有意识地系统植入花园城市理念，特别是利用自然生态和水系。在绿化方面，形成镇级公园—社区公园—邻里公园三级公园体系，服务于不同人群的绿化需要。与此同时，大规模的植树运动也在碧山镇展开，使碧山镇的各个街道绿树成荫。目前，碧山镇的绿化覆盖率约为42.54%。将绿化和兴建公园作为碧山镇建设早期生态镇的初衷，是让普通居民有机会步行10分钟左右就可以到公园休闲、锻炼身体，践行新加坡政府的"民本"思想。同时，大规模的植树，尤其是种植雨树，则为居民提供足够的树荫，减轻新加坡热带气候对居民生活的不利影响。

然而，受当时生态理念、经济、技术条件等制约，碧山镇早期的生态特征仍停留在满足功能性需求。因此，从2000年年初开始，新加坡政府结合最新的生态理念、技术水平，开始升级碧山镇的公园和水系，提出了"活跃、美丽、洁净"的水源计划（Active, Beautiful and Clean Waters Programme，简称ABC）。并且，以碧山宏茂桥公园为试点项目，这也成为碧山镇新时期生态市镇建设的名片。

（三）典型案例：碧山宏茂桥公园 [7]

碧山宏茂桥公园始建于1988年，占地约65公顷（含河道）。在碧山宏茂桥公园未开展ABC计划时，该公园就是一个普通绿化公园，是作为碧山市镇和宏茂桥市镇的缓冲区和分界线，同时用以满足两个镇居民日常休闲、锻炼身体等功能性需求。在改造前存在以下不足：①公园与加冷河道（约2.7公里的混凝土构筑物）截然分开，河道用铁栏杆围住，避免居民靠近水体，居民无法享受亲水环境；②公园内生物种类单调，大片的草坪之中零星分布几棵树木，毫无生物多样性可言；③公园内的配套设施比较单一、陈旧；④公园与周边的交通联系不方便。

在ABC计划的指导下，2009年，新加坡公用事业局（新加坡水资源主管部门）和国家公园局（主管公园和绿化）决定合作，打破各自行政边界，集中各自的资源和预算，共同推进公园和河道的更新工程。

碧山宏茂桥公园的改造，主要应用以下4个策略：

1. 进行生态化改造。利用生态工法技术和自然地势，将长2.7公里的笔直混凝土河道改造为长3.2公里的自然河道，蜿蜒穿过公园。生态工法技术被应用于加固公园河流堤岸，通过植物的根基稳固河岸，使其具备动态演变和适应环境的能力，并可以持续地自我修复和生长。通过这些技术应用，大幅度扩大动植物栖息面积，公园里的生物多样性也随之提高。

2. 拓宽步道。与河流平行，宽敞的滨河步道可容纳大流量徒步者、骑行者和溜冰者的需求。同时，通过建设公园联道（Park Connector Network，PCN）联系公园与碧山地铁站等公共交通站点，鼓励远途居民使用地铁和公交车到公园；在公园周边建立自行车停放设施，鼓励附近居民骑行到公园；在公园周围建设一定数量的停车设施，给有特别需要的家庭（如带小孩的家庭）或个人驾车到达公园。

3. 大量新增人性化设施和扩大绿色开发空间。兴建了适合不同群体的健身、休闲设施，如儿童游乐园、老年健身区、封闭式宠物游戏区等。同时，配套咖啡馆，让市民可以在此停留休憩，并为公园内活动的举办提供场地支持。大量的绿色开放空间为城市中心区生态修复河流形成的自然奇观提供了有益的补充。在干爽的季节里，这些河岸区域可以提供大面积的开敞空间进行各种休闲活动。而在降雨时节，紧邻河流的公园区域便充当了输水渠道，输送水体向下游流动。这种新加入进来的输水河道类似自然界河流系统，有益于生物多样性的提升。同时，在暴雨时节，上游水流较急时，可以舒缓水流对下游河道的压力。

4. 建立新加坡首个生态净化群落。它的设置能够提供有效净化水质，同时维护自然的美观环境。生态净化群落是自然式的净化系统，利用特定植物过滤污染物和吸收水中营养物来净化水质。设置于公园的上游区域，生态净化群落能够帮助维护池塘内水质的清洁，而无须使用任何化学药剂。公园内新建的水上游乐园设施用水即由该池塘提供，并同时进行紫外线光解处理（UV 处理）。

二、（成型阶段）榜鹅镇：生态镇

（一）榜鹅镇简介

榜鹅镇位于新加坡东北部，面积约9平方公里。1998年，启动建设，现有居住人口约18.9万人，预计2030年居住人口将达到25万。20世纪50年代，榜鹅是新加坡众多农作物和农场所在地。20世纪七八十年代，新加坡进入快速工业化时期，榜鹅则成为新加坡垃圾处理、污水处理、垃圾填埋、煤炭交易和养猪场所。随着时间推移，榜鹅的水体质量、近岸水质、土壤质量均明显下降。

20世纪80年代末期，新加坡经济快速增长，人口也急剧增加。为拓展居住空间，榜鹅成为规划新镇之一。开发榜鹅，第一步就是逐步清理或清退落户榜鹅的污水企业或项目。1996年，时任新加坡总理吴作栋在国庆群众大会上宣布政府将把榜鹅打造成21世纪示范市镇，简称"榜鹅21"。

（二）规划建设理念[8]

榜鹅是新加坡第一个以"生态"市镇命名的新镇。20世纪90年代中期，当榜鹅镇启动开发时，新加坡城市愿景已从"花园城市"升级为"花园中的城市"。与花园城市相比，后者更强调在花园中建立城市。在新加坡探索新型生态城市的历程中，榜鹅被当作一块城市试验田。榜鹅的愿景是打造"热带地区的可持续发展滨海小镇"，目标是优化榜鹅住宅区的居住环境[9]。今天的榜鹅镇是一个充满活力的新镇，这里提供各种各样优质高密度的住房类型。榜鹅不仅镇内交通十分便利，通往新加坡其他市镇也极为便捷。榜鹅的居民享受着骑自行车或步行即可到达的多种公园、商业中心、社区活动区和滨水步道空间。榜鹅也保留了社会记忆，正在形成自己的特色。榜鹅现已成为最受热捧的住宅区之一，也已跻身新加坡最大的组屋新镇行列。

首先，榜鹅镇规划强调将自然引入到市镇中来。榜鹅水道的建造就是这种理念的有力佐证。榜鹅水道最初要建成连接两头的榜鹅蓄水池和实龙岗蓄水池的地下管道，为居民供水的同时平衡两座蓄水池的水量。时任新加坡国家发展部部长马宝山得知该计划后，否定了建立管道的想法。相反，他建议建造一条风光秀丽的水道（约4.2公里长）。这条水道两侧配备具有吸引力且可供娱乐的便利设施和绿化区，并且本着"依镇而建，濒水而居"的理念沿河道建造海滨住宅。这条水道现在已经成为人们口中的"新加坡的威尼斯"[10]。

其次，将屋顶绿化和垂直绿化系统植入榜鹅镇的空间及建筑设计中。例如，在公共停车楼设计中，大量的绿植被引入到这些垂直空间中，从而改变了停车楼钢筋水泥的刻板印象。

最后，应用城市环境模拟技术模拟风流和太阳辐照度模式，优化街区和公共空间的设计和布置并推动建筑设计，以最大限度提高自然通风和热舒适度。例如，在设置托儿所户外活动场所时，应用环境模拟技术，通过调整建筑布局，尽量以建筑遮阴方式解决日照过强的问题。

三、（升华阶段）登加镇：森林市镇

（一）登加镇简介

登加（Tengah）位于新加坡西部，与裕廊、蔡厝港比邻，是新加坡第

24个市镇，也是新加坡建屋发展局继榜鹅新镇之后，时隔约20年首个开发的新镇。登加新镇占地7平方公里，面积与碧山镇相当，可建造约4.2万个组屋单位。20世纪50年代，登加有许多村落就建于此，如吉丰、丰加村。20世纪60年代，不少私人砖厂落户于此，为这里增添了工业特色。到了20世纪80年代和20世纪90年代，村落纷纷搬离，登加被改造成国防部军事训练基地，一直沿用至今[11]。

（二）规划理念[12]

在2010年前后，新加坡生态城市愿景开始从"花园中的城市"逐步向"自然中的城市"转型。登加镇作为新愿景的试验品，其历经3年编制的总体规划于2016年正式对外公布，该规划将登加定位为新加坡第一个"森林市镇"。登加镇的规划设计灵感源自其早期为新加坡农村的历史，有大量的种植园和茂盛的植被。这一设计灵感激发了市镇规划师们将生态置于登加发展的核心，登加的规划设计也受新加坡建屋发展局生态市镇框架的指引。后者强调开发与自然保护的紧密关系，并尽可能增加自然生态系统给景观和居民带来的益处。

新登加镇采用了自然为基础的生态解决方案。生态原则被用于设计登加生态廊道（Dengah Nature Way，5公里长，100米宽）。其设计目的是将周边生态保护区联系起来，包括西部集水区、武吉知马自然保护区和中央集水区。该廊道景观采用的是可以创造丰富的森林栖息地的热带雨林植被。在此基础上加入徒步旅行步道，使社区可以更加亲近自然。登加镇的四围由森林包围，使登加镇整体如同一个被生态"信封"包裹而成的自然栖息地。贯穿镇的中心区域，有一个占地20公顷、由绿色和蓝色水系构成的中央公园，它为居民提供休闲好去处。公园中有河道、池塘、景观设施等，一方面用以引导水流，另一方面又可以让居民近距离享受滨水空间，营造一个集生活、工作与休闲为一体的居住环境。

登加镇除了其商业中心裕廊创新湖区外，有5个各具特色并都与森林市镇主题相关的居住社区。它们分别为：①田园区（Plantation District），采用了社区农场的主题，许多小型的种植地块可以用以种植蔬菜瓜果，在建屋发展局推出的规划中，这个种植社区也配套了"从田地到餐桌"的设施，以及建立可以让居民销售自己栽种农产品的交易市场；②绿苑区（Garden District）；③园林区（Park District）；④红砖区（Brickland District）；⑤山景区（Forest Hill District）。

登加镇的另一个生态措施是塑造无车市镇中心（Car-free Town）。采用多层设计分流人行、骑行与车行，实现了让行人和自行车骑行者在上层安全通行，车辆则在下层行驶，地铁、各种通道及停车场等则主要布局在地下。从而为花园、城市农业、步行和自行车等使用提供多样化空间。为减少用车，区内将建全长46公里的步行和自行车道。此外，大多数巴士站也将设于每个住家的300米范围之内。配合拟议中的裕廊区域线（Jurong Region Line），居民将拥有非常便利的公共交通。

四、（面向未来）新邦镇：与自然共生[13]

（一）新邦镇简介

新邦（Simpang）新加坡最后的规划边界之一，位于新加坡东北海岸，南邻义顺新镇，西邻三巴旺，东临柔佛海峡。更重要的是，它是这个城市为数不多的沿海栖息地之一。新邦被大量红树林、灌木丛、潮间带、次生林环绕，土壤条件肥沃，生物多样性丰富。新邦是新加坡市区重建局发展指南计划下的一个规划区，新镇总面积8.8平方公里。在1993年的规划中，曾计划在此建造2万个住房单位。由于规划后来被搁置，因此该地块被预留为远期发展用地。

（二）规划理念

近些年，新加坡常常受到突发事件对本地物资供应等造成的困扰，以及时常干扰新加坡的跨境雾霾事件影响。这些挑战让新加坡不得不反思，建立"自然中的城市"的愿景是否足以帮助新加坡应对新的挑战，并继续指引新加坡为居民提供高品质的生活环境。在充分尊重自然与深刻理解自然的基础上，决策者与规划师们逐步意识到实现人与自然和谐共生是新邦镇规划面向未来探索的方向，这包括：①破除城市和自然之间的对立边界，让城市融入自然并隐于自然中；②最大限度地保留本地原生态自然环境和生态体系，避免开发干扰；③尝试构建一个能够自给自足的新镇社区，满足包括食物、就业、娱乐、交通、社交等日常所需的所有功能。

为落实上述规划理念，新邦规划拟采取以下主要策略。

1. 以生态保护为前提，构建土地分级分类体系，不是所有的地块都适合做开发。项目基于GIS（Geographic Information System，地理信息系统）分析，综合考虑植被、沿海环境、坡度和海拔因素，制订生态敏感性地图，明确不适宜海上贸易的范围区域，以及红树林等沿海保护区域。叠加土地沉降和土壤条件综合利用，明确适宜开发建设区域，制订土地分级分类体系：①对不适宜开发的低度和中低度可开发区域，采用生态修复、恢复红树林和次生林、重新复原水系等措施；②对适宜开发区域，以花岗岩坚固地基为基础，为建筑物和构筑物稳固建设提供保障，也是后续城市融入自然的社区选址用地；③农业社区保留在西北部冲积区，最有利于农作物生产；④轻工业和垃圾管理等制造生产区域，适合毗邻现有的义顺工业区布局，并协调工业生产。

2. 将城市融入自然。城市不再是主导，而是有机嫁接入生态环境的配套设施，第一种开发模式是以保留现有森林资源为前提，融入低密度居住和医疗保健等混合功能型住宅，形成"森林混合"模式。第二种可采用适当中度密度（容积率2以上）开发建设单元，形成"森林住宅"模式。这种模式采用从中心到自然的逐渐过渡模式：从新镇的中心往自然森林，越往外围，地块规模、建设密度和配套设施集中度逐渐减小，城市逐渐消失和隐藏于自然森林中。

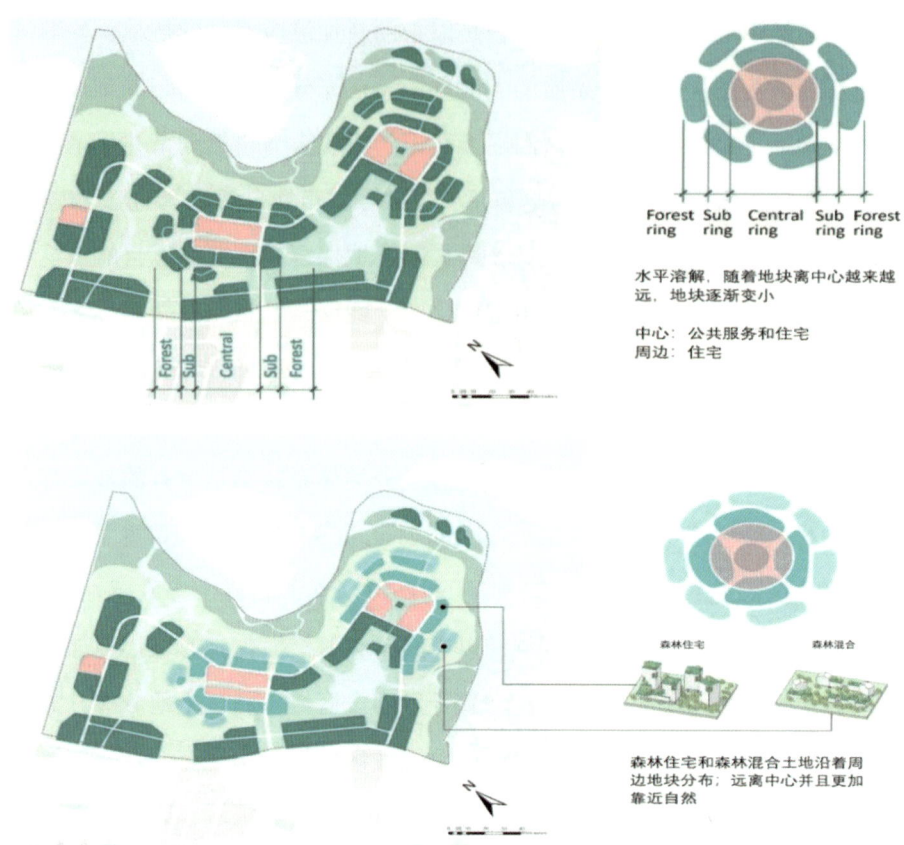

图 12-1 城市"溶解"于自然中

3. 从公共开发空间方面，形成从城市到自然的衔接与过渡。规划设计了多个景观湖畔、森林花园、红树林保护区和湖畔商业休闲区等，形成从城市集中建设区到自然生态区域的逐渐过渡。用地平衡方面，人类活动需要以生态自然保护为前提。规划用地平衡中用于人类活动的城市功能板块用地不超过40%，总计30公顷。其余均保留为自然生态用地，包括30%的森林公园，17%的自然保护区，13%的水体区域。

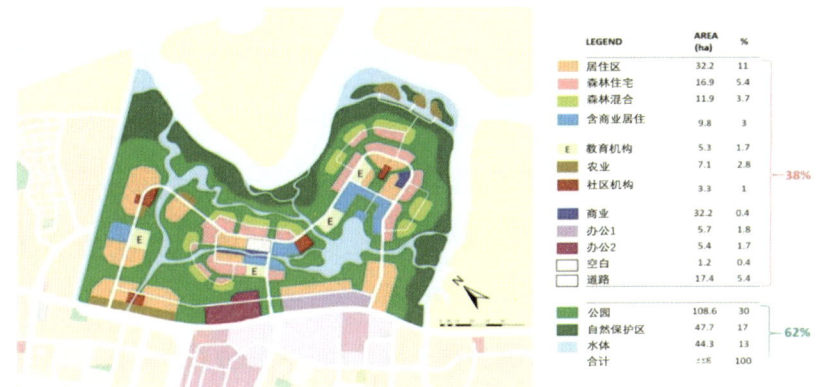

图 12-2　新邦镇用地类别

4.强调自给自足模式，尤其是探索自给自足社区构建。除原本保留的原生态农耕土地和水产养殖外，规划新增生鲜市场等可以提供物资交换与交易的场所。鼓励社区物资和食物的内部交流，避免粮食浪费。

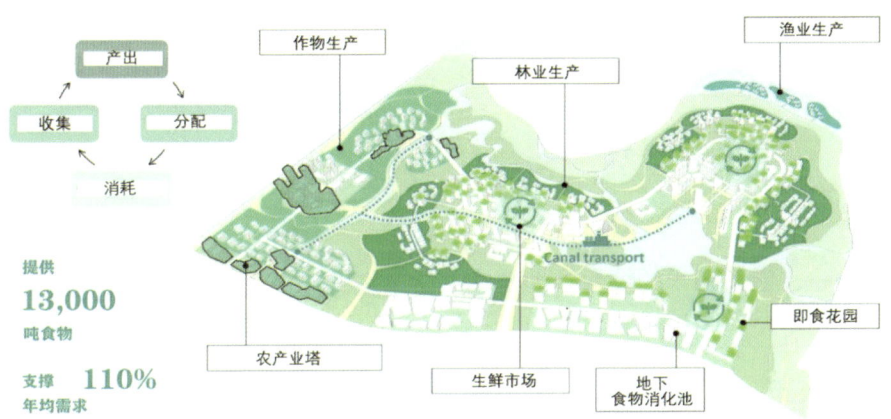

图 12-3　新邦镇自给自足模式

5.建立可再生系统。使用当地产出的可再生材料生产商品，通过垃圾回收和升级回收过程延长产品生命周期。鉴于本地资源的可用性，例如，藻类和天然染料将被利用，并转化为纺织品（服装、鞋类或其他家居用品）。通过维修、升级和再利用来确保产品尽可能长时间地留在消费周期中。社区内产生的固体垃圾材料通过分类，也可以很容易地回收到产品制造过程中。由于这些产品被设计为可生物降解，因此可以被送入堆肥机。该系统预计可回收 50，000 吨资源，理想情况下每年可减少高达 80% 的固体垃圾。社区构建气动垃圾输送系统，被收集并直接送到地下食物消化器，并进行堆肥，然后再返回到食物生产阶段，从而完成闭环。

6. 创新能源供应系统，充分利用"副产品"。能源解决方案将结合自然、技术和法规，将城市和自然产生的副产品尽可能利用。开发控制法规和被动节能设计可以减少建筑层面的净能源需求。为了抵消剩余部分，浮动太阳能光伏电池板将集中部署在开放式水库及渔业社区附近。另外，当富含营养的废水被释放到红树林中时，将产生水力发电。最后，利用车辆和行人交通动能的智能道路基础设施将安装在道路和人行道下。

7. 提倡循环经济，创造就业。新邦共生还能够为人口创造必要的就业机会，更重要的是促进循环经济。通过解决第一、第二和第三产业这三个经济部分来实现的。这是第三个策略的结果——创建自给自足的系统，通过刺激所需的经济模式来进行转变，以实现自给自足。

第三节　对中国市镇的几点启示

一、借鉴科学的综合规划理念

新加坡的生态新镇规划理念服从于并服务于整个城市的规划理念。从"花园城市""花园中的城市""自然中的城市"，这些规划理念的迭代，一方面是新加坡的生态市镇规划既充分借鉴国内外优秀的规划理论，同时，也非常注重总结自身实践经验并充分结合当地历史、文化、地理等特征，挖掘出众多有地方特色的规划元素。避免出现千镇一面的规划产品和生态产品。归根到底，还是以不断提高居民的归属感和满意度为规划的核心出发点。如碧山镇的规划初期主要为了满足居民对绿色环境的休闲需求以及遮阴等功能性需求，后期随着居民对生物多样性和绿色公共空间（包括亲水空间）的需求不断增加，而提出 ABC 水源计划，提供给居民更多样的生态产品和设施。而登加镇的生态市镇规划特别强调让居民亲近自然，例如规划了田园区，可以让居民在工作之余参与劳作，获得收获蔬菜水果的满足感。

中国的市镇生态规划，首先要加强其与上位规划的衔接，作为落实上位规划的空间载体，并充分挖掘本地优势的历史文化、生态景观等资源，塑造差异化的特色生态空间。其次，要加强跨部门沟通协调，充分结合功能需求和景观设计，重点放在为居民创造可以亲近自然和生态的生态空间和途径。从长期看，有利于提升居民对自然和生态保护的主人翁精神。最后，要强化生活区与生态场所（如滨海公园、滨江河道等）的生态联通，避免私人交通动线对该联系的割裂。

二、系统创新

新加坡的生态市镇建设实践不满足已有成果，在总结既有经验基础上鼓励系统创新，不断为居民提供与时俱进的优质环境和生态产品。这体现在不同时期推出的生态市镇，与传统市镇相比，新市镇的理念、技术和提供生态产品的品质和类型显得更胜一筹。从生物多样性角度看，新的市镇如登加镇，其生物多样性比碧山镇和榜鹅镇来得多。登加镇的绿化覆盖率达到58.88%，远高于碧山镇的42.54%。

从市镇自身发展看，也非常强调通过不断的技术、政策和政府部门合作等方面的创新，为新镇发展植入新的生态要素，增强新镇对居民（包括潜在居民）的吸引力。例如，2009年开始，碧山宏茂桥公园通过ABC水源计划，创新性地模糊了公园与河道的界限，大幅度增加生物栖息面积，成为深受新加坡居民喜爱的公园。榜鹅水道的推出弥补了榜鹅镇在区位上的劣势，对吸引其他区域的新加坡居民选择在此居住起到重要作用。而登加镇田园区概念的提出则让都市人有机会重拾田园作业的乐趣。这些项目的成功，不仅仅是技术上的创新，还是新加坡政府政策的创新和部门间合作模式的创新，后者有利于结合不同政府部门的人力、资金、技术力量、专业性和信息等。

三、鼓励利益相关方共同参与生态市镇建设

建设生态城市是一项巨大和复杂的事业，要使项目和政策取得成功并可持续发展，城市规划者就需要赢取该城市居民的支持。任何政府都不可能拥有所有答案或拥有无穷无尽的资源。让社会参与到城市建设中来，将为公共、民众和私人部门的通力合作提供诸多机遇，这将符合城市的长期利益。

例如当地的社区参与了榜鹅生态镇的建设。新加坡建屋发展局、公共服务署、国家环境局及人民协会（负责提供社区服务、促进政府和人民间交流的法定机构），与榜鹅居民携手从事一个合作项目，共同打造榜鹅生活体验。这一项目名为"Project Love Punggol"（爱榜鹅项目），其目标是提出新的理念，增强榜鹅居民在邻里、社区和环境中的社区主人翁意识。居民们非常热情地参与并且展示了他们在创建独特社区中的强烈主人翁意识[14]。例如，为了帮助榜鹅居民拥有更直观的社区移动应用程序和网站，政府官员制作了智能手机和笔记本电脑的纸板模型。将不同应用程序和网站的功能，附在纸张模型上。由此，居民可以很方便地当场"修改"这些功能。如此不断重复设计和测试过程，直到产生最终的方案。另外一个让公众参与的例子是邀请居民为榜鹅水道命名，"My Waterway@Punggol"（我的榜鹅水道）就是居民选出的名称[15]。同时，这些市镇建设中也很强调与市场合作。虽然新加坡的新镇大多数的住宅都是政府组屋，但是私人开发商在新镇的建设中也发挥着关键的作用。通过土地出让的方式，私人开发商在市区重建局（类似于国内的自然资源与规划局）授权下开发私人住宅和共管公寓，在优化新镇住房结构的同时提升新镇的整体环境和建筑品质。

附：参考文献

[1] 埃比尼泽 霍华德（Ebenezer Howard）.明日的田园城市（Garden

Cities of To-morrow）[M].北京：商务印书馆，2010.

[2] 王茂林.新加坡新镇规划及其启示[J].城市规划，2009（08）.DOI: 10.3321/j.issn:1002-1329.2009.08.009.

[3] 张京祥.西方城市规划思想史纲[M].南京：东南大学出版社，2005.

[4] Wilson, Edward O. Biophilia.[M]. Cambridge: Harvard University Press, 1984.

[5] 李光耀.李光耀回忆录[M].北京：中国外文出版社和新加坡联合早报及联邦出版私人有限公司出版，1998.

[6] Gracie Lee.Bishan[EB/OL].[2005-01-20].https://eresources.nlb.gov.sg/infopedia/articles/SIP_731_2005-01-20.html.

[7] Centre for Liveable Cities（CLC）. Urban System Studies [Z]//The Active, Beautiful, Clean Waters Programme: Water as an environmental asset. Singapore, 2013.

[8] 邱鼎财.新加坡城镇化发展经验[M] //冯奎.中国新城新区发展报告.北京:中国发展出版社，2015.

[9] HDB. HDB Annual Report. Housing and Development Board. Singapore. [EB/OL].[2011-10-23].http://www.hdb.gov.sg/.

[10] Lee Hsien Loong. Speech by Prime Minister Lee Hsien Loong at the Opening of Punggol Waterway[EB/OL].[2011-10-23]. http://www.pmo.gov.sg/content/pmosite/mediacentre/speechesninterviews/primeminister/2011/October/Speech_by_Prime_Minister_Lee_Hsien_Loong_at_the_Opening_of_Punggol_Waterway.html.

[11] Heng, J. Tengah, the first HDB Town since Punggol, to have forest fringe, car-free, town centre.[EB/OL].[2016-09-08].https:// www.straitstimes.com/singapore/housing/tengah-the-first-hdb-town-since-punggol-to-have-forest-fringe-car-free-town-centre.

[12] Beverley Anne Tan，Leon Yan-Feng Gaw，Mahyar Masoudi. Nature-based solutions for urban sustainability: an ecosystem services assessment of plans for Singapore's first "Forest Town" [J]. Frontiers in Environmental Science，2021.

[13] 王菁，古倩华，王诗语等. 新邦共生：创建生态友好型自给自足新镇的总体规划[R].新加坡国立大学城市规划硕士工作室项目，2021.

[14] Lee Desmond. Budget Debate 2013: better town for all ages. Ministry of National Development. [EB/OL].[2016-09-08].http://www.mnd.gov.sg/budgetdebate2013/speech_lys.htm，2013.

[15] Lee Hsien Loong. Speech by Prime Minister Lee Hsien Loong at the Opening of Punggol Waterway，[EB/OL].[2011-10-23].http://www.pmo.gov.sg/content/pmosite/mediacentre/speechesninterviews/primeminister/2011/October/Speech_by_Prime_Minister_Lee_Hsien_Loong_at_the_Opening_of_Punggol_Waterway.html.

第十三章　转型与更新：珠三角小市镇产业发展与环境升级 ①

第一节　麻涌概况：典型的岭南鱼米之乡

麻涌镇位于东莞市西北部，地处粤港澳大湾区几何中心地带、广州都市圈和深圳都市圈辐射交融地区、珠江三角洲入海口东岸，是典型的珠江三角洲冲积平原，72道河段纵横、物产丰富，麻涌香蕉荣获国家农产品地理标志。全镇常住人口18.24万人，土地面积91.1平方千米，建设用地面积39.29平方千米。

麻涌镇立村于南宁晚期，至今已有800多年历史。由于河网密布，岸边耕地又以产麻为主，"麻涌"由此得名。20世纪50年代，麻涌是一个典型的岭南"鱼米之乡"，著名作家陈残云在长篇小说《香飘四季》中是这样描述的："南方的腊月天气，太阳分外温柔，分外美丽。清晨，东涌村好像穿上一件多彩的新衣，金色的阳光，翠绿的蕉林，银光闪闪的河水，都是色彩鲜明、饶有生趣。"[1]

改革开放后，麻涌借助工业化浪潮，逐步从一个单一的农业镇蝶变成新型现代化城镇。如今的麻涌已成长为一个风景如画的全域旅游名镇，一个集电商、粮油、物流、旅游、制造业为一体的港口重镇，正迈向建设绿色发展的新征程。麻涌镇拥有的广州港新沙港、东莞港麻涌港列入国家一

---

① 作者：黄慧明，教授级高级工程师，广州市城市规划勘测设计研究院总规划师；朱江，教授级高级工程师，广州市城市规划勘测设计研究院国土与空间规划设计所所长；姚江春，高级工程师，广州市城市规划勘测设计研究院国土与空间规划设计所总工程师。

类口岸，被评为"中国综合实力百强镇""中国现代港口物流重镇"。近年来，经济增长强劲，2021年，完成地区生产总值276.7亿元，三次产业比重1∶48∶51，被认定为"中国粮油物流加工第一镇"、东莞市食品饮料产业集群核心区之一，建有粮油、造纸、电商、汽车、纺织、光伏和船舶装备制造等七大战略性产业基地。

随着华阳湖国家湿地公园的建设，麻涌成为珠三角甚至全国各地游客的热门旅游休闲选择地。2021年，全镇接待游客超过500万人次，获评"全国绿化先进集体""全国美丽宜居小镇""广东省休闲农业与乡村旅游示范镇"等。结合文化和旅游发展的大好形势，麻涌粤曲曲艺文化复兴，重建白鹤榕荫、魁楼晚望、兰陵戏台等景点，新建"林曲苑"戏台，实现了粤曲曲艺文化与旅游发展的深入融合，被誉为"中国曲艺之乡""中国最具魅力乡镇"。

第二节　麻涌发展的成功或失败要素

一、成功经验

（一）承接穗莞产业外溢，村镇经济和临港经济双轮驱动

麻涌镇的发展主要得益于地处穗莞之间的区位优势。早期重点发展村镇企业，后期则随着区域性大交通设施的布局，重点发展临港经济，实现经济腾飞。

1987年，中麻公路竣工改变了麻涌交通闭塞的困境，麻涌开始进入发展的快车道，"三来一补"型的村镇企业逐步增加，积累了较好的工业基础。1992年华南最大内陆港——新沙港投入使用，1996年京港澳高速全线贯通后，一南一北两大区域交通设施的完善使麻涌镇与珠江口核心城市乃至全国实现了快速对接，麻涌镇进入腾飞阶段。借助港口建设机遇，麻涌首先扩建了中麻公路并修建进港公路联通港口与村镇工业园，以港口的战

略地位带动后方经济园区，推动村镇企业发展壮大并积极招商引资。麻涌提出"依托大港口、发展大产业、引进大项目、培育大企业"的产业发展战略，前瞻性谋划临港经济，布局大物流和大工业，逐渐转变"村村办厂、户户冒烟"的产业发展格局[2]。1999年，新沙港国家机械化骨干粮库（现中央新沙直属库）成立并成为珠江口重要的粮油流通基地，进而吸引嘉吉、ADM、益海、中粮等国内外粮油经营巨头、大型企业进驻落户。此后，麻涌作为东莞唯一同时拥有2个国家级港口的区域，不断强化在大物流大工业方面的布局，相继引进了马士基、南玻、中远船务等一批投资规模大、科技含量高的行业龙头企业，形成了粮油食品加工、造纸及纸制品业、新型能源材料等优势产业。到了互联网时代，麻涌又积极推进临港物流与互联网的结合。2015年，麻涌镇举行"互联网+物流·麻涌电商生态圈招商签约发布会"，共签约引进包括京东、阿里巴巴等电商大鳄在内15个电商项目，使麻涌产业发展又一次紧跟时代趋势。

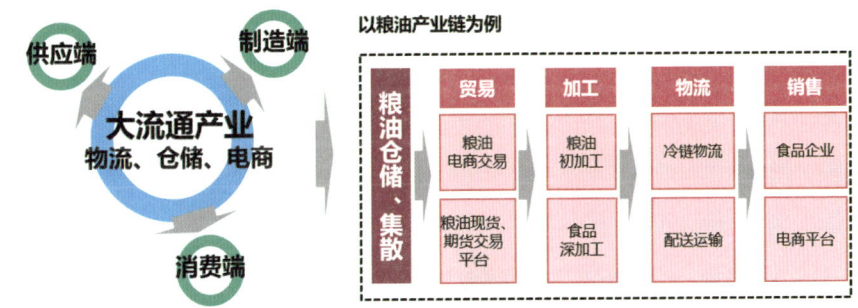

图 13-1 麻涌临港大物流产业链构建示意图（以粮油产业为例）

图片来源：深圳市蕾奥规划设计咨询股份有限公司，东莞市城建规划设计院，《东莞市麻涌镇发展战略规划》（初步成果），2018

（二）推动华阳湖湿地和麻涌河修复整治，以生态环境治理带动产业升级和人居环境提升

麻涌镇水网交织，西临狮子洋，东靠倒运海水道，北有东江北干流，内有麻涌河与东江北干流连通，4大江河干流形成生态骨架。镇内支流河涌

纵横交错，大小内河涌共有116条，总长120.62公里，河湖水面率近27%。华阳湖湿地位于麻涌河、东江北干流等主要河流交汇处，地势低洼，过去周围遍布电镀、牛仔裤水洗漂染等"两高一低"企业，麻涌河沿岸曾分布上百个禽畜养殖场，工业污染、畜禽垃圾堆填、居民生活污水直排等问题严重，导致华阳湖湿地和麻涌河生态环境污染现象十分突出，产业低端和环境脏乱严重影响麻涌城市品质和持续发展。

自2013年起，麻涌镇大力推进污染治理和生态建设，投入17.1亿元推动"两高一低"（高污染、高能耗、低效益）企业整治退出，安排3亿元专项资金推进华阳湖湿地生态修复和麻涌河综合整治，通过截污清淤、排污口整治、水利建设、绿化修亭、源头雨污分流等一系列措施，实现生态环境再造[3]。截至2021年，麻涌河沿岸建成30.23公里主干管网、3座提升泵站、129.32公里次支管网、87.21公里雨污分流管，共计建成各类雨污管网约246公里，各考核断面及内河涌监测结果全面达标。华阳湖湿地生态修复项目入选2021年度"广东省首届国土空间生态修复十大范例"，顺利通过国家湿地公园验收。生态环境明显改善，全镇的河涌水质从劣Ⅴ类恢复到Ⅲ类，空气优良天数比例从2013年的52.3%提升至2017年的88.6%，如今稳定在90%以上。

图 13-2　修复后的华阳湖水清岸绿

图片来源：作者自摄

生态环境再造提升了华阳湖周边人居环境品质。截至2021年，华阳湖景区投入3.5亿元建成"走进香飘四季""古梅乡韵""曲水岸香""南繁盛景""和乐漳澎"等幸福村居项目，实现了美丽乡村全覆盖；建成水上绿道35公里、岸上绿道71公里、各类公园55个，绿化覆盖总面积超过13平方千米，绿化覆盖率超过50%，大幅优化了农村人居环境品质，临湖土地租金从过去每月每平方米1元提高到45.5元，切实增加村民收入。

图 13-3 修复后的华阳湖堤岸优美连通

图片来源：作者自摄

华阳湖湿地和麻涌河环境综合治理实现了生态效益、经济效益、社会效益的有机统一，优美的生态环境还让周边逐步转型成为文化创意、科技研发、生活服务、生态休闲等产业集聚区，引入电商物流、智能制造等一大批优质产业项目入驻，改变了当地的产业格局，实现了产值跃升。2014年，云南城投集团岭南水乡小镇项目、碧桂园集团机器人智能制造等一大批重大项目落户，总投资达325亿元；京东电商项目促进麻涌电商贸易额从2015年的6亿跃升至2021年的300亿元，实现年税收7亿元。

图 13-4 综合整治后的麻涌河

图片来源：作者自摄

（三）实施连片城市更新改造，拓展发展空间和提升城镇品质

作为东莞"拓空间"的试点镇，麻涌立足区位、交通、产业优势，围绕"一核两轴四组团"的空间结构进行资源配置，将城市更新作为进一步推动高质量发展的重要抓手，推动镇村工业园更新改造和老旧物业提档升级，提升城市品质，打造发展新优势，实现城镇功能结构和空间布局的优化。仅2020年一年，麻涌镇就推进了大步居住更新单元、珠三角汽车博览中心二期产城融合更新单元等共约2700亩的9个城市更新单元项目开发；完成"工改工"拆除平整338亩，整备土地317亩。

麻涌镇在统筹考虑现状工业区空间分布、产业发展、规划建设等因素的基础上，优先将现状产业发展滞后、建筑质量较差、开发强度较低、配套设施不足、市场改造意愿较高的工业区纳入试点范围，启动一批以"工改工"为主导、功能适度复合的连片"工改工"类试点项目，推动镇村工业园改造的全面突破，扩展产业发展新空间。支持集体厂房物业利用"工改工"政策，完善历史用地手续。通过改造升级一批、拆除重建一批、产业置换一批，提高产业用地供给规模。

麻涌镇充分发挥临近广州的区位优势，依托全镇城市更新资源，划定城市更新单元，在麻涌滨江的大盛片区、南州片区、华阳工业区等区域，重点针对土地利用效率低的工业厂房，以产城融合为改造方向，整体谋划产业转型、功能升级、空间提升，推进片区集中连片改造，打造创新资源集聚示范镇。改造后，重点引入和打造科技园、孵化器、加速器、众创空间、新型研发机构等产业驱动、产城融合的创新载体，打造创新要素集聚、创业载体丰富、创新资源开放的生态体系[4]。

麻涌镇将城市更新与人居环境整治、培育精品旅游有机结合，真正做到了镇美民富，调动了居民参与城市更新的内生动力。以华阳湖国家湿地公园周边改造为例，麻涌镇通过对沿岸的旧厂房及低效益片区进行"三旧改造"，积极盘活闲置及三旧地块240.2亩，对其中的85.3亩土地重新包装、推出市场，先后引进了华阳湖创客坊、古梅广场等项目。经过几年的努力，该片区已发展为麻涌的新商业圈，促进了城镇品质提升。

（四）实施"人居＋文化＋旅游"的系统性乡村综合整治，打造水乡特色美丽乡村示范片

作为中国美丽乡村建设示范镇，麻涌通过农村人居环境整治，大力发展水乡特色文旅和水乡文体活动，目前已建成"古梅乡韵""和乐漳澎"和"曲水岸香"等一批知名乡村文旅项目，推进"一村一景点"建设和升级改造，实现美丽乡村大发展。

在乡村振兴新时代浪潮里，麻涌全域掀起农村环境整治新热潮，以高品质的农村人居环境整治带动乡村文化、旅游的发展，全力参与粤港澳大湾区建设。截至2020年，麻涌已建立总投资超4.4亿元的乡村振兴项目库，针对各村（社区）开展村内户外道路、小型农田水利、环卫设施、植树造林、文化体育设施等美丽乡村基础设施建设和人居环境整治项目，予以镇财政奖励补助，提高各村（社区）参与积极性，带动项目建设。全面完成广深沿江高速两侧各500米和各大主干道路两旁300米范围内的田间窝棚整治，通过清理、美观连片农田，用好农村土地综合整治、高标准农田建设等政策，发展休闲农业，建设美丽田园。开展"厕所革命"，对全镇现有50

座公厕按照国家3A或准3A旅游公厕的标准全面升级改造（包括拆除重建、新建或改造）。创建干净整洁、美丽宜居、特色精品示范村，已建成麻一、麻二、麻三、麻四、华阳5个村（社区），创建省、市美丽宜居示范村。

以麻二社区为例，以推进环境综合治理为抓手，不断推进精神文明、特色精品和水乡特色等示范村建设，深入推进美丽乡村建设和人居环境整治工作，结合麻二社区原有的古梅乡韵文化、蕉林、岭南水乡特色，打造一个集自然观光、农旅体验、文化感悟于一体的乡村旅游示范区，展示出麻二社区岭南水乡的历史脉络，重点打造"蕉林+水乡""蕉林+田园""蕉林+岭南""蕉林+运动"的水乡特色观光旅游及休闲农业。同时借助省、市、镇关于旅游发展政策的优势，加强与华阳湖国家湿地公园旅游区对接，进一步推动社区农业生态观光旅游发展，提高土地综合收益，改善居民生产生活环境，提升社区品质。

在乡村人居环境整治的同时，注重乡村历史文化的保护和活化。作为"全国曲艺之乡"，麻涌不断擦亮"古梅乐韵"的文化品牌，已建成岭南水乡文化艺术中心及14个村（社区）文化支馆。重视历史建筑的活化利用，麻涌镇新基村莫氏祠堂入选广东省第九批省文物保护单位名录，同时也作为"村史陈列馆""麻涌镇中小学德育基地"，成为村民休闲和公共活动的场所。

图 13-5　麻涌镇古梅生态农业园

图片来源：作者自摄

（五）整合资源打造岭南水乡文化品牌和标识，提升城镇形象，推动全域旅游发展

麻涌镇历史悠久、文化底蕴深厚，其物质文化遗产有6类87处，包括1处省级文保单位、10处不可移动文物、63棵古树名木、5个文物线索、4个镇级文保单位、4个历史文化资源丰富的村落。非物质文化丰富多彩，人民群众广泛参与，拥有非物质文化遗产4项，包括粤曲、中秋习俗、东莞传统婚俗和大步观音巡游。其中粤曲文化源远流长，现全镇共有18个曲艺中心，被命名为"中国曲艺之乡"。

依托丰富的历史文化资源，麻涌镇以"东江湿地绿洲、水乡田园港城"为形象定位，大力推动历史文化古迹的保护和活化利用，塑造水乡文化品牌，通过建立博物馆、展览馆，策划多样化的节庆民俗活动等方式，给历史文化古迹注入新的活力，实现保护与利用双赢[5]。对于工业遗产，通过建筑立面改造、结构加固等方式使废弃的工业厂房焕发生机，以内部功能置换的方式，吸引艺术文化、动漫影视、休闲娱乐等行业入驻，培育文创产业，塑造文创空间传承地方文化。通过举办艺术展览、文化论坛等活动增加海内外文化交流，同时展示麻涌工业文化。发挥岭南水乡文化艺术中心辐射带动作用，大力建设粤书吧、城市阅读驿站等新型阅读场所，营造浓厚水乡文化氛围。

在塑造文化品牌的基础上，大力推动文旅高品质融合发展，围绕"九个一"持续推进全域旅游，获评"广东旅游风情小镇"。一是推广一个系列IP形象。将"龙宝"作为麻涌旅游的"代言人"，作为全域旅游系列活动的吉祥物、引导文创旅游商品开发和创新等。二是升级一条文创手信街。引导和支持创客坊商圈对麻涌文创手信街进行升级改造，融入本土特色和文化创意等元素，展销麻涌的特色手信和文创商品等，打造成网红打卡点。三是研发一批水乡特色菜。扶持"东莞市名厨工作室"发展，结合麻涌本土的饮食文化，研发一批独具特色的水乡菜，制订标准化并培育推广餐厅，打造"鲜美麻涌"的美食文化品牌。四是构建一个全域研学旅游模式。策

划全域研学课程和线路，制作麻涌全域研学手册，创新推动全域研学旅游"麻涌模式"，努力发展成为粤港澳大湾区的全域研学旅游目的地。五是打造一条特色线路。对"水乡美食休闲游线路"进行优化提升，以"骑迹水乡、品味丰收"为主题，串联出一条游乡村、庆丰收、赏美景、品美食的乡村旅游休闲线路。六是推出一个品牌活动。推出"都市田园·乐游麻涌"全域旅游嘉年华系列活动，形成品牌效应。七是创新一套营销体系。建立政府、协会、企业、媒体、公众等共同参与的全域旅游营销机制，通过多渠道实现线上线下大湾区甚至全国主要城市全覆盖。八是实行一系列扶持措施。整合景区（点）、住宿、餐饮、手礼、娱乐等资源，推出"景区+酒店""景区+餐饮""景区+餐饮+酒店"等营销服务。九是借力一群专业旅游智囊团。邀请有丰富旅游策划经验、实力强的专业团队或专家前来定期指导交流，为麻涌全域旅游的发展出谋献策。

二、问题教训

（一）资源投放缺乏统筹，高消耗、分散式的发展模式与传统水乡肌理存在矛盾

与自下而上的经济增长模式相适应，麻涌镇建设用地资源投放缺乏统筹和聚焦，沿路沿水无序增长蔓延，近10年，建设用地面积年均增加0.7平方千米，年均增长率达2.48%。在20世纪80年代，麻涌镇的建设用地基本沿水系点状分布。20世纪90年代后，伴随着改革开放的大潮，快速工业化促使麻涌镇的建设用地规模急剧扩张，新增建设用地以点状开发为主，沿路沿水无序扩张，建设用地布局呈现向港口和高速口集聚的趋势。21世纪初，麻涌镇中心开始形成，新增建设用地由点状开发扩张转变为组团式分散扩张。由于区域交通道路建设与水系缺乏有效衔接，切割用地情况严重，形成多处三角地带。分散式的发展模式与传统水乡肌理存在较大矛盾。

建设用地无序增长带来产城村混杂的问题。镇域范围内工业用地与城镇住宅用地、农村宅基地等混杂分布，工业对居住造成污染。镇区内部和

滨江区等老工业用地呈现小散乱特征，产业低端低效。旧厂主要分布在滨江片区和镇区内部，整体环境较差，土地利用效率较低，影响整体城市景观和周边居民生活。小型产业园数量较多，尤其是低成本、高能耗的村级传统工业园布局零散，与国有工业用地相互交织，缺乏有效整合。

建设用地增长与传统水乡肌理存在冲突，水系岸线被大量工业和码头占用，缺乏生活性岸线。自2009年以来，麻涌镇生产岸线呈增加的趋势，滨水岸线被工厂和码头占用，生产岸线从28%增加至33%，生态岸线不断减少，从55%锐减至47%。建设占用导致水体贯通不良，部分内河涌存在断头问题。此外，工业生产带来的环境污染问题突出，虽然近些年麻涌实施生态修复取得一定成效，但其辖区内及周边镇街仍有较多如造纸、纺织、化工、炼油等传统产业，能耗较高，污染严重。

（二）村镇工业低效蔓延，空间和产业陷入"低端锁定"

麻涌把握机遇实现快速发展的同时，以工业物流、房地产带动为主的城镇空间主要沿水网扩散蔓延和围绕重点平台增长，建设用地增长相对粗放，目前已经面临着比较明显的产业用地利用低效和城镇空间结构失衡的问题。

在产业方面，麻涌较为突出的问题是产业园区数量多但平均规模小，工业用地规模大但低效用地多。根据最新"三调"数据，麻涌国有工业用地占比68%，工业用地相对集聚，但麻一、大步、东太、川槎、新基等村镇传统工业园布局零散，平均工业地块规模仅3.1公顷，且与国有工业用地相互交织，缺乏有效整合。在土地开发效率方面，麻涌大量工业用地开发强度低于0.75，低效工业用地规模3.82平方千米，占全镇工业用地面积超30%。在单位用地产出方面，全镇地均规上企业工业增加值12.2亿元/平方千米，虽然高于东莞市平均水平，但与东莞排名靠前的镇街尚有一定差距。

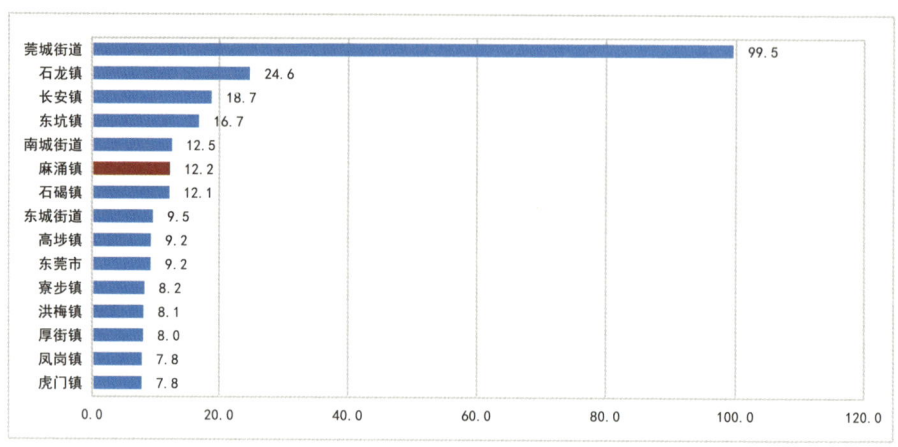

图 13-6 东莞市各镇街地均规上企业工业增加值对比（前 15 位），

单位：亿元／平方千米

图片来源：作者自绘

以产业发展为主导的小市镇发展模式也导致城镇空间结构失衡，相较于工业用地的快速扩张，民生设施和人居环境长期被处于次要的位置。根据最新"三调"数据，麻涌工业仓储用地占比接近50%，而居住用地占比仅18%，居住用地中，城镇和农村住宅用地面积比约1：2，大量人口集聚在农村宅基地，农村宅基地人口密度为315人／公顷，为城镇住宅用地人口密度（41人／公顷）的8倍；城镇公共服务设施不到6%，绿地广场则不到2%，均低于国家相关用地标准，与麻涌较高水平的经济产业现状不相符；工业园区内的商业、公共服务等配套设施用地普遍低于5%，难以服务到园区的工作人群。

随着当前国家和地方对城镇高质量发展的要求，以及传统产业升级转型需求，麻涌如何发挥以华阳湖为特色的水乡特色，完善城镇公共服务配套水平，提升城镇空间品质，将成为吸引高水平人才和企业集聚的紧要任务。

（三）水乡城镇风貌缺乏管控，城镇空间品质和识别性差

在自下而上的快速村镇工业化驱动下，麻涌镇建设用地沿水沿路快速

扩张蔓延，并不断侵占水岸、农田等生态空间，水乡传统自然景观日益破碎化，大片基塘农业景观逐渐消失；水体贯通不良，部分内河涌存在断头问题，水体难以形成循环流动，影响河涌排水、生态等功能；水系周边建设缺乏管控，滨水建筑风格缺乏特色，建筑高度被突破，岸线功能私有化，公共走廊和公共空间不足。

滨水建筑高度被突破示意图一

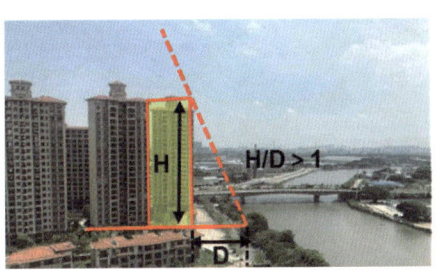
滨水建筑高度被突破示意图二

图 13-7 麻涌镇滨水空间建筑风貌现状

图片来源：东莞市麻涌镇国土空间规划（2020—2035 年）初步成果

城镇建设风貌未能有效管控，城镇风貌特色缺失[6]。旧镇区建筑形式以低层建筑为主，主要为村民自建房，沿街界面不统一，绿化较少。新镇区建筑形式以多层建筑为主，高层住宅较多，大型公共服务设施及商业大楼多临街布置，沿街绿化较丰富，但风貌同质化严重，特色缺失。城镇公共空间特色不突出，缺乏高品质公园，整体公共空间品质较低。同时缺少具有标识性的风貌形象区域，建筑风格以现代建筑风格为主，缺少地域性特色，亟须打造一个高品质、高标准的现代化门户形象区域。镇村工业园发展迅速，镇村厂混杂，工业风格不统一，厂房布局凌乱，工业风貌较差。

图 13-8　麻涌工业园区风貌现状图

图片来源：东莞市麻涌镇国土空间规划（2020-2035 年）初步成果

（四）公共服务品质低，难以适应新兴产业和人才需求

优质的医疗、教育资源已经越来越成为新兴产业和人才落地生根的重要因素，但目前麻涌的公共服务水平难以满足新型产业和新型人才对高品质医疗、教育资源的需求。

麻涌镇人均公园绿地面积仅为2平方米/人，远低于国家标准（8平方米/人），主要集中在镇中心麻一、麻二等村，分布极不均匀，有的游憩广场面积虽大，但缺少树木点缀，忽略了遮阴，导致日常慢行体验不佳，一定程度上降低了广场的使用率；现有8所小学，千人小学学位数约为90个/千人，略低于国家标准（95个/千人），但学位使用处于"供大于求"的情况，更多的家长宁愿增加通勤时间也要将小孩送往东莞市就读；文体设施分布不均，外围的漳澎村、大盛村、万科居住片区等地区部分设施尚未覆盖，缺少必要的文体场所；部分健身场器材年久失修，存在安全隐患，部分文娱广场设施陈旧，使用率很低；作为"全国曲艺之乡"，麻涌有丰富的历史文化资源，如传统粤剧、醉花灯、舞狮等，但缺乏比较集中、专业的文化展览设施。

第三节　麻涌小市镇建设的借鉴意义

一、充分融入都市圈一体化格局，灵活运用小城镇自然生态和历史人文优势做精做特，打造特色小镇

麻涌积极发挥自身生态和文化优势，打造"东江湿地绿洲、水乡田园港城"，积极维育独特的生态和文化资源，塑造水乡文化品牌，建设湿地公园，塑造展现岭南水乡田园风光，提供休闲游憩产品，服务周边区域，成为都市圈重要的生态休闲消费目的地、连接穗莞合作的桥头堡。

对于都市圈周边地区小城镇，往往具有城乡融合的特征，要充分借助大都市的人口、产业和市场优势，建议做好以下三点：一是利用生态文化资源做精做特，营造生态和文化特色空间，发展生态休闲产业，吸引都市圈人口，成为都市圈后花园；二是加强区域协作，融入都市圈产业分工格局，以自身优势资源吸引都市圈产业和创新要素外溢，不断提高专业化特色水平，打造兼具活力与效益的新兴产业集聚区[7]；三是塑造城镇风貌特色，结合自然山水格局和文化资源，加强特色风貌设计，注重对特色生态文化资源的保护和活化利用，塑造特色品质。

二、结合产业发展阶段不断升级配套设施，塑造小市镇特色公共服务，以空间提升推动产业升级

从麻涌城镇发展的经验来看，虽然以工业发展为核心的发展模式导致麻涌在城镇空间结构上失衡，城镇配套设施和环境品质一直落后于工业发展水平，但麻涌也在不同阶段重点推进过城镇基础设施和服务设施的配套升级，并在以空间提升推进产业发展方面取得了显著效果。

20世纪90年代中后期，麻涌重点对城镇基础设施和服务设施进行投资建设，新建和扩建主要道路，建成文化广场、榕园等公共活动场地，建成麻涌镇政府办公楼、麻涌一中、麻涌医院、麻涌供电大楼等设施，这些投入奠定了麻涌的城镇空间骨架，为该时期麻涌由村镇经济向临港经济腾飞奠定了基础。而随着大工业的深入推进，麻涌的城镇配套服务又一次跟不上产业升级需要，为了适应国内城镇发展由"粗放"向"内涵式"转型的普遍要求和麻涌在互联网等新经济方面的布局，2013年后，麻涌又开始积极响应东莞市城市品质提升发展战略，推进"产城融合"发展，注重挖掘自身水乡特色，先后提出建设现代服务型旅游城市和建设水乡新城，将城区南拓建设麻涌综合服务新核和麻涌镇综合服务中心，这些举措也成为新时期京东、阿里巴巴等互联网头部企业落地麻涌的重要支撑。

因此，无论从麻涌发展的有益经验还是负面教训来说，小市镇在发展过程中要尤其注重经济和社会、工业化和城镇化的平衡问题，落实在空间上则突出表现为产业空间与城镇人居环境的协调发展。小市镇的早期发展将工业化作为核心推动力是必然之举，但在实现一定的积累之后也应兼顾城镇空间发展的短板。在这方面，首先，要保证基础设施在总体上能够支撑经济产业快速增长，在工业发展不同阶段积极推动城镇基础设施同步建设，尤其是交通和市政设施方面的同步甚至超前建设；其次，应该保障经济产业和人口集聚所带来的社会服务需求，主要应在住房、公共服务设施、绿地和公共空间的配置规模和布局上适应产业发展，实现工业化与城镇化的良性互动；最后，具有良好资源和环境禀赋的小城镇应该在工业化过程中保护与挖掘自身特色，建设高品质有特色的城镇空间环境，适应当前新经济及人们对美好生活需要的向往，实现新经济发展与城镇生态和文化特色塑造的相互促进。

三、要保持绿色发展的战略定力，以生态环境治理推动"金山银山"转化和高质量发展

麻涌镇以华阳湖湿地生态修复和麻涌河环境综合整治为抓手，通过生态环境治理推动产业升级和人居环境改善，成为东莞市通过水环境综合治理实施"腾笼换鸟"倒逼产业转型升级的一个典型代表。结合麻涌经验可以看出，小市镇发展要保持绿色发展的战略定力，对地方特色的自然资源和生态要素要加强保护和系统治理，推动"金山银山"转化和高质量发展。

协调生态与经济发展是一场硬仗，必须通过创新机制凝聚共识汇聚智慧。纵观麻涌镇的实践，一个重要启示就是通过机制创新搭建起绿色发展的渠道与平台。一是创新了底线保护机制，麻涌镇坚定守护好华阳湖生态资源，将华阳湖和周边湿地纳入保护区，创建国家湿地公园，建立准入清单，大力推进生态修复和环境治理，坚决摒弃周围高污染、高耗能产业，倒逼产业结构绿色转型，坚持走生态保护优先、发展绿色产业的可持续发展道路，打造华阳湖全流域旅游，使之从经济发展落后镇街走向东莞市镇街经济排行靠前位置。二是创新了绿色共建机制，尊重市场规律，引入云南城投集团开发华阳湖周边绿色产业，让专业的人做专业的事，画出了全域旅游点睛的一笔，香飘四季、古梅香韵、中大创客坊等项目莫不如此。三是创新了收益共享机制，生态环境改善带动华阳湖周边地块升值，进而提升了村民收入，使得社会、经济效益惠及每家每户，提升村民参与环境整治的积极性，促进产业转型升级，助力经济高质量发展。

四、加强规划引领，统筹增量和存量资源，引导资源投放形成高效合力

麻涌镇在空间资源投放上既有经验也有教训，早期"自下而上"经济发展模式下，资源投放缺乏规划引领和统筹，呈现"村村点火、户户冒烟"的景象，大规模的"非正规"建设用地无序蔓延，造成空间资源过快消耗、未来发展空间不足。近年来，麻涌总结经验教训，注重加强规划引领，突出增量资源和存量资源的统筹利用，按照"严控新增总量、强化盘活存量"的要求，通过存量更新、结构优化、集约用地和功能混合等方式来优化土地利用布局，整合形成集中连片空间，为重大项目和重大基础设施落地提供保障。

从麻涌镇的经验教训可以看出，小市镇建设要加强规划引领，统筹增量和存量资源，引导资源投放形成高效合力。一是做好增量精准配置和预留，优先保障重大平台、战略性新兴产业基地、重点项目的发展需求，充分考虑未来发展的不确定性，预留一定比例的增量规模，满足未来新增的民生、市政、交通、优质产业等项目，以及乡村振兴项目的建设需求。二是挖掘存量低效土地利用潜力，要鼓励盘活存量空间资源，通过城市更新提供新兴产业空间，腾退出来的空间资源优先用于建设公共服务设施、市政基础设施、政策性住房和中小户型租赁住房等。

五、从物质环境提升转向系统性乡村综合整治，成片连片建设美丽乡村

麻涌在美丽乡村建设过程中注重"人居＋文化＋旅游"的系统性整治，取代以往物质空间为主的提升方式，将物质空间与文化内涵融合发扬，通过"土地—生态—景观—文化"多维度的综合整治，打造东江东岸水乡田园，实现了从"污染重灾区"到"水乡风情胜地"的蝶变。乡村综合整治首先改善了水乡农村地区的居住和生态环境，整治后良好的生态环境为麻涌发展生态旅游和文化产业提供了机会，沿河而建的水乡民宿、古色古香的祠堂、顺河蜿蜒的自行车赛道，以及华阳湖湿地公园等景点逐渐成为水乡闪亮的名片，促进了当地旅游业发展，提升了麻涌的人气和村民收入。

麻涌经验为我国小市镇发展和乡村振兴树立了典型范例，新时期的乡村振兴需要从单纯的物质空间提升转向系统性综合整治，坚持"人居＋文化＋旅游"的整合提升。首先要以人为本，整治农村人居环境，改善村容村貌，提高环境质量，打造绿水青山，完善农村配套，提高农村居住适宜性。其次是挖掘地方特色文化内涵，与现代要素融合，利用直播、网红 IP、采摘节、特色赛事等形式宣传地方特色传统文化，将传统文脉融入现代生活。最后要发展乡村生态旅游，打造户外探险、亲子游学、农耕体验、摄影文创、田园民宿、生态康养等文旅项目，进一步提高地方文化知名度，同时提高村民收入。

附：参考文献

[1] 陈残云.香飘四季[M].北京：作家出版社，1963.

[2] 李郇，李先锋，邓嘉怡.产权视角下中国快速城镇化地区的增长与收缩——以珠江三角洲东莞市为例[J].热带地理，2019，39（01）：1-10.

[3] 彭建东，薄会丽，吴晓峰.生态修复引领下的小城镇转型发展思考——以东莞水乡麻涌镇为例[J].上海城市管理，2017，26（02）：67-70.

[4] 黄惠谊.基于SWOT分析的城市品质提升策略研究——以东莞市麻涌镇为例[J].建筑设计管理，2019，36（07）：79-82.

[5] 莫昌龙，彭建东，杨红.基于触媒理论下乡村文化遗产的保护与发展策略研究——以广东麻涌镇新基村为例[J].城市建筑，2021，18（01）：110-114.

[6] 区锐威.东莞水乡地区乡村空间规划策略研究[D].华南理工大学，2021.

[7] 潘兵.城乡融合背景下小城镇区域专业化分工发展路径研究[D].浙江工业大学，2020.

第十四章 动能与产业：成都温江寿安镇产业升级转型研究 [①]

第一节 小市镇产业发展机遇与动能转换的趋势

一、小市镇产业发展机遇

（一）战略机遇，战略导向

党的十九大报告做出乡村振兴"三步走"的战略部署，明确提出以城乡融合发展推进农业农村现代化。小城镇作为"上联城市、下接农村"的关键节点，既为乡村地域系统提供公共服务，又对乡村产业发展起着辐射带动作用，积极推进小城镇建设对实现乡村振兴具有重要意义。

（二）市场机遇，需求角度

产业、文化、旅游、社区是小市镇包含的主要功能，成为小市镇的四大主题，对于小市镇的需求主要需有四个特点，具体可概括为"特""新""小""活"。

1. "特"：明确每一个特色小镇产业发展的主攻方向，避免雷同发展、同质竞争，推动特色产业集聚发展。在发挥集聚经济优势的同时，突出做强产业发展目标，延伸拉长产业链条，推动产业从低端化向高端化升级过

---

① 作者：彭剑波，清华同衡规划设计研究院城市发展策划研究所所长；高红玉，北京清华同衡规划设计研究院城市发展策划研究所注册规划师。

渡，争做行业领头羊。

2."新"：强调新技术应用和创新发展思路，推动"互联网+"等新技术手段与传统产业的结合，积极培育新业态，体现供给侧改革的内容，提升价值链，成为产业转型升级的新载体。

3."小"：不贪大求洋，不追求高楼大厦，注重产业和城镇的融合；同时政府不设专门管理机构，降低了行政成本。要求每个小镇根据当地的地形地貌和生态环境，确定好小镇风格，展现"小而美"，要求"颜值高"，避免"百镇一面"，同质竞争。

4."活"：放活特色小镇运作机制，突出企业的主体地位，使得民企、央企、省属国企等都积极参与特色小镇建设。

"做强产业特色"即高度聚焦主业、做强主业，"一镇一业"，不能搞双主业、双链发展，甚至是多业发展，必须围绕单一产业进行精确招商。坚持全产业链发展，做最全配套，确保小镇能提供全行业内最全面、便捷、优质的产业配套服务。

"做亮形态特色"即小镇的建设形态要"精致"，每个小镇都要根据产业特色、地形地貌特点、历史文化脉络，选择、确定好自己的特色风格，让人一到小镇，就眼睛一亮，感觉与众不同。

"做深人文特色"即汇聚人文资源，形成人文标识。把文化基因植入产业发展、生态建设全过程，结合自身实际着力培育创新文化、延续历史文化根脉、保护非物质文化遗产、打造独特的山水文化，形成"人无我有""人有我优"的小镇特色文化。

"做美生态特色"即小镇建设必须坚持生态优先，坚守生态良好底线。重视生产、生活和生态融合发展，做到生态特色与产业特色、当地自然风貌相协调。

二、小市镇动能转换趋势

（一）产业结构转换趋势，小市镇第一、二、三产业融合

我国长时间实行的是"城乡二元体制"的发展战略，产业结构上偏向

于重工业，分配制度上基本偏向于城市。产业兴旺是乡村振兴的重点，构建第一、二、三产业的融合发展，是实现产业兴旺的路径之一。

第一、二、三产业融合策略：提升一产的专业化水平，吸收一些优秀的人才进行一产的加工，积极参与产业论坛，与同行交流加工技术，培养专业的人才。与农场或合作社达成原材料的采购合作，用以第二产业深加工的原料。自有基地内培育专业的种植人才，与专业的种植团队合作，解决招人难，留人难的问题；策划特色旅游项目，在第二产业的主产区建立初加工车间，形成特色的工业旅游、研学、生态旅游项目，配套开发第二产业深加工产品及餐饮服务；建设全产业链多感官体验的特色休闲地，带动周边商业及房地产效益。

（二）产业类型转换趋势，小市镇绿色产业、新型产业等类型兴起

产业、文化、旅游、社区是小市镇包含的主要功能，在有限的空间里，将产业、文化、旅游、社区四项功能进行充分地融合，聚集更强势而独特的产业，小市镇的产业从原有的传统产业向新兴产业、绿色产业进行转换，汇聚各方面的人才，挖掘资源禀赋，拉长产业链条，壮大产业集群，将产业向更高层次发展，形成产业优势、发展特色经济的小市镇。

第二节　小市镇动能转换与经济组织的创新：以成都寿安镇为例

一、寿安镇概况与特征

（一）寿安镇概况

寿安镇作为四川省旅游产业强镇，坐落于距离成都半小时车程的温江区，是国家级生态示范区的核心区域，成都市经济发达镇和小城市建设试点镇之一。多年来以花木资源、花木编艺为核心IP，先后获得国家级生态

示范区、国家级小城镇建设试点镇、全国优美小城镇、全国小康建设明星乡镇、创建全国文明城市先进镇、省级安全示范社区、全市乡村振兴先进镇、全市安全生产监督管理示范单位、全市信访工作先进单位等殊荣，并于2020年获得第六届全国文明村镇称号。寿安镇着力花木IP发展，形成了以艺术游览、高端民宿体验、康养医疗消费互为支撑的全域旅游消费场景，环北林绿道旅游目的地和消费地。

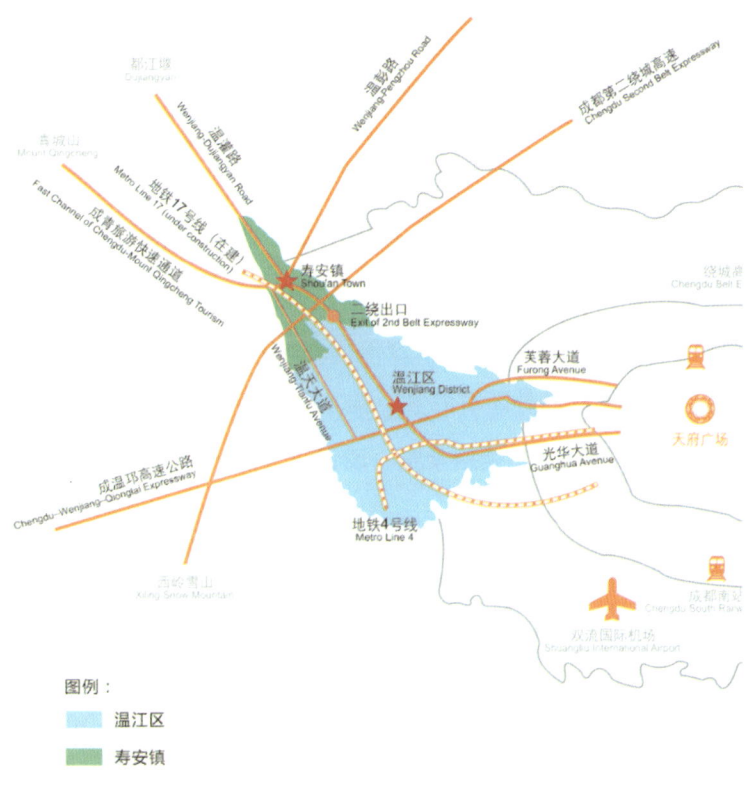

图 14-1　寿安镇区位图

图片来源：温江区寿安镇微度假产业策划

（二）寿安镇特征

寿安镇拥有丰富的、独特的全域IP资源，长久的发展，使寿安镇逐渐呈现以下5个特征，一是生态本地卓越，是国家级生态示范区，全域蓝绿交织，拥有都江堰灌区首泽地，金马河、江安河、杨柳河三大水系穿境而过；二是花木资源独具特色，全国三大花木主产区之一、万亩寿安植物编艺基地、川派盆景发源地，在地居民99%从业花木种植，形成了天然氧吧；三是旅游资源多元丰富，80多公里绿道、200个林盘、三大特色园区（编艺公园、盆景公园、岷江桂花村公园）、主题民宿云集；四是区域资源有支撑，5公里范围内坐落有成都市级医学城、二大三甲医院；五是文化底蕴厚重，是古蜀鱼凫文明发祥地，有鱼凫遗址、陈家桅杆等千年历史文化，有古蜀农耕、川派盆景等特色文化传承[1]。

二、寿安镇动能转换三阶段

（一）传统花木种植阶段

寿安镇，在2014年前以传统花木种植为主，种植的花木多用于城市绿化、园林绿化等，种植类型较为多样，每个村、社区都有分布。

譬如天星村几乎家家户户都有种植的紫薇，譬如团结桥社区种植面积达600余亩的红继木，此外还有海棠、桂花、女贞、杜鹃、黄杨、红枫、红瑞木、新疆红柳、丝棉木、紫荆紫藤、凌霄等等。

（二）花木编艺赋能阶段

1. 以编艺产业为抓手，加快现代农业发展

深化特色花木种植产业。进行精细化花木生产经营管理。提高生产效益，突破传统"家庭作坊"式经营模式，积极采用"种植大户＋花木经纪人"的大户带动模式、"花木公司＋合作社＋经纪人"的规模化经营模式，缓解寿安目前花木产业小生产与大市场之间的矛盾，形成区域规模效益。提高花木产业的专业化程度。加强对小规模花木经营户生产技术知识的培训，从原本靠经验进行栽培转变为依靠科学理论合理经营，实现市场品控管理。加快新品种开发和品牌保护。依托温江农科城，与高校、农业科研院所进行产学研合作，培育一批拥有自主知识产权、具有较强市场竞争力的花木新特优品种，突破市场同质化对寿安花木产业发展的制约，积极争

取省市级花木创新创业基地，打通花木流通渠道。

2.聚焦聚力发展编艺产业，培养编艺人才

编艺是一种缠绕指尖的艺术，又是一种技术，人才的培养是花木编艺发展的关键。重视编艺人才发现，通过合作社，开展调查研究，摸清编艺人才现状，对现有专业编艺人才建立档案，进行重点管理，为编艺工艺出色的编艺师申请非遗传承人；将寿安编艺博览园作为人才培养的核心基地，通过举办专题培训班、外出学习考察、老带新、现场示范、技术交流等形式多样、内容丰富的培训活动，培养编艺人才；建立激励机制，激发人才动力，制订编艺人才奖励办法，打造大师品牌，树立行业话语权，形成"匠从八方来，器成天下走"的编艺产业名片。增加花木编艺品牌竞争力。目前，寿安编艺产品已发展到五大类：其一为以紫薇、桂花编织的花瓶，有大、中、小号的之分，每种又有手工与框架的分别；其二为以紫薇、桂花、女贞编制的柱头，有圆柱头、方柱头、龙抱柱等；其三为紫薇纺织的工艺字，以福、禄、寿、喜为主；其四以紫薇、丁香编织的牌坊、凉亭等；其五为以丁香编织的动物，以十二生肖为主，以各种动物为辅。寿安编艺产品主要呈现大型化、制作周期长、单体化、传统文化属性强等特征。

3.积极推动川派盆景产业转型

充分运用科技成果。对接温江农科城以及其他四川农业、艺术重点研究院校，以"百花盆景园""半称心盆景园"为重要的技术实验基地，将无土栽培技术、扦插育苗技术、嫁接补枝技术、植物组培技术、病虫害防治技术等科技成果、科技手段、科技发明应用到盆景栽培、加工、管护、经营等各个环节中去。关注下沉消费市场。转变过去片面追求盆景"老""古""奇"的价值观，将发展中小型、微型盆景作为重要发展方向，让更多人都能玩、都会玩、玩得起盆景，使盆景真正成为大众化消费艺术品，让盆景进入寻常百姓家。在日常生活中，盆景与木雕、奇石、假山、家居等完美融合，可以共同营造生态典雅的居住环境。增加盆景产业互动性。盆景要从种子、小苗抓起，盆景的生命性决定了盆景创作的连续性。在盆景培育阶段，可以充分结合社群化、本地化、联通化的时代消费特征，让客户远程在线认领盆景，全过程参与盆景的生长，在保留盆景功能性产品特征的同时，进行情感互动和良好体验，这样的运营模式，能够有效传承传统技艺中费时费力的技艺。在盆景维护生长阶段，建立商家和客户交流平台，通过社群化交流组织课程，互相学习，让盆景走进知识课堂、走进社区。而在盆景后续服务阶段，通过提供盆景养护和修复服务延长盆景产业链，对盆景尤其是精品进行跟踪，出售盆景时可以附带说明书，也可以动态服务，通过电话咨询、微信视频等实行远程指导。成立盆景康复养护医院，对受损植物进行整治，对盆景造型进行再修正，再创造，充分将一次性的消费产品转变为伴随成长的家居伴侣，增加盆景的收藏价值[2]。

（三）"花木+"乡村新经济全面绽放阶段

围绕"产业兴旺、生态宜居、乡风文明、治理有效、生活富裕"五大振兴，以建设美丽宜居公园城市、高质量城乡融合为特色，落实"加快推进农村重点领域和关键环节改革，激发农村资源要素活力，完善农业支持保护制度，尊重基层和群众创造，推动改革不断取得新突破"的要求，积极思考、大胆创新、凝聚智慧，面临着土地资源怎样盘活、真金白银哪里来、依靠谁来干等"地、钱、人"要素的供给瓶颈难题，也需要解决产业如何发展，农民如何增收等乡村发展需求问题。基于以上要素供给和发展需求问题，寿安镇在遵循以"政府主导、市场主体、商业化逻辑"总体理念下，以盘活乡镇资源为出发点，以带动群众增收为落脚点，构建以产业项目为中心，以林盘院落为载体，探索形成了"市场主导、企业主体、农民主人"三位一体的联农带农和"土地释放、项目投建、运营服务"三环贯通的全链条利益联结机制，实现"风险共担、利益共沾"。总体模式可概括为——IP引领下的"四共"模式，具体为"资源+合作社（共享）+多元主体（共建）+IP特色（共创）+专业运营（共富）"。即在城乡融合视角，以花木、田园、土地等特色乡村资源为切入点，镇村书记带领村民成立利益共享化合作社，再以合作社为枢纽，统一引入国有企业、民营企业等多元主体，共建产业项目并在新经济新消费的引导下共同创新和塑造多彩IP，最终在专业化市场运作下结合利益联结机制形成村民、企业等多方的共同富裕。这种模式以农民为主体的合作社作为对内对外的关键枢纽，起到了举足轻重的作用。对内带动群众、村民解决土地资源如何盘活问题，进而释放土地价值；对外链接和引入社会资本，与企业共同解决谁来干及资金从哪来的问题；同时也作为村民和企业之间的纽带，代表村民共同参与"土地释放、项目投建、运营服务"三环贯通的全链条合作过程，作为利益的链接点，让村民能积极参与到乡村振兴中去，并能将切实的利益返还到村民[3]。

三、寿安镇经济组织三力量

（一）政府为引领

区镇村三级统筹，提升整体环境。为了给编艺公园配套更好的基础设施、公共设施，提升整体大环境，区镇村三级统筹，区级政府针对公园建设过程中的困难与问题，积极收集和协调解决问题，为项目业态改造、管理经营和文化融入等方面提供了坚实保障。镇政府全力推进项目建设，一是加快完善生态环境整治，建设公园连接绿道、骑游线路、生态停车场等一系列公共服务配套；二是深入挖掘植物编艺文化、故事、传说等历史积淀，打造独具在地特色的文化创意公园。村级联合党委，抓自治，让村庄大环境美起来。以院落自治为突破口，探索形成群众自治模式，采取建管倒置模式，先民主商议院落整治方案及管理机制，后实施美丽家园建设。村民们自筹建设资金，并争取项目和扶持资金，用于拓宽、硬化村组道路、院落整治。村民们还建立长效化环境维护自治机制，实现了院落美化、亮化、彩化的目标。

（二）企业组织支撑

为从根本上推动村民共同参与乡村振兴，通过成立村集体公司、用人机制本地优先化等措施，提高了村民的参与度，让村民成为乡村振兴的主人和重要参与者。通过村集体协调，村民以宅基地或房屋入股共同成立了村集体公司，并进一步与社会企业成立了项目运营公司，让村民真正地参与到了振兴中去。同时在用人机制上充分考虑留住本地人才及富余劳动力就业问题，积极吸纳并着重培养本地返乡大学生和本地有创业意愿百姓两类人群，为项目注入持续发展的基因。针对返乡就业大学生人群设置了专门的就业通道，将民宿管家、活动管理等重要岗位留给返乡大学生，充分发挥他们的知识结构和技能专长。项目给予本地创业百姓基于项目需求的经营内容进行优先扶持，对他们的生产物品给予优先采购，根据项目需要优先安排进行定制生产，与当地农户签订长期粮油蔬菜、肉蛋禽定点采购计划，与当地特色乡厨签订民宿后厨承包合作协议。

（三）村集体为枢纽

寿安镇各村为了更好地发展本村经济，最大限度地发挥农村土地价值，并能长期地保证村民利益和收益，探索形成了集体建设用地通过土地增值入股、土地作价入股及宅基地（房屋）作价入股三种方式与企业合作，共同参与具体项目的建设运营。

一是村集体以土地增值收益入股。这种方式首先是村集体将村民手中小乱散的土地资源，通过院落优改的方式整理出来，除去安置村民外剩余的土地，转化为集体建设用地入市。经流转后，扣除用于村民安置、公共服务建设等方面的费用，剩余的资金即为土地增值收益。其次是国有或社会公司投入资本，村集体经济组织用土地增值收益作为资金入股，共同组成项目建设运营公司，之后所赚取的利益按照比例返还给村集体。此方式按照合作的主体不同，寿安已形成了"村集体+社会公司""村集体+国有公司+社会公司"多元合作方式，代表性案例分别为岷江桂雨、二三里田园综合体。二是农户以自身资源作价入股。按照"产居共生""切割安置"的思路，首先是农户将房屋资产和宅基地使用权作价入股，联合村集体经济组织组建村集体公司，再以村集体公司为平台与社会公司组建项目公司，负责项目建设运营，运营公司再通过项目的经营收益利润分红、租金溢价收益分红等方式返还到村集体公司和村民，并以"保底+分红"的方式，保障村民基本利益。此方式的合作主体主要为"农民+村集体经济组织+社会公司"，代表案例为九坊宿墅一期。三是村集体以集体建设用地入股，这种方式是村集体公司以集体建设用地作价入股，国有公司或社会公司以现金入股，共同组建项目公司，其中社会公司主要负责运营，获得的收益按股份返还至各参与主体。

四、寿安镇乡村新经济产业全景图

（一）产居共存的民宿体验

寿安镇着力打造花木艺术游览、高端民宿体验、康养医疗消费互为支撑的全域旅游消费场景，形成环北林绿道旅游目的地和消费地，2019年，旅游收入近1亿元，游客数量达200万人次[4]。

（二）悠享自然的星空露营

寿安镇成功举办复兴花里露营生活博览中心暨首届"花园里的房车露营"文化节启动仪式，此为将休闲露营产业与花卉园艺产业深度融合的创新型文旅项目，通过寿安优美的生态环境和丰富的特色文化，打造了集露营、花卉、康养、研学等功能为一体的全新生活营地，让市民在美食、美景中，自由畅享悠享自然的星空露营生活。

（三）城乡共创的田园总部

推进生态保护与建设网格化，加快项目建设与基础承载能力提升相结合，场景打造与美丽乡村建设相结合，修建生态停车场、旅游厕所等基础设施配套，实施绿道环线景观导视牌安装，提升旅游承载能力。以"集中攻坚、全面提升、常态长效"为重要工作指示，近年来，通过河长制"三河"水系治理、"一路一景"建设，以及绿道、林盘、园子等景观打造，乡村形态面貌发生了很大变化，田水相依、花香遍野的生态乡村之美更加有意境、有特色，天更蓝、山更近、水更清的美丽画卷经常刷屏"朋友圈"。细化实施生态惠民示范工程，启动全域水系生态修复，推进国际公共艺术公园等3个公园城市示范点位项目升级，广泛开展"最美院落""最美田园"评选活动，重现寿安"百湖千渠、万木迎春"的美丽田园画卷[5]。

（四）非遗撬动的编艺研学

成立编艺研发中心、研学基地。对花木编艺技术进行指导，创造新颖的可以操作的编艺造型，研发产品种类，维持编艺盆景的新鲜度。扩大植物编艺选材20余种，研发植物编艺产品120余类、5万余件，申报注册30种编艺商标，进一步巩固编艺公园在花木产业中的龙头地位。加强培训，造就新型"职业农民"。以"农民夜校、新市民培育中心"为平台，培育新型农民2000余人，发挥其新思想、新理念、新技术的影响作用[3]。

（五）文化为脉的国际艺术

盘活资源，建设国际艺术创意地。为了使艺术公司为乡村文化提供长久的创新的动力，在寿安镇政府的协调下，将闲置已久的复兴社区金河阳光苑围38栋配套商铺及50亩绿地[3]，通过村委会租赁给艺术公司，为居民提供了长期稳定的租金收益的同时，在政府和公司联合推动下，以艺术点亮乡村振兴和推动城乡融合为出发点，配套商铺和前侧公园将整体打造为"和合之道国际艺术区"。为乡村艺术家和艺术品提供聚集地、展示地。

（六）农科赋能的编艺花园

寿安镇拥有丰富的独特的全域IP资源，主要体现在5个方面，一是生态本地卓越，是国家级生态示范区，全域蓝绿交织，拥有都江堰灌区首泽地，金马河、江安河、杨柳河三大水系穿境而过；二是花木资源独具特色，全国三大花木主产区之一、万亩寿安植物编艺基地、川派盆景发源地，在地居民99%从业花木种植，形成了天然氧吧；三是旅游资源多元丰富，80多公里绿道、200个林盘、三大特色园区（编艺公园、盆景公园、岷江桂花村公园）、主题民宿云集；四是区域资源有支撑，5公里范围内坐落有成都市级医学城、二大三甲医院；五是文化底蕴厚重，是古蜀鱼凫文明发祥地，有鱼凫遗址、陈家桅杆等千年历史文化，有古蜀农耕、川派盆景等特色文化传承。为了盘活乡镇资源，寿安探索形成了闲置资源盘活四大方式、多元主体共建三大合作方式，在一定程度上解决了土地资源怎样盘活、真金白银哪里来、依靠谁来干等"地、钱、人"要素的供给瓶颈难题，并实现了乡村与社会资本的双赢，充分激活和利用IP特色形成了基础保障[6]。

五、寿安镇产业迭代的五大经验

（一）以策划规划先行，智库领航为顶层

以产业振兴为抓手，深度解决产业落地实操过程中所面临的"土地资源活起来、村民群众干起来、产业发展动起来、农民增收富起来"等要素供给和发展需求问题。以建设公园城市示范区、践行高质量城乡融合理念为背景要求，以IP引领的"共享、共建、共创、共富"四共模式为振兴主线，结合"两级、四度、五类"全区域全场景振兴项目类型，总结出资源盘活资本下乡的寿安模式、"农文旅养创"五大IP引领的寿安方式，以及镇级总社组织协同的寿安范式。同时从总体定位、任务目标、空间格局、机会用地等方面为寿安乡村产业振兴指明下一步的发展方向[7]。

（二）以深化土地改革，盘活全域闲置资源为引擎

土地是乡村的根本，是农村最大的资源，也是村民主要的财产，用好农村土地是农村的根本需求。寿安镇近年来秉着乡村闲置资源充分利用的原则，一直以弘扬敢闯敢试、敢为人先的改革精神，勇于探索，大胆创新，为推动土地改革蹚出了路子，试出了经验。在有效整合镇域现有资源的基础上，因地制宜创新出整体开发、旧房切割、抱团腾退、百家联营等多种集体建设用地、农村宅基地和农房盘活利用模式，让农村沉睡的资源焕发出勃勃生机，形成了具有落地性、推广性的经营模式[3]。

1."整体开发"模式

该模式以有较多村民有意愿腾退宅基地为前提。在尊重农户意愿的前

提下，通过土地整理项目，让农户将分散或闲置的宅基地腾退出来，在村内另划宅基地让腾退农户进行集中居住，节约出的宅基地通过国家法定程序转为集体经营性建设用地，进行挂牌交易。通过此种方式，吸引社会资本向乡村投资，引导社会资源向乡村集聚。如岷江村腾退7个村民小组、180多户，安置农民以户为单位，人均综合用地以60平方米为标准，这样用于安置的宅基地面积约占腾退农民宅基地的50%，节省出来的50%的宅基地转为集体经营性建设用地，通过使用权挂牌交易后，将其中约75%的费用补给农户作为安置费用，剩下25%的费用留在村集体作为公共服务及配套设施的建设费用。

2. "旧房切割" 模式

该模式主要适用于宅基地面积较大的农户。例如，1户农户的宅基地面积接近800平方米，农户实际使用面积较少，造成土地资源的闲置与浪费。经与农户协商、村民代表大会讨论通过，村集体经济组织入股企业与农户签订宅基地使用权租赁合同，农户自住25%，剩余75%的面积交由企业运营，运营利润的35%留给村集体。农户则享受 "保底+分红" 收入，保底收入为宅基地使用权租金，约定每3年递增8个百分点，分红收入约定为经营利润的1%（资产评估占比）。当年该农户 "保底+分红" 收入高达10万元左右。除了宅基地上的收入，农户还可以通过农业经营、本地务工获得收入，从而实现收入的全面增长。

3. "抱团腾退" 模式

该模式适用于少数村民有意愿腾退宅基地的情况。如有9户农户居住在同一个林盘中，经与村集体协商，这9户都有意愿参与农村宅基地的盘活利用。村集体经济组织在充分尊重这9户农户需求意愿的前提下，村集体出资对这9户宅基地和房屋进行整理并进行集中安置，安置标准为人均综合用地60平方米，安置房共占用了2户的宅基地面积，从而腾出7户的宅基地面积，通过合资入股的方式吸引社会资本投资，建设乡村民宿并进行市场化运营（村集体占股20%，社会资本占股80%）。村集体经济组织每年分得民宿运营20%的红利，这部分红利再由村集体在9户农户、9户所在村民小组、村集体经济组织三者之间进行分配，从而体现风险共担、利益均沾。

4."百家联营"模式

该模式适用于农户有意愿经营自己农房的情况。如村中有农户将自己宅基地上的房屋修葺得很好，具备了进行商业化运营的条件，而且这些农户不愿意通过腾退宅基地盘活资源。村集体充分尊重这部分农户意愿，将自身定位为服务者角色，由村集体和互联网企业合股成立运营公司（村集体占股60%，互联网企业占股40%），将这部分农户房屋经营的基础数据接入自己开发的互联网服务平台，搭建共享经济模式。企业给农户开展培训，为农户量身定做面向市场的服务清单并制订收费标准，农户通过经营自己的房屋和院坝获得收益，有的经营民宿、有的经营餐饮、有的利用院坝经营房车营地，针对市场多样化的需求，农户各家的信息在互联网平台上互通有无、合作共享，经营收入在农户、村集体和互联网企业之间分成，形成良好的经营生态。

寿安镇四大盘活乡村闲置资源的方式，都是在充分尊重农民意愿的基础上稳步推进，并制订了两项基本安置原则，一是原住民不离开项目，百姓与项目共生；二是不管村民选择以何种方式参与项目、哪种安置方式解决居住问题，都要保证利益分配一致性，保障了农民利益和项目长期稳定的发展。

（三）以加强市场合作，专业运营为动力

按照合作的资源不同，主要分为以土地谋合作、以环境投入谋合作、以产业谋合作的三种方式[3]，为乡村实现振兴提供源源不断可持续的内生动力。

1. 以土地谋合作的方式

寿安镇各村为了更好的发展本村经济，最大限度的发挥农村土地价值，并能长期的保证村民利益和收益，探索形成了集体建设用地通过土地增值入股、土地作价入股以及宅基地（房屋）作价入股三种方式与企业合作，共同参与具体项目的建设运营。

一是村集体以土地增值收益入股。这种方式首先是村集体将村民手中小乱散的土地资源，通过院落优改的方式整理出来，除去安置村民外剩余的土地，转化为集体建设用地入市。经流转后，扣除用于村民安置、公服建设等方面的费用，剩余的资金即为土地增值收益。其次国有或社会公司投入资本，村集体经济组织用土地增值收益作为资金入股，共同组成项目建设运营公司，之后所赚取的利益按照比例返还给村集体。此方式按照合作的主体不同，寿安已形成了"村集体+社会公司""村集体+国有公司+社会公司"多元合作方式，代表性案例分别为岷江桂雨、二三里田园综合体。二是农户以自身资源作价入股。按照"产居共生""切割安置"的思路，首先是农户将房屋资产和宅基地使用权作价入股，联合村集体经济组织组建村集体公司。再以村集体公司为平台与社会公司组建项目公司，负责项目建设运营。运营公司再通过项目的经营收益利润分红、租金溢价收益分红等方式返还到村集体公司和村民，并以"保底+分红"的方式，保障村民基本利益。此方式的合作主体主要为"农民+村集体经济组织+社会公司"，代表案例为九坊宿墅一期。三是村集体以集体建设用地入股，这种方式是村集体公司以集体建设用地作价入股，国有公司或社会公司以现金入股，共同组建项目公司，其中社会公司主要负责运营，获得的收益按股份返还至各参与主体，代表案例为九坊宿墅二期。

2. 以环境谋合作的方式

一般农村在未进行整治之前，土地的基础配套、周边环境无法满足项目建设运营所需的条件。为此，村集体首先负责提升周边基础配套、环境设施、公共服务等综合环境整治工作，并将这部分工作投入折价入股到项目运营公司中，一般占股10～15%左右。由社会公司负责项目本身的运营，获得收益之后进行分红。这种方式，对于村集体来说，在提升环境的同时，也获得了运营公司一定的股份，保障了村集体长久的利益；于社会公司而言，能快速地以较小成本获得场地基础配套、整洁环境，便于项目后期的推进。此方式达成了村集体与社会公司双方的合作共赢，具有一定的推广意义。未来提升方向建议在签订合同时，按照市场化要求，引入第三方机构对环境投入部分进行评估，以保障双方的共同权益。

3. 以产业谋合作的方式

在共享的理念下，为推动产业发展，村集体公司以自身资源，社会公司用设计和运营理念，共同组建项目公司负责研究产业市场，研发产品，引进技术，指导民众生产，进行销售，从而带动群众增收。如指尖的爱生活馆，村集体公司和社会公司以6∶4的股份共同成立凫猫文旅公司，由社会公司负责熊猫创意产品的设计研发、销售展示，村集体公司动员村民进行产品加工、手工体验，通过居家灵活就业的方式，打造特色手工产业，带动农户增收。这种模式社会公司是以乡村振兴的镇村社会化服务商为抓手，以协同方的身份服务于村集体，搭建一个阶段性资源产品化运营的综合服务平台和一套运营服务体系，运营村域资源和村域资源延伸产品，并推进相关产业链的延展。这种合作方式社会公司与村集体、村民是长期互利互惠的关系，能增加乡村资源对价市场的能力，为乡村发展提供长久的持续动力[8]。

（四）以创新利益联结、推动城乡共富为目标

乡村振兴最终是实现农民共同富裕，为达到这个目标，需要走"利益联结"之路[9]。是以村集体为核心，联结村民与外部公司或集体，形成"村村、村社、村企"三类联建模式，共同推动产业发展、乡村振兴。此模式需要注重三个方面，一是坚持"抱团取暖、共同成长"的发展机制。按照一个区域、一张规划、一个社会资本、一套工作机制的思路，制定建立集体经济组织+运营商+若干项目的"1+1+N"产业发展模式，明确"抱团发展、共享共赢"的集体经济发展方向。二是深化"风险共担、利益共沾"

的联结机制。深化三权分置改革，以产业项目为中心，以林盘院落为载体，构建"市场主导、村社主体、村民主人"三位一体和"资源释放、项目建设、运营服务"三环贯通的全链条联农带农利益联结机制，实现"风险共担、利益共沾"，切实做到三方共赢。三是探索"互惠互利、公平公正"的分配机制。坚持共享发展理念，鼓励村集体公司将发展成果惠及全体村民，每年将村集体公司收入纯利润20%作为公益金用于各村（社区）社员培训、基础设施、扶危济困等惠民实事，开展全域增花添彩、道路基础设施等公服建设，最大限度让利于民，让每一位村民都享受到发展红利；30%用于项目参与农户分红，推动参与农户从单一收入过渡到多种财产性收入，调动群众参与集体经济组织的积极性；50%作为发展基金，支持村集体经济不断发展壮大。

（五）以注重育农育才，充分聚才引智为保障

招才引智，汇聚农村"专业人才"。建立乡贤、致富能人等人才资源库240余人，开展专家讲、外出学等系列培训活动，培养农业职业经理人、乡村工匠等80人。组建"匠人联盟"，培育编艺匠人400余人，编艺大师10人，其中漆康林、罗世军2位编艺大师被授予"中国村庄植物编艺大师"称号。建立激励机制，激发人才动力。制订了编艺人才奖励办法，对编艺专业人才评定等级，并颁发荣誉证书。打造"大师小院"，即以花木编艺大师的院落为载体，在提升编艺大师居住环境的基础上，注入民宿、展览、游乐等业态，多方面推动花木产业的延展。

突出人力资本全生命周期服务，以改革创新精神、市场化评价和市场化逻辑来推动专业队伍的搭建，包括以市场化逻辑建立评定机制和人才激励机制，通过"合作管理、监督认证"等模式协调引入专业社群协会等外部团队等。通过"励才、育才、聚才、引才、留才"五大针对性策略，为四川及西部乡村地区的发展，输送有力的人才资本血液、打造坚实的人才引培高地。

附：参考文献

[1] 清华同衡规划设计研究院城市发展策划研究所.温江区寿安镇微度假产业策划 [R].成都市：温江区寿安镇，2020.

[2] 清华同衡规划设计研究院城市发展策划研究所.成都温江都市现代农业高新技术产业园总体规划[R].成都市：温江区，2018.

[3] 清华同衡规划设计研究院城市发展策划研究所.温江区寿安镇乡村振兴工作蓝皮书（2020-2021）[R].成都市：温江区，2021.

[4] 清华同衡规划设计研究院城市发展策划研究所.温江都市现代农业高新技术产业园总体发展规划（修编）[R].成都市：温江区，2021.

[5] 清华同衡规划设计研究院城市发展策划研究所.成都温江区农高创新中心开发策划[R].成都市：温江区，2019.

[6] 清华同衡规划设计研究院城市发展策划研究所.成都温江都市现代农业高新技术产业园五位一体研究[R].成都市：温江区，2017.

[7] 清华同衡规划设计研究院城市发展策划研究所.温江北部两养产业规划研究[R].成都市：温江区，2017.

[8] 清华同衡规划设计研究院城市发展策划研究所.成都市温江区寿安镇"十四五"规划[R].成都市：温江区，2020.

[9] 温江区政府.成都市温江区国民经济和社会发展第十四个五年规划和二〇三五年远景[R].成都市：温江区，2021.

第十五章 产业与空间：长株潭产业新市镇规划与实践分析 ①

改革开放以来，我国经济持续快速增长，城镇化进程突飞猛进，我国城市数量和建成区面积也大幅度增加。从改革开放初期的开发区到之后演变的各类工业区、产业园区、产业集聚区、集中区、示范区等，主题各异，层级繁多，规模悬殊，分布广泛[1]。进入新时期后，高质量发展和创新、协调、绿色、开放、共享的发展理念对开发区提出了新挑战，开发区迫切需要理论响应和实践创新[2-4]。在现实驱动、总结经验和理论探索的基础上，一些与市场化、产业化、生态文明、高质量发展相适应的新模式不断出现，比如产业新城、产业市镇等[5-7]。

长株潭地区是中部地区主要的增长极和核心区，也是国务院批准成立的全国两型社会建设综合配套改革试验区。本文在长株潭地区产业新市镇规划案例基础上，从驱动机制、内涵特征、发展模式等角度对产业新市镇模式进行剖析，希望对实践起到参考指导作用。

第一节　理论背景及模式构建

一、产业新市镇的发展背景

早期的新城新区是以开发区、工业区的形式出现，主要以吸引外资、

---

①　作者：程哲，西安建筑科技大学公共管理学院教授，西安建筑科技大学城市与区域经济研究所所长；蔡建明，中科院地理所研究员；杨韵新，中关村产业技术联盟联合会副秘书长。

发展工业为主，产业以外向型加工工业为主，早期开发区都是政府主导，行政色彩浓厚，功能单一[8]。随着社会经济的发展，各类新城新区开始涌现，如产业园区、产业集聚区、集中区、示范区等，主题各异，层级繁多，规模悬殊，分布广泛[9]。总体而言，中国的开发区发展是一个由行政化向市场化转变，由政策优惠向要素吸引转变，由功能单一向功能复合转变，由工业优先向土地经营转变，从产业集聚向人口转移转变，从独立开发向区域综合转变的过程[10]。

新市镇是城市新城从生产型（工业区）到功能型再到综合型演化的最新形态。结合国内外新城发展理论，考虑到中国的发展阶段和城镇化需求，可以认为新市镇是以人为本，以生态为导向，以产业集聚和人口转移为依托，注重紧凑开发、功能混合、职住平衡、高可达性、可持续发展的空间组织模式，是新城发展的新阶段。在当前的研究和实践中，新市镇的概念和发展模式越来越受到重视，在上海、天津、辽宁等地都出现了尝试性的新市镇规划和建设[5,11-13]。

二、产业新市镇的内涵特征

本文的产业新市镇指的是在中心城市近郊规划建设的集居住、商业、休闲、文化等功能一体、配置齐全、基础设施完善、公共服务足量、有一定的主题特色产业体系支撑、相对独立且可持续发展的区域中心小城镇。产业新市镇的选址一般位于大城市近郊，处于城市发展辐射范围内，具备一定的交通可达性，处于未开发或初级开发阶段，在开发现状上属于"洼地"，但在开发价值上属于"高地"。考虑到生产生活的舒适性、资源环境承载力和人口转移规模等，产业新市镇建设用地规模不少于5平方公里，容纳常住人口10万人左右。产业新市镇的特征主要包括以下几个方面。

（一）依托城市，中心—外围互动

产业新市镇位于城市近郊，虽然空间离城市较近，在中心城市的辐射范围内，但开发现状处于初级阶段，基础设施和公共服务缺乏，以第一产业为主。在发展策略上必须依托城市,充分借助中心城市的引导带动效应,通过快捷便利的交通线路与中心城市相连。要定位清晰,分工合作,积极融入,主动对接,借势发展,市场融合,打造连接城市与农村的桥头堡,区域梯度发展的重要节点,通过城镇化过程中近郊空间的重构和功能的优化,最终实现区域的自我有机增长。

（二）以人为本,人口—产业集聚

以往的开发区由于只注重招商引资和产业集聚,在功能布局和空间组织上忽视了对人口集聚的重视和规划,导致配套不完善,就业人口无法就地转移,产业人口过于流动化。产业新市镇必须紧密结合人口转移的宏观趋势,完善城市功能和基础设施建设,以人为本,促进转移人口的市民化,通过产业集聚、人口集聚和城市功能完善实现市镇的新型城镇化。

（三）产城融合,就业—居住平衡

产业新市镇充分吸取以往开发区的后果教训,注重城市功能完善和园区产业开发齐头并进,相互融合,协同发展。以产业的集聚带动人口的集聚,通过人口的集聚为产业发展和市镇繁荣提供消费保障,使得市镇的财政收入多元化、可持续化。

产业新市镇就是产业发展、土地开发、人口转移和城市功能延伸等协同开发,系统构建,实现多点驱动,产城融合,有机增长。产业是引擎,服务是先导,人口是支撑,利用市场机制集聚资本、人才、土地等要素,通过要素耦合驱动,从而实现新市镇的自我平衡,可持续发展。

（四）集约低碳,生态—产业耦合

产业新市镇地处半城市化地区,生态基底较好,要充分放大生态优势,立足资源环境承载力,做到用地集约高效,资源合理利用,环境生态友好,产业清洁低耗,居住舒适健康。在产业的遴选培育方面,要有针对性地选择一些符合新发展理念、迎合发展趋势、契合本地发展基础的资源节约型和环境友好型产业,实现生产、生活、生态的综合效益最优配置。

三、产业新市镇的关键要素

产业新市镇的模式构建和实施推动是一个复杂的系统工程，涉及的利益相关人众多，开发内容繁多，开发流程复杂，需系统推进，重点突出。其中影响项目成败的关键成功因素（Critical Success Factors，CSF）主要有以下几个方面。

（一）产城融合发展

在以往的各类园区开发实践中，一个主要的弊端就是产城分离，功能单一，职住分割。一方面，新区缺乏产业支撑，导致了"睡城""鬼城"等现象；另一方面，开发区只有产业组织空间，缺乏居住、服务等功能配套，导致了空心化、结构失衡等现象，影响了园区的可持续发展。产业市镇充分吸取以往开发区的后果教训，注重城市功能完善和园区产业开发齐头并进，相互融合，协同发展。以产业的集聚带动人口的集聚，通过人口的集聚为产业发展和市镇繁荣提供消费保障，使得市镇的财政收入多元化、可持续化。产业是引擎，服务是先导，人口是支撑，通过产业、土地、地产、商业等多重开发，实现多点驱动，产城融合，效益最优。

（二）服务功能完善

产业新市镇不同于以往开发区的优势在于产业、居住、商业、休闲、文化等多重功能的复合，具备完善均等的城市基础设施和公共服务，市镇本身是一个自给自足和均衡发展的开放空间。实现功能完善的主要途径就是通过城乡统筹发展，城市基础设施延伸化，城乡公共服务均等化，按照足量、集约、均衡、动态的原则建设完善基础设施和公共服务。

（三）编制投融资规划

产业新市镇的开发要注重经济效益，注重量化指导，注重财务测算。在资源（土地、资金等）约束的前提下，市镇内各业态规模的配比比例如何最优最有效率，是一个非常重要但一直忽视的问题。产业市镇的开发需要大量的资本支撑，在以往的开发区建设中，都是由地方政府通过地方融资平台（城投公司）以土地等经营性资产进行抵押向银行借贷的方式予以解决，还款的来源主要倚靠土地出让收入和税收，这种做法的后果就是导致地方政府债台高筑和土地财政现象，严重影响了政府信用和可持续发展。

要破解此难题，实现产业市镇的可持续发展，就必须从体制机制、开发主体、融资渠道、运作流程等诸多方面进行模式创新。量化优化的可能性较多，不存在唯一解，从经济效益出发进行模型测算提供指导是一个可行的路径。在规划阶段编制投融资规划，以经济效益、社会效益、生态效益三位一体的综合效益最优为出发点，依据项目属性和上位规划的控制性指标，通过市场分析和建立财务模型，按照预期的财务评价指标，进行财务测算和多方案比选，对空间布局和业态配置进行合理优化，从而为功能分区和开发面积提供指导性的控制指标区间，并对融资渠道、风险控制、退出机制等进行论证筹划，保证规划的财务可行性，为产业新市镇的开发实施提供决策依据和资金支撑。

第二节　仰天湖绿色养生示范城规划案例

一、项目背景

长株潭地区，也叫长株潭城市群，为长江中游城市群重要组成部分，包括长沙、株洲、湘潭三市，是湖南省经济发展的核心增长极。长沙、株洲、湘潭三市沿湘江呈"品"字形分布，两两相距不足40公里，空间紧凑，经济联系紧密，尤其是随着现代交通体系的不断完善，三个城市间的交流与合作显著增强，地方政府协同发展的愿望不断提升。长株潭一体化一直是省市政府、专家学者和各界群众关注的议题。从早期的"3+5"战略，再到长株潭获批为"全国资源节约型和环境友好型社会建设综合配套改革试验区"，以及一系列同城发展举措的实施，长株潭一体化不断推进，效果非常显著。长株潭地区已然成为区域协调发展和中部崛起的先行者和引领者。

　　基地总面积约6.8平方公里，位于长株潭城市群中心，是长株潭地区的绿心（图15-1），距长沙市30分钟车程，距湘潭和株洲20分钟车程。交通发达，多条高速公路从基地穿过，并设置高速匝道。生态优势突出，北临昭山、西邻湘江、东靠虎形山、北接昭山、坐拥仰天湖、形成山水相依格局。本基地发展面临的挑战包括：①属于未开发区域，缺乏高能级的空间组织和主导产业；②建设用地规模相对较大，相当于重点镇的镇区建筑用地规模下限；③沪昆高速、京港澳高速、城际轻轨等将基地整体划分为几块，降低基地彼此之间联系；④发展边缘化，处于长株潭的结合部，恰恰也是三个城市的边缘地带；⑤由于用地规模较大，决定了开发投资规模巨大，产品开发周期较长，资金压力极大，地方政府财力紧张，如何引入社会资本作为开发主体是项目成败的关键。

　　针对项目的现状，规划打造"仰天湖绿色养生示范城"，塑造区域中心城市近郊型"产业新市镇"模式，通过产业融合驱动空间重构和区域发展，获得消费者市场和资本市场的双重认可。挖掘和发挥"企业—市镇""产业—空间""资源—资本"的多重耦合和交互作用，推动区域可持续发展。规划的总体定位为"两型典范、融城引擎"，规划重点包括发展理念的前瞻性、产业内容的创新性、空间规划的领先性、开发模式的示范性。

图 15-1　项目区域示意图

图片来源：仰天湖绿色养生示范城总体策划研究报告

二、规划思路

基于项目的区位、交通、生态、政策等综合分析，提出构建服务性产业新市镇作为项目发展方向。充分发挥生态优势和区位优势，打造以长株潭为主要市场、以生活方式为核心的绿色养生示范城，定位为中国健康养生度假胜地、中部都市旅游目的地、长株潭中央文化公园。通过健康养生和文化休闲两大驱动因素的耦合，形成健康养生、休闲度假、都市消费、会议会展、创意生活等五大功能（见图15-2）。在开发方式上，按照"居住高端化、商业社区化、服务产业化、产业金融化"的思路进行运作。

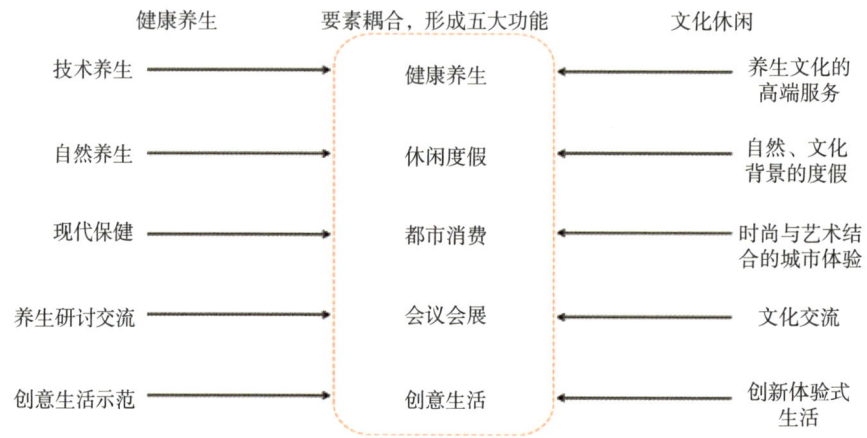

图 15-2　总体开发思路

图片来源：仰天湖绿色养生示范城总体策划研究报告

第三节　案例的关键因素

一、产业导入与发展

针对周边城市生活和现代都市消费的发展趋势分析，立足项目的山水生态优势，引入现代养生产业链，以"生态、科技、人文"为依托，揉入传统养生文化因素，以健康产业导入驱动区域整体开发，提升区域整体服务水平和开发价值，构建集商务休闲、健康旅游、休闲养生等多功能为一体的具有中国特色的养生产业新市镇。在产业发展机制上，以养生为先导，引爆高端聚集，通过消费行为的注入及衍生，提供多元的消费形式，以文化为载体实现与各功能板块的搭接（图15-3）。

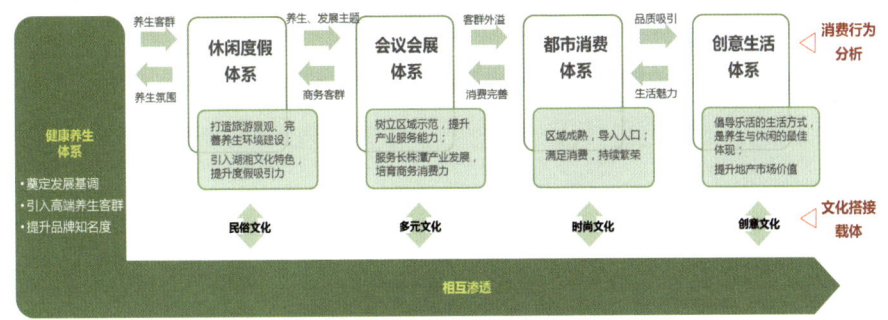

图 15-3　产业构建机制

图片来源：仰天湖绿色养生示范城总体策划研究报告

二、空间组织与布局

基地现状为山水相依的空间格局，依山傍水，地势相对平坦，内部河流湖泊纵横，道路交错，村落点缀其中，基地现状用地类型较为简单，主要用地为农业用地。根据开发便利、空间紧凑和功能混合的策略，将基地划分为16个组团，每个组团面积不大于70公顷，便于土地出让和梯度开发；组团功能复合，有产业、居住及公共服务配套用地，便于滚动开发。规划全域空间形成"5大板块、16个功能组团、1条风光带"的总体格局（图15-4）。在空间发展策略上，依据"产业为核、市镇构建"的总体思路分期完成整体发展，以休闲度假板块中的环湖休闲文化组团及都市消费板块中的艺术、娱乐消费组团为两大先期启动核，通过空间、功能的逐渐对接，带动其他功能组团的全面建设（图15-5）。

图 15-4　空间总体布局

图片来源：仰天湖绿色养生示范城总体策划研究报告

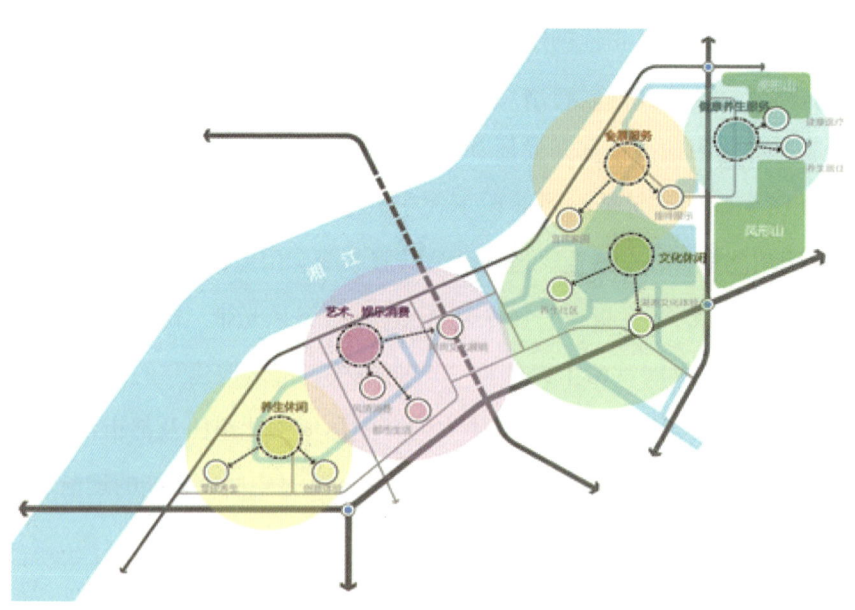

图 15-5　空间发展策略

图片来源：仰天湖绿色养生示范城总体策划研究报告

三、市镇开发与运营

项目采取政企合作的开发方式，地方政府授权企业作为主体全面负责市镇的融资、土地一级开发、二级开发和运营，地方政府负责监管，并提供必备的支持，双方利益共享，风险分担（图15-6）。

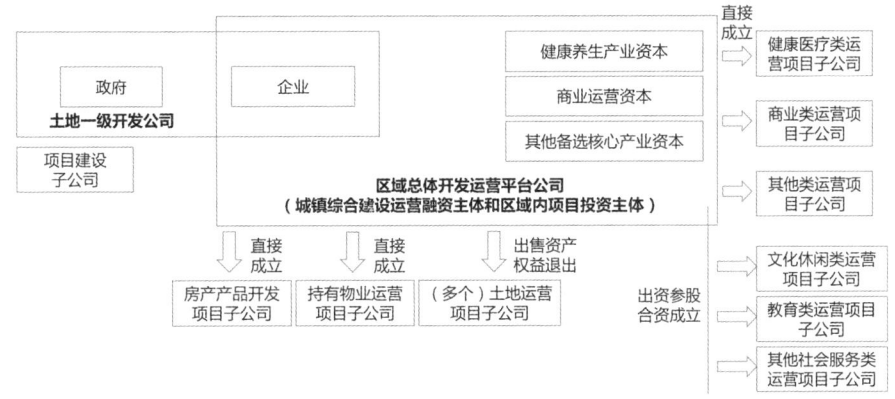

图 15-6　开发模式结构

图片来源：仰天湖绿色养生示范城总体策划研究报告

项目预计总投资206亿元，开发期约10年，投资大，周期长，不确定因素多。为合理分散风险，实现效益最大化，在具体开发策略上采取的措施有：①分期开发，梯次推进，项目分为启动期、成长期、成熟期等3期开发，通过滚动开发和联动开发的方式，充分利用不同属性项目的互相促进作用，实现区域开发的高溢价，加快资金的回收和周转，从而使资金成本最小，收益最优；②开发得当，针对全域开发投资过大，采取一级开发和部分核心项目的二级开发相结合，通过一级开发获取稳定收益，通过核心项目的开发推动土地升值；③经营多元，注重开发物业出租、出售、售后回租、持有经营等多种经营方式的组合，持有部分物业引爆项目，通过部分物业销售回收现金，从而实现资金平衡。

第四节　经验启示

一、特色产业引导新市镇发展

产业新市镇是在新市镇建设的基础上，充分利用市镇的公共服务和基础设施，规划、吸引、构建特色的主导产业体系。产业新市镇的产业不是低级的产业重复，不是简单和盲目的招商引资，而是根据当地场域基底和发展背景，立足现有基础，整合各类资源，瞄准优势产业，注重周边竞合，错位发展，从资源禀赋、产业竞合、空间格局、发展前景等多角度综合比选，规划选择合适的特色主导产业（图15-7）。特色主导产业必须契合当地资源禀赋、符合产业发展趋势、满足市场需求、具有广阔发展前景和具有较强的综合效益，可以是传统产业的升级，也可是新兴潜导产业。通过构建特型化的产业体系，培育市镇特色，缝合产业体系和空间组织，通过产业驱动、要素集聚、服务完善引致消费繁荣，从而实现产业新市镇的可持续发展。

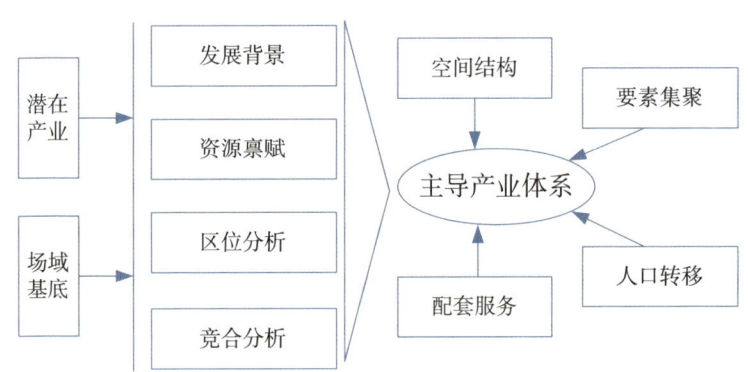

图 15-7　产业发展模式

图片来源：作者自绘

二、规划驱动新市镇空间重构

（一）集约化、生态化

立足我国总体建设用地紧张、生态环境恶化的局势，以建设生态文明为指引，强调环境保护和生态友好，在建设用地上，控制增量，盘活存量，提高利用效率，在各类用地的配比上除了产业用地，充分满足生活、服务、休闲、绿化等需求，塑造宜居宜业、生态绿色的空间形态。在生态环保上选择合适的低碳产业，从源头上控制；规划和建设上引入各类环保的技术手段和成果，提高资源的再利用率；尽可能利用现有山水肌理，融入自然，少做破坏性功能重置，通过精细规划将现状用地和未来发展充分融合。

（二）规划引导，资源整合

产业新市镇是规划引导的新城开发，在驱动机制上带有很强的行政色彩和理性特征，而且产业新市镇开发的规模大、投资大、周期长、涉及面广，只有经过周密、严谨、细致的规划论证和科学决策，才能保证开发建设的合理性和可行性，国外的经验也证明了新市镇开发中前期规划的重要性[25]。因此，在前期必须做好市镇选址、发展定位、土地控制、功能布局、产业选择、人口转移特征、投融资支持等分析和规划工作，通过规划和管理整合人力、资本、土地、技术等资源要素，使之聚焦于产业新市镇，充分发挥整体优势，实现效益最优。

（三）功能复合，布局合理

产业新市镇不同于开发区、工业区的一个最重要的特征在于功能复合，产业新市镇是一个集产业、居住、商业、休闲、娱乐、商务、办公、游憩等诸多功能一体的平衡开放空间。产业新市镇在市镇层面功能混合，但在组团片区层面，各个板块的功能是单一的，并通过街道、绿地等设施予以隔离，布局合理，协调发展，联系紧密，尺度适宜，从而形成"大混合、小分隔、多尺度"的空间组织结构。

（四）基础先行，配套完善

产业新市镇属于近郊新城，一般都处于初级开发阶段，基础设施欠缺，公共服务匮乏，因此基础设施的建设有着重要的先行引导作用。在城区与市镇协调的层面，要通过TOD（Transit-Oriented Development，公交导向开发）、SOD（Services-Oriented Development，公共服务导向开发）的方式促进产业新市镇开发。在产业新市镇内部，要重视市政道路、水电暖通信等公用事业的先期建设和引擎效应，在开发前期具备比较完善的配套基础设施，从而便于产业的导入和人口的集聚，为市镇的深度发展奠定坚实的基础。

三、构建多元化市场化运营模式

（一）主体多元，机制创新

过去的各类新城开发模式和管理都是地方政府为唯一主体，行政色彩极为浓厚，管理体制和运营机制落后，忽视和违反市场规律的行为和制度比较普遍，导致了效率低下、浪费严重、发展失衡等一系列问题。

产业新市镇开发必须切实按照党的十八届三中全会确定的方针，落实市场在配置资源中的基础性作用，以市场化的方式开发市镇，从体制机制、开发主体、融资渠道、运作流程、风险控制与分担等诸多方面进行模式创新。切实转变政府职能，从政府主导转变为政府引导，政府应当承担舵手而不是划桨手的角色[14]，地方政府应当主要肩负监管和行政管理的职责，积极引入城市运营商和产业发展商作为开发主体，大胆采用投融资的创新模式，比如PPP（Public Private Partnership）模式，风险分担，利益共享，充分发挥双方优势。充分发挥城市运营商专业性强、机制灵活、效率较高的特点，由其成立项目公司负责土地开发、产业开发运营和部分基础设施建设和公共服务生产等任务，政府则负责土地的招拍挂、公共服务的采购和提供、非营利性基础设施的建设及产业新市镇的行政管理等职能，从而实现产业新市镇的高效、优质和可持续发展。

（二）投资合理，资本对接

产业新市镇的开发需要大量的资本支撑，仅仅依靠政府的财政投入难以支撑，如何有效地化解资本压力是世界性难题。在以往的开发区建设中，都是由地方政府通过地方融资平台（城投公司）以土地等经营性资产进行抵押向银行借贷或发行城投债之类的方式予以解决，还款的来源主要依靠土地出让收入和税收，这种做法的后果就是导致地方政府隐性债务严重、土地财政现象突出和政府风险巨大，严重影响了政府信用和可持续发展。

要破解此难题，在规划上必须合理确定规模，不盲目求大，适度开发，精明增长，投资合理，提高资金的使用效率。在开发上必须政企合作，鼓励、引导和吸纳社会资本，以企业为主体，充分发挥基础设施、产业运营、物业开发的长期营利性特征，对接资本市场，通过银行信贷、企业债券、信托、产业基金、资产证券化等市场形势多渠道融资，将资产的长期稳定收益折现成当下的开发资本，从而解决开发资金难题。

（三）开发有序，梯度推进

由于产业新市镇规模大，开发周期长，必须通过梯度开发和滚动开发的方式渐次推进，需要确定合理科学的开发周期和开发时序。开发周期过短，资金压力较大；开发周期过长，容易导致市镇萧条和失衡。开发时序的选择需遵循周期合理、资金平衡、现金流导向、引爆项目优先、基础设施先行等原则，充分考虑市镇定位、投资额、开发商实力、项目属性、空间结构、开发策略、政策变化、市场分析、目标收益等因素，从而确定开发周期和时序。

（四）联动开发，溢价回收

产业新市镇内不同属性的项目之间存在着互补和依赖关系，比如基础设施项目的开发有利于吸引产业和促进土地溢价，产业项目的开发有助于人口集聚从而拉动居住类项目开发，而居住类项目的开发形成人气也有助于商业配套项目的发展，等等。因此，通过产业新市镇内不同项目的联动开发，注重发挥彼此间的拉动和引导效应，降低成本，促进溢价，提高增量效益，从而实现区域整体开发"一加一大于二"的协同优势。

第五节　结语

城镇化与工业化是现代化的两大引擎，我国仍然处于新型城镇化的发展过程中。可以预见新城新区为载体的增量发展仍然是大部分城市空间格局演变的主要途径，继续扮演重要的空间承载角色。新城新区开发中，构建产城融合的开发模式是实现城市可持续发展、避免"空城""鬼城"、实现职住平衡的重要路径。城市近郊产业新市镇是将城镇化和产业化耦合的一种空间开发模式，符合发展趋势，契合实际需求，具有较广阔的发展空间。本文从模式内涵、关键因素、发展模式等方面对产业新市镇进行了研究论述，并通过实际规划案例进行了验证，通过产业、土地、资金等多要素的耦合，证明了产业新市镇的可行性和创新性。但该模式还处于探讨摸索阶段，存在许多不成熟的地方，需要在实践中进一步发展完善。

附：参考文献

[1] 程哲，蔡建明，杨振山，等.半城市化地区混合用地空间重构及规划调控——基于成都的案例[J].城市规划，2017，41（10）:53-59，67.

[2] 杨凌凡，罗小龙，唐蜜，等.尺度重构视角下开发区整合转型机制研究——以江苏省为例[J].经济地理，2022，42（06）:33-44.

[3] 何则，杨宇，刘毅，等.面向转型升级发展的开发区主导产业分布及其空间集聚研究[J].地理研究，2020，39（02）:337-353.

[4] 薛飞，周民良，赵政楠.工业园区低碳转型的碳减排效应评估——来自国家低碳工业园区试点的经验证据[J].经济体制改革，2022（06）:98-105.

[5] 沈宏婷，陆玉麒.开发区转型的演变过程及发展方向研究[J].城市发展研究，2011，18（12）:69-73.

[6] 陈学海.以新市镇为抓手推进上海新型城镇化高质量发展[J].科学发展，2022（05）:57-67.

[7] 王宇彤，张京祥，陈浩.从产业新城PPP透视城市治理结构的变迁——基于增长联盟的视角[J].规划师，2018，34（12）:127-132.

[8] 赵民，王启轩.我国"开发区"的缘起、演进及新时代的治理策略探讨[J].城市规划学刊，2021（06）:28-36.

[9] 李志斌，周麟，沈体雁. 国内开发区研究热点与进展[J]. 区域经济评论，2022（01）:155–160.

[10] 孙伟增，陈斌开. 开发区政策可以促进城市平衡发展吗？[J]. 经济学（季刊），2023，23（01）:74–90.

[11] 张美秀，杜越天，孙磊，等. 乡村振兴视域下的村庄发展类型划分研究——以湖北省枣阳市新市镇为例[J]. 湖北大学学报（自然科学版），2021，43（06）:628–634.

[12] 苏蓉蓉，廖志强，苏甦.“多规合一”视角下大都市郊区城镇总体规划策略探讨——以上海练塘新市镇为例[J]. 上海城市规划，2019（06）:106–113.

[13] 朱东风，吴月静，李志明. 新市镇城市设计创新与实效研究——以南京市高淳区为例[J]. 现代城市研究，2015（11）:76–84.

[14] 萨瓦斯. 民营化与公私部门的伙伴关系[M]. 周志忍，译. 北京：中国人民大学出版社，2002.

第十六章 品牌与文化：日本最人气温泉小城由布市（汤布院）[①]

第一节 引言：本研究的目的

　　作为世界上少子老龄化最严重的国家，日本绝大多数城市都面临人口减少、经济增长率低下、财政收入下降的困境。这些问题，在三大都市圈以外的地方城市尤为突出。但是，面临困境，也有一些城市充分利用独自的地域特色资源（自然资源或人文资源等），因地制宜地发展特色旅游业（以下称观光业）等地域品牌产业，通过吸引非常住型"交流人口"[②]，有效地维持了城市的可持续发展。近年来，引起世界关注的日本大分县由布市（闻名国内外的汤布院温泉所在城市）便是其中成功的一例。本文聚焦由布市，在概观日本地方城市所面临的严峻问题之后，详细考察山区小城由布市以汤布院温泉为地域品牌，推进特色观光业和城市可持续发展之成功经验。

---

① 作者：李燕，日本立命馆亚太大学（APU）副校长、教授；戴二彪，（日本）亚洲成长研究所（AGI）所长、教授。

② 交流人口指在居住地和其他地区之间来往并以各种方式与当地人口互动的人。如喜欢该地区并经常出入的人，老家在该地区的人或过去曾在该地区生活或工作的人。在日本的小城市或乡村，人口减少和老龄化问题尤为突出，当地人对交流人口在社区发展中发挥积极作用抱有很高的期望。

第二节　日本地方城市的发展困境和由布市的对策

一、由布市的特征

由布市位于日本九州岛大分县的中部山区盆地。2005年，由大分县庄内町、夹间町、汤布院町三个古镇合并成为现在的由布市。

由布市自然环境独特、气候宜人。虽然大分县属于海洋性气候（濑户内海式气候），但是由布市的大部分属山岳丘陵地区，周围有海拔千米以上的高山，具有较强的内陆性气候特征，昼夜温差大。地理位置纬度低，但夏天不热，乃避暑胜地。

如果光是上述的自然环境，在日本并不少见。重要的是，由布市背靠由布岳活火山（海拔1583米），拥有极其丰富的温泉资源。由布市位于由布岳山麓的温泉地带，温泉涌出量和源泉数均居日本全国温泉乡第2位，以在日本闻名的汤布院温泉为首，由布市内有5大温泉区域。其中，汤布院温泉由原先的汤平温泉和由布院温泉组成，早在1959年5月5日就被指定为国民保养温泉地"汤布院温泉乡"。所谓国民保养温泉乡，乃是根据日本《温泉法》，由环境大臣指定的"温泉利用效果值得期待，并且具备健全的温泉地条件"的温泉区域。无论是温泉的数量和功效，还是温泉服务设施所在地的环境、生活条件，汤布院温泉乡都在全日本出类拔萃。

由布市的核心产业为观光业。人口规模不大，2005年设市时约为35000人。但是其知名度甚高，2005年颇受瞩目的NHK连续剧《风中的小遥》描述的就是以汤布院为舞台的创业和家庭情感故事。

二、由布市面临的发展困境

和日本大多地方城市一样，由布市从设市的2005年开始，便一直面临人口减少的发展困境。特别是，对于一个以观光产业为核心产业的城市而言，由布市承受着客源地（大分县、九州地区等）人口减少和本市人口减少的多重压力。

　　首先，从日本国内客源地人口动向看，2005年，日本全国总人口开始下降，日本成为战后世界发达国家中第一个人口负增长的国家。自2000至2018年，日本47个省级地方行政区（都道府县）中，仅有9个保持人口正增长。由布市（大分县）所在的九州岛7县中，大分县等6县处于人口减少过程中（表16-1）。

表 16-1　日本全国及 47 个都道府县的人口规模变化（2000—2020 年），
单位：千人

	2000	2010	2020	2020/2000
全国	126,926	128,057	126,146	0.99
北海道	5,683	5,506	5,225	0.92
青森县	1,476	1,373	1,238	0.84
岩手县	1,416	1,330	1,211	0.85
宫城县	2,365	2,348	2,302	0.97
秋田县	1,189	1,086	960	0.81
山形县	1,244	1,169	1,068	0.86
福岛县	2,127	2,029	1,833	0.86
茨城县	2,986	2,970	2,867	0.96
栃木县	2,005	2,008	1,933	0.96
群马县	2,025	2,008	1,939	0.96
埼玉县	6,938	7,195	7,345	1.06
千叶县	5,926	6,216	6,284	1.06
东京都	12,064	13,159	14,048	1.16
神奈川县	8,490	9,048	9,237	1.09
新潟县	2,476	2,374	2,201	0.89

续表

	2000	2010	2020	2020/2000
富山县	1,121	1,093	1,035	0.92
石川县	1,181	1,170	1,133	0.96
福井县	829	806	767	0.93
山梨县	888	863	810	0.91
长野县	2,215	2,152	2,048	0.92
岐阜县	2,108	2,081	1,979	0.94
静冈县	3,767	3,765	3,633	0.96
爱知县	7,043	7,411	7,542	1.07
三重县	1,857	1,855	1,770	0.95
滋贺县	1,343	1,411	1,414	1.05
京都府	2,644	2,636	2,578	0.98
大阪府	8,805	8,865	8,838	1.00
兵库县	5,551	5,588	5,465	0.98
奈良县	1,443	1,401	1,324	0.92
和歌山县	1,070	1,002	923	0.86
鸟取县	613	589	553	0.90
岛根县	762	717	671	0.88
冈山县	1,951	1,945	1,888	0.97
广岛县	2,879	2,861	2,800	0.97
山口县	1,528	1,451	1,342	0.88
德岛县	824	785	720	0.87
香川县	1,023	996	950	0.93
爱媛县	1,493	1,431	1,335	0.89
高知县	814	764	692	0.85
福冈县	5,016	5,072	5,135	1.02

续表

	2000	2010	2020	2020/2000
佐贺县	877	850	811	0.93
长崎县	1,517	1,427	1,312	0.87
熊本县	1,859	1,817	1,738	0.94
大分县	1,221	1,197	1,124	0.92
宫崎县	1,170	1,135	1,070	0.91
鹿儿岛县	1,786	1,706	1,588	0.89
冲绳县	1,318	1,393	1,467	1.11

资料来源：作者根据参考文献[1]绘制

其次，同日本各地一样，由于出生率的低下，由布市的人口自然增加率早在设市之前已经转负。加上以年轻人为中心的人口净外流（为了上大学和就职，流向三大都市圈或九州的大中城市），2005年以后由布市的常住人口一直处于负增长（图16-1）。人口结构上的少子老龄化和人口规模的负增长既带来劳动人口和经济产出的减少，也带来本地消费市场的萎缩，严重影响了城市社会经济全体的可持续发展。

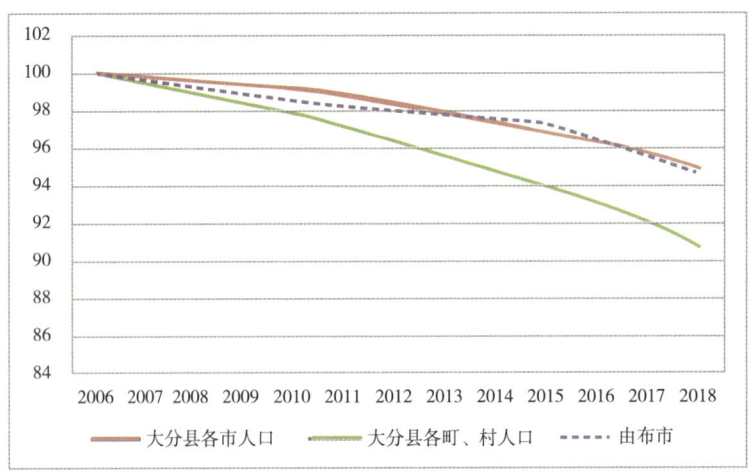

图 16-1　由布市和大分县的人口规模变化（2006 年 =100）

资料来源：作者根据参考文献 [2] 绘制

三、由布市的对策

面对人口减少危机，2005年由布市设市后不久，市政府和市民便一起策定了第1次由布市综合计划（2007—2017年）[3]。

第1次由布市综合计划以"融合""协作"和"发展"为基本理念，明确提出由布市未来的发展目标："重视地域自治的、安全安心的日本第一宜居城市。"为了实现这一发展目标，由布市制定了以"培育""环境""安乐""治愈""生活""收获"和"自豪"等7个关键词为核心的"未来由布市建设计划"。各关键词具体含义如下（大分县由布市，2022a）。

（1）培育：重视培育人和文化。

（2）环境：重视自然环境的保护和活用。

（3）安乐：充实福利服务、保障市民人人安居乐业。

（4）治愈：促进观光和交流，让居住者和来访者都能感到"治愈"、身心放松。

（5）生活：完善日常生活必需的城市基础设施，提供舒适便利的生活。

（6）成果：通过产业振兴，实现富有成效的城市发展。

（7）自豪：促进居民全体参与协作，一起创建可以"自豪"的城市。

要解决或缓和人口减少危机，成为"安全安心的日本第一宜居城市"，上述关键词的确都很重要。但是，其中许多措施需要充足的财政投入（支出）。由布市很清楚：若要重视地域自治，必须凭借自己的努力，建立起有活力、可持续发展的产业体系，从而增强城市财政基础。毫无疑问，依托独特温泉资源和自然环境的观光业被视为这一产业体系的核心产业。

在第1次由布市综合计划期限（2017年）之前的2015年12月，由布市议会表决通过了第2次由布市综合计划（2015—2025年）。第2次由布市综合计划是对第1次由布市综合计划的继承和发展，它制定了13个重点发展计划，进一步强化了以观光业为中心的产业发展战略（大分县由布市，2022a）。

第三节　由布市的成功之路：构建以"汤布院温泉"为品牌的特色观光产业

一、品牌经营在地域振兴中的作用

品牌经营本是企业经营中的重要市场营销战略。近年来，随着日本少子老龄化的加速和国内市场的萎缩，地域间、城市间的市场竞争日趋激烈，不少以商业、服务业为中心的地方自治体（地方行政区）面临空前的经济增长危机乃至存续危机。在这样的背景下，为了吸引客流，地域品牌的构建和经营在各地的地域振兴战略中受到高度关注。

2006年4月，日本经济产业省特许厅（专利厅）推出了地域团体商标制度，进一步推动了日本各地对构建地域品牌的热情。据特许厅官网介绍，地域团体商标制度"放宽了由'地名＋商品名'组成的地域品牌获得商标权的标准，允许商业团体和农业协作团体等组织通过使用商标，在获得一定范围的知晓度后，作为地域团体商标提前获得授权"[4]。这一制度的建立，一方面是为了保护各地的地域团体商标，另一方面也是为了配合日本政府高度重视的地域振兴事业。

何为地域品牌？对此存在多种见解。譬如，久保田认为地域品牌既可以是"地域本身的品牌"（例如，汤布院），也可以是"地域出产的品牌"（例如，各种地方特产）[5]。内田[6]则将地域品牌理解为"地域的价值被地域内的生活者、相关组织所共享，并在地域外传播、认知而建立起来的东西"。也有一些学者更重视"地域出产的品牌"，认为："地域品牌是利用地域资源的、地域特有的产品或服务品牌。它能促进消费者①想买（特产）；②想访问（观光）；③想交流（产业、商业）；④想住（生活），将地域的有形、无形资产与对人们有用的价值结合起来，从而促进地域经济活性化。它是促使竞争对手地域差异化（个性化）的名称、词语、符号、设计或它们的组合。"[7]

负责地方团体商标（地域品牌）登录的日本经济产业省特许厅（2009年）则认为：地域品牌是指"能够提高当地拥有的自然、历史文化、饮食、旅游景点、特产、产业等地域资源的'附加值'，使之与其他地域有所区别，从而在市场上形成信息传播力和竞争力方面比较优势的东西。它不仅为当地居民带来自信心和自豪感，也为旅行者和消费者等带来共鸣、喜爱和满意度"。

如何实施地域品牌战略？地域品牌也和企业品牌一样，需要与其他地域品牌形成差异化。首先，必须让消费者认识品牌，促进购买。所谓地域品牌战略，是指经营管理地域品牌的公共机关（地方政府和当地的业界团体等）通过品牌推广，在想买、想访问、想交流、想居住的人们头脑中，将该品牌识别为与其他竞争对手"差异化的品牌"，通过品牌促进消费从而提高收益而采取的各种战略。这样的地域品牌战略，通过让消费者认识到地域品牌作为差异化（个性化）的品牌，让地域内外消费者更加了解地域品牌和地域本身。通过消费者的五官（视觉、听觉、触觉、嗅觉、味觉）认可和推广品牌，是有效地实施地域品牌战略的途径[7]。

其次，要选择合适的地域品牌战略。一些研究者提出：地域品牌战略可以分为两种类型。第一种是"地域产品开发型品牌战略"。这是在对象地域出产的产品开发和市场开拓中，利用消费者对该地域自然或人文资源等方面的知名度，战略性地活用地域品牌的想法。为了提高地域内出产的某种核心产品（如农林牧副渔领域的地方特产）的地域内外知名度和市场占有率，从而推动地域经济活性化，相关企业和产业团体通常会与地方政府携手，宣传当地自然资源或历史文化传统等地域优势。第二种是以提高地域本身品牌价值为目标的"地域整体价值提升型品牌战略"。通常这是地方自治体和地域经济团体等公共机构以搞活地域整体经济为目的而制定、与地域内产业各界（以服务业为主）及企业个体联动进行的品牌战略[8]。

此外，鉴于涉及地域品牌建设的主体众多，需要针对不同的地域品牌战略，精心维护和管理地域品牌。

在"地域整体价值提升型品牌战略"的管理中，久保田[5]认为有以下三大难点：①地域品牌化的推进主体不够明确；②品牌化的地域区范围也不一定明确；③由于品牌化的对象是"地域整体"，品牌形象需要有地域内住民认同和支持，并由众多自律者共同维护品牌形象并宣传。严格地说，不仅要使地域外部人群对地域品牌的印象与实际感受保持一致，还要使地域内部人群对地域品牌的印象与实际感受保持一致，而且还需要地域内外对地域品牌的印象、感受保持一致。但在现实中，三个方面均可能存在差距。为了解决这一问题，地域品牌的管理主体（地方政府、当地的产业促进协会、商业街的业主或志愿者等）必须明确职责和分工，明确品牌区域范围，在地域内成员充分理解和认同地域品牌的基础上，不仅要重视对品牌建设和宣传活动的投入，还要制订相关规则和条例，加强对地域品牌的保护。

在"地域产品开发型品牌战略"的管理中，如何有效利用地域资源非常重要。其中，特别受重视的是以下三种地域资源的品牌化：①特产；②观光资源；③生活风貌。其中，特产是指在特定地区出产的当地特有的产品（农林水产品及其加工品、畜产品、工业产品、传统工艺品等）。管理以特产构筑的"地域品牌"时，为了保护该产品不受假冒产品的影响，如何通过产地证明等方式，提高当地产品的信用（信赖度）是关键。观光资源包括地区自然环境、山水风光、历史遗迹、建筑物、特色街道、商业街、传统文化活动等多个方面。在利用观光资源的"地域品牌"管理中，为了提高游客的"体验价值"，需要从硬件和软件两方面努力。在地域内形成和维护与品牌形象相和谐的服务方式也很重要。在生活风貌管理中，有两个方面需要高度重视。一个是当地生活本身的品牌化，另一个是服务的品牌化，使访客和居民都能够舒适体验当地特有的生活和氛围。通过这两方面的品牌维护管理，促使定居者及访客增加。当然，在实际的"地域产品开发型品牌战略"的管理中，这三方面的地域资源管理往往需要合作，这样能产生更理想的整体协作效果（谷本，2008年）。

从下面的考察可以看到，关于"地域品牌战略"的选择和实施，由布市在实践中做出了很有参考价值的探索。

二、由布市观光业的发展战略和"汤布院温泉"品牌形象设计

如第二节所述，为了缓和人口减少危机，由布市试图通过发展旅游业，扩大交流人口，促进经济增长和城市可持续发展。但是，这样的想法并非由布市独有的专利。几乎在同一时期，日本全国上下都推出了类似的战略构想。

众所周知，20世纪90年代初期以后，伴随不动产市场、金融市场的泡沫破裂和少子老龄化的加速，日本陷入了长期经济低迷时期。作为日本经济中枢的金融系统背上泡沫破裂带来的不良债权的沉重包袱，严重削弱了其支持产业界（特别是急需资金援助的IT等新兴领域）创新发展的供血（融资）功能。其结果是，在日本引以为傲的制造业部门，高端产业领域方面日本不敌有资本、人才、创新优势的美国，传统领域被有后发优势及成本、市场优势的韩国、中国等东亚诸国赶超。在这样的背景下，作为有增长潜力的综合产业，产业链深广的观光业被日本产、学、官各界高度重视。2006年，日本政府推出的观光立国战略被正式立法实施。

日本国土狭长，四季分明，拥山旁海。在并不小的国土（约38万平方公里）上，各种自然、人文旅游资源非常丰富，名胜古迹星罗棋布。譬如，光以温泉著称的观光地，日本全国各地就数以百计。其中，靠近三大都市圈游客市场的箱根、轻井、伊豆、草津等传统温泉名胜地占尽地利之优势。即使在由布市所在的大分县，也有温泉营业场所更多、知名度更高、商业娱乐设施齐全、海陆空交通非常便利、人口规模更大（约12万人）的别府市。要在如此众多的竞争对手城市（地域）中脱颖而出，赢得游客的持续关注和支持，并非易事。

在详细考察、比较日本国内温泉名胜地的特点，以及日本国内外观光地发展经验的基础上，由布市政府和由布市观光协会反复协商，推出了以汤布院温泉为核心品牌的特色观光发展战略。在由布市的观光地形象设计中，特别强调了保持"宁静""绿""空间"这三大元素的重要性。其宗旨是要继承汤布院温泉保养地的特色，珍惜本地原生态的自然和人文景观，为来客提供一个远离大城市喧闹的宁静空间，在开放的自然空间中治愈疲劳的身心，在似曾相识的古镇小街中找回失落的记忆和平静生活的乐趣。

显然，这样个性化、差别化的观光地形象设计，与大分县的别府温泉城以及三大都市圈的众多温泉名胜地大大不同。在这个形象设计过程中，由布市观光协会的骨干成员（包括本地土生土长的温泉设施经营者和从东京等大城市返乡的原影视文化从业者等）据理力争，发挥了重要作用。同时，市政府和市议会也充分重视民意，官民同心协力打造地域品牌，获得了全市上下的高度认可。值得注意的是，尽管由布市的地域品牌战略依托温泉资源，有"地域产品开发型品牌战略"的成分，然而总体上可以说属于"地域整体价值提升型品牌战略"。它着眼的是地域整体的品牌化和价值提升，依托的也不仅仅是温泉资源，而是地域整体的自然环境、自然资源和人文风貌。虽然其地域品牌中的地域名不是由布（城市名），而是知名度高得多的汤布院（由布市的一个町），但是经过充分的沟通获得了由布市其他两个町的理解和支持。

在实际的观光发展战略推进过程中，以汤布院温泉为招牌的由布市地域品牌战略及由布市的观光地形象战略也得到了忠实贯彻。其主要举措包括以下几个方面。

（1）汤布院町和其他两个町对等合并、设立由布市以后，传统的汤布院电影节（1976年至今）仍然一直以汤布院冠名，成为日本历史最久远的电影节。一个山区小城长年举办这样有影响的文化活动，大大提升了汤布院在日本国内外的品牌知名度。

（2）经过由布市的规划、开发和申请，2019年10月4日，位于由布市内其他两个町的冢原温泉、庄内温泉、夹间温泉也被日本环境省指定为国民温泉保养地"汤布院温泉乡"的一部分。扩充后的"汤布院温泉乡"以"逗留型、循环型保养温泉地"为目标，覆盖了由布市的大部分地域，既有利于增加游客逗留时间和观光收益，也增强了地域品牌对地域整体价值提升的贡献。

（3）由布市谢绝或抵制了多个连锁快餐店集团、连锁酒店集团、闲暇娱乐公司的投资建设计划，尽可能维持了由布市三镇的生态自然和人文建筑风貌。市内大小温泉旅馆、各种饮食店、土特产店的绝大多数是家庭经营或个人经营，各具特色，保护了自然、淳朴的古镇风貌和品牌形象。

当然，由布市并非一概排斥外来投资。比如，据报道在新冠疫情发生前，以重视自然环境著称的著名休闲酒店集团——星野集团的投资计划已基本上获得由布市认可，条件是在由布市内的客房数需被限制在50室以内。虽然由布市的做法看上去古板，但是既保护了本地家庭企业、个人企业的利益，也有利于维护本市旅游地的品牌形象。尽管这样的坚持不会带来由布市观光业的急速发展，然而正所谓细水长流，这些都很有益于长期的可持续发展。因此，市民、游客和日本国内媒体大多对由布市的战略和实践给予了积极支持。

三、近年由布市观光发展战略的成效

由布市的观光发展战略的具体成效如何？图16-2、图16-3、和表16-2大致反映了2006年—2019年该市观光产业的发展动向。从这些图表可以得出以下结论。

（1）自2005年设市以来至2019年，由布市的观光业经历了①2007—2008年的世界金融危机；②2011年的东日本9级大地震和核泄漏事故；③2016年的熊本—大分连续7级地震等天灾人祸的多次冲击。尽管接连受到显著影响（特别是①和③），2018—2019年期间，然而由布市的访客人数和观光消费额均已接近设市以来的最高水准（图16-2）。

（2）在2006年至2019年期间，由布市访客构成中一日游游客和过夜游客的比例基本稳定，大致在4∶1上下波动。但是，在近年（2016年—2019年），由于外国游客的增加，过夜游客的比例有明显上升趋势（图16-3）。据"由布市观光统计"，同市历年观光消费额中，通常70%以上来自过夜游客。因此，过夜游客比例的上升趋势带来了经营利益趋于上升。

（3）在2006年至2019年期间，由布市访客的来源地构成出现了"两增一减"的显著变化。"两增"为国外入境访客和九州地区访客（主要是九州经济中心福冈县和本地大分县访客）的显著增加，"一减"为九州以外地区的国内访客的减少。国内访客一增一减现象的背景是观光立国战略在全国各地的实施，使得日本国内观光地选择越来越多。而近年来经济低迷和消费者收入减少，又造成了国内游客普遍偏好近距离观光。这就导致国内九州地区内客源的增加和地区外客源的减少。所幸的是入境外国游客显著增加，这就正好弥补了日本国内远距离游客减少所造成的缺口。

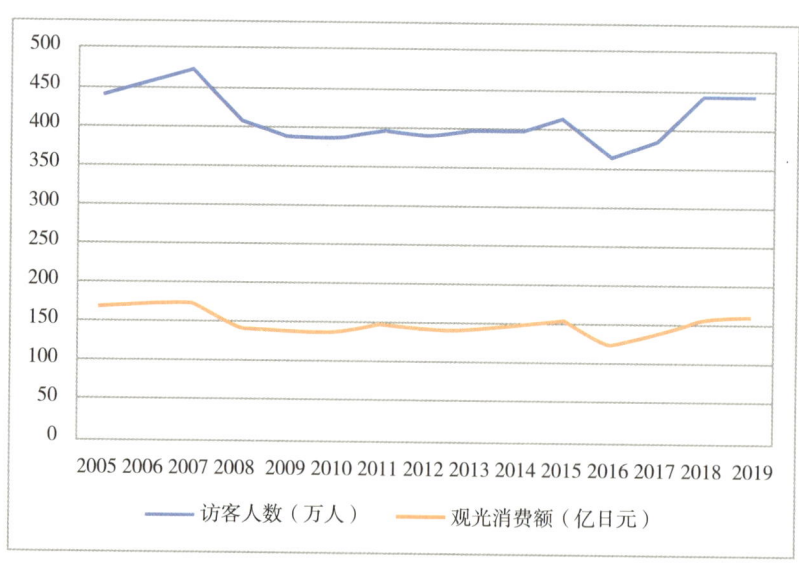

图16-2　近年由布市观光产业的发展动向（2006—2019 年）

资料来源：作者根据参考文献 [9] 绘制

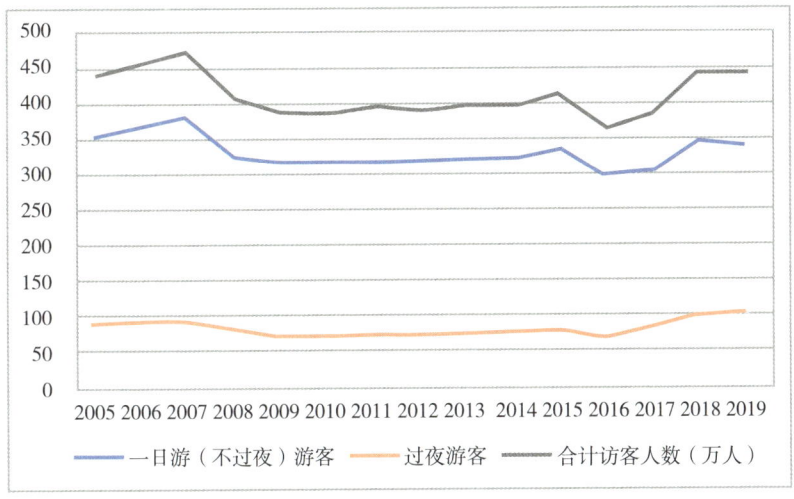

图 16-3 近年由布市访客构成(一日游游客和过夜游客)的变化(2006—2019 年)

资料来源：作者根据参考文献 [9] 绘制

表 16-2 近年由布市访客来源地构成的变化（2006—2019 年）

	日本其他地区						九州、冲绳			外国	合计
	北海道、东北	关东	中部	近畿	中国	四国	福冈县	其他县	大分县		
2006	1.9	14.8	6.1	11.8	7.4	2.9	26.2	17.1	9.9	1.8	100
2007	1.5	13.1	7.5	13.1	7.8	3.2	26.3	12.8	9.6	5.1	100
2008	2.5	6.7	3.4	5.8	8.0	3.4	29.4	15.8	19.9	5.1	100
2009	2.0	7.8	3.7	5.8	8.5	3.6	28.4	16.6	20.1	3.5	100
2010	1.8	8.0	3.5	5.6	8.0	3.1	28.4	16.9	21.0	3.7	100
2011	1.8	8.0	3.7	5.8	8.3	3.4	29.2	16.7	20.7	2.5	100
2012	1.9	7.9	3.6	5.7	8.3	3.4	28.9	16.7	20.6	3.3	100
2015	1.7	7.8	3.5	5.5	8.3	3.3	27.3	16.5	20.9	5.1	100
2016	1.3	7.6	3.3	5.4	6.7	2.8	28.2	16.8	21.5	6.4	100
2017	1.5	7.0	2.2	5.1	6.3	2.6	26.7	16.0	20.2	12.3	100

续表

	日本其他地区						九州、冲绳			外国	合计
	北海道、东北	关东	中部	近畿	中国	四国	福冈县	其他县	大分县		
2018	1.0	6.5	2.2	4.6	5.5	3.1	23.3	14.0	19.7	20.2	100
2019	1.1	6.7	2.4	4.8	6.7	3.2	24.5	15.4	20.0	15.3	100
2020	1.0	5.9	2.6	5.6	5.7	3.2	31.1	16.2	25.6	3.1	100
2021	1.0	6.1	2.3	4.7	7.3	2.1	31.5	16.1	29.0	0.0	100

资料来源：作者根据参考文献[9] 绘制

由布市非常重视内外访客的感受、意见和媒体的评价。值得称道的是，尽管近年由布市的访客人数和观光消费额并没有突飞猛进式的激增，然而由布市（特别是其中的汤布院温泉乡）宁静和谐的温泉古镇风情，获得了以女性为中心的内外访客的高度好评和极大支持。自2006年起，日本著名旅游网站"Jalan Net"每年针对会员，开展一项名为"令人向往的温泉地排行榜"的网上调查。截至2018年（12月）的13次调查中，由布市的由布院温泉，奇迹般地连续13年被选为日本第一[10]。其人气超过东京都周边的箱根温泉（神奈川县）和草津温泉（群马县）等一大批名胜温泉地。之后的2019年至2021年，由布院温泉依然稳居前三位（排名第二或第三）。

因为地理位置相对偏僻，所以由布市（由布院温泉）的访客人数和回头客目前还比不上东京等大都市圈附近的温泉地。可是作为令人向往的温泉地，由布市（由布院温泉）已成为日本众多国内游客（特别是女性游客）"一生中一定要去一次的地方"。这样的高度评价正是由布市官民期待的可持续发展的保障，证明了由布市个性化观光发展战略和品牌形象设计的正确性。

四、观光业对由布市经济全体的影响

由布市观光业的发展，也拉动了由布市的发展水准和财政收入上升。从图16-4和图16-5可以看出由布市观光业的以下贡献。

（1）在2006—2018年期间，由布市及大分县的人均GDP水准虽有下行阶段，总体上趋于上升（图16-4）。由布市的温泉资源量排名日本全国所有市町村中第二，所在的大分县的温泉资源量则排名日本47个都道府县中第一。尽管没有做严密的计量分析，然而仍可以推测近年由布市及大分县的人均GDP的上升与温泉观光的人气上升有很强的相关关系。

（2）在2006年—2018年期间，尽管常住人口略有减少，由布市财政收入总额和地方税收总额均保持稳定或上升（图16-5）。可以说，这也是旅游业拉动各相关产业部门（包括农林水产业、畜牧业、食品加工业、饮食住宿业、游览服务业、交通运输业、房地产业、通信服务业、其他各种服务业）同步发展、增加利税的结果。

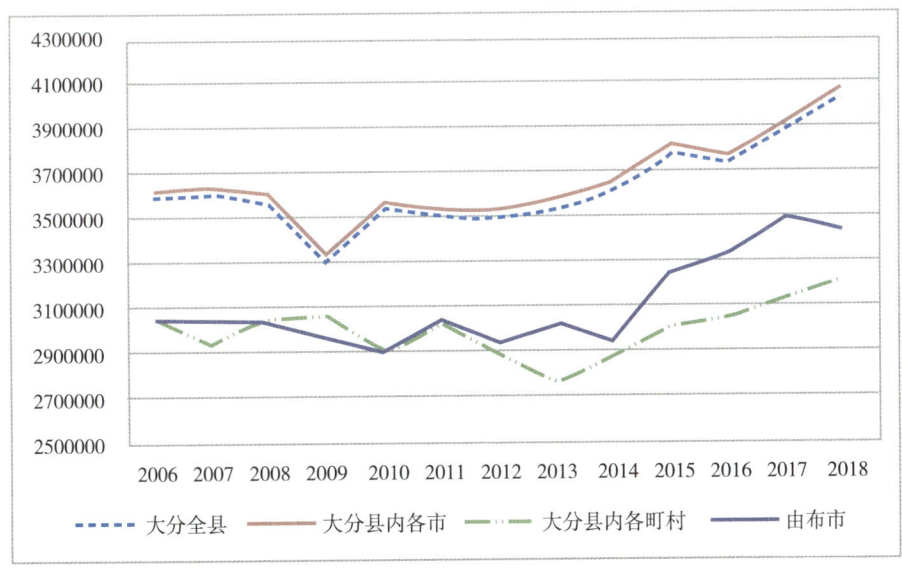

图 16-4 由布市及大分县的人均 GDP 的变化（2006—2018 年），单位：日元

资料来源：作者根据参考文献 [2] 绘制

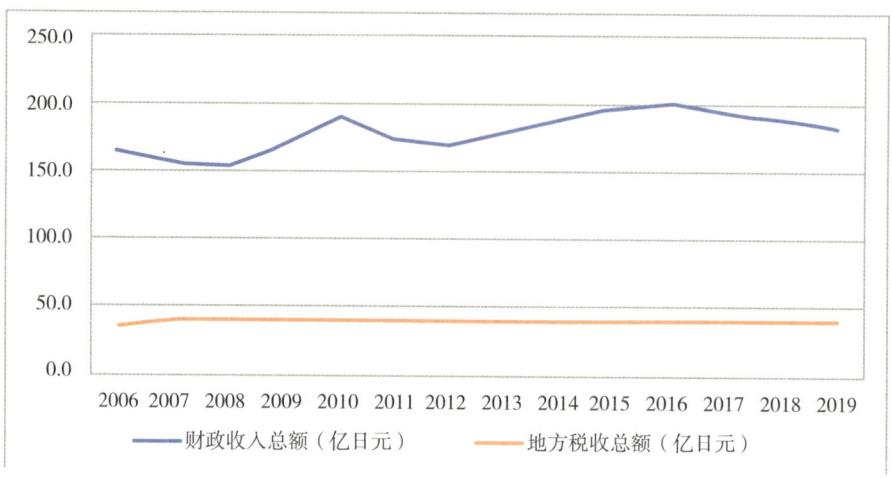

图 16-5　由布市财政收入总额和地方税收总额的变化（2006—2018 年）

资料来源：作者根据参考文献 [11] 绘制

第四节　由布市面临的新挑战

作为一个以观光业为支柱产业的城市，由布市的发展经常受到本地和周边自然灾害及外部经济社会动向的影响。仅从 2005 年设市以来，由布市已经经历了 ① 2007—2008 年的世界金融危机；② 2011 年的东日本 9 级大地震和核泄漏事故；③ 2016 年的熊本—大分连续 7 级地震；④ 2020 年至今的 COVID-19 新冠肺炎等多次重大灾害的冲击。与此同时，日本近年日益显著的人口减少趋势和 20 世纪 90 年代以来的长期经济低迷，对包括由布市在内的所有日本观光城市都已经产生慢性的负面影响。

从第三节的考察可以看出，从 2005 年设市到 2019 年，虽然通过由布市政府和市民的不懈努力，多次重大天灾人祸对由布市观光产业带来的危机均得到化解或显著缓和。但是，2020 年至今的 COVID-19 新冠肺炎导致这三年日本入境观光业几近中止，访问由布市的外国游客人数呈断崖式下跌（图 16-6、图 16-7），给由布市的观光产业和城市经济、城市生活带来空前打击。

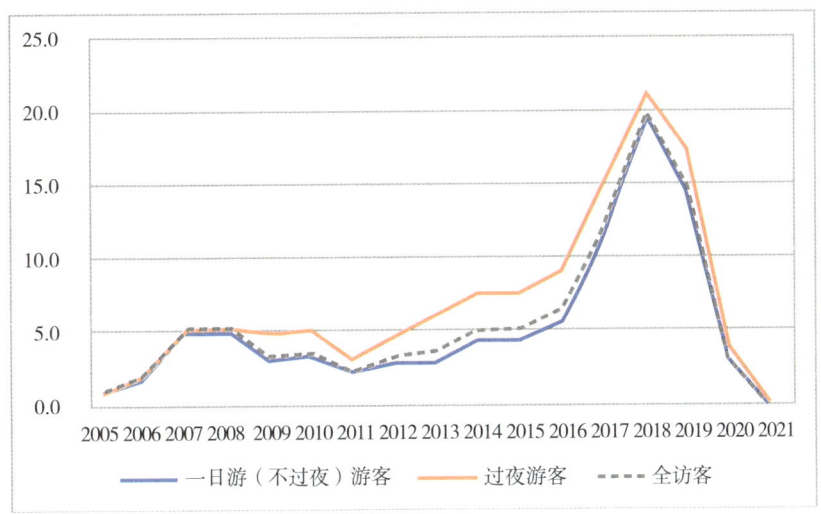

图 16-6　各类访客中外国游客比例的变动（2006—2021 年），单位：%

资料来源：作者根据参考文献 [9] 绘制

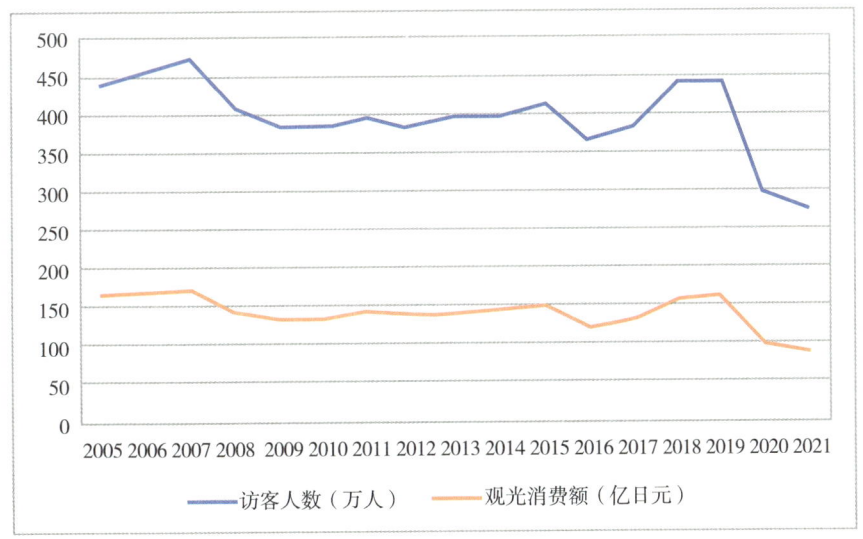

图 16-7　近年由布市观光产业的发展动向（2006—2021 年）

资料来源：作者根据参考文献 [9] 绘制

今后，随着气候温暖化，以及工业化、城市化、全球化的继续推进，人类和生物的生态环境将不断出现新的变化，与此伴生的新型呼吸道感染症等流行性疫情的发生频率很可能会趋于增快。鉴于呼吸道感染症非常容易通过人员来往传播，对观光产业的危害可谓致命。如何应对这类疫情的流行，是由布市这样的观光城市面临的最大的新挑战和长期的课题。

另外，应当指出的是，两年多来的新冠肺炎疫情掩盖了由布市近年面临的另一个新课题：国际游客增加带来的拥挤和嘈杂问题。国际游客的增加，缓和了国内游客（特别是与九州距离较远的三大都市圈游客）逐步减少的困境，本来是应该大加欢迎的新动态。但是，与日本国内游客不同，利用长假日外游的国际游客往往在时间分布上比较集中，在旅游目的地选择行为上也比较相似。其结果是，在2018—2019年的若干特定的季节和节假日，国际游客及国内一日游游客集中访问由布市，在车站、中心街道和部分景区出现游客拥挤和嘈杂问题。这些现象与以安静、治愈为特色的由布市观光地形象相背，引起当地观光界和日本媒体担忧。如何通过开拓由布市内新的观光路线和观光体验项目改善来访国内外游客的时空分布，将是新冠肺炎疫情平息后由布市面临的另一个课题。

第五节　结语：由布市对中国地方小城市建设的启示

本文聚焦日本九州地区大分县的由布市，在概观近年日本地方城市所面临的少子老龄化和人口减少困境之后，详细考察了由布市从一个偏僻的山区小城到闻名国内外的超人气温泉旅游地之发展过程和成功原因。我们认为：由布市的发展经验对中国地方小城市建设有以下启示。

（1）少子老龄化是今后几十年东亚（中日韩）各国人口结构变化上的大趋势。这一趋势在（产业、就业机会、年轻劳动力高度集中于大城市的）中国，特别是众多地方小城市，会变得日益明显。必须尊重社会经济发展和城市发展规律，制订符合实际的城市发展目标。同时，要未雨绸缪，尽快做好应对准备，保障城市的可持续发展。

（2）少子老龄化这样的重大社会变化带来劳动力投入的减速、人口减少和国内市场的萎缩，进而会导致区域性和全国性的经济减速。在经济减速时代，企业间、城市间、地区间的竞争会日趋激烈。为了避免零和式同质竞争，各类城市应该因地制宜，努力发展自己的特色产业，形成有产业竞争力的个性化城市品牌和有魅力的城市文化，从而吸引就业者、创业者、定居人口和访客安居乐业。

（3）一国或一地区的城市体系是自然、社会、政治、经济等多种因素长期综合影响的结果，大多城市的功能可以因势利导适当调整发展，但不宜过度改变。许多小城市的最大存在价值之一在于能够展现和提供大城市没有的或者已经丢失的自然环境、传统文化风貌和宁静的生活方式，努力保持这种状态和魅力可能是实现众多小城市可持续发展的重要途径。在制订战略、选择发展方向和发展道路之际，为了避免盲目追随外部资本、追求短期利益，热爱地域传统文化并有志于长期可持续发展的本地有识之士的主体性参与十分必要。

（4）维护传统和保持特色，并不等于不创新不发展。日本由布市从一个偏僻山区小城发展成为日本屈指可数的人气温泉旅游目的地，近年又逐步成为海外游客青睐的观光名胜地，其发展轨迹是当地政府与市民不断适应环境变化、稳步完善发展战略的结果。在这一过程中，重视本地市民的教育培训和素质提升、不断引进有国内外工作经历和广阔视野的各类人才、虚心听取国内外来访者和传媒界的意见、保持和外部投资者的对话合作非常重要。

附：参考文献

[1] 総務省統計局. 都道府県・市区町村のすがた（都道府県）[EB/OL]

https：//www.e-stat.go.jp/regional-statistics/ssdsview/prefectures，2022-/2022-8-14.

[2] 大分县. 县民経済計算 [EB/OL]. [2022-08-14]. https：//www.pref.oita.jp/site/toukei/kenminr01.html.

[3] 大分県由布市. 総合計画[EB/OL] [2022-08-14]. https：//www.city.yufu.oita.jp/siseijouhou/siseijouhou_cate1.

[4] 経済産業省特許庁. 地域団体商標2009[M]. 2009.

[5] 久保田進彦. 地域ブランドのマネジメント [J]. 流通情報，2004：4-18.

[6] 内田純一. 地域ブランド創造の戦略. 石森秀三編著，大交流時代における観光創造[M]. 北海道大学大学院メディア・コミュニケーション研究院. 2008，（70）：119-138.

[7] 伊部泰弘. 地域ブランド戦略に関する一考察：地域団体商標制度を中心とした事例研究[J]. 新潟経営大学紀要，2010：67-79.

[8] 小林哲. 地域ブランド戦略のマネジメント－フラクタル構造型ネットワークモデルの可能性[J]. 日本商業学会第59回全国研究大会報告論集，2009：58.

[9] 大分県由布市. 由布市观光统计 [EB/OL] [2022-08-14]. https：//www.city.yufu.oita.jp/kankou/toukei.

[10] 株式会社リクルートライフスタイル. Press Release「じゃらん人気温泉地ランキング2019」投票結果報告 [EB/OL] [2022-08-14]. https：//jrc.jalan.net/wp-content/uploads/2018/12/e5373f3bafadbb6a51b58acbf7ecfedf.pdf.

[11] 総務省統計局. 都道府県・市区町村のすがた（市町村）[EB/OL][2022-08-14]. https：//www.e-stat.go.jp/regional-statistics/ssdsview/municipality.

第十七章 艺术与商业：美国滨海小镇卡梅尔城市发展与特色文化构建[①]

第一节 引言

卡梅尔滨海城（Carmel-by-the-Sea）是美国加州蒙特利半岛一座精致的海滨文艺城市，位于西海岸著名旅游观光景点"十七英里"（17 miles）以南1公里左右，距离旧金山市仅两个小时车程，居住人口为3220人[②]。卡梅尔滨海城因其"森林中的村庄"建设形态和极富特色的文艺氛围，吸引大批知名艺术家来此居住，成为美国著名的旅居胜地。本文重点研究其发展历程、规划建设与城市管理特色，寻找卡梅尔借助地域文化精神塑造成为最富吸引力小城镇的原因，以对中国文化休闲类小城市建设有所启发。

第二节 卡梅尔发展历程

20世纪70年代之前，卡梅尔经历了较快的发展和规划建设。1542—1846年，西班牙裔来此定居，将这里作为布道所和学校。1902年，卡梅尔设立城市，开始早期的大规模建设，社会机构逐步建立发展，"村民"逐步转变为"市民"，卡梅尔真正成为一个城市。20世纪20年代至40年代，随

[①] 作者：张娟，中国城市规划设计研究院文旅所副所长，享受教授、研究员待遇的高级城市规划师。

[②] 根据美国2020年人口普查数据，卡梅尔居住人口为3220人，比2010年的3722人有所下降。

着国际移民增多，大批艺术家来到这里，为卡梅尔注入"文化艺术基因"，从那以后，艺术和文化在卡梅尔一直起着举足轻重的作用。20世纪50年代至70年代，受战后经济发展影响，卡梅尔商业和旅游业蓬勃发展，城市管理者和居民共同致力于平衡发展与保护、商业与艺术、旅游与居住的关系。卡梅尔经久不衰的独特魅力正是因为这种平衡和努力，让一个"抵制商业化和旅游发展的城市"恰恰成为最成功的旅居城市。

一、早期发展：西班牙裔定居时期（1542—1846年）

卡梅尔的历史可以追溯到欧洲人"发现"加州前的几个世纪。早期加州的原住民分为100多个部落，有各自的文化、语言、服饰、聚落。由于卡梅尔早期的原住民以滨海生活为特征，因此可以被归类为"奥隆印第安人"（Ohlone Indians）。后来的考古证据也证明了该地的奥隆印第安人定居点主要位于教堂（布道所）和圣荷西河口附近。

尽管16世纪和17世纪间或有探险家到访蒙特雷湾沿岸，然而直到18世纪西班牙殖民者才真正在这里定居。1769年，由于西班牙国王担心俄国人和英国人会试图扩张他们在北美的领土，因此命令加斯帕尔·德·波托拉（Gaspar de Portola）从圣地亚哥出发进行陆上远征，在沿途建立布道所、要塞和定居点。与波托拉同行的是朱尼佩罗·塞拉神父（Father Junipero Serra）带领的方济会修士团（Franciscan friars），方济会修士团在1770年抵达蒙特利湾后开展了最初的农业发展和教堂等设施建设。

直到19世纪20年代该地区落后的面貌才开始改变。这一时期，旧金山和蒙特雷港与外国船只贸易被合法化，商人们在这里自由交换茶叶、咖啡、香料、服装、皮具等。在商业的刺激下，沿海的定居点变得活跃起来。此外，宗教的世俗化和土地重新分配给地区带来新的改变。由于方济会修士团与墨西哥政府累积性的矛盾，1822年方济各教会被教区教堂取代，土地所有权被重新分配，圣卡洛斯教堂也成为当地主要的天主教礼拜场所。

卡梅尔早期留下的历史遗存包括：部分考古遗址，布道所土木结构、早期牧场庄园的建筑。其中圣卡洛斯布道所（Mission San Carlos Borromeo del Rio Carmel）是加州历史地标性建筑（California Historic Landmark），也被列入美国国家历史遗迹名录（National Register of Historic Places）。

二、经济发展：高度依赖于自然资源禀赋（1846—1965年）

1848年，美国从墨西哥政府那里获得了加州。紧随加州并入美国，美国塞拉山麓发现了金矿，大批移民涌入美国。1850年，加州正式成为美国的第31个州，越来越多的欧洲移民开始定居卡梅尔。在此期间，美国土地委员会成立，开始对土地确权。原来的墨西哥牧场主逐步失去土地控制权，土地被出售给欧洲移民。在这一阶段，土地产权不断变换，部分土地被收回给布道所，还有一些用地在不动产所有者之间频繁转换。

由于蒙特雷湾有丰富的海洋生物，葡萄牙人、日本渔民、中国渔民都聚集到这个"捕鲸湾"，1860年间大家共同聚居在蒙特雷湾附近。在卡梅尔的佩斯卡德罗（Pescadero），甚至还可以见到那个始建于1868年的中国小渔村。它如同一道美丽的风景，坐落在滨海道路边。毫无疑问，选择在滨海路边的原因无外乎可以便捷地到达卡梅尔渔场。因为捕捞业的发展，卡梅尔在1902年还建设了海鲜罐头工厂等设施。

卡梅尔没有重工业，只有部分采矿企业。丰富的花岗岩被开采并用于建筑建造，建于那个时期的蒙特雷监狱、旧金山美国铸币厂以及马岛造船厂等大量使用了花岗岩石材。早期卡梅尔还开采低质煤炭和沙子，甚至为方便运输，建设了窄轨火车。

随着经济发展，再加上卡梅尔颇具优势的地理与气候条件，很多人来到卡梅尔置业，商业设施和独立住宅开始快速建设。1902年，德文多夫^①（James F. Devendorf）成立了卡梅尔开发公司，接管大量未出售的土地并启动建设，形成城市的基本格局。与其他房地产开发商不同，德文多夫不是土地投机者，他对建立一个改善自然环境的友好社区充满了热情。

20世纪30年代至40年代，由于拟经过卡梅尔的西部铁路并未实现，因此卡梅尔一直保留着自然优美的乡村风貌，未受到国家重大事件和建设的影响。抵御旅游和商业冲击，尽量保持卡梅尔自然质朴的乡村特质，是这一时期城市建设管理的主要议题。1931年，市议会通过关于禁止使用霓虹灯的法令，以及禁用城市电子标识码等规定。尽管如此，20世纪50年代至60年代，战后经济复苏，卡梅尔对居住和游客的吸引力大幅增长，房价高涨，酒店餐饮等服务设施供不应求，中心商业区几乎全面致力于旅游服务，商业区范围也不断扩大。因艺术家聚集开设的艺术展览馆、画廊，艺术品商店也开始全面向游客服务。奢侈品商店、高档酒店、国际标准的高尔夫球场等完全服务游客的商业设施不断增加。

尽管旅游业给城市和居民带来了大量财富，然而这个城市一直在抵抗成为一个纯粹的旅游目的地。这一时期，老一辈拓荒者组成的老卫士和拥有乌托邦理想的艺术家群体，以及一群年轻、有商业头脑的居民，也一起来到卡梅尔定居或创业。这些人对于卡梅尔的产业发展、规划建设、建筑风格有不同的观点。1956年，卡梅尔规划顾问小刘易斯·利文斯顿（Lewis Livingston）提交了一份城市规划报告。在报告中，利文斯顿提出卡梅尔的居住功能应该得到最大程度的保障，饱含艺术气息的社区文化是其魅力所在。因此规划要求缩减旅游住宿功能，保护社区周边的绿地，增加服务于

---

① 詹姆斯·富兰克林·德文多夫（1856年4月6日—1934年10月9日）是一位先驱房地产开发商和慈善家。德文多夫和律师弗兰克·哈伯德·鲍尔斯于1902年创立了卡梅尔发展公司。他成为卡梅尔早期的精神之父，直接促成了卡梅尔成为艺术家和作家聚居地。在接下来的30年里，德文多夫将卡梅尔和卡梅尔高地发展成为一个由画家、作家和音乐家组成的特殊社区。

居民的休闲娱乐设施。这份报告警告要防止美国快速发展的旅游业给卡梅尔将带来的巨大风险。

三、城市治理：政府、公民和社会机构共同参与（1903—1965年）

特殊的地形造就了卡梅尔温和的小气候，冬天温暖，夏季凉爽。不过卡梅尔茂密的森林并非大自然原始之作，作为卡梅尔城市奠基者的德文多夫，从20世纪初就大力推动植树造林，大大增加了卡梅尔的森林面积，使得卡梅尔的生态环境品质远远高于加州滨海城市。

为了在城市立法、规划、建设和其他重大决策方面有更合理的程序，卡梅尔于1910年后成立了城市建设委员会，当然其他各类社会团体也可以参与决策城市发展的重大问题。1916年，卡梅尔城市建设委员会对海滩地区重大开发项目开展共商与决策，充分征求社会团体和居民的意见。在城市建设问题上，"艺术派"和"商业派"总是有不同意见，重大问题的决策往往是在平衡商业发展与文化艺术保护的矛盾。1922年，"艺术派"的核心人物佩里·纽贝里在成功竞选为市长和城市委员会成员后，一直在为保护卡梅尔的艺术独立性做最大努力，佩里·纽贝里本人也是作家、演员和导演。由艺术家担任市长也是卡梅尔的一个特色，例如1930—1932年的市长赫伯特·海伦（Herbert Heron）是诗人，1986—1988年的市长克林特·伊斯特伍德（Clint Eastwood）是演员。

为了抵御战后建设热潮的负面影响，1946年，卡梅尔成立了一个新的委员会，由前市长、议会议员、景观设计师、作家和艺术家组成。卡梅尔出台了一系列反城市化的规定。例如，禁止设置广告牌、电子标志和显示器，禁止汽车旅馆沿街停车，房屋建设高度不超过2层且必须退红线，甚至出台了一个奇葩法令，即要求所有穿高跟鞋的人都要签署法律豁免书。1956年通过的城市总体规划，明确规定滨海大道不能通行机动车，要为露天步行街"让出"足够的空间。

1958年，卡梅尔成立了树木林业委员会，充分体现出市民对自然环境的热爱和保护森林的要求。正如第一守林负责人罗伯特（Robert Tate）所说："没有森林，我们的城市和其他滨海小城有什么区别？"

此外，要特别提到的是女性在卡梅尔各类组织和机构中的独特作用。安妮·马丁（Anne Martin）是其中的杰出人物，1920年定居卡梅尔。安妮是一名妇女参政者，1918年竞选参议员，也是国家女性党的副主席，她在1926年至1931年同时担任着国际女性和平与自由联盟美西地区精神导师的角色，她在卡梅尔的家成为当时美国进步女性的连接地。1940年正式成立的卡梅尔女性俱乐部，在当地举办纸牌游戏、读书会、鸡尾酒会、下午茶会等各种活动，组织当地女性开展社会交往，参与公共事务。这些女性先锋运动的参与者和社会组织在抗议污水泄漏蒙特雷湾、减少不必要的树木砍伐、避免错误的城市规划政策、禁止屠杀地区野生动物等问题方面发挥了重要作用，还向城市议会提出其他很多环境保护方面的建议，为卡梅尔的可持续发展做出不可忽视的贡献。

四、城市风貌：多元与地域风格并存（1888—1965年）

20世纪20年代至30年代，德文多夫负责卡梅尔开发建设期间，委托墨菲（Michael. J. Murphy）作为总建筑师。墨菲是卡梅尔历史上留下建筑作品最多的建筑师，他的著名作品包括松树酒店、高地酒店、拉普拉亚酒店、日晷旅馆、哈里森纪念图书馆，以及几座知名商业建筑。据说当时卡梅尔大约80%的家庭住宅是墨菲设计的。此外，美国著名建筑师格林（Charles Sumner Greene）于1916年搬到卡梅尔，他也在卡梅尔留下了许多著名作品，如格林自宅、悬崖上的詹姆斯别墅、圣卡洛斯海洋大道的纪念拱门等。毕业于加州大学建筑学院的罗伯特·斯坦顿（Robert Stanton），也因为喜爱卡梅尔的气候和环境于20世纪30年代定居卡梅尔，并且在蒙特雷和圣克鲁斯地区留下了许多知名作品，如诺曼底客栈和圣公会圣徒教堂。其他为卡梅尔做出重要贡献的建筑商和承包商还包括阿迪·鲍恩（Artie Bowen），乔治·马克·惠特科姆（George Mark Whitcomb），A.C.斯通尼（A.C. Stoney），米斯（Meese），布里格斯（Briggs），珀西·帕克斯（Percy Parkes），弗雷德·比格兰德（Fred Bigland），李·戈特弗里德（Lee Gottfried），还有唐纳德·黑尔（Donald Hale）等，他们大多数住在卡梅尔，在参与社区公共事务方面十分活跃。

由于卡梅尔聚集了大量知名艺术家，有的甚至具有国际影响力，因此对先锋艺术的敏锐度和包容性造就了卡梅尔兼具国际化和地方化的独特城市风貌。20世纪40年代的卡梅尔，虽然建筑风格百花齐放，但整体上呈现协调的"滨海乡村田园"的面貌，这来源于对卡梅尔风貌和气质的共识。在城市风貌形成的过程中，卡梅尔受多种艺术潮流的影响，其中影响力最大的是国际工艺美术运动和美国现代主义设计运动。国际工艺美术运动推崇几何美学和自然装饰风格，恰逢当时加州草原风格建筑思潮兴起，因此卡梅尔的建筑很快脱离了维多利亚晚期女王风格，形成一种崇尚自然的田园风格，受到年轻人和艺术家们的喜爱。到了20世纪50年代卡梅尔流行起现代主义，一批很有知名度的先锋建筑师参与到卡梅尔的建筑设计中，很多建筑师是为自己设计住宅，这使卡梅尔的建筑总体具有很高的设计品质，其中的精品成为建筑遗产（图17-1），例如弗兰克·劳埃德·赖特（Frank Lloyd Wright）在海边为克林顿夫人黛拉·沃克（Della Walker）设计的别墅（图17-4），湾区首席建筑师加德纳·a·戴利（Gardner·a·Dailey）在海上为自己设计的家等。这些当时很"国际化"的现代主义建筑在卡梅尔却展现出一种更加亲近自然、体现本地亲和力的风格，例如大量增加庭院绿化、平台绿化、运用本地石材等，体现出建筑师将"国际化"与"地域化"进行糅合的设计态度。

图 17-1　卡梅尔历史建筑（浅蓝色）分布图

来源：GIS Map | Carmel by the Sea（planningsites.org）

五、城市文化：艺术和文化发展（1904—1965 年）

卡梅尔成为著名的艺术飞地并非偶然，宜人的天气、美丽的风景、自由的文化氛围为文化艺术区的产生奠定了良好基础，城市初期的建设者敏锐地意识到这些优势并将其特色最大程度地释放出来。加州历史学家凯文·斯塔尔（Kevin Starr）曾指出弗兰克·鲍尔斯（Frank Powers）和 J.F. 德文多夫（J.F. Devendorf）意识到，如果他们把合适的人带到卡梅尔，他们可以建立一种基调，一种和谐的氛围，一种独特的地域风格，并不断地实现自我延续。在德文多夫开发建设卡梅尔期间，他主动给艺术家们和大学教授们发出邀请，在土地和住房建设方面给予优惠条件，让他们来卡梅尔置业或创业。根据 1911 年的报告，当时卡梅尔超过 60% 的居民都在从事与艺术相关的工作。20 世纪 20 年代，卡梅尔已经成为一个很有名气的艺术小镇。尽管当时还没有集中的画廊和艺术馆，艺术家们只能在家里展示艺术品，游客们还是会克服困难找到深藏在社区里的艺术家工作室，去购买他们喜欢的艺术品。

在接下来的几十年里，卡梅尔继续吸引着全国甚至全世界的艺术家们。1940—1965年间，卡梅尔已经聚集了很多艺术组织和知名展览馆、画廊。当时坐落在卡梅尔的著名艺术组织有：美国艺术家协会（Artists Guild of America）、瓜达卢佩切里卡尔基金会（Cherry Carl Foundation）、卡梅尔工艺公司（Carmel Craft Studios）、美国林肯艺术联合会蒙特雷半岛分会（Monterey Peninsula Chapter of the American Federation of Arts on Lincoln）、卡梅尔巴赫音乐节（Carmel Bach Festival）公司等。其中有些艺术组织主要服务于卡梅尔本地艺术家。卡梅尔艺术协会（The Carmel Art Association）是当时最大的社区艺术组织，卡梅尔艺术画廊（The Carmel Art Gallery）于20世纪50年代初被列入城市名录，卡尔·切里基金会是著名的波西米亚沙龙，持续展出卡梅尔本地艺术家的作品。这一时期活跃的艺术组织还包括卡梅尔摄影俱乐部、卡梅尔成人学校、新团体画廊和卡梅尔音乐协会等，卡梅尔随处可见国际知名的画家、漫画家、摄影师、音乐家、建筑师、工艺美术师、作家等。1958年，市议会投票决定建立一个艺术委员会，由多个艺术团体代表组成，1967年又将艺术委员会重组为社区与文化委员会。通过艺术委员会和社区与文化委员会的活动和持续努力，艺术家们为卡梅尔培育并凝固了文化艺术精神，使卡梅尔这座小城市成为一个具有国际影响力的文艺之都。

卡梅尔也是作家和诗人的聚集地，从1901年开始，就有乔丹（David Starr Jordan）、路易斯（Hal Lewis）、贝希多尔特（Frederick Bechdolt）等人来此写作并定居，后来还有短篇小说作家吉米·霍珀（Jimmy Hopper），《Commonweal》编辑迈克尔·威廉姆斯（Michael Williams）和他的妻子佩吉（Pegg），以及格蕾丝·麦高恩·库克（Grace McGowan Cook）和她的妹妹爱丽丝·麦高恩（Alice McGowan）也在20世纪初定居卡梅尔。受德文多夫邀请，很多旧金山的波西米亚作家也来到卡梅尔。卡梅尔还集中了很多剧作家。1908年，专业演员赫伯特·赫伦（Herbert Heron）第一次造访卡梅尔，一年后来此定居。他在"八十英亩"①（Eighty Acres）那里选了一块地建造了露天剧场。这片土地是德文多夫长期租给他的，没有租金，这个露天剧场就是今天的森林剧场。1910年，那里又成立了森林戏剧协会，1912年又分离出来组建了西方戏剧学会，1919年，两个团体合并成了卡梅尔工艺美术俱乐部。作为卡梅尔戏剧发展的杰出人物爱德华·J·库斯特（Edward J. Custer）于1920年来到这里，于1925年开办了海上金枝剧院（Theatre of the Golden Bough on Ocean），这座风格像古老的异教神殿的剧场受到美国国内广泛好评。

此外，来卡梅尔居住的还有知名的学者和教授，德文多夫曾经热情地邀请加州的教授和研究人员来卡梅尔居住。1904年，时任斯坦福校长的乔丹来卡梅尔置业，不久后带动了一批大学教授来卡梅尔购房定居。

卡梅尔在发展过程中，持续地吸引着各行业的精英来此定居，尤以文化艺术领域精英为主，他们对于城市文化特质的形成具有决定性影响。与此同时，卡梅尔的自然风光和独特文化艺术氛围又吸引着源源不断的游客。旅游发展与文化艺术独立性之间始终存在矛盾。既是艺术家又是本地居民的卡梅尔人，坚定地选择保护城市文化和居民需求，抵抗旅游的负面影响。正如20世纪60年代末期，当地艺术家约翰·坎宁安（John Cunningham）公开警告："卡梅尔正在成为一个取悦游客、不那么艺术的度假胜地。卡梅尔作为一个艺术中心将会自我毁灭，因为有太多卖垃圾艺术的画廊。"

第三节　规划建设与城市管理特色

除了城市发展历程的独特性，卡梅尔无疑是一个成功的城市规划建设管理案例。在奠定良好生态基础、确定生态保护优先的前提下，基于城市

---

① 卡梅尔的地名。

发展目标对城市进行合理强度的开发，此外以居民需求为中心，尊重文化艺术，并在城市管理和法律法规上充分保护了城市建设的初心——将卡梅尔建成一个与自然和谐相处的宜居文艺小镇。

一、将生态环境保护作为城市建设的前提

卡梅尔以动植物群落多样性闻名，特殊的气候条件支持需要不同气候、地形和土壤条件的生境，因此是很多生物的适宜栖息地。

在卡梅尔的总体规划和土地利用计划中，首要政策就是保护海岸生态环境资源，包括森林、海滩、悬崖、湿地和环境敏感栖息地。卡梅尔海岸带地区也受到《加州海岸法》（California Coastal Act）的保护。在第一条公共道路和海岸线之间几乎没有私人土地，整个海滩被市民和游客共享，海滩和近岸湿地被作为自然保护地来管理，因此消除了许多滨海城市面临的社区发展与海岸带保护的矛盾。

为了防范海湾峭壁被海水侵蚀，城市政府从20世纪50年代开始修筑海堤保护城市安全，同时避免暴雨将径流从脆弱的悬崖土壤中直接带走，防止水土流失带来的生态风险。

多年来，卡梅尔在地方条例、政府决议和总体规划等方面特别鼓励居民植树造林，居民对森林和自然环境也保持了持续的兴趣和热爱。1995年，卡梅尔完成了一项详细研究环境敏感栖息地的报告（Jones&Stokes，1995），保护森林和本土植被是其中重要内容，相关政策纳入土地利用规划。2000年，市政府通过了有关管理规划，提出将这些有上百年树龄的蒙特雷松、海岸活橡树、蒙特雷柏树当作自然遗产来保护，另外在景观、公共空间与公园建设、水资源保护与风险防控等方面充分考虑森林保护的需要。

二、集约紧凑、宜居优先的土地利用模式

在土地利用方面，卡梅尔采用了较为灵活的方式，既突出了保护自然的理念，也为建筑多样性留下空间（图17-2）。

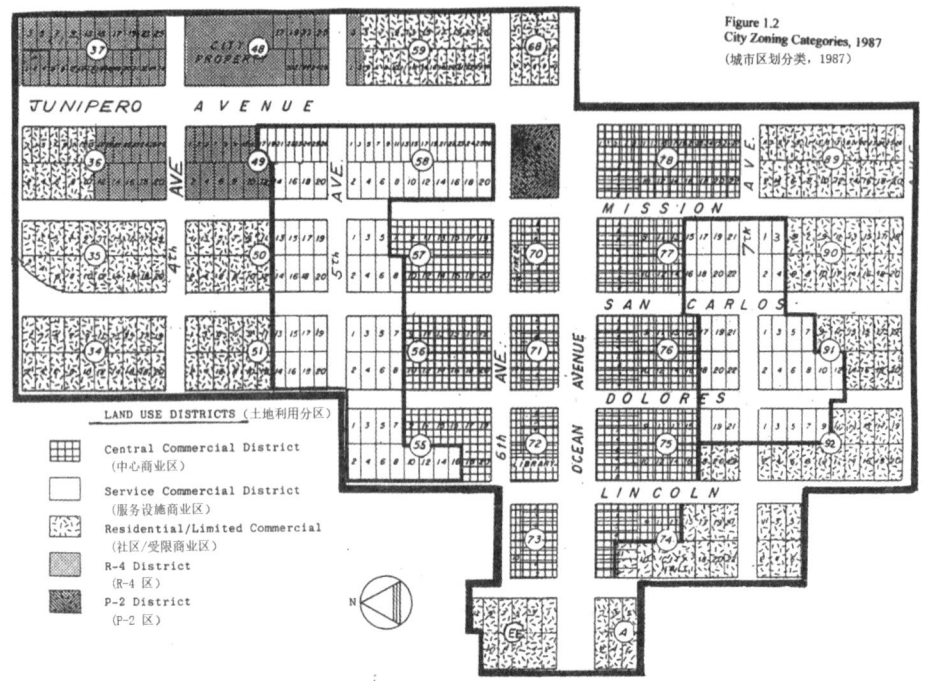

图 17-2　灵活进行住宅用地细分（适用于不同类型的住宅）

　　一方面，道路系统不完全采用严格的方格网，而是跟植被丰富的自然空地紧密结合，为地形、植被、古树而改变道路线型。另一方面，根据住宅建设开发情况动态完善道路系统，而不是一次性把道路全部修完。这个做法为土地细分和整合留下余地，也就产生了不同大小的产权用地，形成了不同规模、形态、样式的住宅和外部空间。

　　保护社区文化与特色一直是卡梅尔规划建设和发展的核心问题。最新的总体规划提出采用九大策略满足社区和居民的需要：①必须首要保护卡梅尔"乡村型"社区特色；②优先采用为本地居民提供商品和服务的土地使用方式；③以一种对社区来说经济上更合理的方式来管理商业区和旅游相关业务，减少那些对居住功能有损害的活动；④评估城市中现有的企业，鼓励适合社区需求的混合用地方式；⑤规范商业性土地使用，即在既有商业区边界内开展一定级别的商业活动；⑥限制高耗水土地使用功能，每年根据水资源供给情况调节水资源利用分配；⑦对城市影响范围内的县（The Monterey County）的土地进行预先分区，以确保与卡梅尔土地使用政策的兼容性；⑧为卡梅尔居民提供充足的住房机会和商业空间，以及其他对住房要素起必要补充作用的土地使用规定；⑨通过设计审批，既保留传统住宅的独特结构，也可以进行外部改造。

三、赋予城市包容的文化氛围和多样化风貌

在100年的城市发展过程中，尊重自然环境、保持社区居住功能与特色、采用紧凑的发展模式、鼓励多样性的建筑设计一直被保留和传承下来。20世纪20年代至30年代，卡梅尔海滨的发展非常迅速。1922年，几乎整个社区土地都被细分了。1940年左右，卡梅尔已经有接近3000人，住房达到1500余套。当时对社区和住房建设的要求一直保留至今，对今天卡梅尔社区文化仍有重要影响。这些要求包括：①在满足游客的同时必须满足本地居民全面的要求，包括健康、安全、社会交往、文化、商业与增长等；②在建造住房、基础设施和其他公共设施的时候一定注意人性尺度，避免体量过大的建筑；③严格保护蒙特勒松树、海岸活橡树（Coast Live oaks）和其他本地物种；④各种建设行为都必须尊重本地文化遗产和特色；⑤商业发展必须从属于社区需求与特色保护。

受开放自由的城市文化影响，卡梅尔对建筑的风格有很大的接纳度和包容性，不同时期建设的建筑都带有明显的时代风格。由于坚持土地集中开发，一个时期的住宅建筑相对集中（图17-3），呈现出该时期的特点，形成了既有时代特征，又和谐相融的城市风貌。战后现代主义风格风靡一时，但这里建造的现代主义风格的住宅却体现出卡梅尔独特的文化倾向——混合不同时代建筑局部或建筑装饰制造戏剧性效果，采用天然材料呼应自然，甚至形成了一种新的地域化风格。弗兰克·劳埃德·赖特的追随者在卡梅尔实现了地域主义——红杉与石材，干净的线条，有力的水平延展，开放和通风的设计，充足的花园和庭院，房屋、环境和景观的有机整合。1947

年，纽约客专栏的作者刘易斯·芒福德这样描述西海岸出现的新现象："我希望它能持续传播，传播到我们国家的每一个地方，本土和人文形式的现代主义，人们可以称之为海湾地域风格，自由而通畅地表达地形、气候，以及海岸的生活方式。"

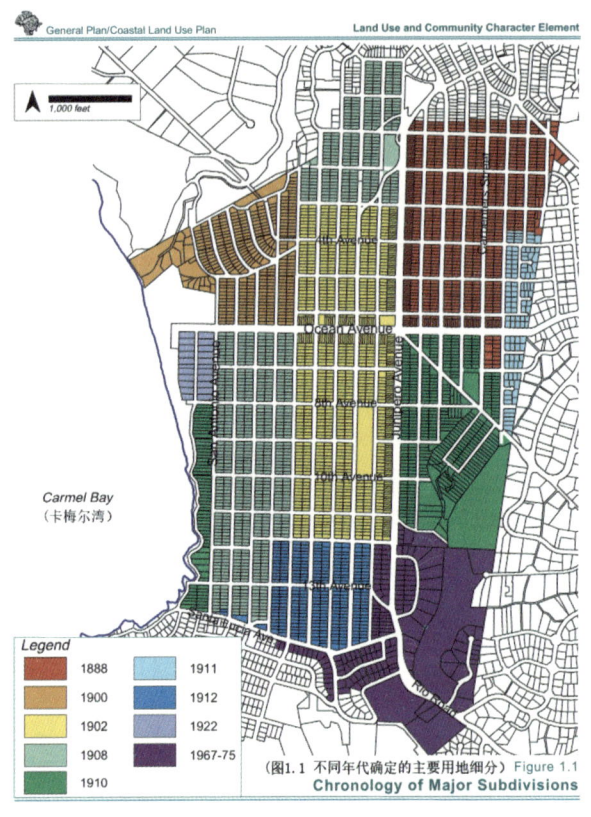

图 17-3 不同时期建设的住宅

来源：General Plan of Carmel-by-the-sea

现在的卡梅尔通过新住宅设计审批程序确保建筑的风貌，要求新建独户住宅要保留传统的尺度、特征、良好的场地设计和对邻近场地的友好性；在满足规划建设条件的前提下允许增建、改建和外部改造；鼓励采用多样化设计和创新技术的住宅，但要与森林保护、场地环境和本地材料协调兼容。

四、通过城市管理规定保护城市特色

城市管理和相关法律法规对卡梅尔城市特色的形成与传承有不可忽视的贡献，这些独特的规定皆来源于城市管理者和参与城市管理的热心居民。

阿盖尔·坎贝尔于1920年至1937年担任卡梅尔市检察官，他负责起草了卡梅尔的第一个城市分区条例。坎贝尔提出限制商业区、限制住宅面积和地段的分区法令；居民区不设人行道，没有路灯，海滩上没有商业开发，保护原生树木；住宅建筑只能建1—2层高度；不允许开连锁餐厅，不许设置商业广告牌。这些条例设置的目的是要保持卡梅尔"村庄型社区"的特色。

由于城市管理者和热心城市管理的居民中有很多是艺术家，卡梅尔会出现一些看起来很"古怪"的管理规定。例如，卡梅尔规定居民和访客禁止穿高于2英寸（5.1厘米）或鞋跟面积少于1平方英寸（6.5平方厘米）的鞋子，除非穿着者获得许可。这条看起来很奇怪的法律是1963年由市检察官起草的，目的是为了保护该市免受因穿高跟鞋的人在被树根扭曲的不规则路面上绊倒而引发的诉讼。原因是卡梅尔为了保证自然放松的环境，一些城市道路保留了自然原始状态，没有进行平整和硬化，不适合穿高跟鞋行走。

第四节 对中国文化休闲小镇建设的启示

近些年，中国文化休闲类特色小镇建设如火如荼，真正成功的却不多见。常见的问题包括：过度强调旅游发展，牺牲地域文化和居民需求，结果导致旅游产品千篇一律，没有吸引力；发展了旅游和商业，原住民却全走了；想强调文化传承，却忽视了传承文化的人，造成文化糅杂和空洞现象；把房子和环境建设好了，却吸引不了人和产业。

刘易斯·芒福德说过："城市体现了自然环境人化及人文遗产自然化的最大限度的可能性。城市赋予前者以人文形态，而又以永恒的、集体形态使得后者物化或者外化。"[1]在这里，城市是人与环境互动的结果，是文化

的物化，也是孕育新文化的土壤，而人始终是城市文化的主体，有文化的人赋予城市文化精神和文化品质。卡梅尔的成功之处在于城市规划者、建造者、管理者始终关注在地居民的需求和他们对城市的影响，集体的智慧和行动造就了卡梅尔独特的魅力。

一、建物更要见人：居民和他们所创造的城市文化是城市魅力之源

从卡梅尔历史可以看到，核心人物和居民对卡梅尔地域文化的形成起到关键作用，是卡梅尔在城市环境、景观风貌、文化产业、社区氛围等方面独具特色的原因。

不可否认，以德文多夫为代表的城市领导者、管理者们对卡梅尔有重要影响，他们的观点也各不相同，但城市领导者、管理者们始终坚持尊重本地居民对城市发展的意见，居民始终是城市建设发展的主角，居民集体智慧使卡梅尔在城市发展中走出一条独特的道路，形成了自己的城市文化。

尽管卡梅尔有发展旅游的先天优势，然而因为充分尊重本地居民的需要，卡梅尔一直在抵抗旅游业对本地居民生活的"侵略"。从设市之初，城市建设管理者和居民们就希望卡梅尔建设成为一座与自然和谐相处、保持文化独立性的宜居小镇，因此城市议会出台的政策总是在限制旅游业发展。正是卡梅尔对地域文化和宜居环境的坚持，直到今天它仍然吸引着世界各地的艺术家、作家、剧作家们。浓厚的文化艺术氛围不仅使卡梅尔具有国际知名度，也因此吸引着源源不断的旅行者，逛画廊、听音乐会、看艺术展、参与社区艺术活动是游客体验的主要内容。一个为保持地域文化独立性、不断与旅游做抗争的城市，恰恰成了最受追捧的国际一流旅游目的地城市。这看起来像个悖论，实则反映了一个真相：最受旅行者喜爱的是那些文化深厚且独特的城市，以及去体验创造这些文化的城市居民的生活。

二、建立价值共识：政府、社会和居民共同维护宜居环境

对自然环境的尊重和热爱始终是卡梅尔在地居民的共识，并形成社区文化。20世纪初，德文多夫一边开发建设新城，一边开展本地植物的种植，要求所有城市空地都要用本地植物覆盖，这一行为得到居民的大力拥护。居民们在自己的院落中种植当地植物，包括蒙特雷松。今天，卡梅尔绿地率显著高于西海岸其他城市，城市像是建在森林中"村落"。

卡梅尔的地方法规规定海滩为公共空间，像海滨浴室这样的建设从方案到建成，本地居民全都参与了意见和建议。此外，在土地细分和建设准则中，要求任何私人建设不能占用通往海滩的通道，也得到了居民的认可和支持。这些在1976年颁布的《加州海岸法》中的条款要求，早在20世纪初就被卡梅尔建设者和居民们实践了。

今天，卡梅尔仍保留着服务于本地居民、完整且丰富的公共服务设施，包括：日落社区文化中心、哈里森纪念图书馆和森林剧院、市政厅和邮政办公室。公共娱乐设施包括海滩、森林山公园、教会径公园，维斯塔洛博斯，卡梅尔联合学校和里约公园。卡梅尔青年中心是年轻人的聚会场所，卡梅尔基金会则为老年人提供各种文化和娱乐服务。卡梅尔教会既是一个活跃的宗教设施，也是一个旅游景点，还拥有拉森运动场。优质的公共服务是吸引到卡梅尔置业定居者的重要原因。

三、鼓励文化包容：以更开放的心态对待外来居民和文化融合

100多年来，有居民搬走，有新居民搬来。卡梅尔居民中的艺术家、景观设计师、建筑设计师、开发商们在文化、哲学、宗教、政治、艺术等方面的立场并不相同，在物质空间的建设上也受不同风格和流派的影响。但有趣的是，不同立场、不同风格流派在卡梅尔既保留了各自的特点，也在这里形成了一定的默契和统一，反而成就了一种新的"卡梅尔风格"或"新海岸风格"，体现出文化包容性[2]的魅力。中国社会科学院世界史所的顾宁研究员在《美国文化与现代化》[3]一书中这样写道："美国文化具有开放性的特征，它包容其他国家的优秀文化并不断地丰富自己。美国文化的多元性和包容性既是其现代化进程的反映，也对其现代化进程有所推动。"在一个城市中，传统文化和外来文化，如果能被同等尊重和平等对话，这个城市一定会被所有居民热爱，居民愿意贡献智慧与劳动的地方，才能孕育出新的文化，城市因此而获得持久的魅力。

───○ 第五节　结语 ○───

　　一座城市只有经过时间的洗礼和文化的涤荡，才能成为一座有文化、有魅力的城市。在城镇化的下半场，城市将以"生态为基，文化为魂"，从功能供给走向品质提升，因此我们要高度关注城市文化的培育与传承，转变"见物不见人"的旧观念，从人的需求出发，建设居民喜爱，共同参与建设的城市。凝聚居民集体智慧的物质载体和富有文化艺术的城市生活，是城市具有长久的吸引力原因，这样的城市也必然成为最佳文化旅游休闲目的地城市。

附：参考文献

[1] 刘易斯·芒福德.城市文化[M].北京：中国建筑工业出版社，2009.

[2] 赵巧艳. 文化包容性发展：理论与对策［J］. 长白学刊，2011（6）.

[3] 李其荣. 开放·包容·进取——美国文化的优势［J］. 学术界，2005.4（113）.

第十八章 文化与风貌：澳大利亚小市镇的文化景观与特色 ①

第一节 引言

在澳大利亚社会经济高度城市化的历史过程中，郊区化和城市市镇的发展特点和社会空间变迁轨迹有其规律和特色，并遵循相关本地因素与外部因素的相互作用。关于澳大利亚城市郊区市镇中心的研究发现，市镇间差异明显，使用（居住、商业和公共）空间的多用化、宜居性，以及当地社区历史文化特性对形成这种市镇建成环境和社区生活的多元化作用明显 [1–2]。对中心区与郊区的关系及互动已有了较为深入的理解 [3–4]，但对城市近郊市镇中心在内部转型和全球化的双重作用下的变化特征研究似仍有不足。当中部分城镇地区正经历着持续性功能性衰退和本地生活质量持续下降的困扰，而另一些地区却经历着高速空间增长甚至过度投资的担忧。城市内部不同区间建造环境的不平衡发展现象成为可持续社区和城市发展的主要挑战之一 [5]。

本文以墨尔本都市圈的 Box Hill 为例，观察当地近年来经历的高密度住宅和商业开发热潮及当地市镇的变化及影响。集中以当地社会人文特征及内部需求角度为主，从而对近年来区域内的开发热潮做出初步探讨与解释。本文同时考虑来自政府政策及资本和开发商动机角度讨论高密度房屋开发和商业投资对当地经济和日常生活起到的作用和影响。此外，华人社区作

---

① 作者：吴昊，墨尔本大学建筑建造规划学院（墨尔本设计学院）高级讲师、博士生导师。

为 Box Hill 的主要聚居及主导人群对了解少数族裔在墨尔本都市圈内小城镇的聚集、发展及过渡提供了研究分析的切入点。这种社会空间分异和社会空间聚居现象在与墨尔本类似的社会人文环境，例如美国和加拿大的一些主要城市中，已有显著反映 [6]，并且广泛存在于新兴工业化国家城市和快速城市化地区。本文所探讨的问题，对中国大中型城市中的中央商务区高层住宅的过度开发、周边城镇房屋开发、城中村改造，以及旧工业区转型等城市发展与管理等问题有较高的相关性和潜在借鉴价值。

第二节　Box Hill 的高密度发展

作为本文研究目标的 Box Hill 是坐落于墨尔本 Whitehorse 中西部的市镇商业休闲活动中心和墨尔本东部交通枢纽。Whitehorse 位于墨尔本都市区的中东部，距离墨尔本中央商务区东部约 12 至 22 公里。2021 年人口 171167 人，面积 64.24 平方公里。人口密度为每平方公里 2664 人。作为 Whitehorse 内部中心区的 Box Hill，2021 年常住人口为 14603 人，较 2016 年有 26.1% 的增长，面积 3.52 平方公里，人口密度为每平方公里 4150 人。

与城市新区开发相比，发生在墨尔本都市区内较成熟城镇的开发热潮现象在澳大利亚似乎并不常见。作为近年来较为典型的例子，Box Hill 被认为是墨尔本中央商务区外城郊区域当中建筑密度最高的近郊市镇。Box Hill 的高层建筑是墨尔本中央商务区以外体量最大的，并且大多建成于过往十年间。当地在过去五年间较为显著的变化是中高密度住宅的比例上升至 70%，明显高于 33% 的墨尔本平均水平，较 2016 年的增长幅度为 5.7%。表 18–1 反映了当地近年高密度开发的持续增长趋势。2021 年接近一半（48.2%）的住宅为两居室，反映了 Box Hill 房屋开发密度接近于墨尔本的中心区域。当地近期主要高层和高密度开发项目包括高层办公楼宇，例如 Box Hill 国税局大楼；高层住宅楼宇，例如 Whitehorse 大厦和 Sky One 大厦；饮食文化休闲混合项目，例如Sky Village（新中国城）；以及2022年通过审批Vicinity集团作为业主的混合型购物交通休闲区域，例如Box Hill商业中心再开发项目等[7-8]。

表 18-1　住宅类型及变动

住宅类型	2021年	2016年	相对变动
高密度	51.4%	30.9%	+20.5%
中密度	29.8%	39.6%	−9.8%
独立房屋	18.6%	28.8%	−10.2%

数据来源：澳大利亚统计局2021年、2016年人口及住房普查

住房使用结构在Box Hill基本保持稳定：私人租赁超过一半并仍呈缓慢上升趋势，私有及按揭中比例较小。新冠危机对Box Hill住宅市场和项目发展的深远影响有待考察，但不作为本文的主要考察因素。如表18-2反映，Box Hill私人租住比例超过五成，较2016年有继续增长的趋势。租赁市场的扩大可能增强当地住宅产品的商品属性。因为反映租金收益的上升潜力或者与相关区域市场标准租金的差异，房屋租金水平和市场结构与开发商的评估决策息息相关。图18-2表明包含Box Hill及周边的Whitehorse市区域在2001—2021年，20年间中高密度房屋的建造许可相对于独立房屋建造许可的比率和总量都有相对增长。其中非独立房屋自2008年达到低谷之后，有了显著增长，增长趋势延续至今。这表明当地房屋存量的组成结构已有了显著的变化。

表 18-2　房屋所有权分布及变动

住房使用权	2021年	2016年	相对变动
私人租住	54.6%	51.7%	+2.9%
完全私人所有	18.7%	19.5%	−0.8%
按揭中	16.5%	17.7%	−1.2%

数据来源：澳大利亚统计局2021年、2016年人口及住房普查

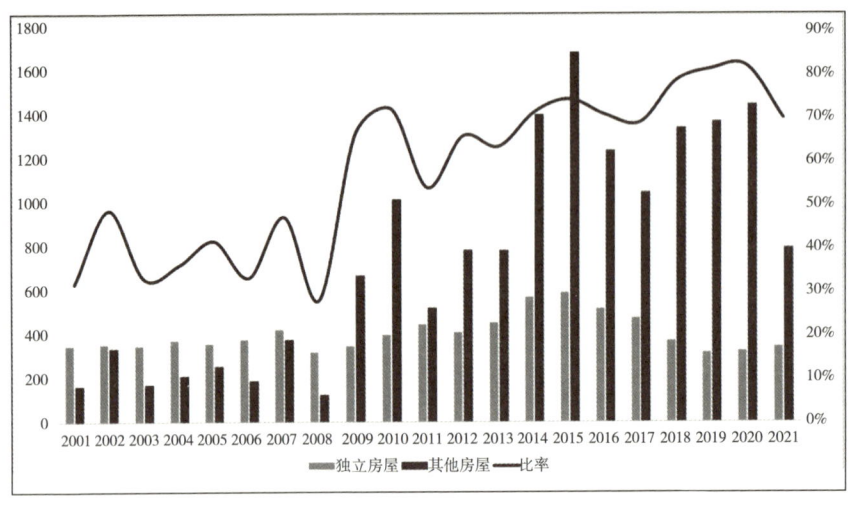

图 18-1　房屋类型及比例

数据来源：澳大利亚统计局，2001年—2021年期间Whitehorse市的建造许可

第三节　理论与实证研究简要回顾

　　澳大利亚城市经济和社会生活及文化形态的形成与发展、土地资源的开发和国内外投资移民息息相关。当中针对悉尼和墨尔本城市发展层面的历史性研究均有代表性著作，反映了这些城市在早期殖民时期资源型扩张的土地投机泡沫[9]，以及近代城市化和全球化背景下的房地产投资开发主导的市场扩张与收缩[10]。虽然有部分研究文献关注着澳大利亚城市发展和结构演变在不同时期的特征，但对都市圈内部，尤其是近郊市镇的发展和变化特征等问题关注较少[1-2]。近年来一些学者对国内外资本流动对城市发展和房地产开发的影响增加了关注[11-12]，其研究重点往往集中在宏观层面城市总体投资供给侧，以及国家财政和相关城市规划政策、策略与管理等方面。关于澳大利亚市镇层面增长与消退的内因与外因问题的综合思考，以及具有微观针对性的实证研究，具有重要研究价值和实践意义。

　　从传统社会学的角度，城镇集聚和资本积累现象与人口构成和国家及城市权利结构分布息息相关 [6, 13]。过往文献中对社会隔离现象做出针对空间资源投入及资源匹配问题的理论和实证 [14, 15]，而其发展方式、速度和密度体量与具体城镇区域的发展潜力和需求直接相关，因而可由城市区域和具体范畴市场内的地租差形成机制和对投资管理等层面的影响做相关分析和解释。Box Hill 的另一特征是其作为澳大利亚少数族裔的华人社群，在墨尔本城市空间市镇层面的社会文化"集聚效应"对相关建造环境的塑造和影响过程。其城镇区间内空间结构的变化和转型并非以形成新的生产型经济产业和就业中心，因而区别于典型的"边缘城市"新城市化现象。同时反映了区内现有人口结构变化较小，甚至有人口文化单一化趋势，似与一般意义上的城区绅士化现象级过程有所不同。一些研究认为是有针对性的由"特定资本"投资推动的城镇发展与土地开发的拉动，反映了一定程度上的土地和资本市场的不确定和不稳定性，当中也同时蕴含着价值创造及资源财富再分配的机会 [11-12]。

人们对于城市兴衰的描述和认知包含城市经济中住房市场和房屋资本的特质 [16]，城市居民的生活经验和感受 [17]，城市作为历史文化的载体 [18-19]，和与城市相关的政治权力矛盾和竞争 [13, 20-21]。与城市、城镇、城郊地区更新及再投资相关的现象存在多种相关理论，例如士绅化理论、租差理论、空间错配理论、增长联盟理论、公共选择理论（多元主义）、政权理论等。这些理论有助于从不同角度和层面对城市城郊和城镇等地区实体空间的变化、当地人口结构文化特征，以及他们的相互关系做出描述和解释 [5, 13, 20-23]。当中相关的考虑因素主要包括：资本与权力及非理性因素，公共投资区内集中性分布，国家发展政策和策略，政府资源配给和管制导向的调整，以及公共投资和发展在城市内部的非均衡性等问题。近年来出现的"金融化"对城市租差和资本流动和控制所产生的影响等问题需给予应有的理论解释，以及实证支持和论证 [5, 24]。

我们从参考现有文献和分析相关数据信息可能对 Box Hill 近期高密度发

展相关的空间聚集、房屋资产的快速积累，以及可能的社会空间分异等现象做出相关的理性解释。例如可以从需求即实际租金和城市社区文化的角度对当地房屋和市政设施投资开发的强度做出分析和解释，也应当从供给侧分析和理解金融资本的流动和使用的背景支持，包含开发及相关企业的创新决策和风险管理的作用。同时应当理解市场供需基础上当地政府的土地利用管理和社会经济发展政策，以及规划策略、市政配套和基础设施的对应投资。对更好地理解都市圈内城镇不动产与人口在城镇中心空间的关系与互动有很大帮助。

第四节　市镇发展的动力机制与结构

一、人口与文化

小型市镇的开发热潮往往有其独特的政策及相关内部因素支持，例如人口构成和文化特征等。人口组成与当地主流文化、消费观念、需求导向、投资来源、住房需求等等息息相关。从而影响当地政党组成及政策制定。Box Hill 是墨尔本最为典型的内都市圈华人聚居区之一，具有鲜明的当地居民的人文背景。周边地区则为英澳裔为主。当地宗教信仰不显著，可认为间接反映着消费主义在某种程度上在当地社区的地位。区内人口构成以20—35岁为主，约占当地总人口的40%。

2016年，华人约占42.9%，较2011年的32.5%有明显增长，并远高于Whitehorse市的22.2%。最新人口统计发现，2021年，维多利亚州华人占总人口的6.6%，为第五大族裔。按人口比率，Box Hill华人人口为46.6%，在墨尔本排名第一[25]。当地人口中海外出生占61.1%，高于2016年的57.6%，33.9%人口在家中使用普通话交流。海外出生居民中，中国大陆比例为29.5%，高于2016年的27.6%，是明显主导人口及其他呈增长趋势的部分[25]。2016—2021年，海外人口定居数量显著增长42.2%。Box Hill落户的海外出生人群自2000年以来逐渐呈高速增长趋势。这个趋势在附近区域并不明显。

华人移民聚居现象有其外部及内部因果，与当地高密度发展紧密相关。2011—2021年人口普查数据似乎显示当地低收入人群人数持续增长。这个情况在以家庭为度量单位及做相应调整后的普查数据仍旧保持一致[①]。Box Hill当地居民收入水平较周边地区低是个有趣的现象，与当地近年来的发展与投资似乎有差异。有可能财富主要聚集在土地，又或家庭房屋土地投资被动收入未计算在内。从租金层面看，持续存在的租金差异似乎提供了潜在房屋和基础设施的投资收益空间，并为政府和开发企业提供了改变土地利用方式，增强土地利用效率，从而增长租金和投资回报的预期[1]。

二、产业经济结构

位于墨尔本都市圈近郊的Box Hill的产业结构主要包含教育培训、科技技术、住宿餐饮、社保及零售等较为松散的市郊配套服务型产业，也有部分政府服务功能。当地产业的稳定性具体反映在当地居民工作种类，及主要相关产业分布和相对变动。表18-3列举当地主要产业占当地经济的比例和相对变化，除餐饮住宿和制造业有较明显上升（+1.3%）和下降（-2.6%）外，其整体结构在2011—2016年间变动不大[②]。当地受周边地区及墨尔本都市区多元文化和产业特征影响，具有显著的自身社会文化特征。从而影响和推动当地住宅、餐饮、购物等服务功能的强化和房屋需求，取得与墨尔本整体和中央商务区的产业功能及变迁取得协调和互动[26-27]。同时也可能与当地社区以移民为主导的人口和文化构成来解释对当地产业结构的较高关联性。

---

① 均等化后家庭单位收入。

② 无2021普查数据。假设相对比率保持类似的变动节奏。

表 18-3　部分主要相关产业

主要产业	2016年	2011年	相对变动
社会服务与保健	12.9%	12.4%	+0.5%
住宿与餐饮服务	12.1%	10.8%	+1.3%
专业科技与技术服务	11.3%	10.8%	+0.5%
零售服务	10.5%	11.4%	-0.9%
教育与培训服务	8.0%	8.5%	-0.5%
制造业	4.2%	6.8%	-2.6%

数据来源：澳大利亚统计局 2011 年、2016 年人口及住房普查

Box Hill 作为墨尔本最重要的华人聚居地区之一，聚集了大量本地华人资本，有望形成墨尔本中央商务区中国城向外拓展的中国城'第二城'。这有可能为墨尔本近郊区域的市镇生活提供中央商务区外大型餐饮休闲娱乐服务集聚地。当地产业与国内外投资的互动现象在澳大利亚城市环境里较为普遍，在一定程度上反映了人口组成（移民比重高）条件下，当地及国内国际层面社会文化族群的集聚效应。引领了当地建成环境的投资规划，改造与改变。当地国际资本流动与投资，尤其与中国经济增长和中外贸易紧密相关。当地主要投资进入房地产、旅游休闲等产业及配套服务。作为墨尔本近郊居住和交通枢纽功能的成熟社区的 Box Hill 还未展现成为近郊卫星城的主要特征。

三、开发企业决策和资本流动

Box Hill 高层建筑与高密度住宅项目的开发企业及其主要公司运作及融资方式等能有效地反应资本市场的运作，并在一定程度上反应它们在项目层面的动机与决策，以及执行的质量[28]。在 2011—2016 年，Box Hill 地区房屋租金市场的房屋租赁家庭数量有所增加，当中高租金住户的比率较周边地区低，但有一定增加。当地低租金族群的比率在同一时期有较为

显著的增加。相对应的中租金住户比率有显著的下降。Box Hill 周边地区
（Whitehorse）租金水平同时期的变化较小。 表18-4反映了这些租金变化在
相关城镇区间的分布。

表 18-4　租金水平及分布

家庭租金族群	Box Hill		Whitehorse		Box Hill
	2016	2011	2016	2011	相对变动
低租金	22.7%	13.4%	17.8%	16.8%	+9.3%
中低租金	19.8%	28.4%	15.2%	17.0%	−8.6%
中高租金	27.8%	31.7%	31.7%	31.4%	−3.9%
高租金	29.7%	26.5%	35.4%	34.9%	+3.2%

数据来源：澳大利亚统计局2011年、2016年人口及住房普查

　　开发企业的激励动机、企业运作及文化背景是当中一个关键环节。房
屋开发企业的投资决策动力往往取决于对当地房屋的潜在租金水平，以及
土地使用辅助机会和规划政策的了解和预期。同时很大程度上受资产及项
目融资水平和机会的影响。在当今开发企业中，开发企业的内部具体构架
和决策层包含领导者个人的特点也能对项目过程和结果产生巨大影响。

　　在州和当地政府发展政策的双重定位与以当地城镇中心发展为动机的
推动下，开发商似乎与政府规划部门的动机和方式较为一致，在一定意义
上形成了以创造消费和经济服务活动，增加土地附加价值为动力的"发
展联盟"。Box Hill 的主要高层建筑的开发主体包括政府部门，例如税务
部，华人背景的著名开发企业，例如Golden Age集团；历史悠久的本地家
族企业，例如Dengue集团；以及主营购物中心物业持有的上市集团，例如
Vicinity。它们根据各自的主营实力，协调运作，形成了一个近年来综合开
发在墨尔本副中心城镇区域土地投资与开发过程的实践典范。

四、基础设施配套和政府规划政策

Box Hill 享有墨尔本都市圈东部的交通中心枢纽的战略地位。2007年和2021年结构性规划中指导当地转型成为高密度公共交通通勤为导向的城市（副）中心 [29-30]。交通设施网络和功能涵盖了多条城市铁路、有轨电车系统、区域火车、高速公路、公交车系统等，为墨尔本近郊地区提供了一个重要的通勤枢纽和联通城市中心区和城市近远郊的重要节点。表18-5显示2016年71.2%的Box Hill居民在市区等地工作。此比例与2011年类似。由于Box Hill 在墨尔本所处及政府为其定位的交通枢纽城市区域的中心地位，因而它的发展与某些大型城市远郊出现的"边缘城市"有显著差别。

表 18-5 主要通勤方式

通勤方式	2016年	2011年	相对变动
开车（自驾）	41.8%	45.3%	-3.5%
城际火车	25.2%	22.9%	+2.3%
步行	8.6%	7.4%	+1.2%
居家办公	4.1%	3.5%	+0.6%
公共汽车	3.2%	3.1%	+0.1%
未工作	9.3%	10.2%	-0.9%

数据来源：澳大利亚统计局2011年、2016年人口及住房普查

政府在土地使用和开发控制角度上采取自由主义，并取得当地社区一般层面上的认同。这可能与当地海外移民人口较多，当地区域租赁居民比例较大，且平均收入较周边地区低等因素有关。与政府和投资开发产业组成的"发展联盟"相比，当地社区的影响力和权力相对较弱。在这种权力结构下，当地土地投资与房屋（再）开发速度和体量呈加速趋势。

第五节 结论：人口、资本与政策

城市的兴盛与衰亡是极其复杂的人类社会现象。演变过程的历史重要性甚至与国家和人类文明的发展与演变相关[18-19]。本文借鉴了近年来 Whitehorse 和它的城镇活动中心 Box Hill 区域的人口和房屋普查的数据，从人口、政策和建造实体等角度探讨近年来 Box Hill 的城镇中心高密度化现象进行描述，并从地租差的理论角度进行分析和解释。传统租差着重于基于现有房屋和土地使用的实际租金水平。本文同时从潜在土地使用及租金的角度讨论 Box Hill 的变化与机遇。

虽然人们对澳大利亚城市近郊、远郊市镇及其副中心的多样化在城市结构变化过程中的变化特征已经有一定的认识[1-3]，但对城市近郊市镇中心的高密度开发现象及其原因的了解甚少。通过联系现有文献对发生在墨尔本近城郊城镇中心的高密度住宅和商用房屋的快速发展，作为城市化和城镇转型在澳大利亚的一种特征进行探讨。本文重点考虑当地租差形成机制，包含人口、政策和资本在当地社会中的互动关系。政府和市场或社区（社会）主导的都市圈近郊范围的市镇开发和经济发展机制在不同国家、城市及社区均有不同的经验和方式[2-3]。当中具体规划政策的制定、调整，以及与市场、产业的关系直接受当地制度特征和社会文化结构决定。

本文针对墨尔本都市圈内城镇转型的具体案例研究对理解城市内部边缘城市的形成或者城市多中心提供了最新实例，并为未来关于城市持续发展与改造的研究提供了来自墨尔本的案例借鉴。

附：参考文献

[1] Farahani L M, Izadpanahi, Tucker R. The death and life of Australian

suburbs: relationships between social activity and the physical qualities of Australian suburban[J]. City, Culture and Society, 2022 (28): 1–10.

[2] Freestone R, Murphy P. Metropolitan restructuring and suburban employment centres: cross–cultural perspectives on the Australian Experience[J]. Journal of the American Planning Association, 1998, 63 (3): 286–297.

[3] O' Connor K, Blakely E. Suburbia makes the central city: a new interpretation of city–suburb relationships[J]. Urban Policy and Research, 1989 (7): 99–105.

[4] Frost L, Dingle T. Sustaining suburbia: an historical perspective on Australia' s urban growth. In Australian Cities[M].Melbourne: Edited by Troy, P. Cambridge University Press. 1995.

[5] Teresa B F. New dynamics of rent gap formation in New York City rent–regulated housing: privatisation, financialization, and uneven development[J]. Urban Geography, 2019, 40 (10):1399–1421.

[6] Ross B, Levine M A, Stedman M S. Urban Politics: Power in Metropolitan America[M]. 4th edition, New York:F.E. Peacock Publisher. 1991.

[7] MGS. Review of strategic direction: Box Hill Metropolitan Activity Centre Community Consultation Summary[R]. Melbourne. 2020.

[8] MGS. Future options for Box Hill. In Review of Strategic Direction: Box Hill MAC Analysis and Options Report[R]. 2011 (4):120–160.

[9] Cannon M. The Land Boomers[M]. Melbourne:The Melbourne University Press. 1966.

[10] Daly M T. Sydney Boom Sydney Bust[M]. Sydney: George Allen and Unwin. 1982.

[11] Rogers D, Nelson J, Wong A. "Geographies of hyper–commodified housing: foreign capital, market activity, and housing stress[J]. Geographical

Research, 2018, 56（4）: 434–446.

[12] Sisson A, Rogers D, Gibson C. Property speculation, global capital, urban planning and financialisation: Sydney Boom, Sydney Bust redux[J]. Australian Geographer, 2019, 50（1）: 1–9.

[13] Domhoff G W. Power at the local level: growth coalition theory[EB/OL]. [2022–08–20]. Whorulesamerica.net.

[14] Kain J. Housing segregation, Negro employment, and metropolitan decentralization[J]. Quarterly Journal of Economics, 1968（82）: 175–197.

[15] Kain J. The spatial mismatch hypothesis: three decades later. Housing Policy Debate[J], 1994, 3（2）: 371–392.

[16] Glaeser E, Gyourko J. Urban decline and durable housing[J]. Journal of Political Economy, 2005, 113（2）: 345–375.

[17] Jacob J. The Death and Life of Great American Cities[M]. London: Jonathon Cape. 1962.

[18] Mumford L. London:Cities in History. [M]. Penguin Books. 1962.

[19] Reader J. Cities[M]. London:Vintage. 2004.

[20] Molotch H. The city as a growth machine[J]. American Journal of Sociology, 1976（82）: 309–330.

[21] Molotch H. Capital and neighborhood in the United States: Some conceptual links[J]. Urban Affairs Quarterly, 1979（14）: 289–312.

[22] Smith N. Toward a theory of gentrification: a back to the city movement by capital, not people[J]. Journal of the American Planning Association, 1979, 45（4）: 538–548.

[23] Smith N. The New Urban Frontier: Gentrification and the Revanchist City[M]. New York:Routledge. 1996.

[24] Fainstein S. Financialisation and justice in the city: a commentary[J].

Urban Studies，2016，53（7）: 1503–1508.

[25] Australian Bureau of Statistics.（2011，2016，2021）. Census of Population and Housing[EB]. Canberra: ABS.

[26] 武占云，吴昊. 全球产业格局调整下墨尔本经济转型路径及其经验借鉴[J]. 财经智库. 2021，6（5）: 74–91.

[27] 吴昊. 墨尔本中央商务区服务业开放与创新发展研究[M]// 中国商务中心区发展报告2020. 商务中心区蓝皮书. 龙永图等编，北京:社会科学文献出版社. 2020: 296–312.

[28] Williamson O. Markets and Hierarchies: Analysis and Anti–Trust Implications[M]. New York: Free Press. 1975.

[29] MGS. Box Hill Metropolitan Activity Centre to 2036: Draft Structure Plan[R]. Melbourne. 2021.

[30] SGS. Box Hill Transit City Activity Centre Structure Plan: City of Whitehorse[R]. Melbourne. 2007.

第十九章　多维与共生：长三角苏绣小镇的社区空间机制构建①

近年来，长三角地区特色小镇建设成就卓著，打造了一批环境优美，宜居、宜业、宜游的典型特色小镇。其中，以江南特有的自然和人文资源为底蕴，江南传统文化的创造性转化和创新性发展为实现方式，产生了一批独具魅力和产业生命的特色文化小镇。位于苏州高新区的苏绣小镇就是这批特色文化小镇的重要代表。

苏绣小镇是江苏第一批省级特色小镇，也是江苏入选全国特色小镇典型经验的4个精品小镇之一。自2017年6月8日苏绣小镇整体概念方案讨论通过以来，小镇始终坚持生产、生活、生态"三生融合"的发展理念，围绕"产城文旅智"五位一体的建设目标，聚焦苏绣特色产业发展，从小镇的产业空间、居住空间、社交空间和网络空间等4个维度展开了诸多突破和创新，也产生了较好的实效，对此展开系统分析，有助于将这一模式向国内其他同类型的特色文化小镇进行传播，为我国特色小镇建设提供借鉴。

---

① 作者：王晓静，上海交通大学媒体与传播学院影视系副研究员，硕士生导师，城市科学研究院院长助理。

第一节　理论嵌入与逻辑关系

一、"共同体"理论的适用性

1887年，滕尼斯指出"社区"是基于情感、习惯、地缘、血缘等因素由"本质意志"形成的团体，"社会"是基于人的理性算计由"选择意志"形成的各种利益团体[1]。这种界定强调了个人与环境的关系是依附于自然禀赋之上的。在这样的群体里，成员之间的同质性强，生产与生活方式高度相似。接着滕尼斯进一步衍生这一理论，提出亲缘共同体、地缘共同体和精神共同体。其中，亲缘共同体是"共同体现实的最普遍的表现"[2]，它以最为纯粹质朴的方式体现了共同体的特质与精神；地缘共同体是在有限的地方场景中存在的"大家庭"；精神共同体是建立在"自由选择"的基础上的价值选择。因此与血缘和地缘共同体相比，精神共同体是最高形式的共同体。真正的共同体都应该是精神共同体，因此滕尼斯认为"共同体的理论出发点是人的意志完善的统一体"[3]。

现代化社会趋向于建立的是浅表但多样的个体联结，因此社会关系的界定也呈现出错综复杂的特征。涂尔干根据现代社会特征将滕尼斯的共同体理论进行更新，提出职业群体是现代社会的"骨架"。它的作用不仅仅在于功能分工，而是应该成为"规定其成员生活的一种道德权威"[4]。美国实用主义哲学家杜威则对"职业共同体"继续补充，"为一个共同目的工作的个人也不构成一个社会群体……但是，如果他们都认识到共同的目的，大家关心这个目的，并且考虑这个目的，调节他们的特殊活动，那么，他们就形成一个共同体。但是这将牵涉到沟通。每个人必须了解别人在干什么，而且必须有办法使别人知道他自己的目的和进展情况"[5]。至此，杜威把滕尼斯的共同体理论做了更符合现今社会形态的研究，强调持续的沟通是共同体建构的鲜活源泉，它使个体成员的思想、观念、兴趣、知识得以互通融合。

显然，生活于特色文化小镇的原住民具有亲缘共同体的特征，在小镇从事商业活动的企业家符合地缘（职业）共同体特征，基于相近的精神价值追求而聚集在特色文化小镇的艺术家符合精神共同体的特征，这些人群组成的小镇社区为特色文化小镇作为一个共同体而展开生产、生活等提供了最基本的"人的因素"，互联网技术（网络空间）让所有群体都能及时进行有效和持续的沟通，以共同体理论分析特色文化小镇各空间之间的相互关系符合理论与现实基础。

二、特色文化小镇的空间构成元素

一般来看，城镇空间是一个社会空间实体[6]，由物理空间包括空间肌理、建筑形态、道路设置、景观节点等，和心理空间共同构成。以"共同体理论"对特色文化小镇的空间构成进行解构，可以划分出互相勾连、相互影响的四个部分，分别是产业空间、居住空间、社交空间及网络空间。

由于特色文化小镇是特色小镇的一种类型，势必要遵循特色小镇的一般规律，即以"主导产业"推动小镇发展，引领提升小镇经济、生活、社会发展。因此，产业空间是特色文化小镇物理空间构成中最有特殊性的组成部分。加之产业是特色文化小镇得以存在的根基，产业空间作为小镇空间的"前台"也就成为最先受到各方关注的内容。

特色文化小镇同时也是一个美丽宜居的空间集聚形态。在产业和商业要素之外，最能代表小镇特色和难以被复制的是一个小镇形态独特的自然地理条件和传承有序的历史文化谱系。小镇的文化个性尤其体现在居住空间的美学表达中，作为商业空间附属的居住空间是这一共同体表达情感、展示理想的实体，因此，对特色文化小镇来说，居住空间是处于"后台"但尤为重要的一个方面。

好的空间可以满足使用者的需求与民主的使用权利，还能为社区与社会贡献意义[7]。特色文化小镇不仅要满足人衣食住行的基本需求，也要满足居于其中的人的社交、价值与意义等更高级需求。2017年，国家发展和改革委员会牵头发布的《关于规范推进特色小镇和特色小城镇建设的若干意见》中就指出"以特色产业为核心，兼顾特色文化、特色功能和特色建筑"，其中"特色功能"的实现主要是指在这一空间中实现人与人之间独特的社交方式，如基于当地特色产业的博物馆、艺术馆、展示馆等，在宣传、普及、推广特色文化及产品的同时，也为游客、居民、企业提供了一个可以交流的场所。在有相互沟通的地方，事物就得到了意义[8]。社交空间对特色文化小镇的空间构成而言，是一项具有核心价值意义的存在。

前三者可大致理解为"共同体理论"中的地缘（职业）共同体、亲缘共同体及精神共同体。随着网络技术在人们生产生活中的不断渗透和普及，在特色文化小镇的实体空间之外又形成了一个虚拟的网络空间，即以各类新媒体技术支撑的网站、公众号、直播平台等。网络空间作为以特色文化小镇的主导产业、特色景观、风土人情等为主要表现内容的新型空间形态，与前三者共同组成了特色文化小镇的四维空间。

第二节　苏绣小镇四维空间建设情况

苏绣，在明代又称苏州绣，是以苏州为中心、历史悠久并具有浓郁地方特色的刺绣流派。苏绣不仅是中国优秀的民族传统工艺之一，也是吴文化的典型代表。2006年，经国务院批准列入第一批国家级非物质文化遗产名录。苏绣的发源地在苏州吴县一带，现已遍衍无锡、常州等地。清代，苏绣与湘绣、粤绣、蜀绣并称为中国四大名绣。

为传承、发扬、创新我国传统苏绣艺术和技术，江苏省苏州市高新区镇湖街道依托镇湖"苏绣之乡"的悠久历史和人文沉淀，以发展苏绣产业为核心，建立以传统工艺为基础，引入现代科学技术手段的新型苏绣生产研发基地，总投资约34亿元，着重打造历史经典类特色小镇——苏绣小镇。作为江苏省首批特色小镇创建单位之一，经过几年的建设，苏绣小镇于2019年入选"第一轮全国特色小镇典型经验"名单，成为长三角特色小镇产业联盟成员单位，2020年，入选中国特色小镇50强。

一、产业空间

作为特色文化产业的当代载体和空间组织形式，特色文化小镇的优势主导产业的发展依托小镇长期积淀、定型、传承有序的一种或几种独特文化资源，以及工艺技术、组织管理、社会环境和专业人才等特殊优势，以此形成在国际、国内或地区具有核心关键技术和重要市场竞争力的文化产业类型或文化产业集群。

为更好地建设苏绣小镇，提高小镇的综合实力，高新区从统筹规划开始抓起，成立了以管委会主要负责人为组长的领导小组。从而进一步强化组织领导和规划协调，确保苏绣小镇的开发建设融入片区规划。初步形成了北小镇（绣品街）、南小镇（太湖国家湿地公园）、微度假城郊商业集群（湿地游客中心）的开发框架。

2017年9月，苏绣小镇完成控制性详细规划。围绕"生产、生活、生态"三生融合的建设目标，率先在产业功能、商业配套、基础设施、景观提升四个重点方面展开了工作。苏绣小镇规划范围西至东城路、南至湿地公园、北至渚镇路、东至纵一路，规划面积约3.8平方公里，规划常住人口2万人。在规划划定的核心区、湿地延伸发展区和东侧预备发展区等三大区域框架下，小镇建设聚焦1平方公里范围的核心区，该核心区以绣品街为中心，重点打造大师传承研习集群、文化交易博展集群、核心产业升级集群、微度假城郊商业集群、湿地生态酒店集群等八大集约要素集群。力图将绣品街打造成为集销售、展示、博物、休闲和生活等功能于一体的苏绣文旅融合示范街区。

在产业布局上，苏绣小镇的开发严格遵循"一带双轴三核"的规划结构。"一带"即依托绣品街与5号路，集合商业商务、会展交流等重要功能的产业融合发展带；"双轴"即依托绣品街，以激活传统产业活力为目的的传统再生发展轴，以及依托5号路以创新创意产业为主，促进产业提档升级的苏绣生活创新轴；"三核"即由产业融合发展带串联，由北至南布局的三大核心。这三大核心分别为结合中国绣品街布置、突出手工技艺传承的传统核心，结合小镇前庭布置、展示传播小镇风采的再生核心，以及结合游湖布置、旨在为未来新兴产业聚集打下坚实基础的未来核心[9]。

苏绣小镇作为一个集文化产业与旅游景区于一体的综合性文旅消费区域，在宏观格局与局部景观上，处处都体现出鲜明的江南风味。

在色彩运用上，苏绣小镇建筑格局的设色以黑白色系为主，极少掺杂第三色系，整体呈现出典型的江南水乡特色。在微观层面上，以小镇内的店铺为例，每一行列的店铺大小趋于一致，这与现代国外商业建筑布局的自由形成鲜明反差，同类店铺的聚合，如装裱店、扇坊等类型各异的店铺虽然附属于不同序列，在空间形制上却大体相似，这既便于管理，更有利于促进彼此交流、平等竞争。相较于店铺的"同质化""模式化"，大师艺术作坊的构造显得独具匠心，主要体现在，一方面，借助幽曲小径将多个空间进行连接，另一方面，大师艺术坊内的建筑空间大多为环绕式，即多个空间围绕"埕"彼此簇拥。与苏绣小镇的整体格局形成呼应[10]。

二、居住空间

镇湖街道所在地是衔接苏州市太湖水域其他城市之间物资贸易水路货运的重要交通枢纽，培育出了独具特色的吴文化和太湖文化。时至今日，因为注重太湖水域的保护，镇湖依然保持了山明水秀的优美自然风貌，被评为苏州建设最佳居住环境和社会主义新农村的示范区，也是国家重要的自然生态环境和水资源保护区域[11]。

由于地处苏州"绿肺"西部生态旅游度假区，紧邻太湖生态游憩带，周边又有裸心泊度假村、西京湾、太湖一号房车露营公园、杵山生态公园、中国刺绣艺术馆景区和太湖国家湿地公园等休闲旅游载体，可见苏绣小镇拥有非常优异的自然生态环境。同时镇湖街道注重美丽乡村和家庭文明建设，通过庭院创意改造、成果展示等形式，普及推广经验，推进由户到村的环境转变，依托卓越生态基础与丰富旅游资源，在苏绣产业发展中融合生态体验，实现了生态优势和产业优势的和谐统一[12]。

在苏绣小镇内部，设计者通过对原有城镇格局进行合理的功能划分，将原有建筑进行改造和利用以满足现代产业发展和居民生活的需求，同时强化公共服务供给，主干路网、水电气网络等公共配套设施完善，形成了以轨道交通为主体、新能源汽车和公共自行车等为补充的多层次绿色低碳交通体系，15分钟社区生活圈内教育、医疗、养老、商业、金融、社区服务中心等生活配套齐全，为当地老百姓提供了良好的居住生活空间，让小镇百姓安居适居乐居，获得感和幸福感进一步提升。

三、社交空间

近年来，苏绣小镇聚焦苏绣特色产业发展，打造了众多苏绣文化载体，形成了集文、博、展、研、游于一体的苏绣文旅街区，在不断深化苏绣产业链协同发展的同时，苏绣小镇也形成了集聚创意人才、激活内生动力、促发生活活力的小镇社交空间体系。以小镇客厅（中国刺绣艺术馆）、绣创空间、锦湖生活广场、新集文创旗舰店等文化载体为抓手，一方面通过有效发挥载体集群优势，小镇形成一个涵盖设计、版权、生产、交易、人才等产业要素的苏绣产业链；另一方面也通过生产、生活、休闲功能的复合，为从业者、游客与居民提供了一系列高品质的社交空间。

如2018年建设完毕并对外开放的小镇客厅（中国刺绣艺术馆），设有绣史馆、名人馆、工艺馆、精品馆及特展厅，分别展陈刺绣珍贵文物和当代织绣大师的典藏珍品。该艺术馆已成为国内规模最大，集刺绣技艺研发、学术交流、展示评比及文化传播等多功能为一体的专业性刺绣展馆，并先后通过国家4A级景区复核，获评中国工艺美术学会工艺美术科普教育基地、长三角公共文化空间创新大赛"百佳公共文化空间奖"等。2020年6月13日，在中国刺绣艺术馆多功能厅培训教室开展的一场刺绣针法技艺体验及刺绣手作体验活动[13]，在推广和普及刺绣手工艺的同时，也为游客、居民等提供了很好的社交机会。

又如，全国首家苏绣沉浸式线下体验店"新集"文创旗舰店于2020年正式对外营业。"新集"文创旗舰店旨在打造集文创、苏绣、农产品、展览、书店、咖啡及美学生活用品为一体的跨界新零售复合业态，倡导"乐享非遗生活"。为进一步提升丰富绣品街业态、满足新时代文化旅游消费需求，"新集"又与裸心集团联手建设了集聚餐饮、咖啡、阅读、儿童娱乐、手作、购物等于一体的"新集"裸心体验中心。

苏绣小镇塑造的新型社交空间已经让小镇传统的邻里亲朋关系与商业竞争关系之间的界限变得模糊，也让社会交往规则和人际交往观念发生了诸多改变。小镇传统的乡土精神空间和观念秩序，在产业和商业的双重压力下进行了调整，进而对人们的日常交往行为产生了一定的影响。

四、网络空间

互联网技术的飞速发展造就了全新的虚拟网络空间，苏绣小镇的网络空间建设主要分两部分内容。第一部分是以政府主导的苏绣小镇官微、官网、小程序等网络信息发布及体验平台。例如以腾讯云技术为依托，推动"苏绣数字经济"产业发展而开发的"云上苏绣小镇"小程序，依靠绣创空间（双创平台）打造的苏绣数字化基地等。

苏绣小镇上线的全国首个刺绣数字云平台"云上苏绣小镇"小程序，包含探绣、阅绣、传绣、品绣四大板块。探绣板块包含手绘地图导览景点介绍、精品路线推荐导览，可以实现线上打卡集卡，线下兑换礼品，将线上引流至线下门店。阅绣板块阅古博今，通过遇见苏绣视频VR，多视角展示小镇特色，新闻资讯及时传播小镇动态、活动预约，方便游客参与小镇活动。传绣板块以大师展品为切入点，充分利用大师展品的高曝光高宣传，带动大师绣庄其他绣娘的作品展示，借助大师影响力推动相关师承苏绣作品的商业变现，围绕绣娘的历史作品及传承技艺，提供丰富多维的绣娘绣庄检索服务。品绣板块搭建小镇苏绣云集电商平台，将线上线下渠道连接起来，将小镇的官方网站、微信公众号和小程序相关联，向用户提供产品查询、产品在线购买、服务投诉和评价的全流程服务，个性化产品在线定制满足多元的个性化定制需求。在打造规范的线上商城的同时，以苏绣为媒，让非遗走进生活。

中国刺绣艺术馆的虚拟展馆通过对展厅的实景进行 360° 扫描捕捉，利用自动成像拼接技术、仿真算法、互动手段等关键技术，还原三维立体空间展示，从而完成展馆虚拟漫游。这种虚拟展馆的游览方式更适合当下的时代，足不出户即可身临其境般观展。

"绣创空间"是一个主要围绕苏绣这一非遗文化技艺，集文化创意、新媒体、影视动漫、文创产品研发、大型活动策划、项目申报实施、企业孵化管理为一体，通过"文创+孵化器"推动创意产业发展，催生文化创意企业，打造产业集群，联合投资方、知识产权服务商、技术开发服务商、法律机构等服务机构，通过多方互动对接，为小微文创企业成长构建低成本、便利化、全要素、开放式的新型创业服务平台。目前，"绣创空间"已具备开展活动交流、培训辅导、信息发布、综合服务等多方面功能，并定期举办项目路演、创业大赛、主题演讲、经验交流、展览展示、峰会论坛等活动，依托科研院所及导师资源，组织创新创业辅导，发挥资源优势和辐射带动作用，促进文化创意和设计服务融合发展。此外，"绣创空间"还利用现有智慧云平台，借助地方官媒，为使用者及时提供宣传、资讯、推广等服务。

第二部分是以企业、协会和个人为主体的苏绣小镇网店、短视频账号（如抖音）等网络宣传及交易平台。据研究，苏绣小镇网店主要集中在苏绣小镇的核心地区——绣品街，空间集聚现象比较明显。数据显示，苏州地区 66% 的苏绣淘宝店集中在苏绣小镇，其中 42% 有线下实体店，而且这些实体店也都位于苏绣小镇绣品街[14]。另据不完全统计，截至 2022 年 7 月，活跃于抖音平台的以苏绣小镇为账号主体的有两个，分别是"苏州高新区镇湖刺绣协会"和"苏州苏绣小镇发展有限公司"。这两个抖音账号累计共发布了200条与苏绣相关的短视频。另有大量生活在苏绣小镇的刺绣大师、绣娘开设的个人账号，介绍、分享苏绣及苏绣小镇的相关信息，吸引了众多网民参与到对苏绣产业的关注中来。

第三节　对我国特色小镇建设的借鉴意义

苏绣作为中国传统手工业的一个门类，随着社会发展，同其他手工艺一样面临着诸多问题。如苏绣面临与其他绣种及机绣的竞争和挑战；如我国知识产权市场管理体系和运作体系不规范，对于刺绣保护尚未制定针对性的法律法规；如家族式管理的经营管理模式，阻碍了苏绣产业的规模化发展等。另外，苏绣小镇的建设主体为国有企业，容易出现行政主导的倾向，抑制市场发展活力；苏绣小镇在人才培养方面也存在欠缺。虽然目前拥有8000名绣娘和众多工艺大师，但随着苏绣艺人年龄的增长和后备人才的不足，绣娘专业能力有限、原创能力不足等问题凸显，苏绣技艺传承人却越来越少，呈现出青黄不接的趋势。同时，苏绣小镇还存在"子承父业"的传承模式，技艺传承多以当地内化吸收为主，外来人才的引入能力不够等，均制约了苏绣产业的提档升级。苏绣小镇以直接吸纳当地传统产业，致力于将当地特色产业做大做强，因此在旅游资源挖掘与发展文创产业方面仍存在很大空间，人文资源开发、文旅 IP 提炼的力度还远远不够，以上这些都是对苏绣及苏绣小镇提出的现实挑战。

毋庸置疑，苏州镇湖苏绣小镇依托苏绣创新平台，实现了产业、居住、社交、网络空间的科学、有机组织。不仅在传统苏绣技艺复兴中融合了现代生活观念，还在苏绣产业创新发展中融合了生态体验，更是在苏绣文化提档升级中融合了居、业、游一体的发展理念。既实现苏绣全产业链协同发展，又切实满足了人民群众对美好生活需要。这些可贵的成绩、成功的经验将对我国其他相似类型的小市镇建设具有一定的借鉴和参考意义。

首先，强大的政府规划背景，是苏绣小镇开发建设取得进展的重要原因。苏绣小镇自始至终都坚持规划统筹引领，构建企业主体、政府引导、市场化运作的开发建设格局，促进资源共享、实现优势互补，各方力量在政府主导下共同推动小镇建设提质增效。苏绣小镇的投资运营主体成立于2012年6月，是西部生态旅游度假区（镇湖街道）下属、由苏州西部生态城发展有限公司和苏州西部文化旅游发展有限公司共同出资设立的苏州西部文化旅游发展有限公司。该公司与苏高新集团下属苏州西部生态城发展有限公司，又共同出资成立了负责具体项目的融资、开发和运营事宜的苏州苏绣小镇发展有限公司。地方政府为苏绣小镇的发展提供相关的组织保障并做好社会动员，强化引导扶持，为特色文化传承、特色产业聚集及特色企业发展提供政策支撑。有强大且稳定的建设和运营主体是苏绣小镇能够"一张图纸干到底"的基础。苏绣小镇的规划建设方案始终坚持"宜居、宜游、宜业"原则，在充分融入周围自然资源的前提下，对原有的镇湖街道进行合理化空间改造。围绕苏绣工艺，将苏绣产业链上下游的丝线、木架、装裱包装等统筹安排，实现政企民共建共享。

其次，多元建设主体的有效合作，最大限度地激发了苏绣小镇的活力。苏绣小镇集聚了大批与苏绣有关的企业，"绣品街"429家商户中的376家为绣庄和刺绣工作室，共有9000多人从事刺绣设计、创作、生产、销售、配套工作，围绕苏绣产业的从业人员占到街道总人口的67%以上[15]。苏绣小镇的开发模式最大程度地发挥了政府、国企、民企等各方优势，创造各种条件吸引小镇内企业、大师工作坊、个体工商户积极参与，为小镇产业发展注入活力，实现了匠人聚集、创意辈出的良性循环。同时，在相关政策支持下，积极发挥大师引领作用，为青年刺绣艺术家提供宣传展示的机会，积极引进相关人才，同时为居民提供优良的生活配套和生态环境，提升民生幸福感。让主人和客人，原住民和新人都能乐居其中。

再次，不同主体的实践行为，不断改造苏绣小镇的物质空间、文化场所和地方精神。一方面，物质空间是文化的凝固实体，苏绣小镇通过旅游服务设施、商业建筑实体等文化资源的改造，形成现代文明与江南传统文化并存的物质环境，表现出强烈典型性和异质性的区域文化特征，有力提高了苏绣小镇在旅游行业的竞争力。另一方面，文旅产业驱动下的政府（政治权力）、投资者（经济力量）、游客（异质文化）等主体对苏绣小镇原本的文化空间进行潜移默化的文化筛选和介入，使得小镇的"主人"——原住民为适应旅游发展的需求主动或被动地进行角色转换和选择性的文化展演。

最后，多种形式的数字化传播，为苏绣小镇网络形象塑造赋能。苏绣小镇除借力传统媒体的报道宣传外，还善于利用新媒体技术，运用新媒体思维，借力数字化信息技术手段进行传播，如通过打造苏绣直播孵化基地，借助创业者力量进一步扩大了原本由官方主导的宣传推广工作。网络直播让现实生活中的传统工艺和工艺大师，在年轻人活跃的网络空间里得以"活"态展现，取得了非常好的传播效果。借助新媒体为非遗的传播与传承赋能，新媒体即时、互动、精准的传播方式，不仅可以让古老的文化"活"起来，还可以帮助苏绣这种相对小众的文化形态发现粉丝，降低非遗文化的传播门槛，更加融入时代，以年轻网民喜闻乐见的方式，为非遗文化的传承演绎出了另一种可能性，让冷门的文化"火"起来[16]。除了直播，苏绣技艺的创作过程也通过其他短视频自媒体的方式进行传播，可以说，网络空间的有效利用在提升苏绣小镇形象方面发挥了重要作用。

附：参考文献

[1] Ferdinand Tönnies nnies，Community and Civil Society[M].Cambridge：Cambridge University Press，2001（1-2）.

[2]【德】斐迪南·滕尼斯.共同体与社会——纯粹社会学的基本概念 [M].林荣远，译.上海：商务印书馆，1999：76.

[3]【德】斐迪南·滕尼斯.共同体与社会——纯粹社会学的基本概念 [M].林荣远，译.上海：商务印书馆，1999：58.

[4]【法】涂尔干.社会分工论 [M].渠敬东，译.上海：三联书店 2000：38.

[5]【美】约翰·杜威.民主主义与教育 [M].王承绪，译.北京：人民教育 出版社，1990：9-10.

[6] MADANIPOUR A. Design of urban space：An inquir y into a socio-spatial process [M]. Wiley Chichester，1996.

[7] FRANCIS M. Urban open space：Designing for user needs [M]. Island Press，2003.

[8]【美】约翰·杜威.经验与自然 [M].傅统先，译.南京：江苏教育出版 社，2005：108.

[9] 邰杰.特色小镇景观设计研究——特色小镇的先锋规划理念梳理与 "苏绣小镇"景观设计案例考察[J].北方建筑，2019（4）.

[10] 张淇源.以"虚"致"实"——探析苏绣小镇建筑语言的文化内涵 [J].中国艺术，2018（4）.

[11] 朱丽郡.特色小镇建设问题及对策研究 ——以苏州市镇湖苏绣特色 小镇为例[D].苏州大学硕士学位论文，2020.

[12] 苏州苏绣小镇：围绕六个走在前列，苏绣小镇"绣"出高质量发展 新画卷[EB/OL]. http：//www.jstsxz.com/tsxz/room/room/suxiu_pc.htm.

[13] 苏州高新区旅游局.手作开放日来了！在中国刺绣艺术馆感受刺绣 魅力[EB/OL]. https：//www.163.com/dy/article/DLQHVBRU05249MVN.html .

[14] 李紫扬."一带一路"倡议下的特色小城镇"流空间"测度——以苏 绣小镇为例[J].面向高质量发展的空间治理——2020中国城市规划年会论文 集，2021（9）.

[15] 遇见苏绣皆惊艳 非遗特色更传神——江苏省苏州市苏绣小镇典型经验[J].中国经贸导刊.2019（9）.

[16] 吴秀娟.特色小镇建设中的文化再造与传播研究——以从化罗洞工匠小镇为例[J].科技传播.2022（3）.

第二十章 数量与品质：实践视角下的中国香港新市镇发展①

第一节 引言

50年前开始的经济繁荣推动了香港的快速城市化。作为英国曾经租用的地方，香港采用英国新市镇规划方法以分散九龙和香港岛过度拥挤的城区。在20世纪70至90年代期间，香港在新界兴建了9个新市镇，这些新市镇现在为全香港一半的人口提供了安居之所。这些新市镇都是按照高标准来建设，从工程角度来看更是如此。由于只有15%的居民能够在新市镇工作，因此大部分的居民也未能实现本地就业与生存的目标。如今，一方面，随着家庭规模缩小，人口不断增加，以及居民对生活水平期望提高，发展更多住宅的压力巨大，尤其是公共住房。住宅用地的短缺导致了土地价格持续上涨和开发密度的增加。另一方面，城市公共交通不断延伸，时至今日已连接所有的新市镇，为整个城市提供了良好的交通连接。但与此同时，由于往返城区工作的交通时间缩短，它使新市镇的住房变得更难负担。不断攀升的土地和房地产价格意味着，只有实力最强的开发商才能涉足房地产开发领域。尽管香港这座城市已走完了快速城市化的进程，但其目前发展重点仍然追求"以量优先"。

---

① 作者：Steven Kwok Leung, Ng 吴国良，董事总经理，城视国际有限公司，英国诺丁汉大学城市规划和管理学士，英国诺丁汉大学环境规划硕士，英国皇家规划协会会员，香港规划协会会员；赵晓玲，董事，城视顾问（深圳）有限公司，华中科技大学城市规划学士，中国城市规划师协会会员，城市规划高级工程师。

—○ 第二节　50年过去，中国香港新市镇的发展成效如何 ○—

香港新市镇发展计划于1973年启动，近50年来已开发9个新市镇。当时设定的目标是在优先开发的三个新市镇——即荃湾、沙田及屯门为180万人口提供居所。当时香港的总人口是420万[1]，而根据2021年的人口普查，全港人口已经达到740万。

最初，香港新市镇的发展是为了应对人口增长，并通过分散过度拥挤的市区人口以改善居住环境。发展新市镇的基本理念是提供一个平衡和自给自足的社区。所有的新市镇规划都有公共和商业住房，提供社区设施，并通过公共轨道交通与城区连接。

这9个新市镇可分为三代，第一代新市镇始于20世纪70年代初，包括荃湾、沙田和屯门。第二代始于20世纪70年代末期，包括大埔、粉岭/上水和元朗。第三代开始于20世纪80年代至90年代，包括将军澳、天水围和东涌。

一、新市镇人口

现在，居住在新市镇的总人数约占全港人口的47%。这个数字可能会随着时间的推移而增加，因为其中大部分新市镇人口仍然低于规划的人口容量。预计到2024年，9个新市镇的总人口将达到368万[1]。

表20-1　新市镇开发面积及人口

	开发面积（公顷）	规划容纳人口（人）	2021年人口数量（人）
第一代市镇			
荃湾	3,286	862,000	801,000
沙田	3,591	777,000	699,000
屯门	3,266	501,000	502,000

续表

	开发面积（公顷）	规划容纳人口（人）	2021年人口数量（人）
第二代市镇			
大埔	3,006	324,000	277,000
粉岭/上水	667	289,000	256,000
元朗	561	181,000	170,000
第三代市镇			
将军澳	1,718	470,000	418,000
天水围	406	280,000	278,000
东涌（包括扩建部分）	245	310,000	116,000
总计	16,770	3,994,000	3,517,000

资料来源：香港政府统计处

二、新市镇特征

荃湾：荃湾新市镇包括荃湾、葵涌及青衣岛。荃湾是一个工业区，虽然大部分工厂已迁往内地城市，但仍保留其作为工业中心的特征。葵青区是荃湾新市镇的一部分，区内共有9个货柜码头。

沙田：20世纪70年代初，沙田还是一个人口约3万的乡村小镇[1]，如今已发展成为主要社区。沙田新市镇（包括马鞍山）主要兴建在吐露港填海而成的土地上。

屯门：屯门新市镇位于新界西部，主要是在青山湾填海土地及青山、大榄山之间的山谷形成的台地上建设而成。香港内河货运码头位于屯门新市镇西南部，是香港和珠江三角洲之间的货柜及散装货物运输的中转站。

大埔：大埔曾是一个传统墟市，近期的白石角开发项目位于香港中文大学以北，占地94公顷，包括科学园、住宅和教育[1]。

粉岭/上水：粉岭及上水亦是以前的传统墟市。

元朗：元朗是另一个由传统墟市发展而来的新市镇。

将军澳：将军澳新市镇主要兴建在新界东南部将军澳北部的填海土地上。

天水围：天水围兴建于后海湾低洼地带填海而来的土地上，天水围新市镇设有一个由渔农自然护理署运营的湿地公园。

东涌（包含扩建部分）：大屿山北部的东涌新市镇是机场核心发展计划的项目之一，以支持香港国际机场的发展。东涌新市镇的扩建旨在建立一个独特的社区，以满足住房、社会、经济及地方需求，并在2030年建成后发展成为一个智慧低碳社区[1]。

三、新市镇开发密度

与香港其他地区一样，这座城市的新市镇开发密度也很高。按已开发面积计算，新市镇平均人口密度为40,954人/平方公里，即每人享有40平方米已开发土地。虽然其他建成区的人口密度通常以行政区界线来计算，因此并不能以此做直接比较，但作为参考，香港人口密度最高的地方都在九龙市区，分别是观塘（57,530人/平方公里），其次是油尖旺（49,046人/平方公里）。

平均而言，每一代新市镇的密度都在增加。这可能意味着最大限度地利用住房用地的压力越来越大，新市镇的发展重点已经转移到创造更多的住房上。同时，这也可能是因为基础设施随着时间的推移而有所改善，尤其是交通设施，进而提高了允许承载人口的容量。此外，即使在以前宁静的新界，居住在高密度和高楼林立的环境中也已成为一种常态。

表 20-2　新市镇开发密度

	规划的人口密度（每平方公里）	人均规划面积（平方米）
第一代市镇		
荃湾	26,233	38
沙田	21,637	46

续表

	规划的人口密度（每平方公里）	人均规划面积（平方米）
屯门	15,340	65
平均值	21,070	50
第二代市镇		
大埔	10,778	93
粉岭/上水	43,328	23
元朗	32,264	31
平均值	28,790	49
第三代市镇		
将军澳	27,357	37
天水围	65,116	15
东涌（包括扩建部分）	126,531	8
平均值	73,001	20
平均值	40,954	40

资料来源：香港政府统计处

四、住房供给

公共住房（以下简称为"公屋"）用地的供应是建设新市镇及新发展区的首要任务之一。政府住房项目可分为不同类别，但主要包括公共租赁和受补贴的自有住房。纯私有住宅则由私人开发商全权负责，在市场上自由销售。虽然天水围等部分新市镇的重点一直是开发更多的公屋，9个新市镇的公屋和私有住宅供应平均而言处于相对均衡（数量差不多）的状态。尽管如此，公屋仍然极度短缺。截至2022年3月，公屋的一般资格申请约有14.75万宗，非长者单人申请约有9.77万宗。入住公屋的一般申请者平均轮候时间为6.1年。

表 20-3　新市镇住房供给

	公屋（包括租赁和受补贴的自有住房）（套）	私人住宅（套）	公屋和私人住宅比例划分
第一代市镇			
荃湾	153,792	126,997	55：45
沙田	140,978	105,637	57：43
屯门	98,692	84,657	54：46
第二代市镇			
大埔	42,733	53,482	44：56
粉岭/上水	52,056	38,321	58：42
元朗	11,501	51,630	18：82
第三代市镇			
将军澳	75,113	69,431	52：48
天水围	74,662	20,124	79：21
东涌（包括扩建部分）	23,788	16,120	60：40
总计	673,315	566,399	53：47

资料来源：香港政府统计处

五、就业

虽然新市镇创造了一定的就业机会，但大多数居民仍然需要外出打工，主要在核心城区工作。居住在9个新市镇的劳动人口中，平均只有约15%在所居住的新市镇内就业。此外，在新市镇的就业人数亦呈下降趋势，根据2021年人口普查，天水围及东涌的本地就业数据低至9%。虽然荃湾创下了本地就业比例的最高纪录（21%），但这可能是因为该处已成为工业中心，且绝大多数（约79%）的劳动人口仍然在新市镇以外的地方工作。

表 20-4　新市镇就业

	在新市镇的就业人数（人）	新市镇劳动人口总数（人）	就业人数占新市镇的劳动人口百分比
第一代市镇			
荃湾	55,116	256,847	21%
沙田	42,074	343,492	12%
屯门	52,687	244,865	21%
第二代市镇			
大埔	25,146	137,216	18%
粉岭/上水	20,118	121,207	17%
元朗	9,017	87,358	10%
第三代市镇			
将军澳	22,243	222,461	10%
天水围	12,501	134,588	9%
东涌（包括扩建部分）	5,043	57,019	9%
总计	243,945	1,605,053	15%

资料来源：香港政府统计处

六、未来住房用地供应

香港政府正持续改进新市镇发展，目前重点放在开发新的发展区以增加住房土地供应。已确定的新发展区均位于新界，包括古洞北、粉岭北、坪輋/打鼓岭及洪水桥/厦村。另外，香港政府已在新界地区确定了其他潜在发展区域，为未来发展提供更多土地。此外，根据2018年公布的"明日大屿愿景"，第一期填海工程将创造1,000公顷土地，可兴建15万至26万套房屋，其中70%将建设为公屋及打造第三个核心商圈。

七、结论

用以应对人口不断增加、市区过度拥挤问题的去中心化的香港新市镇方案已成功地实施发展起来，今天全港有近一半的人口居住在新市镇中。对于许多人而言，生活环境得到了极大的改善，新市镇设计精密、建设精良、公共及便利设施齐全。同时，新市镇通过公共交通与核心城区相连，交通也极其便利。

然而，它们未能达到自我可持续的目标——最明显的就是缺乏就业机会。此一情境使这些新市镇更多地表现出通勤城镇的特征——居民需要前往市中心工作。基于最初疏解人口的关注点仍然存在（中心城区人口仍然需要被疏解），这座城市现在迫切需要寻找更多的住房用地。这种将关注重点放在增加住房用地供应的倾向，在最近期的新发展区和其他潜在发展地区都显而易见。

由于需要在有限的土地供应下建造更多的住宅，每一代新市镇都会尽可能增加住宅密度。最初期望是建设实现平衡和自我可持续社区的新市镇，现在可能更倾向于通过开发优化来实现住房供应最大化的目标。这种从质量并重到数量优先的模式转移，可能会进一步改变未来新市镇扩张和新发展区的特征和目的，使其朝主要作为高密度卫星城和通勤住房片区的方向发展。

第三节 精心设计并有远见的新市镇

为香港的新市镇和主要发展项目编制用以落地的土地使用计划，通常会从新的土地平整和基础设施计划开始，以便为中心城区迁出的人口提供新的住房和便利设施。香港土木工程拓展署（CEDD）在香港规划署的支持下，就一般规划和土地所有权事宜，普遍采用平衡、自下而上和以证据为基础的方法进行技术及工程上的可行性研究。自20世纪70年代初以来，土木工程拓展署一直致力于推动新市镇及市区发展，其主要服务范畴为土地及基础建设、港口及海事工程服务、岩土工程服务，以及环境及可持续发展服务。香港规划署负责制定、监管及检讨香港市区与郊区规划政策、规划及相关工作，以配合香港的实际发展。

这种方式使得香港的规划制定过程不同于包括内地城市在内的其他地方。为便于比较，香港规划政策制定程序可简化为三个阶段，即工程评估、发展蓝图、法定规划。而在内地城市，对比的三个阶段为：项目定位、概念规划、法定规划。在此两者的顶层规划之上，都有类似的自上而下的战略发展规划和政策，这些规划和政策预先确定了新市镇发展的总体区位和目的。

表 20-5　香港及内地规划编制过程比较

China Hong Kong 香港	China Mainland Cities 内地城市
Technical Assessments 技术评估	Project Positioning 项目定位
Layout Plan 发展蓝图	Conceptual Planning 概念规划
Statutory Outline Zoning Plan 法定分区计划大纲图	Statutory Control Plan 法定控制性详细规划

一、香港特别行政区，以及英国的倡导性规划

香港和英国的城市规划制定过程的差异有其根本原因。香港从过去的殖民时期继承了英国的城市规划方式，其中大部分至今仍在沿用。英国政府的规划部门提供两个主要职能，包括地方规划及开发控制。地方规划是指为该地区制定广泛的规划政策及框架，而开发控制则涉及处理规划申请和对未经审批的开发进行执法。尽管职责不同，但都致力于使城市规划在实现增长、控制容量、合法合规和公众意见之间取得平衡。

在这一制度下，公众有正式的渠道表达他们的意见和要求，所以可以吸引大量的参与者，尤其是对于存在争议的大型项目更是如此。虽然有部分人确实有真正的担忧，但其他人可能只是为了保护自己的利益而采取行动，这通常被称为"邻避运动"或"邻避主义"，原始意涵是"不要建在我家后院"。规划申请人有责任提供足够的信息，以充分的证据证明或捍卫他们的开发建议，这些证据通常包括详细的技术评估。例如，他们必须证明发展提案不会造成交通拥堵及噪声污染等不利影响，如果有任何负面影响，则必须包括必要的缓解和补救措施，还可能包括额外的公共规划获益，例如公共开放空间、社会设施、栖息地恢复等，以支持规划申请。

这种对实现增长、控制容量、合法合规和公众意见的平衡方法在香港规划体系中也很普遍。尽管公众意见对规划项目很重要，且公众咨询已成为一种常态，其影响力也越来越大，但仍远未达到在英国规划体系下会经历的程度。一种解释可能是由于中外文化差异，一般香港公众往往不参与这些事务；另一个原因可能是，香港公众对包括政府在内的规划评估者的技术专长和诚信给予了很大的信任。诸如此类，倡导性规划方法高度依赖于证据、科学和事实，从而保障了城市发展的质量。所有法定的新城镇规划及规划申请必须由香港城市规划委员会（TPB）审查，该委员会是根据《城市规划条例（Town Planning Ordinance）》第2条成立的政府法定机构。

为了使开发规划在香港得到批准，规划必须证明不会对周围环境造成不利影响，尤其是在技术和其他可衡量的层面上。这意味着项目的命运或开发规模可能在很大程度上取决于基础设施的容量。因此，需要进行多项规划影响技术评估以便于制定规划，如交通影响评估、排污及排水影响评估、环境影响评估、公用设施评估、社会影响评估、视觉影响评估、岩土工程评估等。举例来说，每个地块的允许开发强度可以根据交通影响评估来确定。一般而言，拟开发项目产生的交通流量不应超过道路系统的设计容量，否则必须采取如降低开发强度，改善道路系统，甚至改变土地使用功能等方法来调整规划。因此，香港规划署和城市规划委员会的诚信对于维护公众利益至关重要。其他技术评估也采用类似的原则来确定适当的功能、强度和缓解措施。这种广泛采用、稳健的、自下而上的方法已成为规划和评估香港新市镇计划及其他发展提案的标准。

二、工程优先

香港因城市相对较小，极其紧凑且人口众多，任何错误都可能造成相当大的破坏且代价高昂，因此确保高标准工程设计及高质量建设极其重要。安全也是重中之重。例如，尽管建成区缺乏透水性土地，但由于排水系统和防洪措施设计、开发及维护良好，在大雨季节也很少发生大范围的洪水。即使是临时性开发项目，如露天仓库和停车场，也必须满足严格的标准。除了交通高峰期和某些特定瓶颈处，大部分时间交通状况都比较顺畅。在规划时必须遵循环境评估的建议，提前采取环境缓解措施（例如隔音屏障）或重新分配敏感区土地用途，而不是事后再考虑。

在编制新的城镇规划时，必须进行深入的技术评估，然后才能在法定层面付诸实施，即分区计划大纲图（OZP）。分区计划大纲图是一项具有法律约束力的图则，其内容明示每一宗土地的规划意向和被允许的开发权。分区计划大纲图一经批准，便很难更改，因为该规划已经通过了严格的技术评估和公众咨询。但是，申请人仍然可以提出重新分区申请，以更改分区计划大纲图里的土地利用分区或开发限制。近年来，最常见的是工业用地转变为住宅或商业用地，尤其是在那些伴随企业迁往内地或亚洲更低成本的城市，制造业已逐渐衰落的城市地区。同样，这种重新分区的请求必须得到技术评估的支持，特别是关于土地利用率、交通和环境影响的评估。

总的来说，分区计划大纲图是规划制定过程中所有技术评估的综合体现，清楚地明示了每一宗土地利用分区内常规准许的用途，以及其他须取得规划委员会许可的用途，申请人会使用倡导性规划方法来为规划申请的合理性提供支持和证明。

　　与英国规划公立机构的开发控制部门一样，香港规划署辖下的地区规划处的其中一项主要职责是处理规划申请，以确保符合分区计划大纲图及其他规划标准和准则。然而，由于规划署是城市规划委员会的执行机构，它无权做出最终决定。相反，当规划署收到规划申请时，它会分发给所有相关的政府部门以供审查和提出意见，接着规划署会汇总摘要文件，连同其建议向城市规划委员会提交，由规划委员会决定是否有条件拒绝或批准有关申请。

　　香港的政府部门都有一套完善的技术标准和要求，涵盖发展的所有相关方面。通常情况下，这些标准和要求是非常全面及详细的，它提供了高度的透明度和清晰度，最大限度地减少了任何不确定性并简化了流程。然而，当这些标准和要求被生搬硬套地应用时，它们也会扼杀创新和创造力，尤其在设计和替代解决方案方面。在这种背景下，规划就会退回到协调和合规的角色，而不是城市变化的驱动力。

　　此一稳健的规划编制方法是香港新市镇被认为成功的原因之一，尤其是早期的新市镇。从建筑工程的角度来看，特别是对于普通市民而言很难找到任何过错。一切似乎都是清晰布局，有条理的，高效的，并按照高标准建设。这些精心设计的新市镇建设获得成功的一种解释是，它们有一个明确而简单的目标，那就是获取土地并建设新社区，以满足住房的需求预测。有了这个直截了当的目标，意味着可以将重点放在交付高质量的住房上，这对一个对高标准习以为常的城市来说再合理不过。

三、内地城市的新市镇规划

　　编制新市镇规划并没有单一的方法，虽然最终目的都是用来指导和管制未来的发展，但不同的、多重的目标会影响到规划制定过程的重点和目的。例如，在编制中国城市新市镇规划时，必须考虑超出土地利用规划传统范畴和专业知识的、更广泛的城市问题。常见情况下，这涉及在前期阶段推动增长的高等级城市战略，接着是展示新城市形象的详细设计，所有这些内容都在同一个规划编制里。在中国内地城市，与仅作为获取土地和开发控制的工具相反，规划是为城市增长及营销而设计的。

处于不同城市化阶段的城市会有不同的侧重点和驱动力。香港已经过了大规模和快速城市化的高峰期，目前的城区发展相对零散，规模也比较小。同时，香港也是一个相对较小的城市，面积仅有约1100平方公里，其中大部分地区由于地形复杂而无法开发。更重要的是，因与邻近的深圳之间有着陆路边境管制，人们完全自由地流动和迁移受到禁止，使香港如同与内陆有隔离之层。综合以上，实际上香港的发展是自循环的，不太容易受到外部资源竞争的影响。这也使得香港的规划更具可预测性，尤其是在人口和土地需求方面。

在过去的几十年里，中国内地的城市一直在经历快速的城市化进程，许多城市仍预期会有大幅增长。由于中国内地城市众多，规划新市镇的目标并不仅是平衡当地的住房需求和土地供应那么简单。城市化是由国家整体的经济繁荣触发的，因此大多数城市正在经历增长，或者说面临增长的紧迫性，这意味着包括人口、人才、企业、投资者和产业在内的所有资源都有巨大的需求。大部分的新规划旨在把握增长并以最快的速度提高其价值，为此，它必须具有竞争力和吸引力，这意味着质量和规模的增长都很重要。由于竞争激烈，尤其是来自邻近城市的激烈竞争，其中一些新市镇面临更高的发展风险，尤其是供给驱动型的新市镇。相比之下，香港的新市镇是没有风险的，因为它们是由需求驱动的，而且聚焦于住房和土地供应。

内地城市的规划制定过程通常始于新城的定位。从本质上讲，这就是一张空白的画布，需要重新定义新市镇的愿景、目的、功能及特征。事实上，被期望能推动城市增长的经济业态及产业可能是开发新市镇的主要动因，特别是近几年房地产领域的重要性正在减弱，尤其是住房。早期的新市镇或卫星城镇，例如近20年前以仿照英式建筑风格而闻名的上海松江泰晤士小镇，也被更大的经济发展规划项目纳入为其中一部分。尽管泰晤士小镇的建设可能稍微早了点，通往市中心的交通连接尚未建成，但松江区政府很早就表现出从经济增长和生活水平提高所驱动的快速城市化中获益的意图。

新市镇的定位需要对影响城市及都会发展的问题有更广泛的认识和理解，包括政策、经济、产业趋势、市场状况、旅游、社会问题、公众愿景等。为了解决这些复杂的技术、政治、社会及市场问题，相关专家及政府领导的直接参与相当普遍。随后的概念性规划与香港的发展蓝图类似，主要涉及道路、街区及土地利用功能。但相似之处也就到此为止了，因为概念规划阶段往往深入到以最高标准准备、具有吸引力的可视化素材为支撑的详细城市设计中。这种倡导性规划方法对于获得相关领导、利益相关者及专家的有力支持和批准是极其必要的。

内地城市规划的最后一个阶段是控制性详细规划，其目的与香港的分区计划大纲图相似，都具有法定地位，可指导和管制每个地块的发展，对其进行任何修改都相当困难。然而，与分区计划大纲图不同的是，许多技术评估、工程可行性及设计都是在规划制定阶段着手，而不是在开始阶段进行。在编制内地城市的新市镇规划时，首先要进行项目定位和概念性规划，然后用以测试和推动基础设施的容量及设计。

四、高水平愿景和高质量实施

以上只是概括性地强调了香港与内地规划编制过程中的差异，香港采用的是自下而上的方法，而内地城市采用的是自上而下的方法。这主要是由于城市的城市化阶段不同，以及最终影响新市镇主要发展目标的外部因素差异。这也表明了在同一规划制定过程中，同时采用两种方法的益处。理想情况下，将高水平战略定位与实施良好的解决方案相结合的综合方法，可能不仅可以为有发展远见的高质量新市镇提供蓝图，还将成为使城市更具竞争力、吸引力和宜居性的有力工具。

第四节　建设的是新市镇，抑或是新社区？

新市镇各不相同，规划和建设的时期也不尽相同，因此很难衡量其成败。此外，一个新市镇始终反映了建设当下的雄心壮志，例如20世纪50年代英国建造第一批新市镇的原因可能与今时今日不同。尽管如此，它们确实都有一个共同点，那就是解决住房短缺问题，尤其是在经济繁荣时期。由于自上而下的决策，大多数新市镇都是从零开始设计并在一定时期内建成。与渐进式发展的城市不同，新市镇是由规划师、建筑师及工程师等专业人士依据未开发场地的总体规划精心设计的。

英国于1946年批准了《新城镇法》（New Towns Act），此举拉开了英国大量建设新市镇的第一波浪潮，以重新安置二战后在伦敦周围绿化带以外的贫困或被炸毁房屋的人口。第二波（20世纪60年代）和第三波（20世纪70年代）新市镇浪潮也是为了缓解住房短缺而提出。在这三波浪潮中，不包括之前的田园城市及紧随其后的城市外溢发展和城镇扩张计划，英国总共兴建了21个新市镇。目前，英国仍在规划未来的新市镇，以缓解对低成本住房的需求，并将碳中和列为重要议程。

一、日渐衰落的工业

新市镇的概念在包括美国和西欧各国在内的许多其他国家开始流行起来。香港亦于20世纪70年代开始发展新市镇，以应对经济增长带来的人口激增。首批新市镇，如屯门、沙田、元朗和大埔，旨在实现自给自足。这批新市镇遵循了英国式新市镇建设的初衷——将人口从城市（中心）地区迁移到一个新的地区以形成全新的、相对自治的社区。

因此，新界的大埔及元朗工业区等就业节点也顺势建设了新市镇，使居民无须远离住所去工作。不幸的是，正如前文所述，新市镇自给自足的目标未能成功实现，只有15%的工作人口在同一个新市镇居住与工作。大多数居民仍需长途跋涉到九龙及港岛的市区工作。大多数企业也因各种经营原因和地点偏好而不愿搬迁到新市镇。

随着香港的生活成本变得越来越高，曾经蓬勃发展、推动经济繁荣的工业很快不得不转移到内地或亚洲其他国家。虽然这些工业区内的建筑物如今仍有公司在使用，但它们之所以继续在这里办公，主要还是因为较低的租金和物流成本，而不是因为新市镇有劳动力或商业。事实上，大部分工业建筑已经逐渐被改造成其他功能，如办公、轻工业、仓储设施，甚至是酒店及住宅。这些就业节点的经济活动与新市镇居民之间的关系有限。

新市镇无法自给自足不能仅归咎于空间规划。如前文所述，住房规划是由需求驱动的，而人口预测（相对其他因子）更为可预估、透明及稳定，因此规划相对单纯。然而，在规划新市镇的新经济业态和就业节点时，因市场经济（相比人口预测）更具动态性和复杂性，因此需要在宏观层面上加以考虑。此外，规划还应在产业生命周期结束之前，为未来不可避免的结构性变化做好计划。

二、经济转型

在香港，快速的城市化进程恰好遇上了其现代发展历史上的首次经济繁荣。香港之前从未经历过这样的发展压力，因此，新市镇将重点放在满足迅速增长的需求并抓住当时机遇是可以理解的。第二产业走向终结的情境在当时可能不为人知，甚至是不可想象的。但是，随着经济的快速增长，运营成本也在增加，对于低价值行业而言，它们无法继续维持。随着经济持续增长和生活质量的提高，高附加值服务业逐渐取代传统低附加值产业并成为经济引擎。如今，科技产业已成为许多城市的主要经济驱动力。

即使经济活动处于上升轨道，提供高水平的愿景和定位对于新市镇而言也至关重要。经济转型及产业生命周期的变化可能比实体城市的变化快得多。企业可以轻松地选择关闭或搬迁，但城市应对变化的敏捷性较低且响应速度较慢。精心规划、经得起未来考验的自给自足新市镇应抓住当前的经济机遇，同时能够以其内在的灵活性和变革速度来预测下一波增长。

三、集中的就业节点

香港新市镇不能真正自给自足的另一个原因是，它是一个非常小的城市，交通便利，几乎可以轻松到达任何地方（换句话说，新市镇不必然要自给自足）。此外，这个城市只有几个主要的服务业态，且都集中在建成的城市地区。那里有着成熟的商业、商务及生活范式生态，以及享有盛誉的景点，这些都是新市镇无法比拟的。

与英国居民可能会花费大量时间前往伦敦工作不同，香港新市镇居民可能会选择在离家较近的新市镇及其周边地区寻找工作。但英国比香港大得多，英国在全国范围内有多个就业节点，包括主要城市的战略性就业节点及较小的本地就业节点，英国的经济有更广泛领域的业态。

四、居住之地

由于新市镇拥有商业、商务、政府行政及产业功能，它们仍然可以声称已经实现了公众对于生活、工作及娱乐的愿景。然而，由于其高度可达性，香港新市镇更多地被认为只是居住之地，人们持续为工作甚至其他公共服务设施（例如远在城区的医疗保健资源）而奔波。此外，公众也不会被新市镇的地位所吸引，实际的考虑因素如房屋的可负担性、大小、周围环境、是否靠近知名学校及上班的交通时间等要比其地位重要得多，工作机会很少，如果有的话，是居民搬迁到新市镇的原因。

自20世纪70年代第一代新市镇建成以来，解决住房短缺的核心目标并没有改变。然而，近年来这一目标可以说已成为论证新的重大发展计划合理性的焦点，而自给自足的目标已较少被强调。随着政府聚焦于土地供应以解决住房短缺危机，这种从自给自足的新市镇到自循环的社区的转变似乎已成为常态。

五、未来社区

除满足本地住房需求的土地供应外，在新界北部规划的最新一代新开发区被定位为北部都会区发展战略的一部分。这些新开发区的发展契合粤港澳大湾区的倡议，包括改善与深圳和其他地区的连接，以及为多功能发展提供土地。虽然这在香港的新开发区规划中可能是史无前例的，有多方面的考虑和要求，但这也提供了一个机会来打造具有活力，兼有经济和就业中心功能的跨境发展示范区，而不是更单调的本地住房社区。

第五节　垂直城市与混凝土丛林

香港以其高楼大厦及高密度的城市景观而闻名。这是一个极其拥挤的地方，新的高楼大厦正在争夺地面上的每一寸空间，并不断试图建得更高来超越其他建筑，以获得更佳的景观视野。众所周知，在香港，任何物业的景观视野并非是永久的，常见情况下随时都有可能被前面的新塔楼挡住。由于其地处南方的地理位置，与内地城市相比，香港有关自然采光及建筑朝向的法规限制较少。因此，香港的城市景观可能看起来很混乱，所有的塔楼都面向不同的方向以获得最佳景观。但同时，与所有建筑都朝向一致相比，不同朝向的建筑使得城市更具活力。

诸如可开发土地的缺乏、现代化建设方法的应用、建筑高度控制的放宽、拥有绝对开发权的旧租约的土地、与开发建筑面积直接相关的土地价值及居民对高密度和高层住宅的普遍接受，所有这些因素共同促成了如今香港的垂直城市及混凝土丛林形象。

这种情况在主城区最为明显，主城区的土地开发或建筑物重建常以零碎和竞争的方式进行。尽管新市镇以更有序的方式发展，但城市发展过程中所蕴含的内在价值，如高土地成本、高房地产价格及有限的土地供应等对城市景观形成的影响，远大于传统的城市规划及场所营造所产生的价值（换言之，比起规划设计，潜在的商业利益主导了景观形成）。

城区的建筑高度主要受详细的法定建筑及规划法规，以及其他非法定指引和土地租赁限制（如果有的话）控制，所有这些文件都规定了每个地块的开发权。城市设计的考虑是偏主观的，单凭这个往往无法对开发强度和城市天际线带来显著影响——尤其在城区更是如此。然而，由于著名的维多利亚港两岸的山脊及山顶是香港独特的背景和特征，为此香港设置了城市设计指引来加以保护。城市设计指引建议开发项目不应妨碍从以下七个瞭望点（Vantage Point, VP）看到香港岛和九龙山脊线相对较高的20%的建筑物（亦即至少要保持山脊线海拔最高段落的20%在以上7处可被看见）[2]。

从九龙眺望香港岛山脊/山顶：

VP1——处于提案阶段的西九龙填海区综合文化艺术区；

VP2——尖沙咀文化综合体；

VP3——处于提案阶段的九龙东南发展区海滨长廊。

从香港岛眺望九龙山脊线/山顶：

VP4——鲗鱼涌公园；

VP5——湾仔香港会议展览中心新翼楼；

VP6——上环公园；

VP7——太平山顶狮子亭。

其他指引包括对维多利亚港周边地区及香港和九龙内部地区高度轮廓的保护。此外，《香港规划标准与准则》第十一章亦为香港提供了常规的城市设计指引。这些基本指引对于大型新市镇及新发展区的规划是极有用的提醒。由于新市镇是由总体规划对未建设用地进行安排，其发展密度和建筑高度相对经过系统与综合考虑，但它们仍然在很大程度上受到基础设施容量、住房目标及土地价值等可衡量指标的影响。

出于经济及效率的因素，目前香港的新市镇仍以高楼层及高密度的方式开发。与过去相比唯一不同的是，通过对新市镇规划指引的控制，新市镇的发展不那么零散而更具组织性。根据《香港规划标准与准则》第二章（住宅发展密度），与主城区类似，新市镇按住宅发展密度可分为三个住宅发展密度区（住宅发展密度第1区、第2区、第3区）。此外，对于在岩土工程及基础设施方面受严重制约的地区，或被乡村低密度发展区包围的地区，可划为发展密度极低的住宅发展密度第4区[3]。大多数香港新市镇的最高容积率列示如下。

表 20-6　住宅发展密度

Residential Density Zone 住宅发展密度分区	Maximum Domestic Plot Ratio 最高用地容积率
R1	8
R2	5
R3	3.6
R4	0.8

资料来源：香港规划署

容积率（Plot Ratio）是香港用以指导其发展密度的指标。其定义是建筑物的总建筑面积与兴建开发项目的净用地面积之间的比率。这意味着在计算容积率时，总用地（如地区道路）和发展用地（如内部道路，居住人口所需的设施如开放空间、学校、娱乐设施、社区中心）内的其他功能（公共配套）是不计算在内的。而在内地城市中，容积率被广泛用于体现发展密度，这里的容积率是指建筑物的总建筑面积与其所建设土地面积总体的比率。

如上表所示，在基础设施不受制约的情况下，当新市镇邻近地铁站等大容量交通系统时，准许的容积率可达到8倍。在现有的新市镇中，住宅发展密度第1区的准许最高容积率可以从 5 倍增加到 6 倍，这主要取决于基础设施容量。大多数新市镇开发项目都处于容积率限制的上限，特别是地铁站和公屋村及其周边地区。一般而言，新市镇的住宅塔楼达到 40 层，高度超过 100 米。此外，大多数开发项目尤其是大型地块，从地面层往上包含购物中心、公共交通换乘站、社区和停车场设施。这些加起来就是一个庞大的、包含裙房的塔式商住楼开发项目，顶层是住宅塔楼，而街道层面主要以交通功能为主。

生活在如此高密度的地方可能会令人感到幽闭恐惧，这与最初新市镇开发的真正初衷背道而驰。由于许多零售业态和社区活动都位于有空调的商场内或面向社区内部的建筑物内，导致建筑物沿街的背面被车辆通道包围，往往导致街道步行环境局促，令人感到不适。近年来，公众对高品质公共领域的需求日益增加，而新的开发亦积极响应公众对更安全和舒适的街区生活的需求。同时，生活方式的改变，如现代露天餐饮和为家庭和宠物主人提供的高品质户外空间等，也促使房地产开发商对这种日益增长的消费趋势做出反应。

尽管人们对高品质街区生活的需求日益增长，但垂直式生活仍被视为人们逃离地面混乱的私人绿洲。此外，住的楼层越高，房价就越高。对此，房地产开发商对容积率最为敏感，容积率的提高意味着可以建设更高的建筑（以及可售建筑面积）并赚取更多的钱。在允许的情况下，通过倡导性规划尽一切努力使容积率最大化。对于习惯于在香港等高密度地区生活和工作的人们来说，容积率5及容积率6之间的差别很小，但对于开发商来说，这就意味着可售建筑面积的大幅增加。

大多数来到香港的游客都会在尖沙咀、旺角和中环等主城区体验到高密度的城市生活。虽然一些主城区的开发项目的容积率可能与新市镇的开发项目相似，但主城区的项目看起来密度更高，特别是在街道上时体验更深刻。在主城区，由于历史原因许多街区被划分为多块小型开发用地，每块用地由不同的土地所有者持有。在开发这些基地时，除了最大限度地提高容积率外，开发商还会最大限度地提高建筑占地面积以尽可能地覆盖整个场地。其结果往往是建造出独栋而狭窄的、包含裙房的塔式商住楼，这些塔楼可能与临近的建筑物紧挨着，并一起在一个街区内形成了无限多队列的高楼群。著名的弥敦道在街道层是一条连绵不绝的购物街，街道上的建筑用途是混合的，这样连续的场景只会在每个街区的道路交汇处被中断。

　　这种极端的高开发密度场景在新市镇并不普遍，因为其开发用地的总面积一般较大。开发用地面积还包括密度较低的低楼层社区设施，如学校和开放空间，这进一步降低了高密度的对比感受（相较而言感觉不那么密）。新市镇还经过全面的综合性规划，以满足所有相关规划标准和指引，并避免人口过多。与主城区相比，新市镇的建筑物间距更大，居民可以更好地使用户外设施及开放空间，在其中生活感觉不到混凝土森林的存在也是理所当然的。但人们仍然无法逃离垂直式生活，大量的人行天桥及高架连廊将不同的开发项目串联起来，创造了一个与地面道路交通分离的、持续安全及舒适的人行环境，这更加突出了垂直生活的感觉。

　　香港以其步行网络而闻名，其中最具标志性的可能是将半山居民区与中环商务区连接起来的半山自动扶梯，以及在高度密集的旺角周围纵横交错的高架人行连廊。这些高架人行连廊在房地产开发项目建成后进行了大幅度的改建，它们的改建是由繁忙的人流与高架下有限的道路空间隔离开来的需求驱动的。在新市镇，道路空间无疑会通过提前设计以容纳行人流量。然而垂直式生活，以及与道路交通分离的、连接地上及地下的人行通道已成为一种标准的生活方式，这一点在地铁站通往购物中心及周围的住宅开发中表现得尤为明显。此外，规划及土地管理系统有着必经的实施机制，如提前规划、土地租赁条件及开发激励措施，即使开发项目由不同的开发商拥有并在不同的时间段建成，也得以垂直的在不同层面连接起来。也许是因为香港是一个垂直城市，也是一个混凝土丛林，使得庞大的人行道网络合理可行；如果城市发展以低层和低密度为主，则打造垂直的人行网络就会显得缺乏经济性或与周围环境格格不入。

第六节　成也公共交通，败也公共交通

　　香港是一个交通极为便利的城市。无论是铁路、地铁、轻轨、轮渡、

有轨电车、小巴、公共汽车还是其他道路系统，它们相互协调、相互连接，几乎所有地方都有公共交通服务。与新加坡一样，香港被普遍认为是拥有世界上最实惠、最安全、最清洁及最高效的公共交通系统之一的城市。在香港，从富人到穷人，大多数人都更倾向使用公共交通工具。

截至2019年，香港注册的私家车约有63万辆，鉴于香港的公共交通覆盖区域极广，拥有一辆私家车更像是一种奢侈品而非必需品，尤其是停车费还极为高昂。由于私家车车主的消费能力相对较高，加上城市土地资源匮乏，停车位供应有限，导致部分地方停车费价格过高。一个普通私家车停车位的月租金约为2000至7000港元，而购买一个停车位的价格约为100万至500万港元。2021年，位于太平山顶的超豪华住宅开发项目Mount Nicholson（聂高信山）的一个车位以超过1000万港元的价格售出，创下历史新高。值得注意的是，这只是一个公共停车场内5米乘2.5米的空间，而不是一个私人的独立车库。

这座城市由于高密度的发展模式而显得紧凑，这使其成为公共交通的理想发展地，因为公共交通可以同时为大量集中的人群提供服务。公共交通运营商可以通过较高的客运量和服务频率来抵消相对较低的收费（提高总收入）。交通规划及公路工程一直是决定新开发用地开发适宜性、规模及功能的关键。新市镇规划很大程度上是由土地利用和交通综合规划驱动的，通常处于规划制定过程的最前端。这种将公共交通规划作为重中之重的方法有效地减少了对私家车的依赖，从而节省了原本用于道路建设的、宝贵而有限的土地。随着《铁路发展策略》设定的港铁都会大众运输系统的不断规划和扩展，一些基于道路行驶的公共交通，尤其是新地铁线路服务涵盖地区的公共汽车也得到协调减少。新的地铁线路不仅提供了速度和效率，它还为人们在城市中的居住地提供了比以前更多的选择和灵活性。新市镇的大多数居民仍然在核心城区工作，如今他们可以选择住在更远的地方，上班时间缩短了，尤其是在炎热和潮湿的季节的上班有了更高的可靠性和舒适度。

但这样的高可达性和便利性也导致新城镇未能实现自给自足。新市镇位于新界，由于远离房价最高的核心城区，这些市镇旨在为市民提供更多负担得起的居住选择。与大多数全球知名城市一样，香港的房地产价格是由地段决定的，而传统的豪华住宅区，如香港岛的半山、山顶、港岛南，以及九龙半岛的九龙塘和何文田，几乎永远是最昂贵的居住地段。然而，新市镇的土地利用和交通综合规划的成功导致整体性综合规划的新郊区分散式集聚（又称为"离心式集中"）在远离市区范围的地方，从这个意义来说，它们的功能非常像通勤城镇，而不是新市镇。

一、通勤城镇

通勤城镇的概念起源于18世纪中期的伦敦，伦敦地铁环线的开通让人们既可以在绿树成荫的郊区生活，同时仍在市中心工作。随着时间的推移，伦敦地铁连通了许多小村庄，如伊灵、肯辛顿、普特尼、温布尔登等，地铁所到之处很快就发展为繁华的郊区。在当时，一种新的城市生活方式即将诞生：以前人们都选择在居住地点附近工作，但是伦敦地铁——世界上第一条地铁——重新塑造了人们的出行方式，并为他们提供了在城市中快速通行的选择。

随着中产阶级的崛起，大都会区铁路线很快迎来了业务开拓的机会。在20世纪初，通过购买土地，大都会铁路线路扩展到了伦敦的西北部。当铁路建设到了一定程度，不需更多土地的时候，未利用的土地得以被用来在火车站附近建设住宅。这些郊区以被称为"都市土地（Metro-land）"而闻名，成为郊区通勤生活城镇的蓝图。"生活在都市土地"成为流行口号，它代表了普通工人触手可及的乡村生活。它创造了一种全新的生活模式，即往返于市中心与郊区之间的日常通勤。这种通勤生活方式始于伦敦，现在已成为包括香港在内的全球常态。

二、交通及可负担性

与伦敦的通勤城镇不同，人们搬到绿树成荫的郊区居住是一种生活方式的选择。而在香港，人们搬到郊区更多是受房产价格和负担能力的影响。但是，由于新的地铁线路带来交通便利性的改善，这些新市镇的房产价格上升，可负担的程度也随之下降。在港铁将其城市轨道网络扩展到新界西北部的元朗、天水围以及东部的马鞍山等新市镇之前，由于前往市区的时间可能非常长且无法预测，特别是在早高峰拥挤的高速公路上的堵车时间，这些新市镇住房房价有较高的可负担性。一旦新市镇与城市轨道网络相连，随着交通出行时间的缩短，房产价格也开始上涨。2005年，马鞍山线开通时，马鞍山站周围的平均房产价格就从一年前的每平方英尺3200港元上涨到约4200港元。

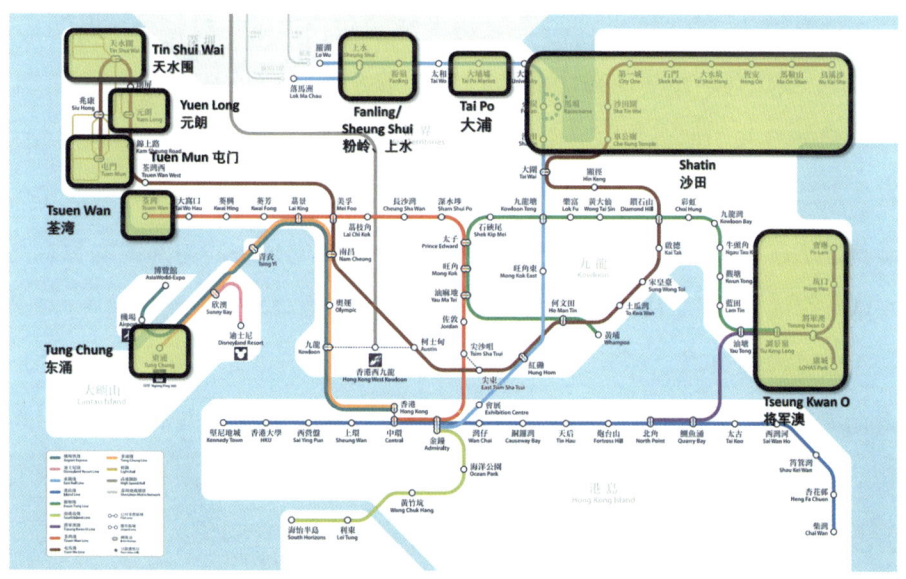

图 20-1　2022 年港铁轨道网络及新市镇

基础图片来源：香港铁路有限公司

一旦宣布新建或启用新的地铁站，曾被认为距离太远，不被需要在核心城区工作的居民看好的新市镇住宅，就会开始被推销给希望拥有更好生

活环境的新兴中产阶级及家庭。目标市场不再以本地市场为主。这种朝向
新市镇的人口迁移和流动增加了住房需求，开发商及房地产持有者通过提
高价格迅速做出反应。尽管房价在很大程度上仍由地段决定，但香港各地
交通便利的大规模住宅开发项目之间的价格差距已经缩小。居住在马鞍山
等曾经偏远的新市镇所节省的成本，自从经由启德新开发区及尖沙咀、由
东向西连接新界的屯马线开通后，已不像以前那样明显。最重要的是，屯
马线如今已延伸至大围换乘站，与东铁延长线相连接。而大围换乘站将在
2022年开通与香港岛金钟站的直达连接，届时马鞍山到中央商务区将在 40
分钟内抵达。截至 2022 年年中，马鞍山站周围的平均房价已达到每平方英
尺 1.7 万港元。

　　作为一个成绩优异的开发项目，沙田的第一城是新市镇内最早及规模
最大的私人住宅开发项目之一，于 20 世纪 80 年代建成共 52 幢楼，提供 10,
642 套公寓，住宅单元面积从 389 至 1,018 平方英尺（约 36 到 95 平方米）不
等。到 2022 年中期，住宅单元均价约为每平方英尺 1.8 万港元（每平方米约
19.4 万港元）。相比之下，于 20 世纪 90 年代初落成的太古城是另一座大型的
绩优私人住宅开发项目，虽然不在新市镇内，但它建在同为郊区的香港岛
东部鲗鱼涌前太古船坞上，提供 61 幢楼共 12,698 套公寓，单元面积从 585 到
1,237 平方英尺不等，平均房价约为每平方英尺 1.9 万港元（每平方米约 20.5
万港元）。从整体上看，香港岛的私人物业价格普遍高于九龙和新界，但
物业价格数据显示此差距正在缩小，距离市区最远的天水围私人开发项目
的起始价约为每平方英尺港币 1 万元（每平方米约 10.8 万港元）。太古坊一
向深受老牌中产阶级欢迎，因其发展全面、管理完善、人口分布情况理想、
地理位置优越，并设有地铁站，可在约 15 分钟内直达金钟站。2004 年，第
一城地铁站作为马鞍山线的一部分开通，该地铁线最终将延伸至大围站与
东铁线换乘，向南可直达金钟，向北可直达深圳的罗湖，这使得第一城得
以分享太古城的发展红利。尽管由于地理位置和历史原因，太古城仍被认

为更受市场青睐，但两地房价差距的缩小可能意味着两者之间在实际受认可的程度上差距有限。

通勤时间的缩短对新市镇的房地产价格有直接影响，同时也进一步降低了香港新市镇自给自足的能力，大多数居民（尤其是中产阶级）将继续前往市区工作。与此同时，新市镇为人们（特别是那些对价格敏感，但对生活水平也有很高期望的人们）提供了不同的居住地选择。作为一个城市，新市镇的成功之处在于，把人口从压力巨大的市区重新分配到曾经偏远，但已有了全面规划和建设社区的新界。虽然土地使用和公共交通综合规划并不是什么新鲜事物，几个世纪以来一直被广泛用于规划城市，但它离过时还很远，香港新市镇的居民也确实受益匪浅。然而讽刺的是，虽然香港的公共交通是世界上最实惠的，但住房价格却是世界上最不可负担的。

由城市轨道带起的交通革命首先创造了伦敦的郊区，然后走向全球，改变了天际线和人们的生活。公共交通（尤其是城市大众运输）将继续在影响人们的生活和工作方式方面发挥至关重要的作用。预计到2050年，全球75%以上的人口将生活在城市地区，持续的城市化及大城市的发展增加了交通系统的压力。即使与一些新市镇的城市规划原则相冲突（例如弱化了新市镇的自平衡能力、拉高房价等），公共交通规划仍至关重要，并应持续以提供良好的覆盖范围、高效、方便、安全及可负担为目标。

第七节　仅限大型开发商参与的新市镇发展

2021年，香港连续第11年被评为全球房价最不可负担的城市。平均而言，一个普通的中国香港公民需要用18年的工资才能购买到一套小公寓。因此，香港只有1/5的家庭拥有私人住宅。城市土地的稀缺常常被归咎于高房价，有利可图的高房价使得土地炙手可热、极其珍贵。土地每年通过公开招标程序投入市场，房地产开发商对政府批租的土地进行竞标，租期通常为50年，出价最高者赢得土地使用权。如果收到的投标价格低于政府最低价格，则土地将被收回。

2021年年底，毗邻国际金融中心大楼的新中环海滨开发项目三号地块的优质商业用地以创纪录的508亿港元售出，该地块面积为516,312平方英尺（约47,967平方米）。中标的开发商恒基兆业地产将支付每平方英尺约31,750港元（每平方米约34.2万港元）的商业用地价格。项目建成后，恒基兆业地产将成为中环第二大商业业主。在如此高的土地价格下，只有财力雄厚的开发商才有能力在市场上竞争。香港最知名的开发商包括恒基兆业地产、新鸿基地产、新世界发展、长江实业、会德丰、嘉里建设、信和集团及恒隆集团等。这些房地产开发商都是住宅、零售和办公空间的主要业主，版图涉及房地产开发、建设、物业投资和管理的各个方面。与大多数开发商及企业一样，他们的发展也是高度以追求利润为中心的。

香港政府严重依赖于土地补价收入，土地补价是一种以租约为基础的土地使用制度。这也适用于根据现有租约下的物业再开发（用途变更），在这种情况下，开发商需要与政府协商确定新租约并向最终业主（政府）支付新旧两种用途之间的市场价值差额，这笔款项就称为土地补价。2020至2021年度香港政府运作土地的总收入为887亿港元（占政府总收入的15.7%），2019至2020年度为1417亿港元（占政府总收入的24%）。与物业交易相关的印花税亦对总收入贡献颇多。因此，政府对维持高地价以保持低税率及收入盈余是感兴趣的。鉴于土地补价的资本密集本质，只有大型财力雄厚的知名开发商才有能力参与香港的房地产开发市场。

一、启德开发项目

近年来，通过出售土地，在启德机场旧址进行的新开发项目为政府收入做出重大贡献。启德国际机场于1998年关闭，机场搬迁至现在的赤鱲角，启德开发项目随后被规划为近年来最大的城市重建项目之一。该项目位于九龙市区，东接九龙湾及九龙城，南接维多利亚港，占地328公顷，业态包括一个综合体育中心、地铁公园、启德邮轮码头、酒店、住宅及商业项目。项目建成后可容纳8.6万人口，并提供3万套住宅，其中1.3万套为公屋。虽然不是新市镇，但大众运输系统扩建仍是启德项目规划中不可或缺的一部分。连接马鞍山及屯门新市镇的港铁屯马线在启德设有两个车站，分别是于2020年启用的启德站及宋皇台站。2013年6月至2021年2月期间，启德项目通过招标共售出24幅住宅用地。

表20-7 启德地块出售情况表

	中标日期	地块位置/开发楼盘	中标价格（亿港元）	每平方英尺地价（港元）	发展商	总地块面积（平方英尺）
1	2013年6月	One Kai Tak 启德一号	4.54	5,157	中国海外发展有限公司	880,280
2	2014年2月	Victoria Skye 天寰	2.91	5,600	建灏地产集团	519,794
3	2014年2月	K City 嘉汇	2.94	5,330	嘉华国际集团有限公司	551,343
4	2014年2月	Vibe Centro 龙誉	3.92	6,530	保利地产	600,836
5	2014年5月	Oasis Kai Tak 启德绿洲	2.52	6,101	会德丰地产	413,015
6	2016年11月	Area 1K Site 3 第1K区3号地块	9.93	15,163	恒基兆业地产	654,602
7	2016年12月	第1L区3号地块	6.03	15,163	恒基兆业地产	397,967

	中标日期	地块位置/开发楼盘	中标价格（亿港元）	每平方英尺地价（港元）	发展商	总地块面积（平方英尺）
8	2016年12月	Area 1K Site 2 第1K区2号地块	5.87	10,220	嘉华国际集团有限公司	574,259
9	2017年1月	Area 1L Site 1 第1L区1号地块	6.37	14,964	会德丰地产	425,000
10	2017年3月	第1L区2号地块	6.89	13,500	会德丰地产	551,138
11	2017年5月	第1K区1号地块	7.23	12,563	合景泰富集团、龙湖地产	575,497
12	2017年5月	第1F区2号地块	24.6	12,863	南丰发展控股	1,900,000
13	2018年5月	第1F区1号地块*	25.16	17,776	新鸿基地产	1,420,000
14	2018年11月	第4B区3号地	8.33	14,497	会德丰地产、新世界发展、恒基兆业地产、帝国集团合组财团	574,615
15	2018年11月	第4B区4号地	8.91	15,497	高银金融集团	574,733
16	2018年12月	第4B区2号地	8.03	13,523	中国海外发展有限公司	594,087

续表

	中标日期	地块位置/开发楼盘	中标价格（亿港元）	每平方英尺地价（港元）	发展商	总地块面积（平方英尺）
17	2019年1月	第4 C区3号地	11.26	17,360	新鸿基地产	648,000
18	2019年3月	第4 B区1号地	9.89	13,701	会德丰地产、新世界发展、恒基兆业地产、中国海外发展合组财团	722,060
19	2019年5月	第4 C区2号地	12.59	19,636	会德丰地产、新世界发展、恒基兆业地产、中国海外发展、华懋集团、帝国集团合组财团	641,168
20	2019年6月	第4 C区1号地	12.91	18,080	华润集团、保利	714,374
21	2019年7月	第4 A区1号地	12.74	11,842	会德丰地产、中国海外发展、嘉华国际集团合组财团	1,075,860
22	2019年11月	第4 A区2号地	15.95	13,238	会德丰地产、恒基兆业地产、中国海外发展、嘉华国际集团合组财团	1,205,062

	中标日期	地块位置/开发楼盘	中标价格（亿港元）	每平方英尺地价（港元）	发展商	总地块面积（平方英尺）
23	2020年12月	第4 E区1号地	4.27	13,009	中国海外发展	328,450
24	2021年2月	第4 E区2号地	10.28	15,861	长江实业	648,143

*综合用途

资料来源：香港政府地政总署

总体而言，香港土地价格历年呈上升趋势，由2013年最低的每平方英尺5,157港元（约每平方米5.6万港元）升至2019年最高的每平方英尺19,636港元（约每平方米21.1万港元）。最高一次性支付金额略高于250亿港元。大部分投标由会德丰、恒基兆业、新鸿基地产、南丰发展、新世界发展、长江实业、华人置业及嘉华等香港老牌地产发展商赢得，迄今为止，他们共竞得了启德项目约7成的住宅用地。近年来，上述部分开发商联合竞标地块，其中最引人注目的是包括会德丰、恒基兆业地产、新世界发展等组成的联合财团。

启德项目的住宅地价在2013年至2021年期间上涨了3倍，由每平方英尺5,157港元（约每平方米5.6万港元）增至每平方英尺15,861港元（约平方米17.1万港元）。一些较早出售的土地已在2017—2018年间完成开发并入伙，包括启德一号、天寰、嘉汇、龙誉及启德绿洲。部分早期的购房者已持有房产超过36个月，度过了额外印花税征收期（如在该期间内出售物业须缴付额外税款），使得以上楼盘的二手物业买卖市场特别活跃。截至2022年中期，这些物业的平均成交价为每平方英尺23,700港元（约每平方米25.5万港元）。相比之下，这些在2013—2014年度出售的土地，当时平均地价为每平方英尺 5,700 港元（约每平方米 6.1 万港元）。

表 20-8　土地价格与二手物业价格

	土地出售日期	物业名称	地价/平方英尺（港元）	截至 2022 年中期物业市场成交价/平方英尺（港元）
1	2013年6月	One Kai Tak 启德一号	5,157	22,700
2	2014年2月	Victoria Skye 天寰	5,600	24,000
3	2014年2月	K City 嘉汇	5,330	24,000
4	2014年2月	Vibe Centro 龙誉	6,530	24,200
5	2014年5月	Oasis Kai Tak 启德绿洲	6,101	23,800

资料来源：香港政府地政总署，香港美联物业

最新的二手物业交易价格通常被用作对未来新楼盘定价的参考。自 2018 年 11 月起，启德项目出售的所有住宅用地均位于旧机场跑道尽头的黄金海滨位置，可享一线维多利亚港绝佳景观。与上述 5 个已售出的旧机场腹地开发项目不同，新的海滨项目在建成后可能会售出更高价格。由此产生的连锁效应是，它将为未来以更高价格出售土地设定新的基准，这意味着可能只有规模更大、财力雄厚的开发商或财团才能负担得起。

二、香港铁路有限公司

除上述大型开发商外，香港另一个大型开发商是香港铁路有限公司（MTRC）。当全球大多数地铁公司都因较低的经营利润而受政府资金补贴时，港铁公司却有着极高的经营利润，并有大量盈余。许多正在开发或扩建轨道交通系统的城市都希望复制这种成功的自筹资金模式。香港地铁系

统日夜都很繁忙。截至2019年，这座城市的人口约为770万，港铁快速交通系统的日客流量约为500万。香港每日公共运输客流量超过1200万人次，按人口计算，香港是世界上公共交通使用率和覆盖率最高的城市之一。

但车票或广告并不是港铁公司最赚钱的收入来源。事实上，与发达城市的地铁系统相比，港铁的地铁票价相对较低。港铁公司利润丰厚的关键在于其"铁路+物业（R+P）"的商业模式。在这个模式下，政府向港铁公司授予沿线新站点或车辆段的周边土地开发权。然后，港铁公司根据该土地在未铺设轨道情况下的市场价值向政府支付土地补价，进而将这些开发权转换为房地产开发用地。

接着，港铁公司与私人开发商合作开发物业，并从中获得部分利润。由此产生的资金将用于投资新项目及轨道系统的运营和维护。举例来说，整个将军澳线延长线的经费就来自上述车站物业开发项目所产生的收入。"轨道+物业"模式使政府不必为建设世界一流的城市铁路系统买单（免去财政支出重担）和承担风险；它还使港铁公司不需要参与竞争公共资金，而能相对较快地实施铁路建设项目。

从规划的角度来看，"轨道+物业"开发所打造的项目并不是那种毫无特色、使人们想要快速走过的场所。这种开发模式创造了步行友好和紧凑型社区，所有设施与城市地铁和其他公共交通设施完美结合，并通过与周围的建筑和公园相连接来延伸发展。在香港这样的热带气候地区，暴雨和台风时有发生，而轨道物业周边的居民可以舒适安全地通勤。

"轨道+物业"模式在香港运作良好是有其原因的。城市土地稀缺和人口密集抬高了房地产的价值，使这种模式可以产生合理的利润。同时，香港人向往便利，习惯于住在交通设施附近。此外，香港政府亦要求地铁公司按照稳健的财务原则运作，以确保双方的共赢。

"轨道+物业"商业模式在香港的成功主要有以下几个原因：

（1）港铁公司被允许将其公共交通运营商的角色向房地产开发商扩展；

（2）香港政府拥有港铁公司约75%的股份；

（3）港铁公司仍旧按照商业原则独立管理；

（4）港铁公司在香港证券交易所上市，并向政府支付股息；

（5）政府从土地出让金中收取收益。

位于将军澳新市镇的日出康城是港铁公司较新的住宅开发项目，该项目位于将军澳支线终点站康城站上盖。项目落成后，这将成为全港最大的单一住宅开发项目之一，项目占地33公顷，分13期兴建50座住宅大厦，提供共25,500套住宅单元，可供6.3万名居民居住。日出康城还包括一个商场和其他公共设施。该项目所在地块前身是一个垃圾填埋场，规划始于2003年，纳入了"健康"元素。事实上，英文"LOHAS"即是"健康与可持续发展的生活方式（Lifestyles of Health and Sustainability）"的首字母缩写。

2020年，拥有政府支持的轨道运营商港铁公司将日出康城项目第12期工程以27.25亿港元（合每平方英尺2,835港元，约当每平方米3.1万港元）的土地补价授予会德丰。此次竞标会德丰击败了包括长江实业及恒基兆业在内的其他8家投标者。在与港铁公司达成利润分享协议的基础上，会德丰还同意在土地补价之外再一次性支付一笔款项。项目建成后将供应最多96.1万平方英尺（约8.9万平方米）的总建筑面积和2000套住宅单元。就在2019年，同一批知名开发商包括长江实业、恒基兆业、会德丰、新世界发展等就日出康城项目第11期提交了11份标书。第11期项目预期将于2025年竣工，可提供多达1850套住宅单元。最终，第11期项目由信和、嘉华国际及招商局置业组成的财团以略高于30亿港元（合每平方英尺3,194港元，约当每平方米3.4万港元）土地补价竞得，并在当时创下日出康城项目的土地补价历史新高。截至2022年中期，日出康城二手住宅的平均成交价格约为每平方英尺1.7万港元（约每平方米18.3万港元）。与此同时，全新楼盘的售价超过每平方英尺1.8万港元（约每平方米19.4万港元），置业者购房的动机主要在于对市场持乐观态度，或者害怕错过机会，认为自己以后买不起。

如同启德开发项目，这可能会为土地价格的抬高提供持续性支持，使小型开发商更难以进入市场。

三、将军澳新市镇

将军澳新市镇主要建在填海得来的土地上，是距离市区最近的新市镇。将军澳高楼林立，毗邻东九龙的观塘，经常被误认为是九龙的一部分，实际上它属于新界东南部的西贡区。将军澳新市镇规划始于20世纪80年代初，首批人口入驻于20世纪80年代末，新市镇占地约17平方公里，规划人口47万。根据2021年人口普查，最新人口约为41.8万人。

土地利用及交通综合规划在将军澳新市镇得到真正体现。开发项目集中在港铁走廊沿线，大部分人口居住在距离地铁车站步行5分钟的范围内。新市镇分3期发展，均以港铁站为中心，包括坑口、宝琳、调景岭及将军澳（市中心）。配套有购物中心的高层及高密度开发项目围绕着这些车站，公共开放空间将每个社区及周边的公园分隔开来。由将军澳乘坐地铁到中环站的时间约为26分钟，由康城站出发至中环站需32分钟。私人住宅及公共住房，包括所有形式的补贴住房及公共租赁房，享有的公共交通资源分配近乎平等。

将军澳亦展现出了通勤市镇的特色。在22.2万工作人口中，只有约10%在新市镇工作，超过55%在港岛及九龙市区工作。将军澳工业区发展了传统多层工业楼宇无法安置的各种制造业，以及包括电视广播城在内的大众传媒总部。

作为新市镇，将军澳拥有所有必要的设施，包括位于地铁上盖或周边的几个大型购物中心，以及许多中小型购物中心，这些购物中心通过行人天桥、人行道及自行车道紧密连接。除大众运输外，包括本地巴士及小巴在内的公共交通网络也很完善，预期在新的公路隧道及桥梁建成后，将军澳新市镇与九龙市区的联系将进一步加强。将军澳新市镇拥有多家医院及诊所，以及整合了游泳池、室内游乐设施及公共图书馆等功能在内的最大的文化娱乐综合体。将军澳运动场是为2009年东亚运动会而兴建，临近的香港单车馆则用以举办世界级赛事。将军澳新市镇设有大量的本地学校及国际学校，如香港法国国际学校（HKFIS）及香港思贝礼国际学校（Shrewsbury International School Hong Kong）。高等教育机构如香港知专设计学院（HKDI）亦位于将军澳，而香港科技大学距离将军澳也仅10分钟车程。

如同许多香港其他大型高密度开发项目，将军澳大部分物业都是由知名的大型开发商开发的。与市区里有着个体发展商可以开发的小型填充用地不同，新市镇的土地通常要大得多，有时整个街区需要建设多个塔楼及其他设施。除了经验及品牌处于劣势，个体发展商也很容易由于资金实力不足而被排除在如此昂贵的开发项目之外。与之相反的是，这些小型个体开发商更有可能参与成本较低和规模较小的低密度住宅项目——尤其是位于城市边缘地带，更偏远、更接近自然环境或受到交通或其他基础设施制约的项目。然而，此类开发商仍只占香港房地产开发行业的极小比例。此外，随着恒大、佳兆业、海航集团、保利地产、华润及中国海外置地等中国内地主要开发商越来越多地参与到香港物业市场中，纵观前文提到的启德项目及香港其他开发项目可见的情况，在香港这个全球最昂贵、可负担程度最低的城市，顶层市场空间可能会变得更加拥挤，竞争也会变得更加激烈。

第八节　结语：香港新市镇追求的是数量还是质量？

50年前开始的经济繁荣推动了香港的快速城市化。香港的应对是建设新市镇以对应人口的增长，并通过分散过度拥挤的城区人口来改善生活环境。经过三个世代，建成的9个新市镇基本实现了最初的目标。然而，随着城市不再经历快速的城市化进程，按理说挑战应该从发展数量转向质量。但持续的住房短缺问题可能已将香港政府的关注点重新转回到数量上。理想情况下，发展应该在数量及质量上取得平衡，尽管实际上可能仍然是数量优先。但是，如果发展质量是事后才做补强或比起预期大打折扣，那么香港未来的新开发区可能不再像以前那样具有吸引力，尤其是如果这些新开发区的发展仅止于更现代化甚至更高密度的住房开发。

如果目标停留在加大住房供应，新市镇的发展可能不能满足当代及未来几代人的愿望及需求。与半个世纪前不同的是，进阶经济和未来城市需要吸引及留住人才，以驱动未来的知识、生产、文化及经济增长。这些人才有高度的选择权和流动性，他们只会选择在高质量的地方生活和工作。同时，这一发展议题也不再仅仅局限于香港内部，自1997年香港回归以来，香港与内地在许多方面的联系日益紧密。因此，虽然追求住房数量的供应增加可以缓解香港本地的住房危机，但新市镇及新开发区的发展质量可能会影响整个城市的竞争力，特别是在粤港澳大湾区背景下的城市竞争力。

附：参考文献

[1] 香港土木工程拓展署，《新市镇、新发展区及市区发展计划》. [EB/OL]. [2021–05].https://www.gov.hk/sc/about/abouthk/factsheets/docs/towns_urban_developments.pdf.

[2] 香港规划署.香港规划标准与准则第11章城市设计指引. [EB/OL]. [2022–07–01]. https://www.pland.gov.hk/pland_tc/tech_doc/hkpsg/full/index.htm.

[3] 香港规划署.香港规划标准与准则第2章住宅发展密度. [EB/OL]. [2022–07–01]. https://www.pland.gov.hk/pland_tc/tech_doc/hkpsg/full/index.htm.

第二十一章　交通与市镇：南京石湫地铁小镇的空间发展机制 ①

在新型城镇化和乡村振兴加速推进的背景下，小市镇作为中国城镇体系建设和发展的过程中联结城乡、承上启下的重要环节，既是广大农村地区就地就近城镇化的主要空间，也是城市辐射带动乡村振兴发展的重要节点。为解决小市镇发育迟缓、空间集聚程度较低、城乡一体化发展失调、基础设施落后、产业层次低、特色不明晰等一系列问题，南京、武汉等轨道交通网络建设较为完善的城市即围绕轨道交通走廊开展了一系列地铁小镇建设的试点探索工作[1-5]，以更好推动城市周边小城镇空间集约整合，实现城乡统筹一体化发展。研究以南京市溧水区石湫街道作为典型案例，分析以石湫街道为代表的地铁小镇在空间发展方面取得的成就、存在的问题和面临的挑战，以期为更好地推动城乡体系建设，实现城乡统筹一体化发展提供经验借鉴。

第一节　概念界定与文献综述

研究指出，地铁小镇是在城市近郊地区，依托地铁交通站点的集聚和通达作用，在重要地铁站点周边实行土地片状或块状开发以集聚人口和产

① 作者：彭思伟，东南大学建筑学院城市规划系博士研究生；王兴平，东南大学建筑学院城市规划系教授，博士生导师，国家注册规划师，东南大学城乡规划与经济社会发展研究中心主任，东南大学可持续产业园区发展与规划国际合作研究中心主任。

业而形成的宜居宜业的特色小镇[6]。和其他特色小镇相类似，地铁小镇同样强调产业的特色化发展，其建设目的主要是疏解中心城区人口，强化轨道交通走廊对人口和产业的定向集聚作用，支撑产业发展和传统产业升级，为城市提供交通便捷、设施齐全的空间载体，同时传承地方特色和人文传统，打造城市名片，突出新城形象。

对国外典型地铁小镇案例进行梳理可以发现[6-7]，地铁小镇建设具备如下特点。一是地铁小镇普遍以 TOD（Transit-Oriented-Development，TOD）模式为主导，以轨道站点为中心，采用高密度、高强度的开发模式，以"轨道交通＋步行"为主要交通方式，构建以地铁站点周边 10 分钟步行路程为半径的站城一体化发展区，从而实现地铁小镇轨道与城市的协调发展。二是地铁小镇均围绕地铁站点构建了完善的多层次公共交通体系，以实现轨道站点与商业人流转换及与地面交通全方位接驳。三是地铁小镇多采用圈层式空间布局模式，以地铁站点为核心建设功能高度复合、配套全面的城市生活组团。四是地铁小镇多基于自身优势与发展特色，规划打造了主题鲜明的高品质公共空间，以提升镇区空间品质与价值。

当前，国内地铁小镇建设尚处于初期阶段。南京市借鉴国内外轨道交通建设发展经验，基于"政府主导、土地平衡、自负盈亏"的发展原则，将地铁建设与地产开发、公服配套进行系统结合，一方面新建了大量保障房小区以安置城市外迁居民，疏解中心城区人口，另一方面以轨道交通站点为核心，以 TOD 模式为导向，赋能位于城市边缘区或近郊区的传统城镇，打造具有特色产业的集生活、生产和公共服务于一体地城市近郊新市镇，力图实现小城镇发展的能级飞跃[6]。

第二节　石湫空间发展概况

南京溧水区石湫街道作为省级美丽宜居小城镇和地铁小镇建设的典型

代表，具有以下四个特征。一是从宏观区位上看，石湫位于南京"十廊放射"中的宁黄轴线上，是南京主城、禄口机场和高淳副城间承南起北的重要节点，具有极为重要的战略发展地位。二是从空间布局上看，随着地铁S9号线的开通运营，石湫整体空间以地铁石湫站为核心呈现出明显的组团式集聚发展特征。三是从产业发展上看，石湫建设有国家级影视拍摄基地江苏（国家）未来影视文化创意产业园，是市级文化创意业集聚区，产业特色十分鲜明。四是从区域政策与上位规划上看，在2022年南京村镇建设计划[8]中，南京市将石湫等5个省级美丽宜居小城镇作为试点，探索全市可复制、可推广的美丽宜居小城镇建设新路径，溧水区"十四五"规划中也强调要将石湫打造为高品位文艺科教新城。基于以上特征，研究认为以南京溧水区石湫街道作为南京新市镇和地铁小镇的典型案例，探讨其空间发展机制具有代表性和典型性。

一、石湫街道空间区位与总体概况

石湫街道是典型的后发展小市镇，于2018年撤镇改街，地处溧水区西南部，东接溧水主城，南至石臼湖，北邻禄口空港，西连马鞍山博望区，辖区面积约116平方千米，其中建设用地498.34公顷，主要为居住用地、教育科研用地和工业用地，占总用地面积的49.30%[9]。235国道（宁高新通道）、341省道纵贯整个街道，南京地铁S9号线（宁高线）在街道设有石湫站和明觉站两个站点。截至2020年，石湫街道户籍人口51723人，其中城镇户籍人口36441人，城镇化率达70.45%。地区生产总值63.71亿元，其中二产产值34.25亿元，占比约53.76%，三产产值23.72亿元，占比约37.23%；规模以上工业企业44个[10]。

总体来看，在宏观区位方面，石湫位于南京都市圈"十廊放射"复合交通走廊中的宁黄轴线上，是南京市主城区、禄口空港新城和高淳副城间的重要节点，南京市"主城—副城—新城—新市镇—新社区"城镇体系中的29个新市镇之一，具有承南启北的重要战略地位。

在空间格局方面，随着地铁S9号线的正式通车运营，南京工业大学浦江学院、江苏第二师范学院（石湫校区）等高校快速集聚，石湫镇区逐步向西发展，呈现出明显的以石湫站为核心节点，东部以居住功能为主、南部以工业发展为主、西部以科教功能为主的组团式空间发展格局。

在产业特色方面，石湫街道是省经济发达镇行政管理体制改革试点地区、市重点开发区域、市重点新市镇和市级文化创意业集聚区，建设有国家级影视拍摄基地江苏（国家）未来影视文化创意产业园。目前街道整体已初步形成了以文化创意产业、小五金制造业和特色农业为核心的特色产业发展格局。

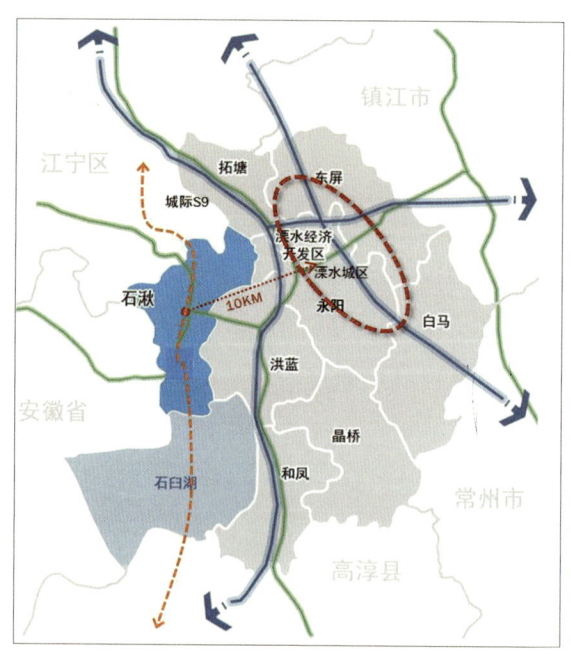

图 21-1　石湫街道在溧水区区位图

图片来源：《溧水区石湫街道镇区（NJLSa010）控制性详细规划编制（公众意见征询）》[9]

在上位规划方面，《南京市2022年村镇建设计划》要求组织推进石湫等5个省级美丽宜居小城镇试点建设，《南京市溧水区国民经济和社会发展第十四个五年规划和二〇三五年远景目标纲要》中提出要加快推进新城核心区建设，加快形成文化产业集聚，加快完善大学城服务配套，建设高品位石湫文艺科教新城。

综上所述，随着地铁S9号线的开通，区域交通网络的加速完善，石湫街道作为江苏省级美丽宜居小城镇、南京市新市镇和地铁小镇，在宏观区位、空间格局、产业特色和上位规划与区域政策方面具有一定的代表性和典型性，其空间发展所取得经验、存在的困难和面临的挑战对全国小市镇建设和发展具有重要的借鉴意义。

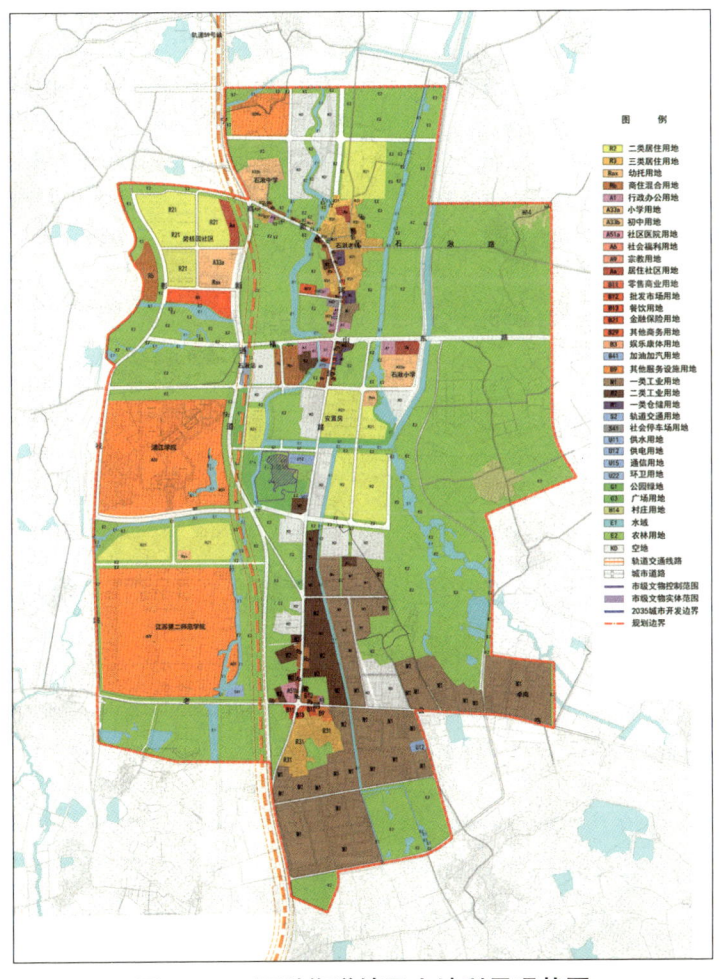

图 21-2　石湫街道镇区土地利用现状图

图片来源：《溧水区石湫街道镇区（NJLSa010）控制性详细规划编制（公众意见征询）》[9]

二、石湫空间发展演变历程与发展特征

石湫街道空间历经三个发展阶段，分别为块状发展阶段（2015年以前）、带状发展阶段（2015—2018年）和组团式发展阶段（2018年至今）。在块状发展阶段，石湫镇区内建成区各自独立发展，核心区集聚功能不显，城镇化率低，整体呈现出斑块状的发展特征。随着235国道（宁高新通道）于2015年正式建成通车，石湫镇区呈现出明显的沿国道发展的带状特征，工业组团规模扩张，与核心镇区连成一体，发展成为如今石湫街道镇区东部的主体区域。2017年，地铁S9号线正式开通，于镇区西北侧设立站点石湫站，进一步强化了南京"十廊放射"中宁黄轴线的引领带动作用，推动石湫镇区规模快速扩张，形成了如今东西部镇区分立的组团式发展格局。

（一）块状发展阶段（2015年以前）

这一阶段的石湫整体发展较为缓慢，城镇化率较低，与南京主城和高淳交通联系不便，辖区内各村之间联系较弱，镇区呈现出传统村庄的空间发展特征，资源集聚功能不显。镇区南部建设有小规模的镇属工业区，沿新河南路与核心镇区相连，总体表现为斑块状的空间发展格局。尽管2006年，江苏省在全省文化工作会议中将位于石湫西北部的江苏广电石湫影视基地列为"十一五"期间重点建设的十大文化设施和十大文化产业项目，但受制于石湫总体发展能级不足，江苏广电石湫影视基地仅建成了一期项目，并未给石湫的发展带来质的飞越。

（二）带状发展阶段（2015—2018年）

随着2015年11月235国道（宁高新通道）正式建成通车，石湫成为往来南京市主城区和高淳核心区的重要交通廊道上的节点之一，交通便利程度快速提升，区位价值开始攀升，整个镇区开始步入发展的快车道。这一时期的石湫镇区向西沿235国道南北向快速拓展，向南与规模小幅度增长的镇属工业区相连，呈现出带状的空间发展格局，奠定了现今石湫街道核心镇区东部组团的整体框架。而在235国道西侧，南京工业大学浦江学院、江

苏第二师范学院（石湫校区）等高校开始启动规划建设，构成了如今镇区西部组团的核心主体。

（三）组团式发展阶段（2018年至今）

2017年12月30日，南京地铁S9号线正式开通运营。该地铁线路采用高架轨道的方式沿235国道南北向贯穿石湫街道，在镇区西北部设立了地铁石湫站。地铁S9号线在进一步增强了连接南京主城与高淳副城的交通联系的同时，大幅度提升了石湫街道在这一重要交通廊道上的区位价值，使得石湫成为南京市"主城—副城—新城—新市镇—新社区"城镇规划体系中的新市镇之一。这一时期的石湫城镇化水平大幅提升，城镇化率由2010年约11%提升至2020年约70%。在地铁S9号线西侧，南京工业大学浦江学院、江苏第二师范学院（石湫校区）正式投入使用，碧桂园和弘阳地产先后在石湫站西侧周边开发建设有大规模商业楼盘，形成了镇区的大学城西部组团。在地铁S9号线东侧，核心镇区南部的废弃采石场被改造为石山城市绿地公园，石湫中心小学标准化新校区正式建成投入使用，以石湫老镇区和原工业区为核心构成了镇区的生活化东部组团。

表21-1　2007年、2015年、2022年石湫街道镇区发展模式

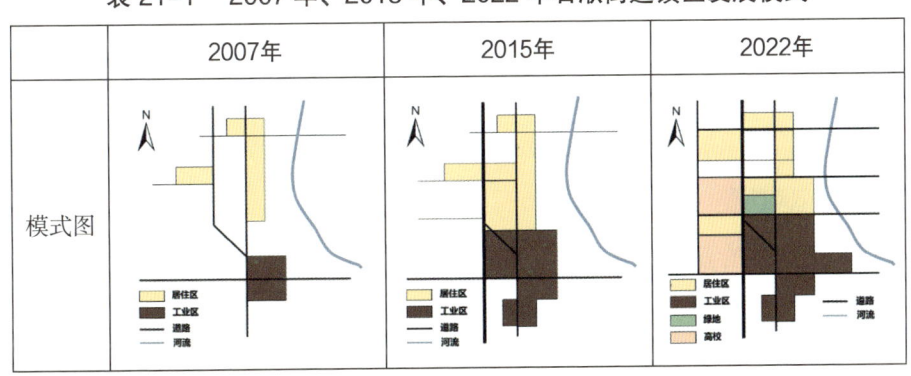

三、石湫空间发展规划

"十四五"期间，南京市将重点发力美丽宜居小城镇建设。石湫作为5个省级美丽宜居试点小城镇之一，将为打造"形态好、环境美、功能强、

产业特、文化显、管理优"的美丽宜居小城镇探索新建设路径。为系统推进美丽宜居小城镇建设，落实上位规划要求，《南京市溧水区国民经济和社会发展第十四个五年规划和二〇三五年远景目标纲要》强调要以"东方山谷中的艺术学镇"为发展愿景，积极引进南京艺术学院、江苏传媒学院，依托镇区北侧的江苏（国家）未来影视文化创意产业园，加快石湫影视文化产业发展，将石湫打造为具有全国影响力的文艺科教新城。

在此基础上，为进一步加强南京溧水区石湫街道镇区的规划管理，根据在编的《南京市国土空间总体规划（2019—2035年）》等上位规划，石湫编制了街道镇区控制性详细规划，以完善并落实上位规划确立的发展目标和相关规划要求。该规划预测未来人口规模达10.7万人，其中城镇常住人口7.7万人，包括高校师生约3万人，是石湫现状人口数量的2倍。与石湫土地利用现状情况相比，规划建设用地面积964.30公顷，占规划总用地的95.39％，其中新增建设用地465.96公顷，占规划总用地的46.09％，相当于现状建设用地面积的93.5％。规划形成"一心一点、一轴两脉、四组团"的空间布局结构。其中"一心"是指以石湫站为重要节点，以综合服务、创新服务和旅游服务功能为主的新城中心，"一点"是指以目前高铁站选址为核心打造高铁城心节点，"一轴"是指连通石湫东西部，串联新城中心的石湫大道活力轴，"两脉"是指G235休闲绿廊和三干河水绿廊道，"四组团"是指以镇区现有空间格局为基底，对接石湫北部禄口空港新城的临空服务组团、镇区西侧的高校文创组团、镇区东侧以老镇区为核心的中心居住组团及镇区南部的高端制造产业组团。

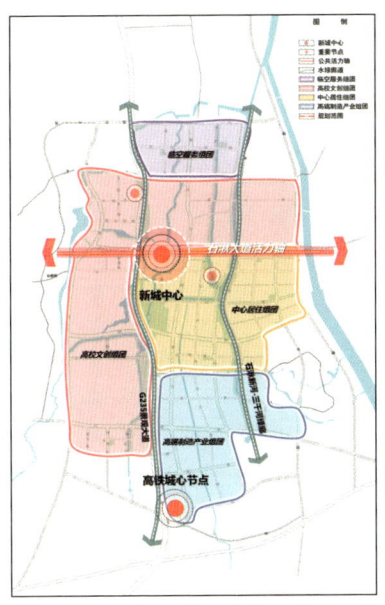

图 21-3　规划结构图

图片来源：《溧水区石湫街道镇区（NJLSa010）控制性详细规划编制（公众意见征询）》[9]

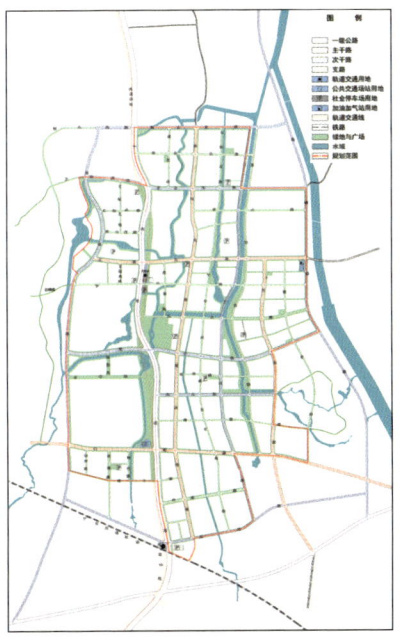

图 21-4　综合交通规划图

图片来源：《溧水区石湫街道镇区（NJLSa010）控制性详细规划编制（公众意见征询）》[9]

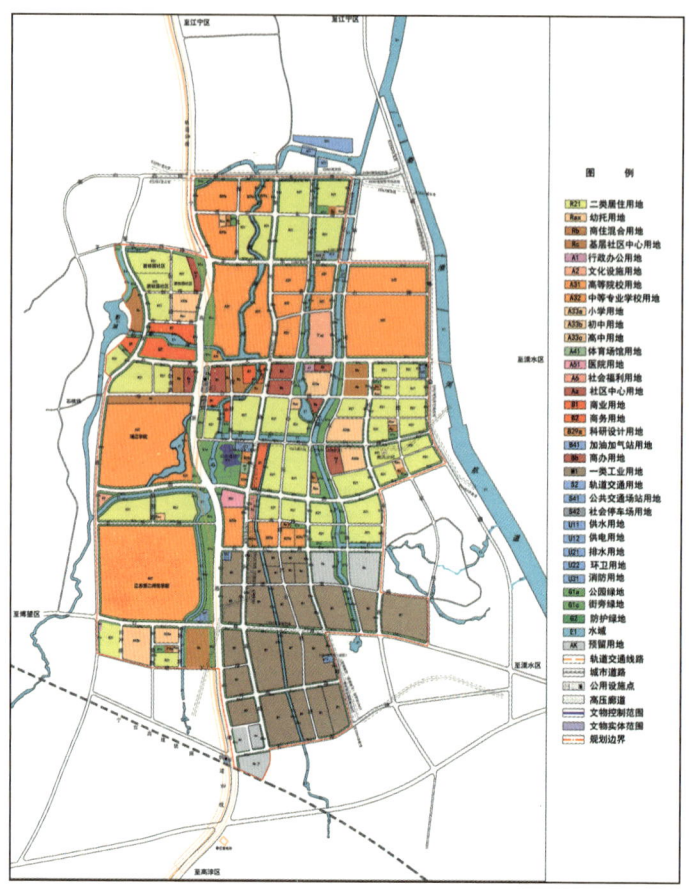

图 21-5　土地利用规划图

图片来源：《溧水区石湫街道镇区（NJLSa010）控制性详细规划编制（公众意见征询）》[9]

第三节　石湫空间发展的影响要素

　　回顾石湫的发展历程可以发现，以轨道交通为核心的交通联系是石湫实现快速发展的重要支撑，影视文化特色产业是石湫未来发展的重要基础，符合人群生活需要的生活服务设施和基础设施是石湫镇区建设发展的重要保障。研究从交通、产业和公共服务三个角度出发对石湫镇区空间发展进行分析，以明确其存在的问题与面临的挑战。

一、交通要素

许多研究指出，特色小镇的发展基础在于良好的"产业生态位"[11]。而不可否认的是，区域性交通廊道则是打通小市镇和主城区间产业发展联系的前置条件。回顾石湫的空间发展演变历程、分析石湫的发展规划可以清楚地发现，交通因素是石湫实现镇区快速集聚发展的前提和关键。235国道（宁高新通道）的开通是石湫镇区快速发展的起点，奠定了石湫镇区东部组团的空间框架。地铁S9号线的开通设站则使得石湫进入发展快车道，进一步推动石湫镇区实现了资源的快速集聚和发展，使之已成为南京市"主城—副城—新城—新市镇—新社区"城镇规划体系中的29个新市镇之一。石湫的发展规划也围绕地铁站点规划了未来的新城中心。与之相对的是，尽管江苏省早在2006年即在石湫规划建设了江苏广电石湫影视基地并将之列为"十一五"重点建设的文化设施和产业项目，拍摄了《金陵十三钗》等电影项目引导其发展，但实际上石湫的镇区建设仍是以重要的交通联系廊道贯通作为其快速发展的起点。石湫的发展历程说明基于战略性交通廊道的交通联系对于小市镇的发展具有不可或缺的重要意义。

区域性交通廊道加强了石湫与南京主城区和高淳副城间的联系，但也使得石湫的镇区建设面临了新的困难。镇区东西部组团间仅有塘铜线、横山路和塘桑线三条主干路相联系，三条东西向的主干路平均相隔1.5公里。高等级公路和高架地铁线路贯穿了石湫镇区，致使镇区东西部组团间的联系被严重分割。此外，石湫镇区在快速发展的同时尚未构建起多层次的公共交通网络。石湫的公交接驳系统、公共自行车系统尚不完善，地铁交通站点到达居民住区间的人行联系有待进一步加强，出行"最后一公里"成为石湫镇区及周边人群出行面临的主要问题。

二、产业要素

毫无疑问，特色小镇的发展离不开具有优势的特色产业。石湫作为地铁小镇这一特殊的特色小镇的典型案例，也具有特色鲜明的产业发展基础。

石湫建设有国家级影视拍摄基地江苏（国家）未来影视文化创意产业园、江苏广电石湫影视基地，具有文化创意产业的发展底蕴[12]。"十四五"时期，溧水区规划在石湫引入南京艺术学院、江苏传媒学院等高校，拓展影视文化产业链条，发展影视剧本创作、后期制作等上下游产业环节，形成并培育了一批新媒体创作、短视频创作、微视频创作等新型媒体工作室和创作企业，发展多类别影视文化产业，着力打造影视文化创意全流程产业集群。此外，石湫还引进了装配式建筑企业卓南科技，支撑石湫产业多元化发展。未来石湫将围绕文化创意产业集群和南京工业大学浦江学院、江苏第二师范学院（石湫校区）等高校深入发展，建设具有全国影响力的文艺科教新城。

特色产业集群的新发展目标也为石湫镇区建设和空间发展带来了新的挑战。一是产业集群的核心区江苏广电石湫影视基地距离石湫站2.5公里，距离国家级影视拍摄基地江苏（国家）未来影视文化创意产业园2公里，不在镇区的规划发展范围内，产业发展空间集聚程度不足。二是特色产业集群的核心人群在石湫的分布较少，石湫大部分人群多在溧水区核心区、高淳区或南京市主城工作，产业发展与现有城镇人口存在错配现象。三是本地工业企业以五金件制造、冶金设备制造等传统工业为主，第二产业发展后劲不足[13]。

三、公共服务要素

当前，石湫镇区快速发展，居住功能快速扩张，但在公共服务和生活服务配套方面仍有待加强。一方面，石湫的中学、小学、医院等公共服务设施和商业综合体等大型生活服务设施主要分布在镇区东侧组团。镇区西侧组团的商业生活配套设施主要以门面房的形式分布于住宅小区的东侧沿街面，整个镇区的公共服务设施空间分布相对失衡。另一方面，石湫镇区现有的小学、中学和医院也不足以支撑现有人群对教育和医疗保障的发展需要，商业服务设施尚不足以满足镇区居民和高校师生的生活娱乐需求，公共服务和生活配套设施建设相对滞后。

为解决上述问题，石湫规划建设2所初中、4所小学（2所新增、2所现状保留）、2处居住社区中心、11处基层社区中心，同时结合居住用地设置幼儿园10所（2所现状保留，8所新增），将石湫中心卫生院转设为二级医院，有力提升了公共服务和生活配套设施建设的均等性。但规划对于未来影视创意产业所需的高水平产创人才及高校师生的生活配套需求的考量较为欠缺，有待进一步加强。

第四节　石湫对小市镇发展的借鉴意义

石湫目前仍处于镇区空间建设高速扩张、资源要素快速集聚的发展阶段。作为省级美丽宜居小城镇的试点地区，南京都市圈发展廊道中的节点门户，联系南京城乡发展的重要纽带，石湫的发展历程、取得的成绩和当前发展中遇到的问题与挑战对全国其他小市镇的发展都具有一定的启示意义。研究从空间规划、公共交通、产业功能和公服配套等四个方面对石湫的发展历程和经验进行总结，以期为全国其他小市镇的空间发展提供借鉴。

一、空间规划的战略性和落地性

在新型城镇化和乡村振兴战略深化落实的发展背景下，小市镇的发展离不开兼具战略性和落地性的发展规划和空间规划[14-15]。相较于逐步迈入存量优化阶段的都市核心区，以石湫为代表的小市镇多属于后发地区，与高度城市化的都市核心区在产业发展、资源整合、基础设施建设等各方面还存在不小的发展差距。而在新一轮国土空间规划编制的总体要求下，小市镇的建设一方面需要自上而下承担起疏解大都市过度集聚的发展压力，另一方面需要自下而上肩负起整合乡村资源，实现乡村振兴的发展需求。而这对小市镇的发展规划和空间规划即提出了更高的发展要求。新的规划编制既要充分对接上位规划提出的发展要求，为小市镇的未来发展提出合理准确的战略发展目标，从而利用预期效应撬动空间资源潜力，实现价值最大化，也要避免走过去20年城镇建设快速扩张阶段的老路，进一步挖掘本地资源，探索新的可持续的发展模式，实现规划的最大化落地。

石湫当前的发展规划深入落实了江苏省、南京市和溧水区相关规划的战略发展要求，起到了疏解大都市过度集聚的重要作用，但镇区的更新建设忽视了原镇区空间机理的发展特色，新的住区建设仍然延续了都市区的高容积率高楼层的建设风格，对"千城一面"的建设问题没有做出很好的回应，对石湫本地的资源特色发掘有待进一步加强[16]。

二、公共交通的区域性与层次性

石湫的发展说明以轨道交通为代表的区域性交通廊道可以有效加强小市镇与都市核心区之间的发展联系，是推动小市镇加速融入区域城镇体系建设，实现快速发展的重要支撑。但是大量的过境交通同样会对小市镇的空间发展产生较大的干扰。国道和高架轨道交通在客观上割裂了石湫东西两侧组团间的联系，导致人行交通联系受到了严重的干扰，轨道站点的集聚作用受到了一定的影响。以车行为主的交通规划也导致了镇区西侧组团大单位大围合的空间组织模式，客观上消解了舒适的人行环境。

基于此，小市镇在强化自身与以轨道交通为代表的区域性交通体系间联系的同时，应当及时构建层次丰富且完善的公共交通体系进行衔接，一方面要合理规划尺度适宜的路网体系，另一方面要构建安全、便捷、舒适的慢行系统，围绕轨道交通站点、生活商业设施和大型公共设施的建设涵盖地下空间与人性连廊等形式的立体交通网络，以公交车、步行和自行车等绿色交通出行方式为补充，有效地将更大范围内的出行者汇集到轨道交通站点周边，从而加强小市镇镇区内部各组团之间的联系，提升镇区的公共空间品质，营造良好的城市步行环境，减少城市拥堵等大城市病。

三、产业功能的适宜性与集聚性

随着地铁 S9 号线的开通，碧桂园等住宅区的快速建成落地，石湫的城镇化率迅速提升。截至 2020 年，石湫户籍人口约 51723 人，其中城镇户籍人口达 36441 人。但实际上，除少量人员在石湫本地工业企业工作外，大量人口在南京主城区、溧水及高淳的核心区工作生活，职住分离的现象较为严重。面向未来，石湫规划打造的影视文化创意全流程产业集群也与石湫现状人群的发展特征存在一定的错配现象。围绕南京艺术学院、江苏传媒学院、南京工业大学浦江学院、江苏第二师范学院（石湫校区）等相关高校的配套产业也尚无明确的规划。这与小市镇规划建设的疏解都市核心区功能，实现乡村本地化产业发展的初衷相背离。

因此，要真正实现小市镇疏解都市核心区功能，实现乡村本地化产业发展的总体目标，实现小市镇外链区域城镇体系产业集群，内兴本地特色产业的有机循环发展，必须在明确小市镇的功能定位和发展方向的基础上，针对小市镇的特色产业基础和现状人群诉求精准打造相适宜的产业集群，在集聚适合特色产业发展的资源要素的同时，构建匹配相关从业人群需要的辅助性生产生活配套服务产业，并围绕特色产业针对性规划建设高集聚度的功能空间组团，以更好地实现小市镇特色产业的"名实相副"式发展。

四、公服配套的均好性和针对性

良好的基础设施和公共服务配套设施是小市镇留得住人，实现可持续发展的重要保障[17]。石湫当前仍处于镇区高速发展阶段，基础设施和公共服务配套设施建设相对滞后。针对石湫存在的基础设施和公共服务配套设施空间配置失衡，总量相对稀缺等问题。小市镇在发展建设的过程中一方面应着重关注基础设施和公共服务配套设施的均好性配置，在满足资源配置均量化要求的同时尽力满足优质资源的普适化配置需要[18]，另一方面应当针对特色产业、优势产业和未来发展目标产业的特殊发展需求，针对性配置专门的基础设施和公共服务配套设施，满足特定产业和高层次人群的就业与生活所需，从而留得住人，留得下产，保障特色产业和镇区建设的可持续性发展[19]。

附：参考文献

[1] 张志清，李文，黄泽柳.新时代地铁小镇规划创新研究——以武汉地铁小镇为例[C]// 共享与品质——2018 中国城市规划年会论文集（19 小城镇规划），2018:5–15.

[2] 龚亮，黄忠.南京青龙片区地铁小镇综合开发模式研究[J].江苏科技信息，2015（20）:78–80.

[3] 袁校柠.TOD 引导下的土地开发供给侧结构改革与实践——以南京青龙地铁小镇为例[J].改革与开放，2017（09）:30–32.DOI:10.16653/j.cnki.32–1034/f.2017.09.014.

[4] 蔡成凤.三规合一背景下的区域土地利用规划启示——以南京青龙地铁小镇为例[J].资源与人居环境，2014（06）:41–43.

[5] 龚亮，黄忠.南京青龙片区地铁小镇综合开发模式研究[J].江苏科技信息，2015（20）:78–80.

[6] 陈伟，常黎丽，魏鹏.新型城镇化背景下地铁小镇规划策略研究[C]// 新常态：传承与变革——2015 中国城市规划年会论文集（15 小城镇规划），2015:746–754.

[7] 李道勇.大都市区多中心视角下轨道交通与新城的协调发展[D].天津大学，2014.

[8] 南京市政府办公厅.2022 年南京村镇建设计划发布[EB/OL]. [2022–03–31]. http://www.jiangsu.gov.cn/art/2022/3/31/art_33718_10401848.html.

[9] 南京市规划和自然资源局.溧水区石湫街道镇区（NJLSa010）控制性详细规划编制（公众意见征询)[EB/OL]. [2021–08–31]. http://ghj.nanjing.gov.cn/pqgs/ghbzpqgs/202108/t20210831_3116984.html.

[10] 溧水统计年鉴编委会.溧水统计年鉴 2020[M].南京市溧水区统计局，2021.07.

[11] 盛世豪，张伟明.特色小镇：一种产业空间组织形式[J].浙江社会科学，2016（03）:36-38.DOI:10.14167/j.zjss.2016.03.005.

[12] 黄晗.产业生态圈理论下南京石湫影视文化小镇规划研究[D].苏州科技大学，2018.

[13] 李娜.一体化背景下南京都市圈临界产业空间组织研究[D].东南大学，2021.DOI:10.27014/d.cnki.gdnau.2021.003528.

[14] 卫龙宝，史新杰.浙江特色小镇建设的若干思考与建议[J].浙江社会科学，2016（03）:28-32.DOI:10.14167/j.zjss.2016.03.003.

[15] 和茜，王乐，李袁.都市圈跨界地区协调规划研究——以南京都市圈石湫-博望为例[C]//规划60年：成就与挑战——2016中国城市规划年会论文集（13区域规划与城市经济），2016:1170-1180.

[16] 王绍琛，周飞舟.困局与突破：城乡融合发展中小城镇问题再探究[J].学习与实践，2022（05）:107-116.DOI:10.19624/j.cnki.cn42-1005/c.2022.05.007.

[17] 张京祥，葛志兵，罗震东，孙姗姗.城乡基本公共服务设施布局均等化研究——以常州市教育设施为例[J].城市规划，2012，36（02）:9-15.

[18] 安体富，任强.公共服务均等化:理论、问题与对策[J].财贸经济，2007（08）:48-53+129.DOI:10.19795/j.cnki.cn11-1166/f.2007.08.008.

[19] 吴根平.我国城乡一体化发展中基本公共服务均等化的困境与出路[J].农业现代化研究，2014，35（01）:33-37.

第三篇
实践篇

在高质量发展的背景下，课题组迫切希望能够在前人大量理论研究与建设实践的基础上探索出一条集生态、人文和科技于一体，并能实现自我完善和自我迭代的小市镇创新发展路径。带着这个目标，课题组选择了山东"田横岛"作为小市镇创新的"试验田"。在大胆提出"元市镇"概念的基础上，初步探索并提出了小市镇"嵌入—提升—迭代"的发展模式。

第二十二章　田横岛的历史脉络 ①

第一节　田横岛小市镇建设建设基础

一、地理的独特性

（一）青岛第二大岛屿，有小市镇发展的承载空间

田横岛位于崂山湾北侧的横门湾内，面积约1.46平方公里，其毗邻的涨岛、菠萝岛低潮线时可与田横岛连为一体，面积计约1.95平方公里，与厦门鼓浪屿（1.91平方公里）大致相当。相较于其他岛屿，田横岛有建设小市镇的空间承载和基础。田横岛是青岛市120个岛屿中的第二大岛，是青岛为数不多的超过1平方公里的岛屿，也是其中7个有居民的海岛之一[1]。田横岛附近有猪岛、绿岛、马龙岛、牛岛、菠萝岛、涨岛、车岛和赭岛等，自西向东排列，田横岛居中，组成田横岛岛群。

（二）田横岛地形地貌丰富，可进行多功能开发

田横岛地形地貌丰富，可进行多功能布局与开发。田横岛是低丘海岛，岛形呈波浪起伏状，中部高28米，东部高26米，最高点在岛西部田横顶，海拔高度54.5米，是观日出的绝佳位置，也是俯瞰全岛及岛外景致的最佳地点。田横岛东西长3公里，南北宽0.43公里，岛岸线长共9.54公里，有沙滩、礁石等多种岸线形态。南北两坡风格迥异，南坡岬湾相间、礁奇水秀，北坡海湾深邃、风平港静，北侧偏东相距0.4公里处有薄栏礁，水下有砂砾

---

① 作者：李兴刚，山东三联集团有限责任公司董事长；孙景丽，北京交通大学中国城市研究中心研究员。

埂与岛相连，形成自然港湾。尤为有特色的是，低潮线时，猪岛与绿岛、牛岛与绿岛之间有卵石小径露出，岛屿之间可联通一体。

二、生态的独特性

（一）兼具海洋与陆地特点的生态空间

海岛是深入海洋内部的陆地，兼具海洋和陆地特点的生态空间。田横岛同样如此，岛、山、海一体。田横岛主岛北面与西面面朝海湾与陆地，东面及南面是辽阔的海域，海岛附近有1200余亩滩涂。岛上以森林和林地为主，现存少量耕地，约20公顷。相对而言，田横岛淡水资源在山东海岛中比较丰富，有天然水井12口，水库1个，基本满足岛上居民生活饮用，3个自然村落分别坐落于岛的西、中、东三部。田横群岛的其他8岛均为无居民岛屿。

（二）特色单一生态产品品质高

田横岛生态环境好，能提供高品质特色生态产品。第一，田横岛森林覆盖率达到90%，负氧离子含量高，且黑松林居多，四季常绿，兼具私密性。第二，高等药用植物资源丰富，共43科97属114种，优势科有7科55种，以治疗泌尿系统疾病、神经系统疾病为主，有少部分用于心血管系统疾病、呼吸系统疾病的治疗，以及补气补血补阴养生健体[2]。此外，田横岛上农田以及附近海域的养殖场，能够提供纯天然农产品及特色海鲜。

纯天然的本地食物资源，可用于疗养的天然药物，再加上高森林覆盖率提供优质空气且兼具空间私密性，田横岛十分适合高端康养、休闲等项目。

三、人文的独特性

田横岛面积不大，但却着丰富的人文资源，有流传千古的田横及五百义士的故事，也有丰富多彩的原汁原味的海岛渔家民俗文化。

（一）田横与五百义士：不屈与忠义的动人意象

田横岛因田横及五百义士的故事而得名，据《史记》记载，秦末汉初，群雄并起，逐鹿中原，刘邦手下大将韩信带兵攻打齐国，齐王田广被杀，齐相田横率五百将士退踞此岛。刘邦称帝后，遣使诏田横降，横不从，于赴洛阳途中自刎。岛上五百将士闻此噩耗，集体挥刀殉节。千百年来，无数文人墨客有感于田横之不屈、五百将士之忠烈，为之吟咏，从《薤露》挽歌到徐悲鸿的油画《田横五百士》，田横及五百义士早已从历史上的田横，发展为文化上的田横。目前，田横岛上仍保留着相关文物及景点，最高峰田横顶上有田横五百义士墓，直径30米，高约3米，是田横岛标志性景点，1982年12月，被青岛市政府定为"市级重点文物保护单位"；1984年，即墨市政府在墓冢北侧修建田横碑亭，碑文由时任中共即墨县委书记李视远撰，著名书法家修德书。亭内壁上饰有田横五百将士的六幅彩绘，生动地再现了田横兵败、自刎及五百义士殉节这一悲怆故事。1992年6月，田横五百义士墓被山东省政府定为"省级重点文物保护单位"。

归根究底，田横及五百义士的故事存留着春末汉初时期中华文化源流的古朴精神，无论是战乱时期的谋士，还是和平时期的文人，无论是汲汲于功名的政治家，还是淡泊名利的隐士，对田横之"不屈"、五百士之"义"，都有强烈的文化认同，并从自身所处的立场和社会需求出发，重新演绎、宣扬，让其发挥时代的精神感召。

（二）田横砚：独一无二的海底砚石

砚是我国特有的文书工具，融绘画、雕刻、书法、篆刻等多种艺术于一体。古人曾用一句谚语来形容："砚田有谷，耕之有福。"砚是文化的产物，又是文化的物化形态，既具有实用性，又具有观赏性。

田横砚又名"田横义砚"，是世界上独一无二的海底砚石，因砚台原料产于田横岛而得名，隶属中国四大名砚的鲁砚系列，与端砚、歙砚、泥砚同为砚中珍品。明嘉靖《即墨县志》有"田横石，可琢砚"的记载。因其石质细腻均匀、容易下墨、不会损耗毛笔而被砚台制作者青睐，早在明清时期被当作礼品赠送至京城。田横砚于2012年11月被列入即墨市非物质文化遗产，田横砚制作技艺于2015年7月被列为青岛市第四批市级非物质文化遗产[3]。

（三）渔号与祭祀：独特的海洋民俗文化

独特的海岛渔家日常生活及田横渔号。田横岛上渔家村落自然分布，下海捕鱼仍是不少村民的主业之一，渔家日常生活仍然保留，渔季出海捕鱼，休渔期修网晒网。出海捕鱼是一项复杂的劳动过程，在长期的捕鱼生活中，逐渐产生了具有地域特色的音乐——田横渔号，用以统一作业步调。田横渔号大致可分为轧绳号、上网号、出船号、出海号、摇橹号、打掘号、迅网号、抽缆号8种。各号喊发不同，发挥的作用也不同。如今，机械化的现代生产方式逐渐代替了纯体力的生产劳作方式，田横渔号也逐渐失去了原有的生存环境，但作为一种地域特色文化仍然保留了下来，在每年的田横祭海节上，田横渔号都是保留节目。2017年1月，田横渔号成功入选第五批"即墨市级非物质文化遗产名录"，2017年3月，CCTV发现之旅走进田横岛，录制了专题节目《悠悠渔号，壮美田横》。

独特的海神信仰祭祀文化。在田横岛区域，至今仍保留着相对独特的春节祭祀仪式，以及影响比较大的田横祭海节。如果说青岛田横祭海节是"大众狂欢"的话，那么渔民的春节祭祀则是一种家族式、集体性的典礼[4]。春节祭祀在春节期间由每家每户独自进行，是渔家春节日常生活的一部分。田横祭海节则规模较大，已经发展为北方最大的祭海仪式。田横祭海节发源于田横镇周戈庄村，具有500多年历史。2005年，更名为"田横祭海民俗文化节"，时间定为每年公历3月18日前后3天，并增添喝壮行酒等民俗表演，以及民俗摄影大赛、香饽饽面塑大赛、民俗研讨等活动内容。2006年，田横镇将祭海活动正式定名为"田横祭海节"。2008年，田横祭海节被列入第二批国家级非物质文化遗产名录。

第二节　田横岛小市镇建设发展历程

一、原生态、渔民与传奇传说：1949 年之前的田横岛

田横岛是我国历史上开发比较早的海岛，春秋时期归属齐国，即墨建制之后一直归即墨管辖。同是在春秋时期，开始有人到岛上活动，但这时候属于无名岛屿。

"田横岛"这一名字与田横及其五百义士有关，正式记载于史书始见于魏晋南北朝，《北齐书·杨愔传》："又潜之光州，因东入田横岛。"[5]但是纵观整个历史长河，田横岛虽然文化名头越来越响，但经济开发活动并不多，基本上长期处于荒岛状态，直到明清时期，由于人口增长，才有附近陆地上的居民移居于此并长期居住。即便如此，到清乾隆时期（1736—1795 年），岛上也仅有居民十余户。光绪年间，有更多居民由崂山的山东头和东戈庄等地迁至此，此后经过百余年的发展，逐渐形成东、西、中 3 个自然村。村中居民主要以捕鱼为生，并由此兴起了田横岛独特的春节信仰和祭祀文化[3]。同时，在田横岛西部的黑色页岩被人开发，制成的田横砚与端砚、歙砚、泥砚同为砚中珍品。

二、大农业、村民与开发序幕：1949—1992 年的田横岛

中华人民共和国成立后，岛上东、西、中三个自然村组成一个行政村，为田横岛村。村中居民本以捕鱼为生，但受当时大环境的影响毁林造田，意图发展大农业，不仅生态环境遭到破坏，大农业也未能发展起来。同时，由于受到极左思想的影响，岛上文物也遭到严重破坏。

改革开放后，随着拨乱反正工作的开展，岛上文物再次得到人们的重视，1982 年，青岛市政府将田横岛五百义士墓列为市级文物保护单位。经济发展上，村民制订了以渔为主、捕养结合的致富规划，但由于缺乏科学管理，海产养殖以失败告终，田横岛村仍然是一个原始状态的小渔村。

1988 年 1 月 30 日至 1996 年 5 月，中国首次对海洋岛屿进行的全国性、

大规模、多学科的资源调查。1990年，国家海洋局第一海洋研究所完成了对田横岛的调查工作，调查组通过调查资料和环境状况分析，指出田横岛应"以发展旅游业为主的方针"。1991年，田横岛被国家海洋局列为全国26个试点开发岛屿之一。同年4月，时任山东省省长赵志浩在省七届人大四次会议上提出："要经过长期不懈的努力，逐步实现陆上一个山东、海上一个山东的战略设想。"从此，"海上山东"建设拉开了序幕。1992年7月，应青岛即墨市委、市政府等邀请，山东三联电子集团公司（以下简称"三联集团"）与即墨人民政府就合作开发田横岛及周围岛屿达成协议，通过划拨方式获得了田横岛2/3面积的永久开发权，开创了国内由一个企业独资大规模开发一个海岛的先例，田横岛也迎来了发展的新阶段。

三、服务业、公治与开发转型：1992年至今的田横岛

（一）1992—2003年：建设，兴起，兴旺

1992年9月9日，三联集团举行田横岛开发奠基礼，从此，田横岛不再仅仅只是一个有"文化"的海岛渔村，而是一个以旅游产业为主的开放的海岛。

首先，三联集团对田横岛的旅游开发进行基础设施建设：铺设了2000米海底电缆解决岛上电力能源问题；修建一个50吨冷库作为海产品生产基地和冷藏厂基地；铺设了3000米海底输水管道，建成了540平方米的自来水处理场，满足岛上生活和生产用水；安装程控电话，解决岛内外通讯难题。同时，在三联集团和当地政府的共同努力下，修建了全天候码头2座，岛北岸中部建有水泥码头，在岛西部建成了旅游码头以及登陆艇货运码头，极大解决了岛陆之间的交通问题。

其次，大力建设岛上旅游景点和旅游设施。景点方面，修整或重建五百义士墓、齐王田横殿、田横雕像、海神娘娘庙等多处景点。娱乐设施方面，新建了围猎场、钓鱼场、射击场、游泳池、舞厅、海上游览、空中游览等娱乐设施，并建设了相应的旅游配套服务设施。到1997年，三联集团在田横岛建成体育中心、别墅、招待所、综合服务楼等为主体的度假村工程，建成了梦海园、九龙居、中国苑三大建筑群，田横岛海景别墅、各式客房等设施应有尽有，拥有客房350间，床位600多个，大中型会议厅4处，综合娱乐大厅2处。

最后，在旅游运营方面下大功夫，一是通过旅行社等分销系统在重点城市进行推广，主要集中于济南等山东域内重点城市。二是通过引入节庆节日扩大田横岛的影响。1996年8月，在岛上设置青岛啤酒节分会场，此后连续多年举办。啤酒节期间举行饮啤酒比赛、文艺演出、歌手大赛、武术邀请赛、广场舞、篝火及烟花等多种活动，吸引了大量的游客。三是拓展旅游项目，如开通田横岛至青岛的海上游览观光航线，开辟田横岛至青岛的海上游览观光航线、济南至田横岛空中游览航线等项目。

1996年至1999年，3年的时间里，田横岛从一座荒凉的海岛很快成为全国知名的旅游景点，到岛上旅游的游客络绎不绝，高峰时田横岛一年接待游客35万人次。同时，三联集团提出以"提高景区服务质量、增强景点可观赏性、加强配套设施建设"为目标，开展田横岛景区国家级景点评定工作。2001年9月，田横岛被国家旅游局确定为国家3A级景区，2002年，被纳入滨海观光主线上，并被青岛市旅游局评为"青岛十大景点"之一，2003年，又被青岛市政府列为市级风景名胜区。

三联集团对田横岛的旅游开发和运营，不仅给田横岛带来了新产业，还带了新观念和新思想。原本世代以渔猎为生的岛上居民在日益兴旺的海岛旅游发展中，思想观念逐渐由最初对外来者的排斥，逐渐转变为接受，进而积极参与到社会经济变化之中，有些岛上居民接受了三联集团提供的工作岗位，有些则自己办起渔家乐做起了旅游生意，高峰时期岛上渔家乐达到40多家。岛上居民生活水平逐渐提高，居民原来的泥草房也逐渐换成砖瓦房和楼房，形成了延续至今相对统一的岛上民居建筑。同时，田横岛在旅游业方面的开发，为山东其他海岛开发提供了宝贵的经验[6]。

(二)2004—2018年：曲折，守护，保护

2004年3月，三联集团因遭受非自身原因变故，造成企业资金链紧张，对田横岛的投资逐渐减少。由于旅游设备逐渐陈旧以及周边其他旅游竞品兴起带来的冲击，田横岛游客数量大幅下滑。

为了扭转不利局面，2005年，三联集团引进了中国经济50人论坛，达成协议将田横岛作为中国经济50人论坛的常设会址，并连续举办了三届中国经济50人田横岛论坛，希望通过发展论坛经济对田横岛旅游实现深度开发，变观光型旅游为休闲度假型旅游和会议旅游，最终实现把田横岛打造成北方博鳌的理想局面。但由于会务旅游发展效果一般，并未给田横岛的发展带来强劲动力。同时，三联集团还致力于团建、培训拓展等团队游项目的打造，取得了一定的发展，仅仅依托之前的老设备老设施老项目，吸引力并不强。

自2007年游客高峰数据过后，田横岛游客人数逐年下降，到2015年跌至低谷[7]。由于旅游产业发展停滞，田横岛上渔家乐下降至10多家，居民要么迁出岛屿，要么重操捕鱼旧业。村民与企业之间的矛盾也逐渐凸显，矛盾事件时有发生。

2016年前后，当地政府与企业反复对接，多方探讨旅游开发新举措，并投资近3000万元加强田横岛及周边基础设施配套建设，包括铺设天然气主管道及支线30公里。投资500余万元新建"田横岛"号旅游交通船，与316路公交专线对接，实现了田横岛景区到青岛、即墨的公交无缝接驳。同时，投资建设40余处文化休闲广场，并配建公共健身设施；为适应散客成为客源主体的需要，在田横岛码头等人流相对集中的区域，加快建设游客集散中心，为大众旅游度假提供便利服务[8]。

此后，田横岛游客量有所回升。但由于不论是景点设施等硬件，还是从旅游运营理念等软件方面都没有根本的改变，田横岛昔日火爆的旅游场面未能重现，未来如何发展，仍是摆在田横岛居民、企业和当地政府面前

的问题。

（三）2019年至今：协调向前发展新阶段

经过近30年调查、研究、论证、实践，三联集团于2019年确立了田横岛开发的战略目标：经过约30年时间努力，通过市场化手段，将田横岛区域建设成集"高端休闲度假、高端会务会展、高端健康养老"于一体的"中国顶尖、亚洲领先、世界知名"的以现代服务业为主导产业的智能化、环保型新型城市，使之成为青岛市的卫星城。这是三联集团根据田横岛自然资源禀赋及自身优劣势，在对世界海洋经济发展态势、青岛市世界海洋中心城市地位和对宏观经济发展趋势综合研判基础上做出的重大战略抉择。

2019年9月30日，田横岛道路整修工程开工仪式和"凝心聚力，共建美丽海岛"庆国庆70周年晚会在田横岛举行，标志着田横岛新阶段开发大幕开启。

首先，加强基础设施及配套建设。一是进行道路整修，自2019年10月进入开发新阶段以来，三联集团先后分两期对环岛路、村内道路、商业街、田横顶盘山路等进行高等级整修，全部铺装沥青路面，增设道路边沟、过路雨水管，预留穿线管，道路沿线设立太阳能路灯，极大改善了田横岛的交通条件。二是与当地政府一同争取即墨区自来水公司的支持，新上两条海底供水管道，解决海岛居民、游客用水问题，为后续发展夯实基础设施配套。

其次，改善岛居和旅游环境，灭蚊与消灭浒苔同时进行。2020年3月9日，三联集团发布《田横岛灭蚊蝇活动方案》，由此拉开了田横岛"创建无蚊蝇海岛"的序幕，三联集团动用无人机、雾炮、烟雾机、人工、物理诱杀等多种手段对蚊蝇实施清剿。对连续多年入侵海岛的浒苔绿藻，三联集团推出浒苔治理新模式，敞开收购村民打捞和清理的浒苔，并对收集来的浒苔进行集中无害化处理。

最后，采取多种措施建设田横岛旅游品牌。2020年，在三联集团的倡导下，岛上15家商户建立"诚信服务联盟"，在合法经营、食品安全、价格明示、行业自律等方面进行公开承诺，打造诚信经营品牌。同时，三联集团还聘请世界著名规划设计机构（美国STS公司）对田横岛区域进行整体策划、规划、设计，聘请具有北京市中轴线绿化规划等经验的日本景观规划大师（登坂诚）担纲田横岛及周边区域的景观规划设计。

第三节　田横岛小市镇建设趋势初判

（一）生态环境良好，具有后发优势

田横岛良好的生态基础是未来发展的重要基础，在新的生态理念中，好的生态就意味着好的生产力。围绕未来生态学体系，践行"生态康养，生态住宅，生态办公，生态出行"理念，充分发挥田横岛的生态价值。自田横岛开发旅游业以来，三联集团十分重视自然资源的保护和提升。为保证田横岛发展空间的完整性，开发初期不建设高层建筑物，全部建筑物都按"临时建筑物"标准建设，便于条件成熟后推倒重来；不引进可能造成污染的加工制造业、养殖业，禁绝污染企业进岛[9]。从1992年开始，陆续从岛外移来了很多景观树，如塔松、女贞、桂花、凌霄等，美化了小岛，丰富了田横岛的森林资源。同时，由于这些植物尤其是黑松的普遍种植，其发达的根系穿透力强，耐干旱、瘠薄，抗海潮、海风，使原本脆弱的海岛生态得以提升。

（二）人文资源丰富，可挖掘元素多

在提倡发展全域旅游的今天，田横岛上丰富的人文资源有了更大的用武之地。从历史到文化，从文化到美学，从信仰到日常，从文物到声音，层次丰富，形态多样。通过挖掘展示不同文化的不同侧面，把它们融入旅游项目和产品开发中，充分体现田横岛文化有展示、体验和感召的功能。

（三）群岛组合，具有一体化开发优势

海岛作为一个地理单元，本身就有很强的独特性，田横群与其他8岛组合为群岛，具有一体化开发优势。田横群岛各岛远近相宜，且各具特色，能形成互补之势，具有成片联合开发的优越条件。绿岛是人工连陆岛，是前往田横岛的码头所在地；猪岛、马龙岛、牛岛在码头与田横岛之间；涨岛和菠萝岛在低海潮时与田横岛相连；车岛和赭岛离田横岛相对较远，但两岛距离很近，赭岛上少量居民居住，有码头等设施。

（四）全面拥抱科技，提升功能品质

科技创新的不断发展使人类生活逐渐智能化、数字化，也使现代旅游的发展模式由传统的景点景区模式逐步向全域旅游、智慧旅游模式转变。田横岛良好的生态资源、丰富的人文资源和独特的地理特性与科技相结合，全面推动田横岛向数字化、网络化和智能化方向发展，推动田横岛生活、生产（旅游）、生态空间品质不断提升。

附：参考文献

[1]青岛概况.[EB/OL].https://www.maigoo.com/goomai/156166.html.

[2]刘晶，葛长字，万荣.田横岛高等药用植物资源分布及其地理区系特征[J].国土与自然资源研究，2011（5）：62-64.

[3]即墨"非遗"精彩无限：田横砚.[EB/OL].[2022-06-03] http://www.sd.xinhuanet.com/sd/qd//2022-06/03/c_1128696015.htm.

[4]赵洪娟.山东沿海地区春节信仰活动研究——以青岛田横岛为例[J].Proceedings of 2018 4th International Conference on Humanities and Social Science Research:177-190.

[5]《北齐书》卷三十四·列传第.[EB/OL].https://www.gushiji.cc/dianji.cc/dianji/2177.html.

[6]徐家声，孔繁荣，蒙毅力.田横岛旅游业的发展及其产业化的途径

[J]. 海岸工程，1999（2）:42–47.

[7]陈培芬.即墨田横岛旅游再开发研究[D].青岛大学，2019.

[8]借势"仙境海岸"品牌建设，融合山海历史文化资源，聚力打造全域皆美的休闲旅游度假胜地.[EB/OL].[2014–11–24].http://rd.jimo.gov.cn/n7050/161211133557175128.html.

[9] 经济观察报.三十年逐梦蓝海 田横岛打开"新市镇"蓝图.[EB/OL].[2022–08–31]. https://baijiahao.baidu.com/s?id=1742635722789376269&wfr=spider&for=pc.

第二十三章　田横岛小市镇建设机遇、潜力与挑战 ①

第一节　田横岛小市镇建设政策机遇

党的十八大以来，在习近平生态文明思想科学指引下，我国生态环境保护发生历史性、转折性、全局性变化。习近平生态文明思想深刻阐明人与自然是生命共同体，绿水青山就是金山银山，揭示了保护生态环境就是保护生产力、改善生态环境就是发展生产力的道理。习近平总书记指出：山水林田湖草沙是不可分割的生态系统，锚定美丽中国目标，要坚持人与自然和谐共生、坚持绿色发展、坚持系统治理、坚持以人为本的发展理念。党的十九大以来，我国海洋经济发展迎来新的时代机遇。党的十九大报告提出："坚持陆海统筹，加快建设海洋强国。"习近平总书记指出："我国是一个海洋大国，海域面积十分辽阔。一定要向海洋进军，加快建设海洋强国。"要把海洋生态文明建设纳入海洋开发总布局之中。

山东省将贯彻落实习近平总书记对生态文明建设、海洋强国建设的重要指示精神。山东省也正在迎来绿色、生态海洋发展的重要机遇。2018年全国"两会"上，习近平总书记在参加山东代表团审议时，强调要更加注重经略海洋，要求山东发挥自身优势，努力在发展海洋经济上走在前列，加快建设世界一流的海洋港口、绿色可持续的海洋生态环境。山东省委、

---

① 作者：孙景丽，北京交通大学中国城市研究中心研究员。

省政府印发《山东海洋强省建设行动方案》，提出将以"十大行动"为重点，推进海洋强省建设。

近年来，健康养老、休闲度假行业迎来发展新机遇。随着生活理念的转变及消费结构的升级，人们对健康的关注度不断提升，受新冠肺炎疫情影响，环境安全与身体健康受到了更多的关注。"休闲＋康养"产业融合创新已成新常态下经济可持续发展的重要增长点。2022年1月，国务院印发《"十四五"旅游业发展规划》，提出了由注重观光向兼顾观光与休闲度假转变，这个战略判断对休闲度假发展有重要意义。2022年5月，国务院办公厅印发《"十四五"国民健康规划》提出，促进健康与养老、旅游、互联网、健身休闲等产业融合发展，壮大健康新业态、新模式。支持面向老年人的健康管理、预防干预、养生保健、健身休闲、文化娱乐、旅居养老等业态深度融合，创新发展健康咨询、慢性病管理、生活照护等智慧健康养老服务，推动健康旅游发展，加快健康旅游基地建设。《青岛市"十四五"旅游业发展规划》明确了结合城区发展定位，打造东部康养度假主题城区沿，即墨丁字湾至西海岸琅琊台一线，打造滨海度假旅游带，通过深挖文旅资源、举办特色节庆活动、培育新业态等方式破解冬季旅游难题。田横岛兼具"平台经济""海洋经济""飞地经济"特质，是青岛市乃至山东省可遇不可求的极其宝贵战略空间，在建设中注重资源完整性保护，取得了多重生态实效，在健康养老、休闲度假等行业机遇来临之际，田横岛再次站在了时代的风口上，借此可实现立足亚洲、面向世界的高质量开发。

第二节　田横岛小市镇建设潜在可能

新发展阶段，田横岛区域拥有众多陆地和海上的旅游资源，有基础打造高端休闲度假产业，与青岛形成优势互补，进而将旅游产业引向升级换代。根据三联集团多年研究与实践总结，田横岛具备自然天成的诸多优势，经纬度适中，岬湾绵延，洋流、季风、水深、人文、自然、经济等各方面条件均佳，据此得天独厚的优势，可以重点发展以高端游艇、私人飞行机为代表的高端休闲度假旅游业；引进高端论坛、会务会展，进而带动酒店业、会展中心、会展旅游业发展；打造国内先进的生态养老基地，构建以健康老人集中居住为主的适老养老综合体，以及居家养老与医疗服务相结合的模式，搭建起智能化、亲情化、舒适化养老平台。

一、潜能一：高端休闲度假

（一）休闲度假的内涵

与观光旅游相比，休闲度假更加强调丰富的休闲生活和高品质的旅游服务，是人的存在方式和自由生命状态，充分体现着对人性的一种回归及人们对自由的追求。相比于传统的旅游观光，休闲度假在新的旅游市场消费需求驱动和高端旅游人群引领下，吃、住、行、游、购、娱等要素皆可成为或延伸、叠加为旅游产品，并可以成为业态核心吸引力。高端休闲度假不仅是单纯的玩乐，是结合休闲娱乐与精神文化的消费与体验，一般伴随着景观、业态、文化等要素，在旅游景区、度假区、大小建筑设施等方面均存在着三种要素的高度融合。

《旅游度假区等级划分标准》（GB/T26358-2010）中指出，休闲度假旅游地应具有良好的生态环境和资源条件，依托相关的观赏游憩资源、生态环境资源、服务设施及服务水平、餐饮及其环境、娱乐项目，可以满足游客休憩、康体运动、娱乐益智等休闲需求。根据休闲度假区所依托的主干资源，把休闲度假旅游地归纳为以下几种类型。

（1）康养度假型。如温泉疗养、中医药健康旅游等。以温矿泉浴疗场、中医药生长地、特色山水等为主要资源依托，借助良好的生态环境、特色的餐饮与接待设施，可开发集保健、养生、理疗和娱乐运动为一体的温泉度假区。如中国死海旅游度假区、巴马长寿养生国际旅游区等地属于此类。

（2）避寒避暑型。如山地避暑、冬季避寒休闲度假等。山地避暑型度假地主要以山地地理气候为资源，充分利用海拔较高的山地夏季气温较低的有利条件达到避暑纳凉的目的。一般有云海日出、运动、娱乐、露营等旅游产品。阳光避寒型度假地是主要以冬季阳光为主题资源的度假旅游区。依托其冬季阳光充足、温暖宜人的气候，辅以温泉、海滨、山地等其他旅游资源，一般有海滨度假或温泉洗浴、特色餐饮、住宿、康体养生为一体的冬季避寒旅游产品。

（3）特色地区休闲型。一般指与消费者长居地新成鲜明对比的特色地区开发出的休闲度假产品。如内陆湖泊山水度假、古镇休闲度假、乡村田园休闲度假等。内陆湖泊山水型度假地主要以湖泊山川资源为依托，湖光山色，景色美丽迷人。一般有游泳、跳水、划艇等水上游乐活动，以及湖滨散步、登山、徒步、牵引伞、骑马等山地旅游产品。古镇休闲型是围绕古镇开发起来的度假区。将古城建筑、古城地脉、古城文脉、古城风水等资源有机结合，将景区与民居、商业连成一片，一般有集康体保健、休闲娱乐为一体的综合型度假旅游产品。阆中古城旅游度假区就是此类型的代表。乡村田园型可称为乡村休闲型，是以良好的乡村生态环境、美丽的田园风光和乡村绿色有机餐饮为依托的度假地，可开展农家生活体验、民俗风情、民俗节庆活动、网球、垂钓、骑马、乡间散步等度假活动。

（4）主题娱乐型。主题娱乐型休闲度假区主要以主题公园和娱乐项目为主题资源的度假区。把当地文化融入商业街区，把异域风情融入生态环境，以运动体验、休闲娱乐、商业购物为主题，打造多种主题乐园。

（5）海滨海岛型。海滨海岛型休闲度假融合了康养、避寒、特色地区休闲、主题娱乐等优势特色，是高端休闲度假的集中体现。海滨海岛型度假地是以海滨浴场为基础，依托阳光、沙滩、大海"3S（Sun、Sand、Sea）"旅游资源，并开发海水浴、日光浴、冲浪、潜水、沙滩排球、烧烤、K歌、游乐设备、度假疗养等旅游产品。

（二）高端休闲度假的需求与趋势分析

进入新发展阶段，旅游业面临高质量发展的新要求。全面建成小康社会后，人民群众旅游消费需求将从低层次向高品质和多样化转变，由注重观光向兼顾观光与休闲度假转变。大众旅游出行和消费偏好发生深刻变化，线上线下旅游产品和服务加速融合。大众旅游时代，旅游业发展成果要为百姓共享，旅游业要充分发挥为民、富民、利民、乐民的积极作用，成为具有显著时代特征的幸福产业。

1. 从政策方面分析，政策的发力为高端休闲度假提出积极的方向

2022年，国务院发布《"十四五"旅游业发展规划》（以下简称《规划》），在《规划》发展环境部分明确提出"由注重观光向兼顾观光与休闲度假转变"，这个战略判断对休闲度假发展有重要意义。"以满足本地居民休闲生活与外地游客旅游度假需要为基础，培育文化特色鲜明、旅游休闲消费旺盛、生态环境优美的国家级旅游休闲城市"，体现了既关注外来游客的旅游需求，也重视本地居民的休闲需求，是很有意义的变化，不仅体现了共享思想，更体现了发展本质和初心的回归。在"优化旅游空间布局"中专门安排一节"优化城乡旅游休闲空间"，特别提到了城市发展和城镇规划中要将旅游休闲作为基本功能，要优化旅游休闲功能，营造休闲新空间；在城市群规划建设中，要统筹考虑旅游休闲整体需求、科学布局旅游休闲功能区域、优先保障旅游休闲重大项目。这些都体现了对休闲发展的重视，也是对初心使命的新认识。此次《规划》把"建设一批富有文化底蕴的世界级旅游景区和度假区，打造一批文化特色鲜明的国家级旅游休闲城市和街区"作为2025年和2035年发展目标中的核心指标。明确指出要"以国家级旅游度假区及重大度假项目为基础，充分结合文化遗产、主题娱乐、精品演艺、商务会展、城市休闲、体育运动、生态旅游、乡村旅游、医养康养等打造核心度假产品和精品演艺项目，发展特色文创产品和旅游商品，丰富夜间文化旅游产品，烘托整体文化景观和浓郁度假氛围，培育世界级旅

游度假区"，要"充分利用城市历史文化街区、公共文化设施、特色商业与餐饮美食等资源，加强文物和非物质文化遗产保护利用，突出地方文化特色，优化交通与公共服务设施配置，完善公共文化设施的旅游服务功能，鼓励延长各类具有休闲功能的公共设施开放时间，建设国家级旅游休闲街区"。这使得高层级的前提有了高可操作性。2022年7月，国家发展和改革委员会、文化和旅游部近日联合印发《国民旅游休闲发展纲要（2022—2030年）》提出部署培育现代休闲观念、丰富优质产品供给、提升旅游休闲体验等10项重点任务，具体包括发展新兴休闲业态、实施旅游休闲高品质服务行动、开发数字化文旅消费新场景等一系列具体举措，进一步激发旅游休闲发展内生动力。2022年4月，山东省发布《文旅产业2022年行动计划》，大力发展城市休闲旅游。以满足本地居民休闲生活与外地游客旅游度假需要为基础，打造一批文化特色鲜明的旅游休闲街区，启动旅游休闲城市建设试点工作，规划发布一批"城市漫游"主题线路和产品，打造一批城市休闲旅游新地标。在山东省内，高端休闲度假项目将有机会获得建链、延链、补链、强链的重点支持。

2. 从市场发展来看，文旅消费进入转型期

游客对高品质、个性化、创新型旅游产品和优质服务的需求日益旺盛，亲子游、自助游、体验游、自驾游等个性化旅游方式越来越受欢迎，"微度假"成为出游新时尚。同时，疫情也加速了文旅行业的数字化进程，不仅体现在预订、防控、管理等旅游服务领域，云旅游、沉浸式、元宇宙等新场景迅速和旅游产品融合，并契合以"Z世代"为主的消费群体需求。旅游休闲产品越来越丰富，需求越来越多元，呼唤与之相对应的旅游环境、旅游产品和旅游服务，为人民群众提供更为丰富多样的旅游休闲体验，满足大家对美好生活的向往和追求。

人口家庭结构与收入的改变为高端休闲度假带来巨大的潜力。从未来的休闲潜力来看，随着老年化的持续深入，老年休闲度假旅游将迎来蓬勃

发展，第七次人口普查数据表明：在60岁以上老年人一共有2.64亿，预计到2033年时会有4亿老年人，部分老年人既有消费需求，也有消费能力，潜力巨大。另外亲子休闲市场，在疫情后反弹的速度比别的市场更快，随着人们安全意识的提升，亲子游品质消费需求也在持续升级，在优化本地游、周边游等系列产品外，开发海边城市、主题公园、水上乐园、户外露营等一系列高品质旅游产品，以满足亲子游用户"家门口""沉浸式"出游体验。

内循环将成为高端休闲度假的主要战场，鉴于在2022年疫情严控的趋势之下，出境旅游短时间内难以恢复，所以在未来的一段时间里面，国内循环、本地市场将是非常确定的市场和机会。在海岛游中以境外海岛为主要目的地的中国居民将逐步转向内循环，在国人旅游消费升级的推动下，海岛游的发展走向将会一路向上，消费空间也将不断拓展。

（三）田横岛发展高端休闲度假的评估

田横岛发展休闲度假产业，可以更好满足人民对美好生活的向往为目标，打造适应时代发展和高端人口追求的休闲度假新模式。

1. 建设大规模的游艇基地

游艇在发达国家已成为普通交通工具，随着我国人民生活水平的显著提升，高端消费群体规模不断增大，游艇已成为新型休闲消费方式，市场需求旺盛。和西方发达国家相比，我国游艇行业起步时间较晚，国内游艇行业仍处于初步发展阶段。近年来，随着国民生活水平不断提高及生活品位不断攀升，国民开始追求更高质量生活方式，游艇俱乐部成为满足国民游艇需求的主要方式。目前国内游艇俱乐部主要分布在东部沿海与东南沿海地区，例如上海、山东、广东、浙江、海南、江苏等地，且整体分布较为分散。2013年出台的《青岛市邮轮游艇经济发展规划（2013—2030）》，提出在胶州湾内和海滨一线布局邮轮游艇产业，大力发展先进装备制造，完善现代服务功能，打造完整产业链条，规划建设16个游艇停靠码头，以栲栳湾、田横岛等8个重点区域建设小型游艇停靠特色码头。

在田横半岛范围内及丁字湾海域建设游艇码头，可建成3000个游艇泊位，具备建成大型游艇基地的可能性。可以充分利用和发挥田横岛土地资源、区位优势，建设游艇维修基地、游艇交易展示中心、游艇俱乐部会所、游艇驾驶培训及游艇码头综合中心，打造最具规模的游艇产业综合体，实现完整的游艇产业链服务体系。以游艇旅游为核心，推进商务中心、绿色旅游、主题赛事等产业相关活动。

2. 打造自动驾驶生态示范岛

随着自动驾驶技术的落地与应用，与旅游相关的出行、住宿、游玩等方式都在随之改变。围绕田横岛生态旅游建设，可考虑在岛内开展自动驾驶技术的研发、自动驾驶车辆测试、自动驾驶汽车体验及智慧文旅体系建设，共同推动生态岛全域自动驾驶场景应用、配套设施项目建设、高水平智慧交通应用成果落地。在田横岛周边可以开展无人驾驶观光船体验，开发海岛智能化游览，水域游览走向智能化，自动驾驶能够融合绿色、数字、智能遥控等多维体验，诠释着人海岛生命共同体，绿色旅游的理念。

3. 建设空中田横岛

在建设游艇基地的同时，在横门湾山东头村附近的近陆海域，通过填海造地方式，可建设供私人飞机起降的飞机场。在逐渐放开低空空域后，飞机可能成为受欢迎的最新交通工具。田横岛可开发田横岛低空飞行项目，游客可打"飞的"海岛观光，在空中切身体验到直升机观光的乐趣和刺激，既丰富了连岛景区旅游内涵，又架起了景区与空中之间的旅游走廊。可开展轻型飞机、滑翔机、动力悬挂滑翔机、动力伞等体育赛事，开发航空体育训练基地、科技体育训练基地、国家青少年航空体育培训基地等项目，既打造海陆空立体化的旅游产业体系，又将大大提升旅游岛建设的广度和深度。

4. 建设高端休闲度假配套设施

充分利用田横岛区域丰富的自然资源和人文景观，打造高端休闲度假全方位配套设施，建立以鳌山——温泉旅游度假和田横群岛休闲度假为主体的网络，满足高端群体的休闲度假需求。配套规划建设温泉、海水浴场、森林氧吧、主题公园、体育休闲、商业、酒店、码头等设施，户外与室内设施互为补充，形成完整的高端度假设施聚集区。在岛内，依山面海，建设高端度假酒店；利用自然地势和海水潮汐，建设内外水系相互贯通的休闲娱乐中心，开展游艇、垂钓、浅海潜水等旅游项目。

图 23-1 田横岛一角

注：本章所有图片均由三联集团提供

图 23-2 儿童乐园

图 23-3 少年军事夏令营来到海岛

图 23-4 篝火晚会

二、潜能二：高端会务会展

（一）会务会展的定义

会务会展是会议、展览和节庆赛事活动的总称，是一个新兴的服务行业，其影响面广、关联度高，发展潜力大的产业，会务会展业具有目的性策划、定向式邀请、竞争性展示、多元化选择、分散式决策等作用机制，贸易投资促进、创新研发交流、市场关联构建等功能显著，能够维护和发展产业链、供应链、价值链、服务链的相互衔接，具有强大的产业经济带动作用。会展业在获取直接经济效益的同时，将带动一个地区关联产业的发展。根据测算，国际上展览业的产业带动系数大约为1：9，因此，会展业是地区第三产业发展成熟的重要标志之一。新时期，会务会展的发展符合旅游业与文化产业融合的趋势，可以促进地区高端文化、旅游产业要素的聚集。

高端会务会展结合了互联网＋、移动支付、大数据、云计算等新技术的加速应用，结合了科技服务、高端商务、现代旅游业等现代生产性服务业，健康养老、文化休闲、家庭护理等生活性服务业等元素。同时，能够有效发挥投资促进作用，通过"会展＋产业＋功能区＋投资贸易"一体化，联合功能区、企业、研发机构、高校院所等主体，集聚产业、企业和技术资源，实现信息共享和资源对接，能够为贸易合作、商务洽谈、营销展示等提供有效服务，能够发挥高端会务会展投资、贸易促进独特作用。

（二）会务会展的发展趋势

近年来，国家对于会展行业的重视程度逐渐提升，将会展当作了加强国内各行业企业交流合作，展示我国各领域竞争力的重要途径。2021年7月，国务院办公厅发布了《关于加快发展外贸新业态新模式的意见》提出，要大力发展数字展会、社交电商、产品众筹等，建立线上线下融合、境内境外联动的营销体系。2021年7月，商务部发布《"十四五"商务发展规划》，提出要提升区域性展会平台，打造高水平、专业性、市场化展会。近年来，我国会展行业的相关政策出台频率也明显增加。2020年以来，部委或部委以上管理部门发布支持会展业发展的文件超过5个，体现出了国家对会展行业的重视力度，决定了由政府主导的赛事、展览、会务等活动将拥有持续增长的空间。根据我国会展行业目前的发展现状，高端会务会展将有以下发展趋势。

1. 题材上展会题材新颖 吸引更多年轻客户

以5G、云计算、大数据、人工智能、物联网、互联网、VR虚拟现实、AR增强现实、数字多媒体等为代表的数字科技在重塑展览展示服务模式，为行业发展赋能。另外，随着"00后"人群逐渐成为新的消费主体，展览行业也迎来了新的气象。动漫、游戏、电竞、宠物等类型的展览也开始火热起来，会展企业要根据这些新兴消费群体来设计未来展会主题，吸引更多潜在客户。

随着中国向更加注重经济增长质量和人民生活品质的新时代迈进，会展业将从以促进经贸为主转型升级为以促进经济、文化、艺术、体育等多轮联动为主要目标，会展活动的功能将更加多元，类型将更加丰富，对社会经济生活的影响会更加深远。跨界融合是未来产业转型的必经之路，也是会展行业未来转型的一个趋势。旅游+、互联网+、养老+等都是跨界的典范，未来会展企业在这条路上要进行不断的尝试和探索。

2. 模式上将更加注重线上线下融合发展的双轮驱动

疫情时期，虚拟化智能科技除了线上3DIR/VR展被广泛应用外，线下曲屏展示、数字导航、3D人机互动体验也都得到了广泛应用。随着物联网、大数据、5G等前沿技术不断涌现，虚拟展会和线上展会的优势开始体现。线上平台不仅降低了展会成本，还可以无地域限制地辐射到全球客户，数字化是大势所趋，资产数字化是必然的。会展企业会基于客户洞察方面进行定制化营销，通过云计算的运营管理系统和计算逻辑来了解和定制客户需求，整合AR、VR等技术资源与线下展会资源，连接实体空间与虚拟空间、智能空间，推进展会运营模式的变革与创新。

3. 会展业与旅游业的相互渗透和有机结合，将成为必然的发展趋势

会展旅游是会展业和旅游业相互合作、相互作用的市场，是一种新兴的商务旅游形式，具有游客档次高、消费能力强、停留时间长、影响范围

大、带动能力广等特点，越来越受到当今世界越来越多国家和会展界、旅游界人士的重视和共识。一方面通过与会展业建立营销战略联盟，共同营造会展旅游的整体形象。将会展业和旅游业各自拥有的独特的优势资源进行嫁接和链接，通过契约形式直接建立起联系，构成会展旅游产业链，结成战略联盟，共同营造整体的对外形象。另一方面借助会展行业优势，塑造会展旅游品牌。实施品牌化发展是我国会展旅游在现代化市场条件下增强自身竞争优势的必然选择，也是会展业和旅游业共同发展、携手共进、联手共赢的重要基础。会展产业要借助旅游业的资源优势和服务优势，在会展活动的目的地选择合作伙伴、服务对象和旅游线路的过程中，更加注重与旅游业的合作与共商；旅游业则应该加强与会展业的优势互补，借助会展市场的拓展带动旅游市场的拓展，借助会展旅游带动旅游业的发展，共同打造市场认可的会展旅游品牌，打造新的竞争优势，提升会展和旅游企业的自身的核心竞争力。最后，通过会展旅游的合作，既为拓展会展活动拓展思路，也为拓展旅游活动注入活力。城市形象和景点形象是具有吸引力的旅游城市和旅游景点的"地利"优势，也是开展会展活动的重要因素和首选条件之一。会展活动与旅游活动的有效结合和有机组合，具有劳逸结合、动静结合、效率与效益结合、项目与市场结合、客户与消费结合、规模与时效结合等特点，一般来说，参加会展活动的企业和客商都具有客户消费高、停留时间长、团队规模大、营利性好、行业带动性强等特性。所以会展业蓬勃发展的同时，也为旅游业的发展创造了巨大的商机，开发出了一个广阔的市场。充分把握这一机遇，通过与会展活动的战略联合来扩大市场，也会为会展旅游的发展注入新的活力和生机。

（三）田横岛高端会务会展的特点及方向

青岛是中国会务会展业发达城市，2019年，上合青岛峰会的成功举办带动了青岛市会展业的发展，青岛市也获评"中国最具竞争力会展城市"称号，进一步加快了青岛建设东北亚国际会展名城的步伐。

高端会务会展产业是田横岛区域三大支柱产业之一，它将以优越的地理位置，以毗邻青岛国际化大都市的优势，引进国际、国内高层次会务会展项目和活动，全力打造会务会展名城。

1. 引进高层次会务会展项目，打造高端会务会展品牌

2005年，三联集团引进了中国经济50人论坛，达成协议将田横岛作为中国经济50人论坛的常设会址，并连续举办了三届中国经济50人田横岛论坛。该论坛领衔人物在田横岛曾指出，我们在走向世界，中国在和平地发展，我们需要更多地参与国际经济合作，田横岛可能是一个很好的视角。高端的会务会展业具有市场化、专业化、国际化、品牌化和信息化的特点，并具有城市特色优势。未来可引进如中国经济50人论坛之类的高端论坛及会务、会展，并通过建设高端会务会展酒店，满足国内和洲际相关国家高端会务会展及旅游需求，使田横岛成为青岛市的会务会展中心之一，使之成为北方的"博鳌""乌镇"、中国的"达沃斯"。

2. 聚焦数字科技，布局未来会展

田横岛是进行高端会务的理想之地，距离大陆远近适中又相对封闭，对高端会务的保密、保卫等工作具有天然优势。旖旎的海岛风光，创造了会务召开的优美环境。可以探索以田横岛为核心打造国际高端会务中心，以陆上海岸线和青岛滨海大道之间的狭长地带为核心打造现代化超一流展览中心。通过应用数字多媒体展项呈现布展内容，营造科技炫酷的数字视界，创造虚实结合的个性化体验。在展览展示中运用数字多媒体、大数据、人工智能、VR虚拟现实、AR增强现实等数字科技展示手法，实现展厅展馆的数字化、信息化、智能化、动态化，让田横岛展览焕发出新活力。打造元宇宙交互式数字展厅，辐射岛外用户可通过VR眼镜、PAD、PC三端登录元宇宙数字空间与岛上生态美景进行交互体验。也可以开发岛上元宇宙探险、旅游、猎奇、格斗等元宇宙真人情景游戏等。

图 23-5　会务餐厅

图 23-6　会务住房

三、潜能三：高端健康养老

（一）什么是健康养老

高端健康养老是指为了保障和改善老年人生活、健康、安全及参与社会发展需求，实现老有所养、老有所依、老有所为、老有所学、老有所乐、老有所安的活动，是一种以老年人的健康为主要发展目标、把健康产业与养老产业进行深度融合的养老模式，是把健康产业作为老龄事业的主体，即由老龄人口来参与或主导的整个健康产业。

（二）国内外健康养老的主要模式

1.国外特色的康养的模式

（1）美国 CCRC（Continuing Care Retirement Community）养老模式。CCRC是起源于美国的一种养老模式，意为持续照料退休社区，20世纪60年代起在美国蓬勃发展。区别于医院的照护模式，主张老年人从健康时入住，并安享终身，是集娱乐、酒店式服务、生活护理和医疗护理为一体，以提供综合性服务为服务重点的复合型康养社区。CCRC模式是在老人身体和心理的健康状况变化时，可以为其提供不同层级的照护服务。同时，为居住在社区中的老人提供便捷的社区服务，并组织各类文娱活动，以满足老人精神生活需求。

（2）德国森林康养模式。森林康养是以森林生态环境为基础，通过景观打造或景区规划，达到保健养生、康复疗养的效果。正如德国黑森林，从北向南茂密的原始森林、高低起伏的丘陵和风景秀丽的湖光，成为最初、最大的亮点。加上合理的景观规划，让这片接近自然、带有疗养功能的原始生态环境，又多了观光休闲的功能。森林康养是一个可以多边融合拓展的项目，比如：将森林康养与景观项目融合，形成既具有疗养功能，又带有观赏价值的项目；将森林康养与户外运动融合，形成既具有疗养功能，又带有户外探险的项目。

（3）日本医养综合体康养模式。这种开发模式打造的是一种专业化的养老机构，需要依托城市的医疗资源，适合在城市区域内开发，针对的客户是高龄老人或者慢性病老人，需要提供专业护理服务。物业提供一定的"医疗"功能，引入康复医院、中医院等机构，这类医疗机构既可以提供老人需要的康复和养生服务，又可以使用医保，降低老人的支付门槛，这是项目的核心吸引力。同时，物业中的老年公寓、护理院等提供了专业化的养老服务。"医养综合体"在建筑形式上可以是单栋楼体的底层为医疗功能，楼上为养老功能；也可以是多栋楼体中的一栋为医疗功能，其余为养老功能。

2. 中国特色的高端康养模式

（1）医养结合型康养模式。康疗结合以现代医疗服务技术与养老保障模式有效结合，养生产品的构成主要是以中医、西医、营养学、心理学等理论知识为指导，结合人体生理行为特征进行的以药物康复、药物治疗为主要手段，配合一定的休闲活动进行的康复养生旅游产品，包括康体检查类产品，它是医疗旅游开发中的重要内容之一。适合处于大病康复期、慢性病患者，以及失能、半失能老人。

（2）旅居养老模式。旅居养老是"候鸟式养老"和"度假式养老"的融合体。就像候鸟一样在不同的季节，辗转不同的地方，通过这种迁徙的方式在不同的地方旅游的同时养老。候鸟式旅居康养主要分为，暖冬旅居康养、夏季避暑旅居康养、景区旅居康养。度假式养老主要分为以农家乐、乡村绿色田园景观、农事娱乐体验、特色乡村风情为依托田园式旅居康养模式，以及古城古镇、民俗民风、宗教禅修为主的文化旅居养老等。

（3）生态型养老模式。主要是指以原生态的生态环境为基础，以健康养生、休闲旅游为发展核心，重点建设养生养老、休闲旅游、生态种植等健康产业，一般分布在生态休闲旅游景区或者自然生态环境较好的区域。即依托项目地良好的气候及生态环境，构建生态体验、度假养生、温泉水疗养生、森林养生、高山避暑养生、海岛避寒养生、湖泊养生、矿物质养生、田园养生等养生业态，打造休闲农庄、养生度假区、养生谷、温泉度假区、生态酒店、民宿等产品，形成生态养生健康小镇产业体系。

（三）健康养老的发展前景

老龄化程度加深，养老市场需求量加大。国家统计局发布第七次全国人口普查公报，截至2020年11月1日，我国60岁及以上人口，占全国总人口的18.7%，相对于2010年的第六次全国人口普查数据，我国60岁及以上人口比重上升5.44个百分点。在全国人口增长势能持续下降的同时，不管是从新增老年人口数量规模，还是从老龄化占比来看，我国的老龄化进程均处于加速深化阶段，预计"十四五"规划完成时，我国将正式迈入深度老龄化阶段[①]。伴随中国人口平均寿命的延长，以及人口自然增长率逐渐下降，中国老年人口比重未来将会持续提高，老龄化程度进一步加深。老年人是健康养老产业的核心，群体数量的增长为整个行业的发展创造潜在市场增长空间。

疫情过后将加深全民对康养的重视。全球性新冠肺炎疫情促使人们对健康、对生活有了更多的感悟，同时，也引起了全民对健康的重视，医疗、康复及健康干预等健康服务业和康养产业将迎来井喷式发展。过去5年中，健康养老市场规模不断扩大，在政策和市场需求的推动下，市场规模将持续快速增长。未来健康养老产业将向智慧养老和医养结合方向优化升级。智慧养老将养老服务由传统的人工化向智能化、自动化转变，提高养老服务的便捷性与准确性，及时、有效地满足老年人的多样性养老需求。当养老服务和医疗服务割裂时，老年人难以同时获得生活照料和医疗护理，医养结合将两者相联系，更好地满足老年人群的需求，推动健康养老行业的发展。

"文旅+康养"将更受追捧。高端健康养老产业目前是稀缺资源，随着疫情的好转，跨省游逐步开放，景区大健康需求也将逐步释放出来。近日，国务院印发《"十四五"国家老龄事业发展和养老服务体系规划》，规划中指出，要促进养老和旅游融合发展。引导各类旅游景区建设康养旅游基地。鼓励企业开发老年特色旅游产品，拓展老年医疗旅游、老年观光旅游、老年乡村旅游等新业态。支持社会力量建设旅居养老旅游服务设施，结合各地自然禀赋，形成季节性地方推介目录，加强跨区域对接联动，打造旅居养老旅游市场。"文旅+康养"是一种以大健康产业与旅游度假产业双轮驱

---

① 国家统计局发布第七次全国人口普查公报。

动的区域综合开发模式。这一模式构建健康产业链与旅游度假产业链两大产业体系，打造延年益寿、强身健体、修身养性、康复理疗、修复保健、生活方式体验、文化体验七大健康主题，形成区域健康的生活方式。旅游康养能挖掘健康文化旅游资源，以健康文化旅游产业体系构建为基础，健、文、旅、商产业为一体的基本特征，通过文化主题，聚集旅游、商业、休闲于一体，形成个性化主题商业模式，将更全面、多角度呈现健康文化，聚合产业，成为城市新的文化和旅游休闲目的地。

（四）田横岛健康养老的特点及方向

田横岛区域高端健康养老产业，应以实现"人民对美好生活的向往"为目标，引入顶尖医疗机构、教育机构，提供高端健康养老及其配套服务，全力打造健康养老产业新高地。

1. 以智慧低碳的目标开发养老住宅

产品及配套设施开发、运营、管理过程中，全程体现生态绿色、低碳环保、高智能、高端化，产品融入"新能源+智慧化+第四代住宅"等元素的综合运用。

2. 医养结合的内涵建设养老综合体

打造国内先进的生态养老基地，集养老、养生、医疗、康复、保健、休闲、度假、娱乐、购物、文化体验等功能于一体，树立国内领先的老年生活典范。构建以健康老人集中居住为主的适老养老产品，采取居家养老与医疗服务相结合的模式，搭建起智能化、亲情化、舒适化养老平台。

3. 以七大金牌颐养体系为纲领分区布局

建设安养居住中心、医疗康复中心、养生保健中心、美食服务中心、休闲娱乐中心、运动健身中心、综合服务中心等七大金牌颐养体系，为入住老人提供高效、专业的养老及度假服务。

4. 提供个性化、高效能、一站式养老服务

一是智慧养老：以大数据、云计算、物联网、区块链等技术为支撑，

将信息技术、人工智能、远程医疗和养老服务产品构建相融合。二是生态养老：按照生态绿色、低碳环保的要求，对全岛进行系统规划建设，使绿化率提高到50%以上，居所按照无障碍和适老化原则设计，融入"装配式建筑+第四代住宅"等元素。三是亲情养老：引入国际知名教育集团，开办顶级私立学校，让祖孙长享天伦之乐。四是医护养老：引入知名医疗机构，建立老年精品特科和综合保健机构；与高端医疗机构建立合作，开设急救、转诊"绿色通道"为老年群体的生命护航。五是文化养老：开办田横岛老年大学，使居住长者老有所学、老有所乐。

5. 以数字化技术为手段构建远程康养新格局

通过借助全面融入旅游业中的信息化技术，积极整合和开发线上资源，以"云旅游"的形式向公众提供品鉴康养旅游产品的窗口。在康养旅游管理过程中，通过大数据对康养消费者信息进行分析和应用，以便高效管理和管控。田横岛以"互联网+"为基础，携手专业医疗机构，面向旅游者提供线上一对一专属健康顾问服务等。加大对康养旅游公共服务设施数字化、智能化改造的同时，加快建立更加完善的旅游安全管控与应对体系，用信息化手段感知旅游发展态势、畅通信息渠道，从而实现旅游信息资源共享、互动互用。另外，通过运用VR、AR等智能化信息技术，提升田横岛旅游产品的展示效果，吸引更多的消费客群的同时，也为生命科学、生物技术、智能穿戴、大数据等前沿科技提供了巨大市场前景的成果转化空间。

第三节　田横岛小市镇建设主要挑战

田横岛要建成拥有高端休闲度假、高端会务会展、高端健康养老的小市镇，仍然存在诸多困难与挑战，主要有以下方面。

首先，基础设施不足与落后制约高端化建设的挑战。岛内的基础设施较为陈旧，科技设施落后制约着岛内康养、旅游、高端会务的转型升级，无法满足高端会务、高端康养的硬件需求，天赋自然的生态海岛基础设施必须继续重新构建。

其次，文化内涵、文化底蕴难以支持经济发展的挑战。田横文化、海岛文化内涵挖掘和打造不足，难以支撑休闲度假、健康养老的高端化发展，岛居文化记忆的多重体验需要重新构建。

最后，生态、人文与科技融合的挑战。除了要弥补"点、线"上的欠缺，最大的挑战是田横岛生态、人文与科技的融合挑战，想要做到充分利用，相互融合，相得益彰，释放小岛未来生态之美，需要从全域生态结构着手，以点、线、面要素嵌入，系统规划，科学规划时序，对全岛生态基础设施进行完善与再建设。

第二十四章 田横岛小市镇建设的初步思路及重点 ①

第一节 总体思路的初步思考

一、思考：关于小市镇建设的一次探索与实验

未来的小市镇将会是怎样的一种区域景观？在本书第三章我们曾经初步讨论过（图3-5）。小市镇在高质量发展的过程中，其内部机制与外部环境都在不断迭代。一方面，小市镇内部的产业、社会、风貌等因素将不断提升品质；另一方面，小市镇也将会进一步嵌入其所在的生态环境，实现人居空间与生态空间的融合与平衡。

与地处大陆的小市镇不一样，田横岛所处的生态基质是海洋，它所面对的区域景观是十分特殊的。也恰恰是田横岛所处的特殊环境，让田横岛小市镇探索更具先锋、实验与创新。"嵌入（生态）"对于田横岛而言是自然而然的事情，田横岛及其岛群可谓是散落在深蓝天鹅绒上的珍珠，完全是镶嵌在自然环境中。与自然和谐共生早已成为田横岛的属性。经过原生态、大农业和服务业三个阶段的发展，田横岛上的生产、生活方式已然发展到一定阶段。商业与市场的气息也在岛上悄然出现，"功能"的增量在不断显现。虽然小众，但是这里也成为青岛近郊海岛游的目的地之一。由此，

---

① 作者：陈易，南京大学城市规划设计研究院院长助理、技术与学术中心副主任、北京分院院长；乔硕庆，南京大学城市规划设计研究院北京分院研究员。

我们说田横岛实际上是完成了小市镇1.0的初步探索。近2年，三联集团也从发展方向的角度对田横岛重新定位，制订了"高端休闲度假、高端会务会展、高端健康养"于一体的发展目标。这实际上是从产业的角度对田横岛的发展明确了一个思路，如何让田横岛的发展从线性机制逐步迈向网络动力机制，甚至形成迭代发展是这次研究需要思考的问题。这个思考过程对于田横岛而言，的确是一次探索与实验。开启这次探索之前，我们有必要再回顾一下前文提到的相关理论和理念。

二、理念：生命共同体与生态美学理论

（一）生命共同体：嵌入、提升与迭代

理论篇的第三章就对生命共同体理论做过初步的阐述，这里就不再展开了。需要再次明确的是亲生命性理论对于小市镇这个空间而言强调的是对自然环境的回归。田横岛从其发展阶段而言，历经了海岛原生态、人类生产活动的初步介入、商业行为的初步引入等阶段。虽然城镇化的痕迹已经在这座小岛上显现，但是我们也可以看到这种影响还是有限的。三联集团在前期开发过程中所采取的战略性留白应该说是一种精明的选择，想清楚田横岛的发展模式之前暂缓开发更具可持续性。毕竟田横岛是一个相对独立的海岛空间，其生态独特性十分显著。在这座岛或是岛群上，开发建设应避免无必要、无节制的功能性设施扩张，应坚持推动建设品质的提升与空间的精明利用，最终形成自我发展的迭代机制。

（二）生态美学：生态、美学与科技

人民网在2018年6月22日曾刊登过曾繁仁的文章《发展生态美学 建设美丽中国》。文章指出生态美学是生态文明与美丽中国战略实施过程中一个重要领域。当代中国生态美学反映新时代精神，重表人与自然关系[1]。从研究方法上，生态美学更加注重"整体论"。这与第三章所提到的系统发展动力机制及其迭代模型人本动力机制是不谋而合的。那么，生态美学的关键点在哪里？

我们认为，生态美学除概念中固有的生态、美学两重属性外，还包括了具有未来（时间）属性的科技。生态、美学与科技构成了生态美学所关注的三个方面。如果将其进一步与生命共同体进行比较研究，那么我们会发现二者之间存在着密切的耦合关系，即嵌入（生态）、提升（品质、美学）与迭代（科技）。这种耦合关系也体现了两个理论在自然、人文与未来三个维度的理念（图24-1）。

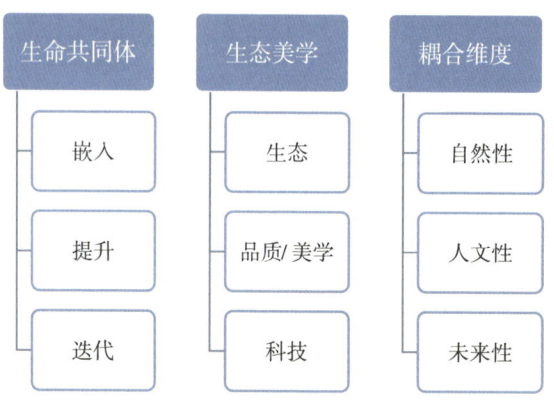

图 24-1　生命共同体到生态美学耦合关系

资料来源：作者自绘

三、思路：元市镇＠田横岛，未来生态美学实验区

元，是近两年出现频率极高的网络用语，常见的概念如元宇宙（Metaverse）。Metaverse本是一个科幻词汇，中文将其翻译为元宇宙。不得不说，"元"这个翻译非常传神。"元"在中文的解释有很多，可是在诸多解释中较多还是聚焦在最初、原本等释义，如《尔雅·释诂》将元解释为始，《后汉·班固传》将元解释为本，即元元本本。由此，延续这个思路到小市镇的研究。我们是否也可以提出一个类似的概念去描绘我们对小市镇的理想愿景，即小市镇"本来应有的样子"。元市镇这个新概念，呼之欲出！

田横岛作为高质量发展背景下的小市镇创新实践，我们将其定义为元市镇＠田横岛。或许在不远的将来，随着更多案例的出现。我们不仅可以在海岛去实验小市镇，还可以在山林、田园、甚至沙漠等等。未来的小市镇实验区或许会被冠以元市镇@××山林、元市镇@××沙漠。

毫无悬念的是，元市镇@田横岛的初心是构建生命共同体，打造未来生态美学实验区。田横岛将会是嵌入生态、提升品质（美学）与迭代科技为一体的空间示范区。

第二节　嵌入生态、本色田横

一、自然、资源与环境：生态体系空间基底

本书案例篇有关新加坡市镇建设的案例令人印象颇为深刻。新加坡在其市镇建设过程中经历了"花园城市""花园中的城市"与"自然中的城市"的迭代过程。无论是哪一个阶段，自然与城市之间的关系都是新加坡市镇建设最为关注的方面之一。

对于田横岛来说，实现"自然中的市镇"有着优越的基础。从主岛到岛群，田横岛都是镶嵌在海洋这个独特的生态空间自然基底上的。然而，要想实现自然与市镇空间的融合，实现花园中的市镇、花园市镇仍然有很多工作可以去做。

岛上市镇生态体系与环境直接的关系是实现自然中的市镇之关键，岸线与岛上生态空间结构是建设的重点。从田横岛以往的规划方案可以看出，不少前期研究已经注意到这个问题。对岛屿岸线进行了初步的划分，这些工作非常必要。当然，有必要从整体性的角度对岸线及对应的生态廊道进行进一步细分，落实到具体的空间节点上。

在这个大的框架下，进一步梳理田横岛主岛及岛群的生态空间体系。这包括了岛上各类自然要素之间的系统关系，如林地、植被、水系等等。从实践的角度，可以由绿道与碧道的规划建设实现初步的生态框架，并在这个框架上进一步落实开放空间、生态节点，以形成完整的自然、资源与

环境的统一体。

二、历史、民俗与海岛：泛生态空间的延伸

狭义的生态空间仅仅包括了自然要素和各种地物资源，广义的生态空间则包括了根植在这些自然生态空间中的部分人文雅俗，诸如历史、民俗和文化等等。诚如绿道概念一样，已经不仅仅是"绿（自然）"的廊道，还包括了这条自然廊道上承载的各类人文要素。

田横岛的泛生态空间拥有不少值得推敲的要素，例如海岛民俗、田横与五百壮士的故事等。这些要素要尽可能"溶解"在自然生态空间体系中，并让这些空间能够进一步变得有内涵。可以想见，这些泛生态空间展示的已经不仅仅是自然景观，还包括了人文景观，真真切切地成为一幅生动画卷。

值得一提的是，无论是生态体系空间基地（狭义的生态空间），还是泛生态空间（广义的生态空间），其边界都将是开发建设的红线。红线内的各类要素都是我们需要严格保护的，也是田横岛持续发展所依赖的核心资源。

第三节　提升品质、美学田横

一、从功能到品质的转变

搭建好系统的基础（即实现嵌入生态）的同时，需要审慎考虑如何实现功能向品质的转变。高质量发展背景下的小市镇，一方面要解决人民（市镇空间的使用者）的功能型需求；另一方面更要解决人民的品质型需求。说得通俗一些，我们既要充分解决柴米油盐酱醋茶，也要实现琴棋书画诗酒花。

根据田横岛在职能定位方面的研究，高端会务、高端休闲与高端养生将是嵌入田横岛生态的几个主要品质要素。在这个基础上，我们不难演绎

专栏：达沃斯

人口：1.3万人。

位置：瑞士东南部格里松斯地区。

海拔：1,529米（阿尔卑斯山系海拔最高小镇）。

特点：空气清新，集旅游休闲度假、医疗康养、冰雪运动及国际会议等功能为一体。

产业：服务业为经济支柱产业，由住宿、餐饮、零售、娱乐、博彩等各类服务业态组成。

定位：著名疗养地，运动度假胜地、国际会议集中地。

·著名疗养地

作为阿尔卑斯山系最高海拔的小镇，达沃斯因盛产新鲜的空气而为人所知，是19世纪缓解肺结核病症的绝佳疗养地，促进了当地医疗产业的发展，也为现在的酒店疗养业奠定了基础。

·运动度假胜地

1923年，亚历山大两个儿子建立国际冰球锦标赛——斯宾格勒杯，为体育产业发展奠定了基础。后期达沃斯又建设了世界第一条雪橇道、第一条滑雪索道、第一个高尔夫球场等等。在海拔1124米至2844米之间，总共有58条滑雪索道，320公里的滑雪坡地，75公里的越野滑雪道，两个人工溜冰场和一个全欧洲最大的天然溜冰场，常年拥有不少于三条的雪橇跑道。

·国际会议集中地

达沃斯承办了众多国际级会议，是世界经济论坛举办地，会议以研究和探讨世界经济领域存在的问题、促进国际经济合作与交流为宗旨，致力于通过公私合作改善世界状况。参与人员包括重要国家首脑、赞助公司的最高领导层、皇室成员、诺贝尔奖得主、知名学者、活动家、社会名流等等。

出围绕着三个主要功能的高端会务类要素（论坛）、高端休闲类要素（历史、艺术、文化、景观）和高端养生类要素（运动）。除此之外，实际上还存在这一个基本面的高端要素，即生活服务。我们不妨将这个要素称之为高端生活——家园田横岛。从而构建出田横岛元市镇的发展机制（图24-2）。

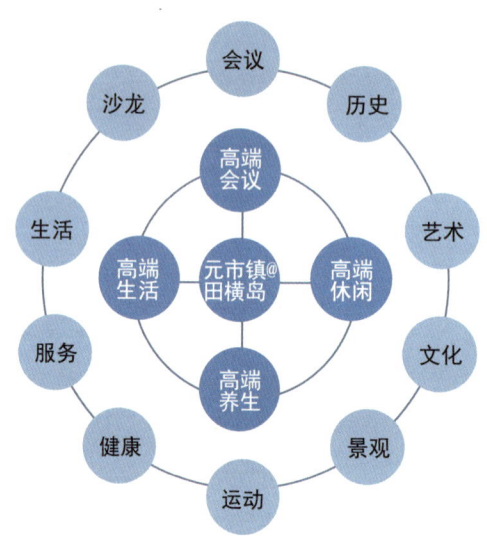

图 24-2 从模型到实践

资料来源：作者自绘

二、论坛——海上达沃斯

达沃斯已经成为世界经济峰会的代名词，其影响力甚至已经远远超过了它原本旅游胜地的职能定位。田横岛在过去的发展中已经积累下经济论坛开办经验，在此基础上可以充分放大田横岛独特的地理特色，在田横岛积极发展高端论坛、高端会务，打造海上达沃斯。用会务、会展与沙龙推动高端会务产业的发展，并且通过这些活动带动相关服务业的发展。更进一步，通过会务会展产业的发展，田横岛可以进一步聚拢各行业的领军人物。依托这些领军人物的影响力，在田横岛设置永久会址与研讨机构。

三、历史——海上博物馆

历史是一个地区文化形成的灵魂，对于小市镇来说尤为如此！田横岛的岛名就是源自一段悲壮的历史，这段历史事关田横的历史与传说。当然我们要展示的不仅仅是田横与五百义士的忠义、侠义气概，还要充分挖掘其他文化内涵。例如，价值、信念、信心等等。让这些历史、文化、精神要素成为田横岛海上（系列）博物馆的主要内容。

这些关于田横岛的历史内涵可以和会务会展产业形成良好的互动，甚至形成一种相互促进、相互推动的要素。对于企业而言，团队建设的主题自然而然在这个文化氛围下得到进一步渲染。当然，除了这些历史文化内涵，还可以围绕海岛民俗、海岛生活进一步挖掘其他的历史故事，开发其他相关主题的博物馆。甚至包括后期田横岛潜在的文创产品、文化产品展示馆，或者是故事人酒店。

专栏：墨西哥坎昆

人口：10万人。

范围：长21公里、宽400米岛屿。

位置：尤卡坦半岛东北角，加勒比海畔。

特点：集滨海度假、运动养生、旅游休闲、玛雅文化体验、国际会议于一体的度假区。

定位：世界级滨海旅游度假目的地。

规划：坎昆原是一座只有300人的小渔村，1972年，政府投资建设旅游区与自由贸易中心。坎昆滨海旅游度假区包括旅馆区（坎昆岛）、居住区（坎昆城）、国际机场区、保护区、"白沙滩"、圣米盖里托古迹废墟、尼楚普特、波荷奎礁湖8大功能组合区，并提供舒适齐全的度假配套服务。例如度假别墅、五星级酒店群、现代商业中心、500多家餐馆、众多的酒吧和舞厅等。

坎昆构建以旅游为核心的产业延伸体系。依托优质的旅游度假资源，通过举办具有国际影响力的国际会议和博览会，发展会议展览业。玛雅文化是坎昆最为鲜明的文化符号，在保护的前提下，深入挖掘和整合以玛雅文化为中心的传统文化旅游资源与风俗民情，发展"探索玛雅"旅游产业，促进旅游产业持续性发展；提供与旅游能力配套的商业中心服务，丰富产业业态。

四、艺术——海上艺术馆

艺术是很多小市镇发展的驱动力，例如案例篇所提到的美国滨海小城卡梅尔。将艺术家请进来，结合田横岛独特的海岛风情，可以让田横岛的艺术氛围能够变为田横岛最具价值的财富。

艺术家在一定区域的聚集会对当地的文化氛围、品质提升有着非常直接的帮助。我们可以借鉴日本直岛的经验，让整个田横岛成为一个艺术馆体系。田横岛上的建筑、构筑物或是景观都可以是艺术作品。在这个空间基础上，还可以进一步去组织艺术活动。让田横岛整体成为一座海上艺术馆。

专栏：日本直岛

人口：不足4000人。

位置：位于香川县高松市的北侧，邻近玉野市。

特点：现代艺术的圣地。

定位：建筑的乌托邦之岛。

直岛因为受到炼铜的大量工业废气污染，岛上土地和植被受到破坏，大量岛民逃离直岛，导致岛上人口越来越少。1987年，日本福武财团买下直岛南部地区进行开发，与日本建筑大师安藤忠雄一起策划开发小岛，建成直岛第一个文化项目"直岛国际露营场"。后来大批知名艺术家加入直岛进行创作，所带来的名人效应及艺术品集聚效应，让这座原本默默无闻的小岛摇身一变成了"乌托邦式艺术岛"。例如草间弥生、西泽立卫、杉本博司、Claude Monet，James Turrell，Walter de Maria等等。除艺术作品外，直岛每三年举行一次濑户内国际艺术节，以海洋艺术渲染岛屿的热情、生活的希望。

五、文化——海上图书馆

世界著名钢琴家鲁宾斯坦曾言："评价一座城市，要看它拥有多少书店。"我们也可以将这句话用在小市镇。除了数量以外，富有特色的图书馆（书店）也会是影响小市镇文化品质的重要因素。例如，近年比较著名的网红休闲胜地——阿纳亚。一座堪称世界上最孤独的图书馆让阿纳亚在互联网上快速传播，它也成为阿纳亚的精神堡垒。

田横岛也可以借鉴类似的经验，一方面可以修建若干个海上主题系列图书馆，另一方面也可以参照阿纳亚的经验修建一座富有特色的图书馆。让"面朝大海"的阅读成为一种新的生活方式、休闲方式。

专栏：海口晓岛

位置：处海口湾畔的世纪公园音乐广场西北侧。

范围：占地面积4397平方米，建筑面积1380米。

设计：MAD建筑事务所设计。

晓岛是高晓松图书馆系列的明星项目，是继北京朝阳大悦城"晓岛"之后，全国第二座晓岛。晓岛坐拥优越的海岸自然景观，以"洞"为设计理念，构筑出一个富有诗意的空间及多维时空隧道，成为海口文化新地标。许多洞口和卷曲空间将自然光线引入空间的深处，替代了白天照明。同时也实现了自然通风，为身处在常年炎热环境的建筑"降温"。

高晓松以个人IP变现落地实体打造公益图书馆，创建专门图书馆运营团队，要去海口晓岛须提前通过公众号预约，每天只开放400个名额。图书主要涵盖了文学、历史、哲学、社会科学、艺术等门类，并精选出较经典、较有代表性的版本。除此之外，高晓松还植入自己的唱片和电影，并合理把控这种植入比例。在正式开馆之后，海口晓岛还会不定期地举办各种学术、文艺活动。邀请各路专家学者、作家、艺术家来访，与海口的文艺青年进行深度交流。

六、景观——海上园博会

结合生命共同体的落实，在田横岛上大力推进花园市镇、花园中的市镇建设，以此能够较好对接自然的田横岛。从具体的建设实践中，有必要分若干层次划定需要保护的生态空间，利用好可开发建设的生态空间。让每一处街角公园，街头绿地或是社区公园都能够成为一道风景，让田横岛成为一座海上园博会。

专栏：垦丁国家公园

位置：恒春半岛。

温度：年均25℃。

范围：陆地面积18,084公顷，海域面积15,185公顷。

垦丁国家公园是我国第一座公告成立的国家公园，也是台湾本岛唯一热带区域的公园。垦丁国家公园分为生态保护区、特别景观区、史迹保存区、游憩区、一般管制区5种管理分区。

生态保护区是公园的核心部分，保存着原始的状态，有陆域生态保护区及海域生态保护区，生物物种繁多，具有典型的代表性，主要供学术研究之用，不准游人进入。陆域生态保护区共有5处为香蕉湾生态保护区、南仁山生态保护区、砂岛生态保护区、龙坑生态保护区及社顶高位珊瑚礁生态保护区；海域生态保护区分别为海生一生态保护区、海生二生态保护区、海生三生态保护区及海生四生态保护区4处。

特别景观区是由特殊的天然沿海珊瑚礁、热带雨林、龙銮潭冬候鸟栖息地及大小尖石山等优美景观组成。史迹保存区保存着垦丁、鹅銮鼻、龙坑等60多处史前遗迹和史后的许多文化遗址及古迹。游憩区是为野外娱乐活动和可进行有限度生物资源利用的地区，兴建了适当的娱乐设施和开展活动的场地。

七、运动——海上健身房

根据据国家卫健委数据显示，2021年，我国居民健康素养水平达到25.40%，比2020年提高2.25个百分点，已提前实现2025年我国居民健康素养达到25%的目标。全国城市居民健康素养水平为30.70%，农村居民为22.02%，继续呈现稳步提升态势。2030年，我国居民健康素养水平要达到30%。国民的健康素养在不断提升。根据《"十四五"国民健康规划》，到2025年经常参加锻炼的比例达38.5%，未来人们对健身的需求也在不断增加。田横岛规划"海上健身房"可以帮助身体进行"沉浸式"管理，得天独厚的海岛环境也为身心放松创造条件。

专栏：泰国普吉岛阿玛塔拉健康度假村

位置：普吉岛阿玛塔拉。

范围：项目占地8.1公顷，康养水疗中心2400㎡。

客房数：105间，理疗按摩间10间。

项目：排毒理疗、体重管理、水疗焕新复原、Amatara积极生活、瑜伽理疗、整体抗衰老、定制疗程。

由于自身的气候优势，环境优势，健康医疗优势，2019年美国旅行杂志《国际生活》发布的2016年度全球退休指数中，泰国被誉为全球第一的养老圣地，素有"亚洲健康中心"的美誉。泰国医疗机构不仅在硬件环境上胜略一筹，而且在软件服务和技术上也是全球闻名。作为亚洲健康中心，对于健康管理项目和机构有着丰富的资源，水疗SPA、泰式按摩、瑜伽冥想、健康体检都是热门的健康管理项目。除了常规的健康机构，集住宿、健康、休闲、疗养为一体的健康管理中心也在崛起。

八、家园——海上生活区

"以人为核心"的高品质海岛人居环境是田横岛的必然追求，岛上生活空间的不合理、亲海空间缺乏系统有效整合、蚊虫泛滥、垃圾乱堆乱放等问题都影响海上生活区的质量品质。开展高端品质家园计划，建设生活品质空间，提高不同群体的生活品质。

围绕岛上居民、游客的衣食住行、民生服务，发展高品质的零售、餐饮、休闲、娱乐等业态。让高端会务、高端休闲、高端养老的开发拥有更有品质的服务保障。

专栏　泰国索尼娃奇瑞度假村

位置：泰国第四大岛——沽岛。

交通：10人座专机、游艇。

特点：清澈透明的水域、传统的村居生活。

索尼娃奇瑞整座度假村原始而古朴，依靠着沽岛的一端，以泰国传统建筑式的客房原木风格为主，建筑材料取材于当地，是一座100%碳中和的生态度假村。

度假村倡导"SLOW LIFE""NO SHOES, NO NEWS"理念，为了营造"现代鲁滨逊"的原始氛围，每一个上岛的人都需要脱下鞋子交给私人管家"Mr.Friday"。

Soneva Kiri 度假村共有35栋带泳池的独立别墅，房型各不相同，蜜月夫妇和小家庭，还有亲子出行的住客，可以根据卧室数量进行选择。每栋别墅的起居室都位于一楼，开放式的布置，可以更加亲近自然。每幢别墅均备一辆电动车及充电设施，以避免造成噪音及空气污染，确保宾客能安静游走于森林之间，探索自然生态而不滋扰四周的野生动物。

第四节　自我迭代、未来田横

一、元宇宙：两个田横岛

2021年被称为元宇宙元年，元宇宙是人类运用数字技术构建的，由现实世界映射或超越现实世界，可与现实世界交互的虚拟世界，具备新型社会体系的数字生活空间。但是至今为止仍然没有一个明确的定义，对于不同职业的人来说，每个人都可以通过自己知识结构的认识给出不同的解读。

扎克伯格充满信心地表示，"元宇宙是移动互联网的后继者"，因为移动互联网只能让你"浏览内容"，而元宇宙能让你"身处其中"。扎克伯格幻想的"元宇宙"，就是技术水平更高、用户体验更好的社交网络。数字辉煌科技创始人王世渝认为互联网世界最大的一个特征就是创造消费。元宇宙又将是一个新的未来型消费幻想，有需求就会有供给，就会有投资。至于未来是什么，回答就是："可以把未知的未来，拿到今天来消费。"2022年，由Metalopolis元大都和PpPp[①]共同尝试将艺术家们的生产生活移至线上PlayerOne元宇宙平台。邀请艺术家进驻PpPp元宇宙空间，共同讨论由于物理空间的限制，在元宇宙里，我们是复刻现实还是多层次创新？这种复刻

———————————
① PpPp由4个艺术家（梁牛、吕智强、杨俊岭、周姜杉）创办于2018年，位于北京草场地艺术区，展览主要关注数字、网络、新媒体艺术。2020年，由于疫情原因暂停了实体空间的运营。2022年，通过Metalopolis元大都合作在线上平台Playone再次搭建了一幢虚拟PpPp大楼。

与创新是否能拓展"空间"这一名词的想象？艺术家们的元宇宙，是将他们画中的世界搬运到现实中来，可以帮助艺术家们与全世界的同行们交流，不受地理的限制。经济学家吴晓波认为元宇宙是一种逃离感所带来的梦想。联合国开发计划署助理驻华代表张薇表示：随着元宇宙概念被广泛关注，迫切需要从各个角度全面审视元宇宙可能引发的未来治理问题，包括政治经济、国际关系与全球治理、伦理、立法、监管等，从而建构一个公正、开放、负责任、向善、可持续的虚拟世界。

两个田横岛的设想就是为不同的人提供无限的遐想空间，实现物质空间与现实空间的转换。

二、智慧交通

在传统交通模式下，交通建设、管理与运行很大程度上依附于土地规划，主要作为城市发展的配套性质存在，只是满足地区的基本交通需求，无法真正满足人们的出行需求。而"智慧"则与"人"有着不可分割的联系。田横岛作为岛屿，与普通地面交通系统在运行方式、运行时间方面存在一定的差异，智慧交通的嵌入式发展不仅能够提高道路智慧，也为发展"未来市镇"创造条件。同时，解构二次元以创新智慧交通方式实现，推动旅游经济发展。例如海上列车、无人驾驶电车等新型交通方式搭建智慧交通系统，将先进的信息技术、数据通信传输技术、电子传感技术、控制技术及计算机技术等有效地集成运用于整个交通管理系统，更好地满足人们的交通需求。

专栏：智慧交通的应用

·欧洲，以主动交通管控为基本路径推进智慧高速建设

针对全部网络开展网络化管理，根据统一规则进行关键路段的判别；通过跨国数据交换构建同步管理体系，覆盖27个国家和地区、3万公里。项目将欧洲分为8个区，按照区域特点开展协同管理和服务，以信息服

务、主动交通管理为手段，侧重服务协同。实现欧洲道路信息基础设施的全覆盖和统一标准的车路合作系统。拥堵减少25%、死亡和重伤人数减少25%、CO_2排放减少10%。

· **美国，以高速公路为载体开展车路协同、自动驾驶新技术探索**

为减少交通事故，强化高速公路运行安全，美国通过收集分析730万起交通事故开展研究，重点推进专用无线通信带宽设置、路测RSU及车载OBU设备、超视距感知协同等技术研究，开展车辆网设备部署，并在相关高速公路开展只能网联汽车测试，预测能够减少近80%的车辆碰撞事故。

三、智慧设施

随着智慧城市的建设，越来越多的城市均提出加快光纤网络、无线网络建设、建设云计算中心、智能电网、智慧管线等智慧基础设施作为智慧城市的重点建设项目，智慧基础设施作为智慧城市健康运转的生命线，在推动智慧城市建设方面有着举足轻重的地位，也为适应未来进一步的技术增长提供条件。以田横岛为主岛，其他8个分散在田横岛周边的岛屿都存在信息基础设施薄弱、信息系统高度分散、信息化发展分布不均衡等一系列的信息化发展问题，需要着眼于田横岛及未来发展的需要，从信息网络设施、信息共享基础设施及智能化改造传统基础设施等方面建设智慧设施，实现岛屿之间互联互通、协调发展，从而发展成高度一体化、智能化的元市镇[2]。

专栏：舟山群岛

位置：浙江省东北部。

发展目标：建立"岸海一张网""政务一站式""服务一条链"智慧平台，形成覆盖全域的全面感知、监测、通信、整合、分析能力，全面提升政务服务水平和服务效率，在衣食住行游医等方面依托大数据、云计算、物联网等技术构建"一条链"，深入推进政府服务数字化转型。

建设内容：智慧海洋、智慧旅游、智慧政务、智慧民生、数字城市。

·智慧海洋：以"以增带存、查缺补盲"为建设思路，强化舟山对多要素信息资源的综合立体监测能力，优化海洋信息传输服务能力，最终形成覆盖舟山全域的全天候、高精度、高频度的"舟山海洋信息网络"，为海洋多场景应用提供全方位信息支撑。

·智慧旅游：在旅游管理方面，建设舟山市智慧旅游统一标准化的管理体系、评价指标体系、旅游大数据中心等。在面向社会公众、旅游相关企业、政府机关等，基于大数据挖掘、云计算、物联网、图像视频信息识别分析技术、三维 GIS、5G、VR 等技术，建设面向旅游规划与开发、旅游服务与安全、旅游经营与管理、旅游消费与体验等方面的应用。在游客体验方面，建立旅游公共服务系统，根据游客的不同需求为游客提供多元的旅游信息资讯、旅游安全保障、旅游交通规划、旅游便民惠民等服务。

·智慧政务：运用信息技术手段，以"最多跑一次"为目标提高政务服务质量，打破政府信息壁垒。

·智慧民生：以智能移动终端和公共服务终端等为载体，构建以政府、企业、市民为主体的智慧民生数据共享平台，通过数据共享和数据交换，消除数据孤岛，收集对接、采集各部门、各行业、各类民生相关数据，为舟山市民提供更广泛、更智能、更便利、更安全的一体化市民服务。

·数字城市：运用各类传感器、无人机、摄像头、卫星遥感等感知设备，实时采集、影像捕捉各城市部件的分布现状和情况，实现对舟山一定区域内的人、地、事、物、组织等要素信息的全面感知。

四、智慧空间

随着"智慧城市""数字经济"进入人们的日常生活，人们对未来生活中的智慧场景也充满无限幻想与期待，曾经遥不可及的生活方式也变得唾手可得。空间作为实现"智慧"功能的载体，如何利用智慧功能打造安全舒适的空间变得尤为重要。例如智慧图书馆、智慧办公室、智慧咖啡厅、智慧超市等等。

专栏：杭州天猫淘咖啡

位置：杭州。

范围：200平。

特点：全国首个无人零售店。

技术：扫码技术，RFID技术，人脸识别，大数据分析，监控技术，自动结算等等。

目标：实现"无感知"购物体验。

体验流程：打开手机淘宝—获得电子入场码—通过闸机—购物—自动下单—离开（自动结算）

五、智慧治理

随着田横岛的规划发展，田横岛的治理管理等方面也将面临一些多样化、动态化、复杂化的问题，为田横岛进行现代化治理增加不小的挑战。如今信息技术迭代发展，运用多种信息技术，在城市建设、运行、管理和服务中实时采集城市数据，跨行业、跨部门流转数据并广泛应用于城市治理多个领域，利用信息技术提升城市治理和公共服务的智能化水平，催生出以"智慧城市"为代表的新型治理模式，例如城市大脑。田横岛在构建集高端会务、高端休闲、高端养生多功能发展的框架下，运用智慧治理不仅能够提升治理水平，在解决问题的同时加快城市创新发展、焕发城市活力与生机。

专栏：上海市浦东新区城市大脑

背景：根据上海市关于城市运行"一网统管"的总体部署，以保障浦东城市有序、安全、干净为目标，建立城市运行综合管理"一张网"。

阶段：2018年、2019年、2020年。

·2018年："城市大脑"1.0，开发完善了渣土车治理、工地监管、群租治理等智能应用场景。

·2019年："城市大脑"2.0，研发更多智能应用场景，并持续推动区级平台、专业部门、街镇居村的深化应用。

·2020年："城市大脑"3.0迭代升级，将以市民的诉求和城市管理的热点难点问题为重点，进一步完善和丰富应用场景。

内容：按照"一屏观天下、一网管全城"的目标，构建"1+36+1377"横向到边，纵向到底的城市运行综合管理体系，实现体系三级管理，即1个区中心、36个街镇分中心、1377个村居联勤联动站，实现全覆盖无死角管理。

成效：通过"一个协同监管平台＋两个闭环"运行模式，以"用数据说话、用数据分析"，推动跨层级、跨地域、跨系统的协同管理和服务，实现从单一事项处置小闭环到行业联动监管大闭环。在经济智理方面，实现精准定位，加强产业合理布局，助力经济健康发展。在城市治理方面，加强系统整合和数据汇集，传统治理方式发生转变，由被动处置型向主动发现型转变。在社会治理方面，建设全周期闭环管理的基层社会治理平台，提升社会治理效能。在应急处置方面，围绕城市应急、城市监管、开发共享应急指挥信息资源，进一步提升应急管理方面的综合功能。

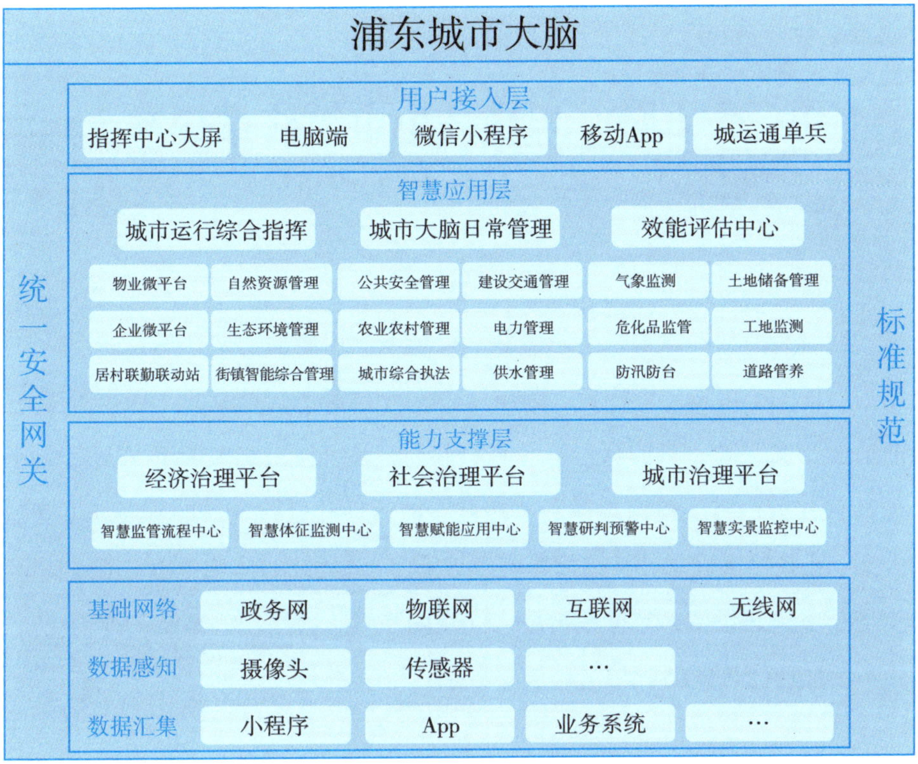

图 24-3　浦东城市大脑

图片来源：作者自绘

`附：**参考文献**

[1] 曾繁仁. 发展生态美学 建设美丽中国[J]. 领导决策信息，2019（5）：2.

[2] 城市化新观察. 海岛舟山，如何进行智慧城市建设.[EB/OL].[2021-03-10]. https://baijiahao.baidu.com/s?id=1693743538854321974&wfr=spider&for=pc.

第二十五章　田横岛小市镇建设探索①

在前文提到的"未来生态美学"思想下，田横岛需要聚焦目标于新时期高质量的小市镇建设样板，跨越过去30年已经走过的立足于保护所进行的适度开发，进一步提升生态价值。本次课题组通过实地调研、访谈及相关资料分析，初步提出田横岛"岛群"的一体化建设构想，即基于生态、人文、科技三大理念，将田横岛主岛与8个周边岛屿一体化考虑，通过在田横岛小市镇建设生态空间系统、人文空间系统、科技空间系统，推动小市镇不断地迭代与进化。

第一节　小市镇定位：元市镇 @ 田横岛

项目组初步提出"元市镇@田横岛"的总体定位。"元市镇"将作为小市镇"嵌入—提升—迭代"这一发展元模式的重要品牌与载体，作为未来可推广、可复制的新型小市镇建设范本。

在愿景方面，为田横岛提出"品质人居，未来市镇"这一核心愿景。一方面，田横岛的区域定位全面升级，通过植入广义美学范畴的功能升级，田横岛不再仅仅是一个青岛市即墨区的地方性海岛，而是中国的田横岛、中国海岛小市镇人居环境的建设典范。另一方面，田横岛小市镇是中国海

① 作者：李晶晶，南京大学城市规划设计研究院北京分院副院长，高级城乡规划师；陈易，南京大学城市规划设计研究院院长助理、技术与学术中心副主任、北京分院院长；康海，南京大学城市规划设计研究院北京分院一所所长；任皓月，南京大学城市规划设计研究院北京分院一所项目经理。

岛进一步实现面向未来、不断自我生长和迭代的生态共同体标杆，是体验世界科技创新、高质量生产、生活方式的前沿地。

在发展目标方面，田横岛目标于建设"生命共同体示范区，未来生态美学实验区"。田横岛（及周边群岛）将作为"嵌入—提升—迭代"这一小市镇建设模式的最佳实践项目，成为市镇融入生态、功能升级的最佳实验区。

在未来职能方面，田横岛提出4个高端，即高端会务会展、高端休闲、高端康养及高端生活。除了前文第二十三章论述的"三高"机遇，田横岛还将强化高品质的家园建设，全面提升未来生态美学试验区的人居环境品质。

第二节　生态空间系统建设

一、田横岛自然生态系统建设

基于田横岛优秀的生态基因，以及过去30年重要的整体性保护成就，对全岛生态基础设施进行完善与再建设，重点聚焦三个领域。

（一）蓝绿嵌入：深蓝海域与绿色基质的保护（南北两岸海洋生态保护与浒苔治理）

持续严格保护田横岛深蓝海域和田横岛生态基质，维护田横岛区域高质量的整体生境。根据相关规划，田横岛南、北两侧海域保护利用要求不同，南侧海域为生态保护区，该区域划入生态保护红线，进行严格的生态保护；西侧、北侧、东侧海域为游憩用海区，是结合资源优势，在生态保护区、生态控制区以外的海洋发展区（图25-1）。对田横主岛中部大型生态斑块及其余8个岛屿的连片生态斑块进行持续保护。同时，进一步加大对田横岛近海区域的浒苔综合治理，全面构建整洁生态海岛。

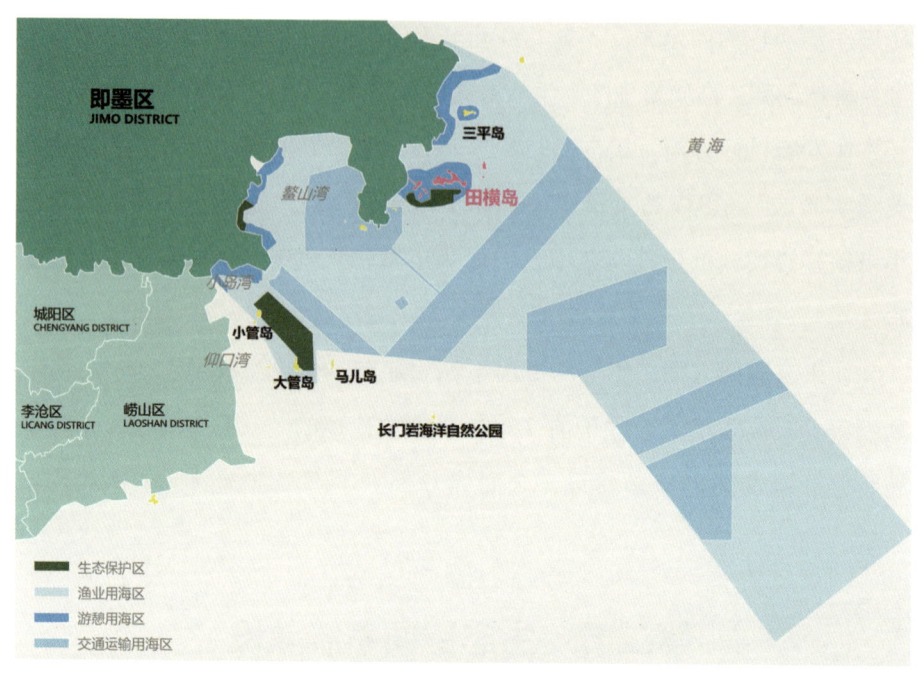

图 25-1　即墨区海域保护利用格局规划

图片来源：《青岛市即墨区国土空间总体规划（2021—2035）》（征求意见稿）

（二）廊道嵌入：3+3线性基础设施建设（包含沙滩、礁石、黑松林、堤岸、潮落卵石小径等）

保护与塑造田横岛1+8（即田横岛主岛加8个周边小岛）的海岸线体系，强化田横主岛高品质宜人公共岸线的建设。作为海岛而言，岸线空间不仅是海岛陆地的边界，也可以是各类活动和体验的高质量场所。因此，将田横岛主岛及周边8个岛屿进行岸线的整体性保护与利用（图25-2），是回归田横岛生态海岛特色、将生态资源转换为发展吸引点的重要路径。特别是对于田横主岛的岸线空间，包括沿岸的沙滩、礁石、黑松林，甚至潮落时露出的卵石小径等等，都需要强化提升其公共属性、可达性和体验性（图25-3）。进而，让海岛的岸线资源按照功能、主题形成体系，成为田横岛发展新阶段重要的生态基础设施。

图 25-2 田横岛群岛海域保护利用格局引导

图片来源：课题组自绘

　　线性要素包括分段形成的三类连续性公共岸线和三条海岛通风廊道。其中，田横主岛北部、东部及西部岸线结合人群活动，形成沙滩与礁石堤岸结合的生活性岸线；田横主岛南部、东北部及菠萝岛岸线，保留部分滩涂、湿地等岸线形态的同时，以结合水产养殖等形成生产性岸线；绿岛东部、南部岸线建设人工沙滩，建设吸引游人的生态性公共岸线；牛岛、猪岛、马龙岛三个岛屿岸线以可进入的生活性岸线为主；涨岛、赭岛及车岛三个岛屿岸线以强私密性的生态性岸线为主。结合南北向主导风向，在田横主岛结合西村、中村、东村三条主要街道，建设三条海岛通风廊道，缓解小市镇建设中可能出现的热岛效应。

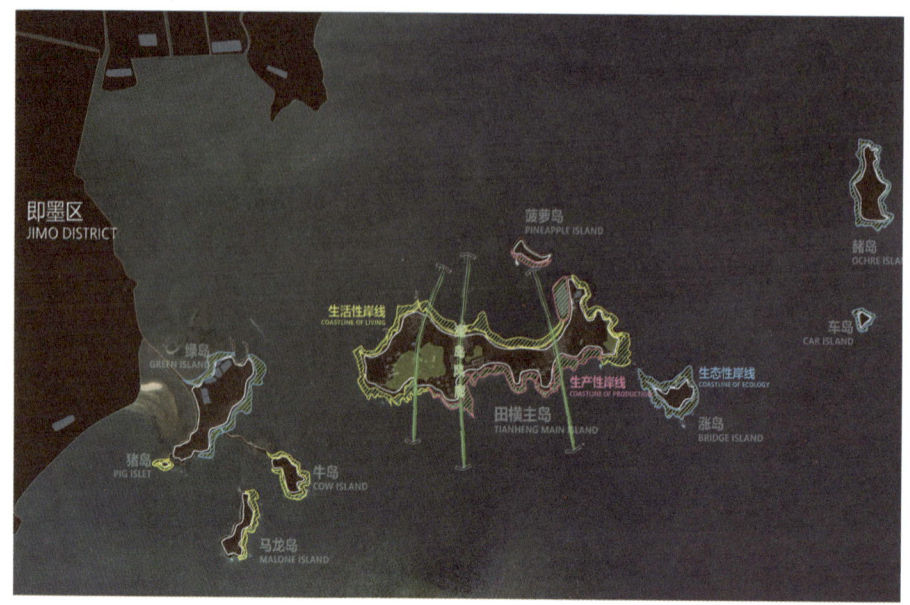

图 25-3   田横岛 1+8 岛屿空间岸线分类示意图

图片来源：课题组自绘

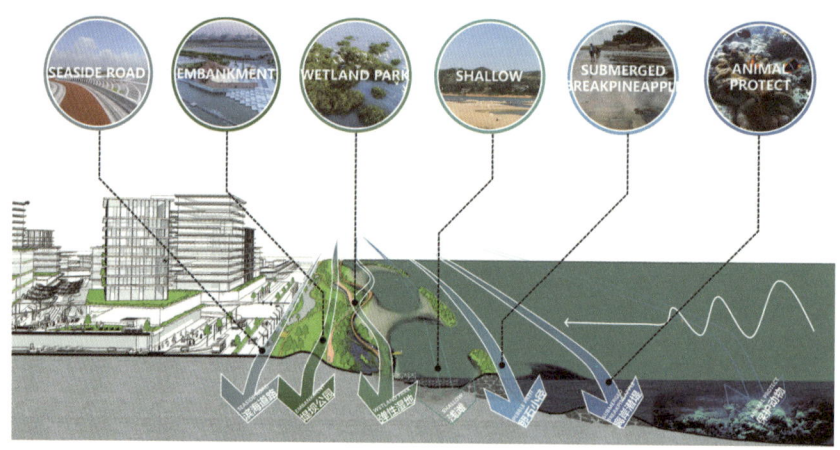

图 25-4   田横岛 1+8 岛屿廊道岸线断面示意图

图片来源：课题组自绘

二、田横岛泛生态空间系统建设：三级体系，依托重要人文资源与点状绿地进行建设

在田横岛海岛内部系统谋划三级泛生态空间系统。田横岛泛生态空间

是具有人文特色的岛内点状空间，是体系化的开放空间建设，也是海岛生态基础优势进一步延伸的体现。结合田横岛及周边开放空间区域建设田横岛小市镇一级海岛文化公园；结合田横主岛东、中、西村及绿岛、涨岛共建设5处海岛小游园二级节点；围绕田横主岛环岛路沿线空间，以及8个周边岛屿的点状空间进行泛生态空间的微改造，建设20—30处海岛口袋公园三级节点，形成点、线、面立体式的海岛开放空间体系。

图 25-5　田横岛泛生态空间系统建设示意

图片来源：课题组自绘

第三节　人文空间系统建设

田横岛元市镇人文空间系统建设，包括国际领袖计划、美学提升计划、康体健身计划和海上家园计划4个部分。对应田横岛1+8群岛空间的差异化品质功能供给。

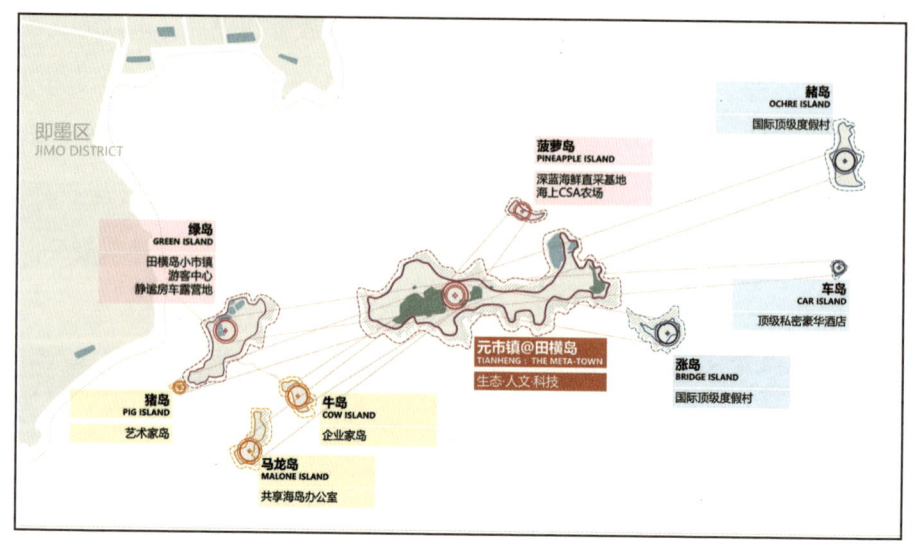

图 25-6 田横岛人文空间系统建设引导

图片来源：课题组自绘

一、国际领袖计划：高端交流空间（会务、会展、论坛）系统建设

田横岛的高品质建设重点，是人文空间系统建设。首先是实施田横岛国际领袖计划，通过高端交流空间，包括会务、会展、论坛等系统化建设，实现田横岛高端会务会展功能的供给。

（一）田横岛东部地块：高端论坛主会址及会务酒店群、全球科技会展的前沿领地

将未来事件嵌入田横主岛东部185亩地块区域，建设与国际接轨的高端会务会展场地。充分利用田横岛宜人的规模尺度，以及相对独立、封闭的岛屿空间形态，实现高端会议功能的引入。通过举办一系列高端前沿性论坛，争取将该区域建设成为论坛长期会址，配建五星级海景酒店群及餐饮、娱乐相关配套服务，让田横岛成为国家知名的会议论坛举办地，进而发展为全球科技会展的前沿领地。近期结合田横主岛南部现状度假区的设施更新承担品质酒店、配套功能。

图 25-7 项目布局索引图

图片来源：课题组自绘

（二）马龙岛：共享化海岛办公室、企业独栋（别具一格、勇于创新的企业精神）

与牛岛、猪岛临近的马龙岛，面积相对较大，可作为共享经济不断迭代的空间载体。如果说城市中的共享办公室已经不再是新鲜事物，海岛上拥有的海景共享办公绝对是新鲜且吸引人的。在马龙岛保证环境品质和私密性的低密度前提下，建设部分租赁式企业独栋，提供共享化、定制化的办公空间，不仅能够吸引有实力的创新型企业到来，从中获取运营资金收益，同时也能够在远期通过会员制等模式，进一步实现价值持续增值。

图 25-8　项目布局索引图

图片来源：课题组自绘

二、美学提升计划：高端美学空间（休闲、度假、体验）系统建设

高品质的休闲度假是一种高端的美学空间体验，不仅有文化空间体验，还有艺术空间、休闲空间等多重体验。因此，田横岛的美学提升计划，是建设高端美学空间系统。

（一）田横文化：田横岛中部田横博物馆与研学基地，感受对胸怀家国大义勇士的崇敬与洗礼

来到田横岛，一定会对历史人物田横及五百义士的壮举而感慨，通过前文中田横岛的发展脉络梳理可知，无论当代人们如何评价，田横岛因为田横及五百义士而为人所知，也因为他们，让这个海岛多了层家国大义的文化内涵与历史情怀。因此，田横岛小市镇的发展新阶段，也必须继续抓住"田横文化"的这一重要要素，不仅通过增强以田横顶为载体的物质文化空间的体验性，也需要进一步挖掘引起公众精神共鸣的文化体验项目。从而让来到田横岛的所有人，都能够在重温历史的进程中，感悟到国家文化自信与文化传承的力量。在田横岛美学提升计划中，结合田横顶、五百义士墓等人文标签，在田横广场建设田横博物馆及文化研学基地，为人们走进田横岛的历史及人文内涵提供切身体验的平台。

图 25-9 项目布局索引图

图片来源：课题组自绘

（二）特色建筑群落：田横岛西部地块——海岛的"未来遗产"

在田横岛的西部650亩地块的滨海沿岸，新增建设少量"未来遗产"特色建筑群落。一方面，西侧方向是从田横岛面向田横半岛的主界面，是展示形象的重要方向，可以通过特色化、艺术性强的建筑形态，形成较强的海岛标识性；另一方面，通过该项目在吸引国内外知名艺术家、建筑大师留下海岛创意的艺术品或建筑作品，在迅速提升知名度的同时，也可成为若干年后田横岛品质建设的"未来遗产"，可谓一举多得。

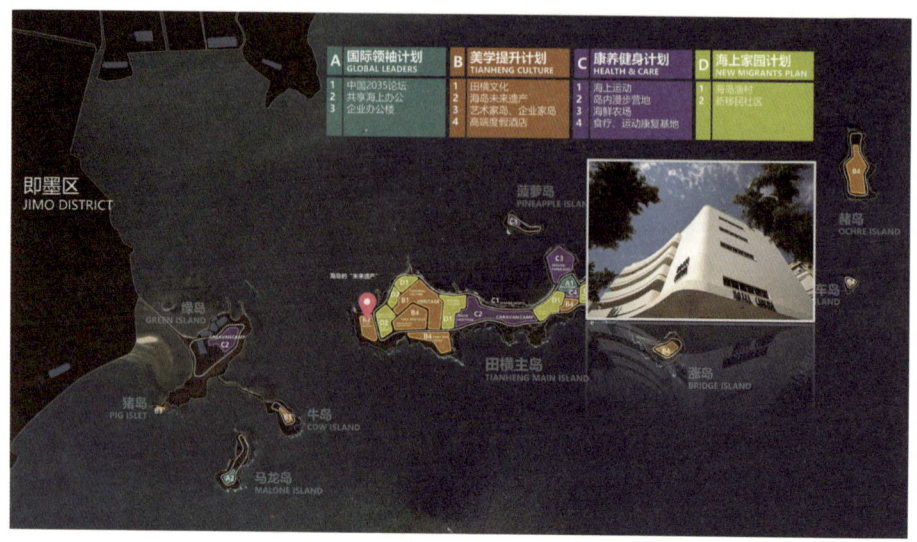

图 25-10　项目布局索引图

图片来源：课题组自绘

（三）猪岛、牛岛：艺术家岛、企业家岛（海岛艺术家社群，只有潮落才能进出岛的神秘性、艺术性，艺术与自然的交融和激发）

以田横主岛周边的猪岛、牛岛两个岛屿作为空间载体，建设艺术家岛、企业家岛。充分利用猪岛、牛岛临近田横半岛中绿岛的区位，结合"低潮步行上岛、高潮独立海岛"的先天趣味性建设条件，将猪岛作为吸引海岛艺术家社群，建设独立艺术家海岛工作室的主要场所，用自然的力量激发艺术创作灵感；在牛岛建设企业家独栋会所，借助潮起潮落时的上岛方式差异，根据企业家诉求，定制化建设具有神秘性、私密性的专属企业家会客厅，通过优质的自然环境与品质的企业服务设施，吸引世界、国家的头部企业、企业家在此集聚。

图 25-11　项目布局索引图

图片来源：课题组自绘

（四）休闲度假天花板：涨岛、车岛、赭岛，天然私密性，最高品质的度假酒店及服务

这里一年只开放100天，只服务200人，是一家一生一定要去的地方。到田横岛，同样还能够感受到媲美"印度洋明珠"马尔代夫的最高品质的海岛度假服务。在田横主岛以东的三个独立岛屿（涨岛、车岛、赭岛），由于具备良好的私密性，规模、形态、与田横岛的连通方式也各具特色，因此适宜进行高品质的休闲度假村建设。需要通过引入国际知名高端度假村连锁品牌，对三个岛屿进行最高品质的酒店度假开发。

运营上，区别田横主岛的品质度假服务，通过定制化开放时长、会员制、预约制的服务对象等方式，逐步形成"游人争相向往、企业家青睐、人生一定要去到的小岛"专属品牌，从而成为未来田横岛空间增值最高的项目区域。

而前往这三个岛屿的交通方式，也可以形成别具一格的特色体验。例如，可以通过"水飞"（水上飞机），从绿岛、田横主岛甚至青岛市区直接飞抵其中的某个岛屿，让飞行登岛的全过程也成为一种难得的特色体验。还可以通过游客专属快艇接送环节，成为进入岛屿享受高端度假的增值服务。更可以利用涨岛与田横主岛之间落潮时出现的海上步道，成为登陆涨岛的岛主专属体验亮点。

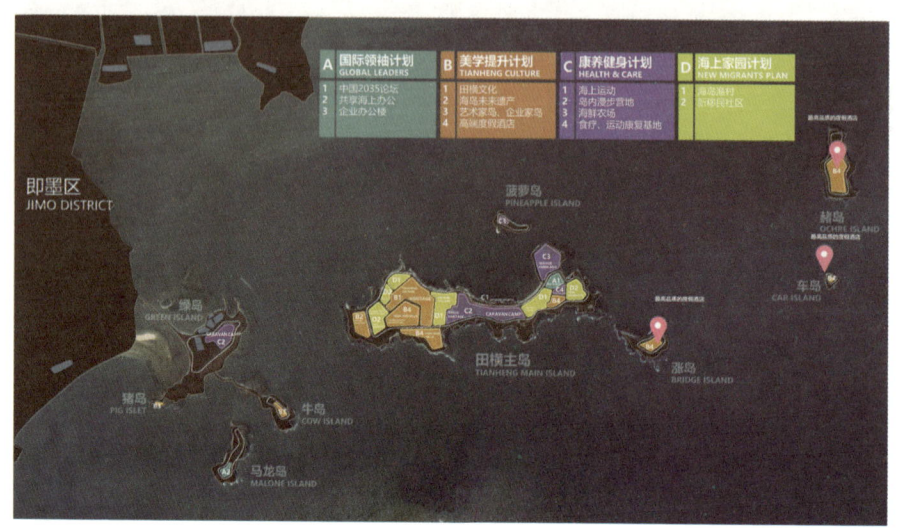

图 25-12　项目布局索引图

图片来源：课题组自绘

三、康养健身计划：高端健康空间（养生、养性、养心）系统建设

建设高品质田横岛功能的第三方面，就是实施康养健身计划，即进行高端健康空间系统建设。通过高品质的运动、健康、康复服务等体验功能供给，实现在田横岛元市镇"养生、养性、养心"的高质量康养体验。

（一）海上运动：田横岛北部地块——无限活力的"未来航海家"

在田横岛北部岸线区域及近海游憩海域，结合现状客运码头、游艇码头及周边区域，建设"未来航海家"海上活动社群群落体验项目。将该区域建设出海家庭亲子活动（海上日出日落）、海钓、极限运动等多种体验项目，是未来田横岛最具活力、与海洋实现亲密接触的区域。

图 25-13 项目布局索引图

图片来源：课题组自绘

（二）岛内漫步：田横岛中部及绿岛——轻质房车及房车营地

田横主岛的中部及绿岛也是岛内漫步的最佳体验地，适宜建设"房车露营+高端休闲"的主题。利用田横主岛中部相对开阔的林地、丘陵空间，以及田横岛西部绿岛的开阔空间，建设"一静一动"风格差异化的未来式轻质房车营地。其中，在绿岛建设宁静的海景家庭房车露营营地，并提供露营配套的餐饮、购物、娱乐活动。在田横主岛中部建设山林露营营地，通过慢行道与健步道，形成运动与露营的融合。

营地服务配套建设方面，近期房车营地可接受自驾、租赁普通房车服务，中远期将引入智能舒适和环保可持续的轻质房车，在提升体验舒适度的同时，践行环保低碳理念。将绿岛作为从田横半岛进入田横岛的主入口，建设国际化的"游客中心"，满足不同人群登岛的多元信息需求，并提供定制化的社群服务。

图 25-14　项目布局索引图

图片来源：课题组自绘

（三）田横海洋农场：田横岛东部及菠萝岛——绿色农场与深蓝海鲜

通过引入先进的健康饮食理念，建设田横岛的未来式引领特色。依托田横主岛东北部滨海的现状海产养殖基地及北部的菠萝岛区域，与餐饮、游憩项目进行无缝衔接，形成满足家庭、企业、个人多元需求的健康饮食核心体验项目群。具体可建设海上CSA农场（即社区支持农业的海洋版本）、漂浮农场、海底农场（结合潜水活动体验）、"海岛—陆地"直采直供的深蓝海产品养殖基地、岛上绿色农场、轻食餐厅、海岛慢餐厅等倡导健康饮食新生活方式的休闲体验。

同时，田横岛健康饮食的特色可以通过物流配送体系的建设，实现线下、线上的双重品质服务，让优质的生态资源真正转化为高附加值的休闲和消费产品。田横岛的自身区位优势明显，对外交通条件便利，因此，建设海运、高速、空运相结合的立体物流配送体系十分关键。不仅来到田横岛的人能够当场品尝到最新鲜的优质海鲜，即便回到了家中，也能够定制品尝田横岛直采的深海健康美味。而田横岛建设健康饮食的理念和体验，是让传统养殖业嵌入了高品质的现代服务业，从而实现高附加值的产品与服务增值。

图 25-15 项目布局索引图

图片来源：课题组自绘

（四）食疗、运动康复及健康服务基地

在田横主岛东部185亩地块内，结合新移民智慧社区及高端会务会展功能及菠萝岛海上农场，建设以食疗、运动康复及健康疗养特色的"元市镇康养基地"，为来到田横岛海岛工作、休闲、会务、生活的全年龄段、全健康体人群，提供定制化、多元化的康养服务。

图 25-16 项目布局索引图

图片来源：课题组自绘

四、海上家园计划：高端品质空间（居住、服务、生活）系统建设

如果说国际领袖计划、美学提升计划、康养健身计划是田横岛元市镇的三大高质量发展支撑，那么海上家园计划就是元市镇品质提升的基本面。通过建设覆盖田横岛岛群、多元化的高端品质空间，提供在地特色居住、现代居住及智慧化生活服务，建设"以人为核心"的高品质海岛人居环境。

（一）海岛渔村：田横岛北部岛居静谧安逸的本地体验与田横岛西、中、东村的高端民宿体验

田横岛是从小渔村逐步发展起来，海岛渔村的文化也根植在田横岛的三个村落。因此，让来到田横岛的每个人，都能够通过一系列的岛居文化体验项目，唤起深藏在人们记忆中的安逸、静谧的内心向往，也是回归田横岛本真属性的一种纪念。另外，结合田横岛西村、中村、东村三个自然村的现状居民点，通过"针灸式"地更新部分本地村民住宅，在不改变村落肌理风貌的前提下，"嵌入式"建设高标准的现代化民宿，让游客与海岛居民的日常生活充分融合，从而营造更为深刻与真实地海岛渔村文化体验。

图 25-17　项目布局索引图

图片来源：课题组自绘

（二）新田横人：田横岛西部、东部，作为向未来田横岛新移民（候鸟型人群）提供智慧居住（第四代住宅）的未来绿色社区（资源循环再生示范）

当前，中国的住宅消费已经从"功能性消费"向"品质性消费"跃迁，房地产业也正在形成新的"拐点"，人们对于居住的空间和功能提出了更高的需求，同时更加注重家庭成员的活动和交往，也更加注重个人和家庭健康的生活方式，以及居住环境的安全性[1]。因此，在田横岛小市镇建设"未来式生活场景"，建设一个智慧安居海岛，是吸引人、满足人群需求的首要重点。

在田横主岛的西部650亩区域，结合现状对田横岛旅游度假区的独栋酒店进行更新改造，建设"新移民群落"体验项目，为来岛的"候鸟型人群"提供定期居住（长居、短居）多样化的品质居所。近期，可作为面向胶东城市群有较强消费能力人群，提供远离城市喧嚣的后花园。远期，可以进一步发展成为吸引国内外向往高质量纯正海岛生活的新移民地。

建设面向未来的智慧居住（第四代住宅）及未来绿色社区（资源循环再生示范）。通过绿色建筑、资源循环再生等技术，结合5G数字，形成多个规模适中，兼具智慧化长、短租公寓、智慧医疗、智慧教育、智慧商业服务的未来社区。其中，智慧社区主要在田横主岛东部185亩范围内，及依托存量土地资源，依规使用部分土地建设智慧化租赁式居住功能，建议按照"第四代住宅"及高品质健康养老项目进行建设。同时，在该范围内，以及依托田横岛东、中、西三个现状村庄的局部更新，配套植入智慧社区的医疗、教育、商业等服务设施。让智慧居住在新社区，又有居民点都能够实现优质服务的共享。

依托田横岛未来社区的智慧化技术不断发展，人们不仅会成为田横岛上的新居民、新岛主，在深度体验高品质岛居生活的同时，"生活在田横岛"更成为人们向往的一种未来式的生活方式和代名词。未来社区将逐步进化为零碳社区，智慧生活服务也将进一步与元宇宙科技相结合，这种崭新生活方式的出现，是由于科技深度嵌入生活，让人们的居住生活从智慧便捷，迭代进化到更高的生活场景——与自然、与社会、与家人和谐共生的生命共同体。

图 25-18　项目布局索引图

图片来源：课题组自绘

──◦ 第四节　科技空间系统建设 ◦──

一、元宇宙与田横岛："两个田横岛"的建设

可以预见，未来元市镇@田横岛将出现"两个田横岛"的科技空间，一个是海上田横，即实体空间的田横岛，也是科技和智慧不断嵌入与迭代的未来海岛。另一个是云上田横，即以元宇宙等新科技下全真互联体验的虚拟空间元市镇。

（一）海上田横：5G与智慧化的交通、旅游、生活等设施布局

随着5G网络在田横岛实现全覆盖，以及元宇宙等未来数字技术在元市镇@田横岛上的多元化应用与扩展，必将推动田横岛与平台化、定制化服

务的迭代。在岛上任何地方，任何人都可以根据需要实现即时办公、全真互联，都可以通过进入"未来式的工作、生活、休闲场景"，进行无障碍、全天候的交往、体验。新的文化、创意与科技，也都能够在交通、旅游、生活服务等智慧设施的不断建设支撑下，迅速发育和生长。

（二）云上田横：云游田横（云逛岛、云体验、云旅游、云消费）

元市镇@田横岛通过不断嵌入高品质的功能，结合数字技术进行持续迭代，将进一步扩展海岛的多元体验场景。通过建设线上、线下结合的体验项目，实现"云游田横"休闲特色。在未来，"云逛岛""云体验""云旅游""云消费"等与虚拟现实技术的搭接，让人们随时随地、随心所欲地畅游田横岛小市镇。更具有可持续价值的是，"云游田横"的数字化迭代，能够有效弥补由于时间、空间、政策等对线下实体旅游存在的种种局限，是面向未来、更巧妙地瞄准人群碎片化时间和资本，创造价值增值的重要方式。设想一下，人们即使结束了田横岛的休闲之旅回到家中，在利用碎片化时间刷直播购物的同时，也能够通过"云游田横"数字体验平台与元宇宙技术实现另一种旅游体验的延续，这样的交互式与大数据的互动信息，也将推动田横岛未来进一步开拓定制化休闲的精准供需场景。

二、智慧交通建设：贯穿岛内外的多重特色体验

对于田横岛小市镇的9个岛屿发展而言，首先需要解决交通可达性的问题。尽管从数量上讲，岛屿较多，相对分散，对于统筹布局交通组织而言确实带来了难度。但也正因为此，岛屿与岛屿间、岛屿与陆地间的交通联系却出现了更多元的可能，积极嵌入这些多元化的交通方式，并供给高品质的交通服务设施，则可以将原本平淡地交通运输升级为富有吸引力的品质体验项目。

图 25-19 智慧交通体系建设示意图

图片来源：课题组自绘

（一）三条岛间海上特色专列：菠萝岛—田横岛—涨岛、牛岛—绿岛—猪岛、绿岛—田横岛

如果说宫崎骏《千与千寻》中的海原电铁是水上观光列车的经典标志，那么在未来田横岛元市镇里，也可以感受自然的鬼斧神工与现代科技结合的震撼。两条岛间海上铁路，也将成为山东半岛的新网红地。一条跨越田横主岛、菠萝岛及涨岛，一条跨越绿岛、牛岛及猪岛，一条连接绿岛与田横岛，前两条观光专列依托落潮时岛屿间出现的隐秘小径进行建设，时隐时现的自然潮汐与观光列车的运行时间相对应，营造出神秘又有趣味的交通体验。绿岛—田横岛的特色专列则通过降低铁轨距离海面的距离，呈现海上列车的奇妙景象。

图 25-20　田横岛海上特色专列建设示意

图片来源：课题组自绘

（二）三条岛内无人驾驶电动车线路及三片无人驾驶智能交通服务区

引入无人驾驶电动车，提供智慧化的特色安全交通体验。在田横岛西部现状度假区区域、东部185亩地块会务会展区域及绿岛内露营地与游客服务中心区域，设置3条无人驾驶电动车路线，划定3片无人驾驶智能交通服务区，除交通类无人驾驶电动车外，还在该区域提供无人配送车，充分体现智慧科技的应用。

图 25-21　田横岛电动车及智慧交通服务区建设示意

图片来源：课题组自绘

（三）立体式的便捷交通体系：水飞+陆飞+快艇+邮轮

在空中交通方面，规划形成田横半岛—田横岛、绿岛—田横岛、绿岛—东部3岛（涨岛、牛岛、赭岛）3条水飞线路，以及青岛市区—田横岛1条陆飞线路。鉴于目前国内在旅游度假的空中交通体验方面，水飞和陆飞的体验并不普及，会对游客产生较大的吸引力，也能够形成趣味性的体验。在空中交通体系设施方面，分别在田横半岛女岛、绿岛东部、田横主岛西部、涨岛建设水上飞机码头，在田横主岛东端建设直升机停机坪。

在海上交通方面，规划形成"1+8"岛屿间快艇定制化线路、绿岛—田横主岛南北两条邮轮线路、在田横岛小市镇的9个岛屿分别建设快艇码头，共建设13处，其中绿岛2处，田横主岛4处，其余7个岛屿各1处。

在陆上交通方面，衔接相关规划，远景预留一处城市轨道11号线田横岛站点，满足大运量公共交通进出岛交通服务；同时，在"1+8"岛内建设环岛电瓶车线路，满足岛上各设施人群的可达性，也通过低碳绿色的岛内出行方式，减少了未来发展可能带来的环境压力。岛内交通均建议按照慢行车道、步道要求进行建设，结合良好的海岛生态环境，可以更好地让人们慢下来、体验田横岛小市镇的各色细节。

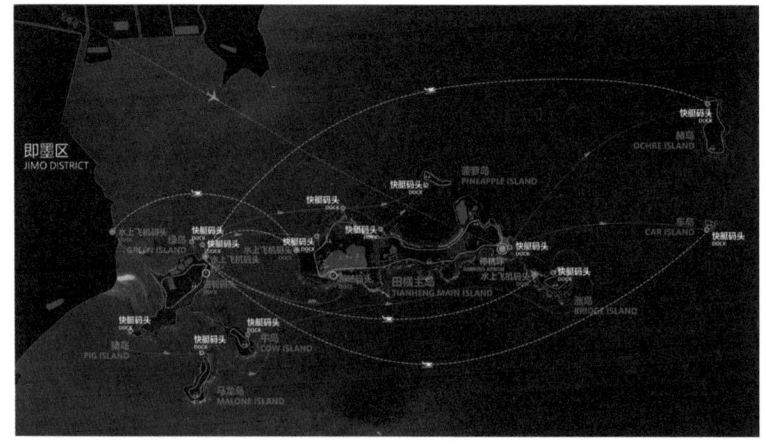

图 25-22　田横岛立体式交通体系示意

图片来源：课题组自绘

三、智慧设施建设：串联田横风景、游人的智慧旅游服务

除了实体休闲体验项目，建议田横岛小市镇借鉴国际级旅游目的地的
建设经验，通过先进的旅游设施保障系统，建设未来式的旅游服务"软设
施"，重点包括旅游标识系统与智慧防灾预警系统。

（一）智慧旅游设施保障：旅游标识系统的全覆盖

在田横岛"1+8"全域空间内引入全覆盖、沉浸式的旅游标识系统，结
合岛上的主要特色游线，将田横岛的重要景点、文化要素、生态要素、景观
要素均纳入旅游标识体系，特别是可以借鉴新西兰南岛北岛的旅游标识体系，
对于重要景点、景观、服务设施树立"预告式"标牌，增强游览的趣味性。

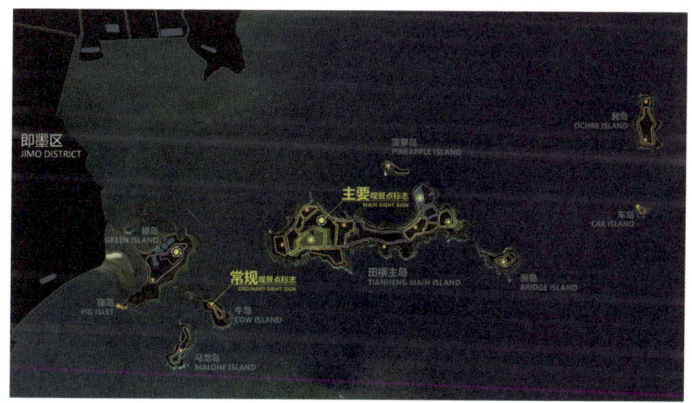

图 25-23　田横岛智慧旅游设施体系示意

图片来源：课题组自绘

图 25-24　新西兰沉浸式旅游标识系统

图片来源：作者拍摄

（二）智慧防灾与预警系统（地震、火灾、疫情等预警与救援）

结合5G智慧技术，建立田横岛智慧旅游服务、防灾与预警实时系统。通过智慧平台嵌入旅游服务设施、岛上无人驿站，服务各类人群需求。同时，智慧平台也将可能出现的地震、火灾、疫情等灾害进行智慧化的实时监控，接入城市预警与灾害紧急救援体系，从而全面提升田横岛休闲旅游的安全性。

图 25-25 田横岛智慧防灾与预警体系示意

图片来源：课题组自绘

四、智慧空间建设：海上智慧咖啡厅、海上智慧书屋与智慧信息站

在田横岛元市镇，还将结合智慧交通线路，搭建智慧空间建设体系，主要包括海上智慧咖啡厅、海上智慧书屋与智慧信息服务站。这些智慧空间或结合泛生态空间中的口袋公园设置，或结合岛内智慧交通线路均好的服务半径（300米）进行设置，或结合码头、专列、电动车站点等进行设置。

此外，田横岛智慧空间建设还会充分体现各类青岛特色，如结合智慧线路的滨海景观平台，巧妙设置青岛啤酒吧、即墨老酒吧、蛤蜊屋等体验节点，营造智慧空间体系的同时，也彰显了地方特色。

五、智慧治理建设：战略留白地区的建设，分级、分类、分期做好预留

田横岛元市镇智慧治理建设的核心，是不一下子"铺满"整个岛屿，而是做好近中期能做的，预留好战略留白。正如前文所述，小市镇不仅需要做好整体性的生态保护好和在地化地文化挖掘，小市镇的空间建设还应树立全域土地空间"一盘棋"的综合利用思想。在提出田横岛元市镇"海岛生命共同体、未来生态美学试验区"建设构想后，需要通过全域空间的分期建设作为行动。对于田横岛而言，全域的空间范围包括1个田横主岛 + 8个周边小岛及周边临近海域。分期建设，是对田横岛小市镇需要嵌入、提升与迭代各类要素的动态布局。一方面，对田横岛的生态、文化、未来场景建设的基础支撑项目，明确空间布局及功能引导；另一方面，对未来迭代与进化的动态项目进行"留白"，给予充分的弹性和灵活度，以应对未来发展的不确定性。

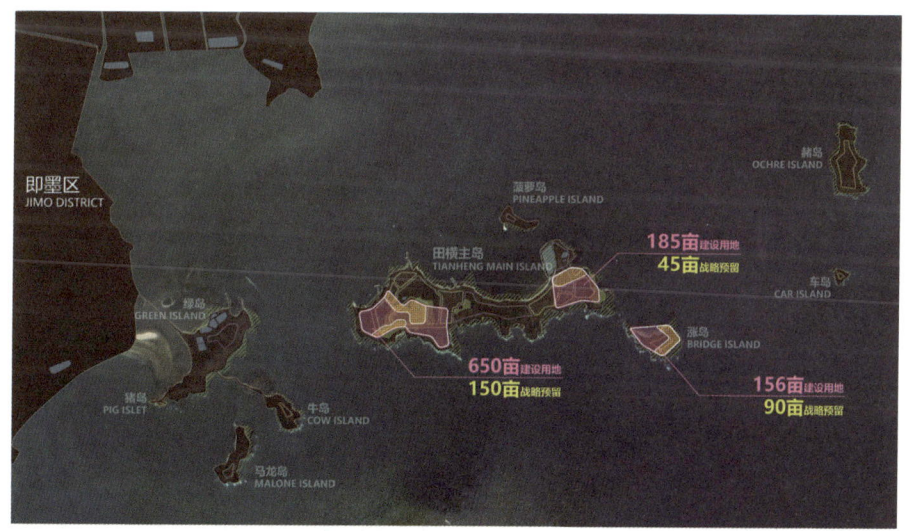

图 25-26　田横岛战略留白空间示意

图片来源：课题组自绘

初步提出，在田横主岛东片185亩建设用地区域，预留45亩核心战略"留白"用地，在田横主岛西部650亩区域，预留150亩核心战略"留白"用地；在涨岛156亩建设用地区域，预留90亩核心战略"留白"用地。其

他建设区域的战略"留白"用地结合项目详细设计进一步分类细化。一方面，让近中期的新增功能用地布局更加紧凑，提高岛内基础设施供给的效率；另一方面，适度的战略留白能够更好地应对未来元市镇发展的新条件、新变化，特别是在土地资源愈加珍贵和紧缩的情况下，持续拥有高质量发展的用地保障。

第五节 田横岛空间结构展示

将上述建设空间进行叠加，就形成了田横岛元市镇的"一环三湾"的总体空间结构。"一环"为连接绿岛—田横主岛的未来生态美学体验环线，主要依托交通通道形成对生态空间、旅游空间、人文空间、会务空间等的核心串联；"三湾"包括西南部片区猪岛、马龙岛和牛岛与绿岛构成的绿岛湾，主要为文化艺术、企业商务功能特色；中部田横主岛与菠萝岛构成的田横湾，主要为高品质的生活休闲、健康及会展服务特色；东部田横主岛与涨岛、赭岛和车岛构成的涨岛湾，主要为高端休闲度假特色。

图 25-27 田横岛空间结构示意

图片来源：课题组自绘

新时期对田横岛的建设思路，并不是遵循过去田横岛"一次开发"出现过的一些"增长主义"式规划范式，而是回归田横岛"高质量保护、高质量发展"这一根本逻辑，是对新时期小市镇新变化、新要求和应对外部条件发展不确定性提出的审慎方案，更是对田横岛小市镇发展新阶段找准方向、稳步向前、量力而行的一次全局性的创新谋划，也是渐进、动态的方案探索。

我们坚信，过去30年被精心"呵护"着的田横岛小市镇，在未来也会带着"相信未来、看见未来"的信念继续迭代、进化、向前。

图 25-28　田横岛鸟瞰效果示意

图片来源：课题组自绘

附：参考文献

[1] 张继升. 中国房地产市场：由功能型消费到改善型消费的转变[EB/OL]. [2020-07-25]. https：//baijiahao.baidu.com/s？ id=1673152394600394731&wfr=spider&for=pc.